现代广告学

Modern Advertisement

王春泉 著

北京大学出版社
PEKING UNIVERSITY PRESS

图书在版编目(CIP)数据

现代广告学/王春泉著.—北京:北京大学出版社,2012.5
(21世纪新闻与传播学规划教材·核心课程系列)
ISBN 978-7-301-20526-6

Ⅰ.①现… Ⅱ.①王… Ⅲ.①广告学-高等学校-教材 Ⅳ.①F713.80

中国版本图书馆CIP数据核字(2012)第067007号

书　　名:现代广告学
著作责任者:王春泉　著
责 任 编 辑:徐少燕
标 准 书 号:ISBN 978-7-301-20526-6/G·3397
出 版 发 行:北京大学出版社
地　　址:北京市海淀区成府路205号　100871
网　　址:http://www.pup.cn
电　　话:邮购部62752015　发行部62750672　编辑部62765016　出版部62754962
电 子 邮 箱:ss@pup.pku.edu.cn
印 刷 者:三河市博文印刷厂
经 销 者:新华书店
730毫米×980毫米　16开本　26.25印张　470千字
2012年5月第1版　2012年5月第1次印刷
定　　价:48.00元

目　录

楔子　打开广告学的“皱褶”并与广告世界相遇

作为存在的去蔽，广告学的剧幕必须被启开，借此，广告学或者才能够实现它“还乡的开启”——“凝视闯入物的内部，深入物穴或存在之洞，看见了物的内部秘密（暗面）……凝视者的目光照亮或驱散了物的内在阴影，即阴暗的内核；这一阴暗如同偶像或雕像有待‘开光’，正是一个目光闯入之前的‘未展开的世界’或‘有待展开的褶子’；这个世界或褶子就是我们看见的源泉、源头、起点、基础，即被照亮的起源，它构成认识的可能性条件。目光照亮物的过程就是考古发现的‘前认识状态’或‘认识的史前型态’的过程。这是一个冒险历程。凝视者升华目光所照亮的世界从此向人们展开了，它一旦对外开放就大放光彩，变得清晰明白，成为路灯（路标），给人指路和启示，这样，凝视者本身也被照耀，显出光辉，得到启发，不再身处迷途。主体与客体、光与影、明与暗相得益彰，甚至各自有了自己的转折和功能。”“凝视不可思议地指向物（对象、目标、客体）和物所在的方向与位置。”①

广告业的“风景”实在太过丰富，一旦人类开口言说“广告/广告学”并面临马丁·海德格尔式的问题②——广告学是什么，而且首要地，广告学在我们的笔下将可能是什么时，广告学就开始了它的命运遭遇。或者，经过努力，广告学放射智慧的光芒，穿越古今，照彻万有；也或者，广告学从此神气散漫，迷途彷徨，注定将在遮蔽的世界里再蛰伏上若干的时间。

事实上，广告学或者就像法国哲学家吉尔·德勒兹所说的“褶子”与“千高原”，“象征着差异共处、普遍和谐与回转迭合”③。种种的连接跃显，“恰似弥合天与地的概念闪电，以一种澄明映照出一片远景”，在照耀中将智慧、人性等神圣的力量交织一体；每一次的“演奏”与“启动”，都能够在此前的基础上，深化它

① 于奇智：《凝视之爱——福柯医学历史哲学论稿》，中央编译出版社 2002 年版，第 118—119 页。

② 〔德〕马丁·海德格尔：《尼采》上卷，孙周兴译，商务印书馆 2004 年版，第 463 页。

③ 于奇智、杨洁语，见〔法〕德勒兹：《福柯·褶子》，于奇智、杨洁译，湖南文艺出版社 2001 年版，第 375 页。

的丰盈。①

但是，此时此刻，广告学将首先显现为典型的"斯芬克斯之谜"，期待着我们勇敢地面对与智慧地启动。"开端"非常重要，我们可以征唤勇气与魄力迎当这个"智慧的挑战"；我们可以从思想的仓库里借助工具的能量开启这存在秘密的"皱褶"；我们可以在"厚广告"与"薄广告"的灵活体悟里游牧我们的意识并始终保持与广告的接触……但我们首先必须通过广告的思维来凝视广告，透过广告学磅礴的"品牌轮盘"显现——广告学的品牌属性、广告学的品牌利益、广告学的品牌价值、广告学的品牌个性，以及最核心的广告学品牌精髓，折射广告学的"建基"与"接缝"。在相当的程度上，我们的工作或者就像那个需要通过努力夺回自身48个器官的正义少年那样②，在互动与博弈中赢回广告的自我，显现广告学作为"学科是历史的产物，并以一定的措辞建构起来"③的基本剧场特性——"统一的学问共和国"(schiebinger)的特性。

为了担当，我们需要接受吉尔·德勒兹的建议："撕破天穹，钻进混沌里去。这是战胜混沌所必须付出的代价。"④尤其是在广告已经被彻底地推向了广场并相对地获具自主性的时代……

现在，我们要踏上"破执"与"再建"现代广告学图景的历程，不再凭借那些既有的信仰与依靠，而是在广阔的关联中寻求广告的踪迹与气息，寻求广告真实的"事件的事件性"、"历史的历史性"、"启示的启示性"。

现在，我们开始朝向广告那片神秘的乡土……

① 玛斯素美：《代序：概念何为?》，载〔法〕德勒兹、加塔利：《资本主义与精神分裂(卷2)：千高原》，姜宇辉译，上海书店2010年版，"代序"第2页。

② 日本漫画、电影《多罗罗》中的斩妖少年形象。

③ 沙姆韦等：《学科规训制度导论》，黄德兴译，载〔美〕华勒斯坦等：《学科·知识·权力》，刘建芝等译，三联书店1999年版，第34页。

④ 〔法〕吉尔·德勒兹等：《什么是哲学》，张祖建译，湖南文艺出版社2007年版，第496—497页。

第一章 广告抑或广告性？广告实践及广告“文化自觉”的可能

第一节 “广告存在”与“广告的三个世界”理论

“广告存在吗?”这样的问题看起来很荒谬。最基本的常识也能告诉我们，在人类性社会生活中，确实存在着数量惊人、形式丰富多样的广告传播实体，而且，这种被称为“广告”的东西已经被视为当代最重要的社会制度之一，乃至于被负面的意见刻写成人类文化与健全社会发展可怕的立体性污染。因此，不言而喻，广告是存在的。但是，当我们需要或者启动对这个看起来特别熟悉的“广告”存在作准确描述与勾勒的时候，我们会深深地感觉到“广告”未必像我们想象的那样“存在”。或者说，显身的“广告”还不能够完整地反映广告的一般形态与意义。例如，包括未来学家菲斯·鲍普康恩在内的许多专家甚至肯定地宣布了传统的广告已经走向“消亡的道路”①。法国哲学家吉尔·利波维茨基在论述当代社会个人主义化特色的时候则“发现”了一种叫“亚广告”的文化现象，在那里，广告已不再像“传统广告”那样充满说教或者诱惑，“让人厌倦的表白性的言辞消失了，仅剩下一道闪烁不定的主线”，广告进入了它的“控制论的时代”，新的广告认知形势则是：“真正的广告便是不屑广告。”②而另一种开放、敏感、灵活的思路则注意到了广告讯息常常在社会的、非商业购买取向的情景下被使用，乃至于成为多种社会互动的基础，例如，用于语言游戏，用于美学的、情感的、智力的奖赏物，用作社会交换的象征，或者用作个人能力与气质的社会证明。里特森(Ritson)和埃利奥特(Elliott)的研究还证明，对广告意义的使用同时可以作为产

---

① 〔美〕罗布·沃克：《买单——我们到底消费的是什么》，尹莉莉译，中信出版社 2009 年版，第 141 页。

② 〔法〕吉尔·利波维茨基：《空虚时代——论当代个人主义》，方仁杰等译，中国人民大学出版社 2007 年版，第 175—180 页。

生和保持亚文化群体的“新部落装备”①。

这并不意味着广告传播走着纯粹的线性发展道路——既有的广告消亡，新广告成为主宰。相反，人类迎来了最为复杂却又明晰的“混沌营销”②时代，就像专家们说的那样，“本世纪（指 20 世纪）末最重要的情况是双轨制广告的建立，两种相反类型的广告活动正在蓬勃发展，寻找彼此的共同领域”③。或者这种广告现实正好反映了社会学家杰弗里·亚历山大所说的那种“科学思想的连续体”④。

广告的现实以及历史趋势显然“反抗决定性的定义”。“不仅因为它那历史上的多样性和开放的未来，而且因为恰好是它的本性、边界和最好的样本引起了不断的争论。”⑤如果允许我借鉴彼得·威德森解说文学观念发展历史时的方法⑥，就自身的意愿而言，我愿意将这种“新广告现实”称为“有广告性的领域”，并以之涵括复杂的广告新现实。

反对“框架神话”的卡尔·波普尔所贡献的“三个世界”理论有支援性价值。从多元论哲学出发，卡尔·波普尔以为世界就本体上讲包括三个泾渭分明又有联系的亚世界：“第一个是物理世界或物理状态的世界；第二个是精神世界或精神状态的世界；第三个是可理解物即客观意义的观念的世界——这是可能的思想客体的世界：自在的理论及其逻辑关系的世界，自在的论据的世界，自在的问题情境的世界。”⑦假如我们能从这里出发思考广告并且将广告视作一个统一的“文化整体”的话，那么，广告世界最少可以分为广告的作品世界、广告的生产世界、广告的思维世界和广告的生活世界等，或者再简化为广告的肉身世界、广告的认知世界和广告的思维/精神世界“三个广告的世界”。

这种分解与联系的思路并不否认广告的复杂性以及内在的“连续统一性”。除了追求简约，它特别强调社会学家鲁曼（Niklas Luhmann）意义上的复杂

---

① 巴特尔（Buttle）、多诺霍（O'Donohoe）、里特森等人的研究结论。参见周丽玲等：《广告素养的日常呈现：以大学生对广告的社会使用为例》，载罗以澄主编：《新闻与传播评论（2008）》，武汉出版社 2008 年版，第 240—242 页。

② 〔美〕罗布·沃克：《买单——我们到底消费的是什么》，第 9 页。

③ 〔法〕热拉尔·拉尼奥：《广告社会学》，林文译，商务印书馆 1998 年版，第 121 页。

④ 〔美〕杰弗里·亚历山大：《社会学二十讲：二战以来的理论发展》，贾春增等译，华夏出版社 2000 年版，第 5—6 页。

⑤ 〔美〕理查德·舒斯特曼：《哲学实践——实用主义和哲学生活》，彭锋译，北京大学出版社 2002 年版，第 1 页。

⑥ 〔英〕彼得·威德森：《现代西方文学观念简史》，钱竞等译，北京大学出版社 2006 年版，第 2 页。

⑦ 〔英〕卡尔·波普尔：《科学知识进化论——波普尔科学哲学选集》，纪树立译，三联书店 1987 年版，第 364 页。

性——“一个系统的最重要标志是它与世界的复杂性的一种关系。所谓复杂性，可以把它理解成可能性的总体性；这种可能性的总体性是实际的历程——不管它是在世界之中（世界复杂性），还是在一个系统之中（系统复杂性）——呈现出来的。每一个系统的建构总是只包含世界的一个部分，只能让各种可能性中的一个有限数量得到实现。……系统的环境始终是过度复杂，无法加以概括和无法加以控制的。”①另外，它也将思想的目光指向具体性与针对性的思想方向，例如提醒人类注意，在简单地否决广告存在价值的时候，能否考虑否决的指向是广告三个世界中的哪个部分，可否考虑以简单的技术主义对待这一充满复杂性的文化世界的合理性，可否考虑表述上的矛盾与歧义，例如“广告的终结”是指广告作品还是广告思维抑或广告生活的终结，所谓的创意的终结是指向广告的哪一方面的，所谓的广告为万恶之源又是在哪种层面和意义上谈论的……按照无政府主义知识论的观点，广告世界里洋溢着无政府主义、机会主义的魅力。其中情形颇像保罗·法伊尔阿本德在谈论科学史时所作的宣告：“科学史毕竟并非仅仅由事实和从事实引出的结论构成。它还包含思想、对事实的解释、各种解释相冲突而造成的问题、错误，如此等等。更细致地加以分析，我们甚至发现，科学根本不晓得‘赤裸裸的事实’，而只知道进入我们知识的‘事实’已被按某种方式看待，因此这些‘事实’本质上是思想的东西。既然如此，科学史就将像它所包含的思想那样复杂、混沌、充满错误和引人入胜。而这些思想又将像发明它们的人的精神那样复杂、混沌、充满错误和引人入胜。相反，只要稍事灌输思想，就将产生很大力量，致使科学史变得比较单调、比较简单、比较齐一、比较‘客观’而且比较易于用严格的一成不变的法则加以处理。”②

简单地说，这种思考认定：广告既是抽象的，又是具体的；广告既是集群的，又是地方化的；广告既有邈远的性灵，也有沉重的肉身……广告是很难简单概述的！凭着这种特质，广告对人类文化全面性开放！完全有理由说，广告是为数不多的在制度上鼓励多种智慧成就自由游牧的领域，所以，它天然地充满着复杂性，并通过“受众”的主观性破译为人类认知寻找出路。

第二节　广告世界1：广告的“肉身”及其族群构成

充满着多样性、松散性、冲突性的文化资源被一套以广告象征为中心的错综

① 高宣扬：《鲁曼社会系统理论与现代性》，中国人民大学出版社 2005 年版，第 94—95 页。

② 〔美〕保罗·法伊尔阿本德：《反对方法——无政府主义知识论纲要》，周昌忠译，上海译文出版社 1992 年版，“导言”第Ⅲ页。

复杂的神话和信仰体系所聚集，并返身成为广告学科论述的基本学科资源，这可能是广告学最迷人的图景。但是，不管我们从哪里出发进入我们的现代广告学世界旅程，我们都应该承认广告学的核心概念是“广告”。总体来说，广告学就是围绕这一核心概念所展开的人类智力资源、文化想象、人性欲望的发想谱系及其历史性痕迹。

而网格广告的实践，则有效地促成了广告的这种游走印痕，显现出众多的广告肉身——广告身处的可感样态，例如广告的诸种规制与形态、广告的结构元素及其组织等，既是广告语境性呈现的独立体制，也是显现广告气度的具体代表。正如我们只能见到“这个人”而见不到“人”一样，我们日常习惯的和认同的广告其实仅仅是广告的肉身而已。

为此，进入适当的广告考古学世界很有必要。

一、“广告肉身”的称谓与网格关联

很庆幸，那些特别的人类行为没有被称为“文学”或者“艺术”或者“建筑”，而是被叫做“广告”。对于广告学来说，这次不知名的“命名行动”可以被视作人类文化史上的重大事件，因为从此以后，人类世界有了“广告”这样的存在样态，有了与广告传播相关联的美学体系。更重要的是，一种独立的价值观与社会想象获得了进一步发展成为“现代文化共同体”的基本修辞资本。从更大的角度上讲，“广告”被命名迫使人类文化谱系发生格局改观，原有的学科边界必须重新划分，原有的学科脉络需要再加梳理。因为，在既有的学科平衡的语境里新增添的这个“刺目点”凭借自身所有的生产性机制，解构了原有的平衡，再构了新的一致性态势。

正如人们所知道的那样，汉语世界的“广告”词语史始于 1899 年的《清议报》，至 1907 年清廷《政治官报章程》最终确认，成为普遍语汇。汉语词汇“广告”其实是英文“advertising”的跨文化表述。据介绍，这个词来源于拉丁语“adverture”，意思与“make known”相近，有引人注意、通知、披露、诱导诸种含义。至中古英语时代(约公元 1300—1475 年)，演化成“advertise”一词，意涵同步扩张到“使人注意到某件事”或“通知他人某些信息引发他人注意”。1645 年 1 月 15 日，*The Weekly Account* 杂志首次启用沿用至今的“Advertisement”并以之替代原有的“Warning”。从此，“广告”逐渐与人类生活中的传播、沟通等偏好产生较为密切的联系，按照人类学家玛丽·道格拉斯(Mary Douglas)的相关理论，构成一定的“网格”关系。检索英语相关词汇，与“advertising”略有关联者相当丰硕，几乎构成小世界景观：

A——audience（受众），attract（吸引），advice（建议），argue（争论），ability（能力），analyse（分析），administer（管理），advance（促进），assurance（保证），artisicart（艺术），appreciate（欣赏），action（行动），attention（注意），anthroposociology（人类社会学），anthrolinguistics（人类语言学），abundant（丰富的），advertising copy（广告文案）。

D——direct（引导），duty（责任），disseminate（传播），diffuse（传播），buy（买），deliver（传递/传送），design（设计），denotation（指示）。

V——variety（多种多样的），vocation（职业），view（观点），version（文本），vogue（时尚/时髦），vehicle（媒介物）。

E——entertainment（娱乐），express（表达），employment（雇用），education（教育），enlighted by education（教化），enterprising spirit（进取精神），encourage（激励），exchange（交流），establish（建立），enjoy（享受），engage（从事）。

R——reform（改革），repeat（重复），receive（接收），reflect（反应/思索），refer to（参照/涉及），reputation（信誉），real（真实的），recount and request（诉求）。

T——teach（教化），trend（趋势），text（文本），trading profit（贸易利润），train（培养），transmit（传输），topic（主题），tactic（策略），technology（技术）。

I——institution（制度），intelligent（智慧的），interaction（互动），ideology（思想），instruct（教导），infect（影响），innovate（改革/创新），impart and inherit（传承），invention（发明/创造），initiate（创意），impression（印象），intermediary（媒介）。

S——scheme（策略），strategic（战略），stimulate（刺激），spirit（精神），speculate（思索），stream of thought（思路），spread（分布/覆盖），sense（传感），sell（卖），sale（销售），symbol（象征），science（科学），spur（刺激），sign（符号/记号）。

N——need（需求），notice（通知/布告），negotiation（谈判），narration（叙述），notify（通知/告知），new idea（新思想），norm（准则/规范）。

G——general（大众的/普通的），get（获得），gain（赢得），goal（目标），gist（主旨），genuine（诚挚/真诚）。

研究进一步证明：“哪里出现一种新的观众或公众的形式，哪里就产生了一种新的广告据点。”[①]而这恰巧就成了广告业内部的特洛伊木马，预示着广告业的解构与再构。

---

① 〔美〕罗布·沃克：《买单——我们到底消费的是什么》，第144页。

我们无法清楚地表明每一种历史性进程的具体细节,但是很显然,“广告”在历史性的发展中逐渐“低网格化”——对某一种力量的依赖降低与弱化——的趋向格外突出,显现于外,则是社会力量之间联系的广度、丰富度的剧增,以及甚至略显杂乱的游牧与挂钩。这种自由关联、跨学科、跨领域、跨越时空的“混浊”情形给广告的自由变异准备了适量的条件,也使这个文化构成自主性建构起来的文化家族获得了“家族相似性”之外的多样性和复杂性。

让·鲍德里亚这样表述了我们的意见:

> 在今天,我们所经历的,就是把表达的所有虚拟模式吸纳进广告的模式。所有原创性的文化形式、所有被决定的语言,都被吸纳到广告中,因为它没有深度,它不仅是即时性的,而且瞬间又被忘却。这是浅表形式的胜利,是所有意指的最小公分母的胜利,是意义的零度的胜利,也是超越了所有可能的转喻的熵的胜利。它是符号能量的最低形式。这个没有被整合的、即时性的形式,没有过去,没有未来,没有变形的可能性,却有凌驾于一切之上的力量。所有活动的当前形式都倾向于广告,而且,大多数都会在那里面耗尽自己。并不必然地是广告本身——那种如此这般被生产出来的广告——而是广告的形式,亦即一种被简化的运作模式的形式,暧昧地引诱着,暧昧地感应着(所有的形态在里面都被混淆了,但它们是在一种衰竭的、躁动的模式中)。更一般地说,广告的形式是这样一种东西,在其中,所有特殊的内容都在某个时刻即它们彼此铭刻的时刻被废除了,而“重量级”的宣言所固有的东西,意义(或风格)的关联形式所固有的东西,就是它们不能彼此转译,如同游戏规则也不能如此。
>
> 这个朝向可转译性,也就是朝向完全的组合性——那就是所有事物表面的透明性,也就是它们的绝对广告(在此,专业广告,再说一次,只以一个插曲般的形式)——的漫长运动,可以从宣传的历程中来解读。①

如果愿意的话,我们或者可以将这个“广告”的世界看作人类资源与欲求互动的蓄水池,事实是,在“广告”的赋名下,人类文化家园里有了新的“广告社区联盟”,有了传播实践的“广告自由实验室”以及接受更多资源加盟邀请的专业文化资本。

---

① 〔法〕让·鲍德里亚:《绝对广告,零度地带的广告》,夏小燕译,载吴琼等编:《形象的修辞——广告与当代社会理论》,中国人民大学出版社 2005 年版,第 107 页。

二、“广告”的形态与风貌

正如让·鲍德里亚描述的那样，在“广告”的大旗下，人类获得了作为广告文化的文本气度与专业标记，正是这个获得使得广告的精神游牧与肉身呈现有了最基本的支持与援助。就此而言，广告史的另一种写法完全可以由专业叙述者将甚至互相冲突的资源和故事整合成叙事一致性的广告资本的不同路径而获得。

这些都可以看做是广告的肉身，是广告——那个“大他者”——的容器与储存之所。在我们真正地与“广告”遭遇之前，我们所见到的“广告”的代表就是这些具体的存在样态。就存在的方式而言，它们当然是复数的，因为广告文化的社会兼容性决定了描述广告的视点、视阈、关联是多样性的和游移性的，任何一个有效变量的介入都能带来新的分类景象，都能给广告世界里增添新的成员和新的美学体系。从专业的角度来说，这种复数形态的分类，显现了广告文化更加具体的存在方式和无限多样性的可能性，为具体的广告传播行动提供实际的作业建议与指导。

当然，我们并不排除那种在新的概念语境里滥用修辞的不当做法及其后果所带来的广告迷乱，从形式角度讲，这种做法增添的数量丝毫不差。但是，这里强调的则是何以健全性地丰富这种细化的可能性和科学路径建设问题。“方法创立科学，科学的对象并不是自然赋予，它只是精心研究的结果”[①]，从此出发，我们就可以自豪地宣布广告学的另一个重要课题是在科学观念的指导下健全地发展广告的分类文化。在后面的讨论里，我们将涉及建构发展的重要问题——“框架”及其建设问题，事实上，发展并成功地转移我们关于广告学的思想框架正是我们操心现代广告文化健康行走的重要使命。

就现实而言，正是由于框架的缘故，我们下面将要展开的议题就自然而然地成为一个“文本”的打开与展示，没有穷尽，无疆无界，各不相同。例如，人们或者将“广告”的“身处”细分为商业广告、促销广告、合作广告、企业广告、意见广告、业务性广告、公益广告、其他广告[②]；或者，就像威廉·阿伦斯（William F. Arens）那样，如此划分广告（见表1-1）[③]：

---

① 托多罗夫语，转引自〔英〕马克·柯里：《后现代叙事理论》，宁一中译，北京大学出版社2003年版，第47—48页。

② 萧富峰：《广告行销读本》，中国城市出版社1998年版，第48页。

③ 〔美〕威廉·阿伦斯：《当代广告学》（第7版），丁俊杰等译，华夏出版社2000年版，第14页。

表 1-1 阿伦斯的广告分类

按目标受众划分	按地理区域划分	按目的划分	按媒介划分
消费者广告：针对那些购买产品自用或供他人使用的人。 企业广告：针对那些购买或指定产品和服务用于再生产的人。 贸易广告：针对经销产品与服务的中间商（批发商和零售商），他们购买产品再转卖给顾客。 专业广告：针对那些遵守某一伦理规章或行业标准的专业人员。 农业广告：针对农牧人员。	地方性广告：又叫零售广告，由商业企业所做，其顾客只来自某一城市或当地销售半径内。 区域性广告：只在某一区域而非全国范围内销售产品的广告。 全国性广告：针对全国几个地区的顾客。 国际广告：针对国外市场。	产品广告：促进产品与服务的销售。 非产品广告（企业或公益）：提升某一机构的责任感或理念，而非具体的产品。 商业广告：具有盈利目的，促销产品、服务或观念。 非商业广告：由慈善机构或非营利机构、市政机构、宗教团体或政治组织出资或为这些团体制作的广告。 行为广告：旨在引起受众的直接行为。 认知广告：旨在树立某一产品的形象，使受众熟悉产品的名称和包装。	印刷广告：报纸、杂志广告。 电子广告：广播、电视广告。 户外广告：户外、交通广告。 直邮广告：通过邮政系统的广告。

威廉·阿伦斯还补充了更多的分类表现。例如，消费者广告包括由零售店和商业机构出资制作的零售广告和非商业性的公益广告；工商业广告可分为贸易广告、专业广告和农业广告三种；不与其他企业在价格上展开竞争的企业一般采用形象广告来创造企业的特定感觉或品牌个性，也可以采纳常规价格广告进行传播；注重价格竞争的企业则会采取减价广告、清仓广告、特价广告等广告方式，加强客流量或者制造低价位印象；全球性卖主可以采用全球性广告，在国外市场促销自己产品的企业则采用国际广告，在国内几个地区销售产品的采用全国性广告，只在某一大区或两三个省销售产品的采用区域性广告，在狭小的贸易区域内销售产品的采用地方广告；有些广告叫知晓广告，有些广告叫行为广告，有些广告叫销售广告，还有些广告叫做公共关系广告。①

奥托·克莱普纳的著作被西方广告专业学习者奉为“圣经”，总结并阐述他的广告理论的重要著作《克莱普纳广告教程》则呈现了另一种分类体系与广告

① 〔美〕威廉·阿伦斯：《当代广告学》（第7版），丁俊杰等译，华夏出版社2000年版，第14—19页。

现象图景：旨在以产品购买形式产生直接响应的广告叫做“短期直接行为广告”，旨在长期使用的广告叫做“长期直接行为广告”；有些广告叫做“直接广告”，另一些广告则被称为“间接广告”，通常通过推动制造商的整体品质而非某个特定产品发挥作用；面向消费者的广告包括“全国性广告”、“零售（当地）广告”、“最终产品广告”、“直复广告”，其中“最终产品广告”又叫“品牌成分广告”，主要用来推销类似于英特尔电脑芯片这样只能作为其他产品构成而消费者又很少直接购买的产品；有些广告被命名为“直复广告”，有些广告被称做“贸易广告”，有些广告叫做“工业广告”，有些广告属于“专业广告”，有些则归类于“公司或形象广告”，它们与“商业广告”范畴都有联系；在“非产品广告”的谱系里，主要成员有“观念广告”和“服务广告”；还有一类广告最特殊，系政府采纳来宣传公共信息与政策的“政府广告”①。

这种常见的划分与展示显然给我们显现了现代广告文化的丰富与广博，但是，却并未完整地呈现“超符码化时代的广告”②的身处性真实，譬如那些通过收编后现代文化特色保持广告活力的行动就没有包括在内。事实上，在拒绝商品文化霸权和媒介霸权的历程中，广告身处的方式与形态有了更加多样性的补充与发展。③ 我们既需要注意广告的前台，也需要注意广告表现的后台世界，它们合在一起，才是一个相对完整的广告身处世界。一种走得较远的分类路线已经提醒我们“传媒—广告经济”时代通过信息产生权威确认并转身成为广告的新现象，例如排行榜、专业评论、传媒奖项等。④ 或者就像那种将展示、代言与消费者证词、宣言、生活片断、大众文化、幻想、形象与生活方式、识别都纳入“广告类别”这一共同的标题之下的做法那样⑤，在承认“一般广告”的基础上，将情书、散文、诗歌、传记、演说、新闻、对联、艺术评论、编者按中的相当部分看做“副广告”/“第二广告”，认真地听取它们的广告特性。⑥

现在，先放下“理论”，从广告现象出发，举其要者略作勾勒：

（1）透过现代性框架观看广告，我们可以将“广告”分解为原始广告、近代

---

① 〔美〕莱恩等：《克莱普纳广告教程》（第17版），李东贤等译，清华大学出版社2008年版，第72—78页。

② 〔美〕罗伯特·古德曼等：《超符码化时代的广告》，彭海涛等译，载吴琼等编：《形象的修辞——广告与当代社会理论》，第116页。

③ 同上书，第118—119页。

④ 〔法〕雷米·里埃菲尔：《传媒是什么——新实践·新特质·新影响》，刘昶译，中国传媒大学出版社2009年版，第181—189页。

⑤ 〔梅〕罗宾·蓝达：《美国广告设计实用教程》，戴佳敏等译，上海人民美术出版社2006年版，第90—105页。

⑥ 王春泉：《实用广告写作》，西北大学出版社1996年版，第64—96页。

广告、现代广告和后现代广告几种存在方式与美学体系。

(2) 透过载体与介质框架看广告,我们可以将"广告"分类为报纸广告、杂志广告、广播广告、电视广告、包装广告、交通广告、地面广告、人身广告等广告具体空间及其美学体系。

(3) 透过表现形式的框架看广告,我们可以将"广告"解读为平面广告、立体广告、电子广告、多媒体广告等形式美学亚体系。

(4) 透过传播制度的框架看广告,我们可以将"广告"解析成大众传播广告、中众传播广告、小众传播广告三种广告传播族群。

(5) 透过空间与结构关系的框架看广告,我们可以将"广告"列举为跨国广告、跨省广告、境内广告、小域广告等场域广告美学体系。

(6) 透过广告的行动接近性框架看广告,我们可以将"广告"分成传播性广告、促动性广告、品牌塑造广告、危机公关广告等类型。

(7) 透过广告的叙事风格框架看广告,我们可以将"广告"从表现路径上细分为理性诉求广告、感性诉求广告、叙事诉求广告等广告可能。

(8) 透过广告的叙述手段框架看广告,我们可以将"广告"辨析为常态叙事广告和另类叙事广告,或者文字叙事、图像叙事、声音叙事、气息叙事、语境叙事等多类别广告形式。

(9) 透过广告的肉身体裁框架看广告,我们可以将"广告"显现为说辞广告和非说辞广告或者显性广告和隐性广告等不同广告形式。

(10) 透过广告的视阈与野心框架看广告,我们可以将"广告"解析成品牌广告与临时广告、原型广告与表象广告、政治性广告和生活类广告、商业性广告和非商业性广告等。

(11) 透过广告的规格与体例单位框架看广告,我们可以将"广告"对应性地展开成单体广告与合体广告(比如系列广告)等。

(12) 透过广告的原创性框架看广告,我们可以将"广告"区隔成首创广告与模仿广告、首次刊播广告与旧模式的循环广告等。

(13) 透过广告的对象与目标人群框架看广告,我们可以将"广告"细化成成人广告或者幼儿广告、男性广告或者女性广告甚至男/女复合性别广告等。我们还可以从任意一个乐意的角度展开这种人群差异的划分并由此形成相关的广告谱系。

(14) 透过广告的成就度框架看广告,我们可以将"广告"分割成强创意广告、中创意广告、低创意广告、无创意广告和反创意广告,或者理想效果性广告、低效果性广告、无效果性广告和反效果性广告等类型。

(15) 透过广告的结构元素框架看广告，我们可以将“广告”解析成标语广告、标题广告、正文广告、随文广告等广告类型。

(16) 透过文化卷入框架例如广告与流行语汇之间的关联看广告，我们可以将“广告”勾勒成流行观念广告、反流行观念广告等广告类型。或者透过与传统文化观念关联框架看广告，我们可以将“广告”分割成传统意识覆盖性广告、传统意识颠覆性广告等。

(17) 透过广告的性别主义框架看广告，我们可以将“广告”分解成女权广告、男权广告、中两性广告等不同类型。

(18) 透过广告的主体卷入框架看广告，我们可以将“广告”分解成中立性广告、保守性广告、激进性广告等不同类型。

(19) 透过广告的作业主体框架看广告，我们可以将“广告”解析成职业性广告和惯习性广告（非职业性广告）等。

(20) 透过广告的合法性程度框架看广告，我们可以将“广告”细分成合法广告与非法广告等类型。

超符码化时代的广告传播肉身得到了空前的解放，新的组合——不论是理论的组合抑或媒介的组合、行动的组合——多能带来内爆式的广告身处方式的变化与丰富。例如，那种以解除伪装的方式先发制人的“双层玻璃式的广告方式”，在那里，念电子提词机的演员，在念广告词时因缺乏市场营销经验而没有信心以至声音发抖——“稍等！这是什么双层玻璃广告公司？”这一叙事讽刺了强行推销行为，以抵抗的过程作为说服行为，与此同时又把摄影机对准摄影棚的装置——探照灯、摄制组成员、提词机，自觉地将各种设备暴露给观众看，显露广告的虚构性。或者像墨丘利电话公司的广告那样，用哈利·恩菲尔德的特技模仿战后电视的声音、图片质量及说服他人时采用的笨拙的叙事策略，创造出一种讽刺性的怀旧情调，这种情调凸现并嘲讽了它所表现出来的说服行为，学者们称之为“修史性的元小说广告”①。或者像“植入式广告”那样，完全与信息体融在一起难以分辨。

这些广告形式已经相当开放与灵活地显示了广告“充盈的无器官身体性”特征，显示了现代广告那种构成丰富但却以非中心化形式结构与存在②的特征。但是，广告现象学提醒我们注意的还有另外一些更开放、更自由、更散漫的、在一

① 〔英〕马克·柯里：《后现代叙事理论》，第109页。

② 参考麦永雄：《德勒兹与当代性——西方后结构主义思潮研究》，广西师范大学出版社2007年版，第84—86页。

般意义上我们甚至不会想到它们与广告有何关联的“新广告方式”，例如那些并无广告的故意却有广告效果的电影、电视剧、戏剧、美术展览、艺术作品、小说、诗歌、舞蹈、传说等等。萨克凡·伯克维奇的研究证明，“美国”就是所有负责任的美国人丰富论述的结果与所有负责任的美国人生活中的基本使命。按照这个研究，包括关于“美利坚”作为上帝的“应许之地”和“明天的国家”的“共同体想象”命名、“美利坚”的品牌精髓与品牌气质发想、“五月花”号船作为民族圣坛的论述、“美利坚”负有为人类照亮道路承担世界性救赎的使命的责任认同、与《圣经》并列的国家奠基文本《独立宣言》的书写，以及相当丰富的美国论述细节，最终促成了美国作为象征性与动员性合体的存在性构成，而不仅仅是一个政治意义上的国家，更是一种文化内聚的方式——“‘美国’是一整套信仰，包含在一个宏大的神圣—世俗的象征之中。”“美国的象征已将民族的思维和想象习惯与其公民制度和生活方式相联系，由此，也结合了神话与意识形态。”“它的成功是由于一代又一代的美国人赞同了某种意识形态——也就是说，因为他们自愿地，甚至是热情地参与了对美国象征一系列的改造和再改造。”这些主体中，既包括美国总统，也包含普通的美国公民，以及包括诸如爱默生、麦尔维尔、马丁·路德·金在内的修辞论述者。例如，拉尔夫·华尔多·爱默生称美国为“明天的国家”，赫尔曼·麦尔维尔称之为拥有“自由的圣经”的“新以色列”，波兰犹太人玛丽·安蒂庆祝她获得美国国籍是迁移到了“应许之地”，马丁·路德·金要求兑现“美国梦”，罗纳德·里根提醒美国人说他们是“被选来重新开始世界的人民”，比尔·克林顿以“新契约”展开竞选……借助这些努力，多样的、松散的、冲突的文化资源被一套以美利坚象征为中心的体系所收编与整合，一个错综复杂但却机动灵活的聚合系统得以有机建构，一套基本文本得以书写，一系列的仪式及相关规约得以理想地发想，“美国象征建构的转化”得以有效完成。① 还有人提醒我们注意，当商品和服务在信息媒介上被正面报道时，“新闻宣传则被视为免费广告”②。

就存在的解读而言，人类无法在实质上与“存在”见面，人类只能够在“存在”的符号中体味存在的秘密和玄机，从而感受存在并与存在同在。同样的道理，人类无法最根本地捕捉“广告”，人类仅能与那一个个的“这个广告”谋面，并由此开放人类的视阈，最终感受并得到“广告的秘密”——“广告”以实在的“辖

---

① 〔美〕萨克凡·伯克维奇：《惯于赞同——美国象征建构的转化》，钱满素等译，上海译文出版社2006年版，“中译本前言”第1—8页。

② 〔美〕威廉·派帝士：《进入广告业——21世纪新生涯规划》，冉龙华译，中国友谊出版公司1998年版，第3页。

域性”获得了它分享“不在场性”的资本与相关自由，因而，“广告”是“在场”与“不在场”的复合体。这就促进了广告的文本性延宕，也做成了广告的重复、差异、逃逸复合体的合理基础，使“广告”显现出惊人的多样性。在这一理解基础上，人类没有必要花费太多的心血琢磨“广告肉身”的具体呈现可能，事实上，这是完全语境化/辖域化的一种生产形式，一旦思考的语境发生位移，任何新的“广告肉身”都有可能出场并充分在场。同样，在这种思考模式的指导下，人类也不能够将任何一种具体的、语境化的、肉身的“这个广告”直接称为“广告”，就好比说我们不能直接将“张三”、“李四”等同于“人”一样，分析哲学、存在主义等思想体系早就显示和论述了这些珍贵的哲思要求与行动主张。

第三节　广告世界2：广告的认知资本与疆域想象

除了那些“有血肉之躯”的广告身处形式可以堂而皇之地被看做广告世界的文化资本外，在广告世界里，人类关于广告的各种认知性发想及其多样性的结晶，同样是武装这门学科众多势力中最可关注的力量。这涉及广告学的话语建设问题，涉及广告学何以妥善处理公共知识形态与广告学独立的“地方性知识”特点的关系问题，涉及广告学的学科自主性建设理想和历史成效，涉及“广告”在普遍的知识温床中的再生产机制问题，涉及广告学基本文献的经典化与再经典化问题，涉及“单元观念”及其生态性建构的历史可能性问题。从一般意义上讲，一个没有知识系统支撑的学科不能叫学科，一个缺乏学科愿景表述的学科算不上成熟的学科，一个学科工具缺乏丰富性的学科绝非有力有为的现代学科。而这些都与我们的“广告世界2”建设相关联，与针对广告世界的斯芬克斯之谜的两种人类性回应有内在和外在的关联。

一、实用性广告学知识建设与广告界共同体发想

所有的学科都以“帝国”的气象——否定权力中心认同、无疆界、丰富辽阔、开放雄迈、借助于智慧网络系统的调节管理着身份混合、富于弹性的多元文化交流①——宣告自身的价值与尊严，同样，几乎所有的学科也以研究焦点的窄化运动而显现自身的专业深度与精专度。就广告学而言，学术与创造性分离本身就构成特定学科的一种资本与气象。

---

① 〔美〕麦克尔·哈特等：《帝国——全球化的政治秩序》，杨建国等译，江苏人民出版社2003年版，“序言”第2页。

（一）广告想象与知识扎根

尽管在当代那项重要的研究中，汤姆·布劳恩说："出于所有的目的和意图，西方哲学始于古希腊。品牌学也是如此。更确切地说，一些我们在当今品牌和品牌学中用的理念是由古希腊伟大的思想家创造的。"①但是，我们还是要说，与其他学科相似的是，广告学的研究始于实用性的见解与判断，例如1141年，法国国王路易斯七世即特许由贝星州11人组成的口头叫卖组织合法经营，我们无从查考其中的具体缘由，但是这一制度性行动显然牵涉到广告在整个国家管理脉络中的许多思考。1258年，《叫喊人的法则》问世，这种思考得到了一定的表达："巴黎的叫卖人可以到任何一家酒店为它担任叫卖工作，店主不得拒绝，但已雇有叫卖人者除外。""此等叫卖人可询酒店所售酒价为何，依此价目，他可到处叫卖，不论店主同意与否。""倘巴黎酒店拒绝雇用，则叫卖人可依公定价目为酒店招徕，在葡萄丰收之年为七毫，歉收之年为十二毫。"尽管这个表述仅仅涉及制度安排，但是广告推销的重要性、自主性、合法性问题显然已经成为思考的构成。伟大的作家蒙田也借1580年出版的《随笔录》第1卷第35章，希望"谈谈我们在治理方面的一项缺陷"，这位重要的社会图景想象者设想让每座城市都拥有一个办理启事的场所，让每个人都能够告诉邻人自己需要什么。

真正促使广告学想象走向"显在知识"的历史始于"近代广告"时代的精英行动。这里面包括1841年在费城开办首家广告公司的伏尔尼·帕尔默，他设计了25%的佣金标准，希望改变随意定价的做法和广告业的形象。包括基于现实困境所作的专业主义发展想象：例如，在沃尔尼·B.帕尔默（Volney B. Palmer）1850年出版的一本广告贸易期刊中，霍勒斯·格里利（Horace Greeley）直言不讳地批评了广告人的轻佻，批评了他们故作深沉、充当诗人、用老掉牙的笑话贩卖商品的做法。他的重要思路是："如果是要做生意的话，那最好还是用生意人的语言吧。小丑的笑话有马戏团就足够了，让那些清醒的人言行一致吧。说话一定要直接果敢才行。用最少的字数来体现广告客户的理念才是正确的做法。"②包括乔治·P.罗威尔（George P. Rowell）的努力：通过1869年创办《罗威尔美国报行名录》、1888年开办贸易期刊《印刷者油墨》，罗威尔努力实践将信息打包供给顾客的一套新服务，其结果是建立了最重要的关于数据的价值认同，事实上，"媒体咨询"一直延续到现在。在随后的日子里，罗威尔和《印刷者油墨》一直在

① 〔英〕汤姆·布劳恩：《品牌的哲学——伟大思想家关于品牌的看法》，张涛译，接力出版社2005年版，第1页。

② 转引自〔美〕杰克逊·李尔斯：《丰裕的寓言——美国广告文化史》，任海龙译，上海人民出版社2005年版，第57页。

努力将广告传播建设成专业的与科学的行动体系：希望能有一份计算预算的“科学”大纲，宣传一种新的手段促销产品，使得遥远地区和零星地区的读者都能买到这种产品；应该将产品同理性与进步相结合等。也包括年轻的美国广告人弗朗西斯·W.艾耶尔(Francis Wayland Ayer)，他天才地将广告服务从单纯的版面推销转向客户服务，并以广告策略、广告计划、广告文稿、广告图形、广告效果测定、广告合同等现代广告生产细节建构这种新式服务的基本结构，奠定现代广告的业务图景与发展方向。艾耶尔被称为“将广告变成科学的人，将广告从邪恶中拯救出来的人”①。

随后，莱伍德(Laiwood)和哈顿(Hatton)合作撰写《路牌广告的历史》(1866)，桑普森(H. Sampson)出版《广告的历史》(1874)，开始勾画广告学的“共同体历史”，希望使这种职业总体性的认同有落实的可能。

经过努力，这种发展专业主义的思路已经成为普遍的社会主张，得到了社会理论家们的支持与认同。到1902年时，《印刷者油墨》即撰文宣布那些“‘专家’的消亡”亦即广告骗子主宰广告的时代已经宣告结束。剩下来的事就是发展出适当并需要的“广告理论”，只有它们才“能够让人以为广告就是文学或艺术”②。

理性与科学的新广告形象想象，使广告思考迅速地走向了发展客观体系和知识标准的时代。

1892年，《名望》杂志的一位撰稿人就曾经将广告与催眠术放在一起作比较，他得到的观察结论是：公众是顺从“暗示”行事的，而非听从于理性。1895年10月，《印刷者油墨》就将广告的使命描述为“影响人的心理”③。同年，心理学家哈洛·盖尔设计了问卷开始消费者行为和心理调查。随后，E.S.路易斯提出了他名垂千古的AIDA(Attention-Interest-Desire-Action)法则(1898)，广告学历史性地获得了它最重要的核心表述，在专业“DNA”论述史上大踏步迈进。此后，心理学家盖尔出版《广告心理学》(1900)；号称“广告心理学之父”的沃尔特·D.斯科特相继出版《广告原理》(1903)、《广告心理学》(1908)，进一步加重心理学知识在广告学科中的“知识谱系的基本基点”地位，刻写了广告学从消费者眼际出发

① 美国总统威廉·霍华德·塔夫特语，转引自〔美〕杰克逊·李尔斯：《丰裕的寓言——美国广告文化史》，第61页。

② 《印刷者油墨》的观点，转引自上书，第145页。

③ 转引自〔美〕沃尔特·D.斯科特：《广告心理学》，李旭大译，中国发展出版社2007年版，“前言”第1—2页。

劝说、劝服的知识逻辑构架。[①] 例如,那时的广告人约耳·本顿(Joel Benton)即主张广告人应当养成神秘的读心术,"必须看穿人类的特性,探索思想的规律"[②]。而沃尔特·D.斯科特更是直接写道:"商人必须懂得顾客的心理,并且得明白如何才能有效地影响他们——这就需要他们掌握如何把心理学应用到广告中去。"[③]

实际上,早在1901年,沃尔特·D.斯科特已经在芝加哥的一次集会上倡导将广告传播看做独立的学科体系并加以研究。1902—1905年间,美国的宾夕法尼亚大学、加利福尼亚大学、密西根大学、西北大学等现代教育机构也已经开设相应的广告学课程,广告学作为独立学科的生产平台已然呈现,进一步的聚集与发酵只是时间问题。

随着广告与媒介关系、广告界的进步主义信念等问题的解决,广告界弥散着一种积极的幻想,广告人开始想象自己通过"社会科学"的支持有能力预测和控制消费者的世界,因为广告是科学行为。广告界和社会科学家开始使用"新心理学"的口号,强调他们更加灵活和更加富于创造性的特性。譬如对斯科特而言,科学的广告传播方法不是实验性心理学的技巧应用,而是对有关广告行为中出现的相关问题进行实验分析、材料收集和认真解读。譬如,为什么几千个被调查者要购买不同种类的产品的调查结果研究;或者1807—1907年间有几个重要广告商在《世纪》杂志上购买空间位置的类似数据;或者征求杂志出版商的意见,询问究竟广告放在哪个位置效果最好;或者调查几千个男人阅读报纸的原因;或者调查人们对于街道两旁的广告栏有何反应;或者直觉在人们的行动中究竟扮演什么角色;等等。

广告就是推销术的时代来临。1904年春天的一天早上,约翰·E.肯尼迪走进帕尔莫饭店。他径直来到酒吧,在名片上草草写了几个字,请侍者转给楼上的罗德 & 托马斯公司的管理人员阿尔伯特·拉斯克(Albert Lasker)。据说,名片上写道,如果拉斯克想知道广告究竟是什么,就到楼下的酒吧来,有个人可以告诉他真相。拉斯克立刻赴约,几杯酒后,肯尼迪告诉拉斯克,广告其实就是"纸上推销术"而已。他坚持认为,广告客户应该使用详尽的资料来说明产品,并且要抛弃一切毫不相关的东西。进一步地,广告是"联合的时代中销售机器的一部分"的观念得到认同与传播。广告期刊《名望》(*Fame*)的一位撰稿人这样写

① 刘泓:《广告学"学科规训"及其知识谱系》,《新闻大学》2006年第2期,第84页。

② 转引自〔美〕杰克逊·李尔斯:《丰裕的寓言——美国广告文化史》,第151页。

③ 转引自马长财主编:《营销与广告秘诀》,中国广播电视出版社1996年版,第311页。

道:“在新系统中,生产者应该与大众同时对话,而不是雇用一个旅行推销员,让他去和每位顾客一对一面谈。那怎样才能做到呢？应该印刷商品目录,打印漂亮的手册,张贴诱人的海报,在杂志和周刊上刊登广告,在日报上开通专栏,还要雇用最聪明灵敏的雇员,让他们设计出无数天才独到的方案来吸引公众的目光。”[1]1903 年的《美国政治与社会科学院纪事》索性对读者说到:“广告和销售的关系,就如同铁路和运输的关系一样。”[2]到了 1912 年,《明智广告》的一位撰稿人很形象地将广告描述成“贩卖机上的闪光点”,“可以诱发人们对产品的心理态度,并且能够对其附加更大的价值,甚至比其自身价值还要超出许多”。更重要的是,这位分析者告诉读者,事物的“自身价值”来源于生产者关于真实的观点,广告人则重新塑造商业真实,开动了无穷无尽的想象力来操纵外表、获取信任并最终创造价值。[3]

这种将广告传播定位在“纸上推销术”的思想历史一直延续到 20 世纪 60 年代,很显然,它构成了一种务实的广告想象图景。按照介绍,这种路径下的代表性设想主要有三种:(1) 以约翰·肯尼迪、阿尔伯特·拉斯克、克劳德·霍普金斯为代表的硬性推销派(也被称为“原因追究法派”);(2) 以西奥多·麦克马纳斯、雷蒙·罗必凯为代表的软性推销派(也被称为“情感氛围派”);(3) 以罗瑟·瑞夫斯(Rosser Reeves)“独具销售说词”为代表的科学推销派。[4] 事实上,约翰·肯尼迪不但贡献了那个著名的广告定义,而且还推动了“原因—为什么”的广告模式。他认为,广告人不可凌驾于顾客之上,广告应该提供消费者购买这种商品的理由,真正好的广告应该有其逻辑性和说服力、易于理解,并能从大众思想中获得信仰。需要简单了解的是,肯尼迪的这些广告哲学与方法后来刻印在那本叫《你必须算算数来证明它》的小册子里,成为影响包括罗瑟·瑞夫斯在内的广告大家成长的重要文献——广告学的经典著作。而克劳德·霍普金斯则以他的《科学的广告》最系统化地论述了作为纸上推销术的广告认同,宣布:“经过无数人的努力,广告终于发展成了一门科学。”[5]霍普金斯宣认的这些广告表述至今仍是合意的广告实践“教条”,以至大卫·奥格威推崇备至,不但奉为经典,而且有不读上七遍勿谈广告的“经典之论”。客观地讲,霍普金斯确实为我

---

① 转引自〔美〕杰克逊·李尔斯:《丰裕的寓言——美国广告文化史》,第 145 页。

② 同上。

③ 同上书,第 157 页。

④ 张金海:《20 世纪广告传播理论研究》,武汉大学出版社 2002 年版,第 13 页。

⑤ 〔美〕克劳德·霍普金斯:《我的广告生涯 科学的广告》,邱凯生译,中国人民大学出版社 2008 年版,第 151 页。

们提炼出了现代广告的基本认同。例如,广告唯一的目的是实现销售;要用推销员的标准而不是娱乐的标准衡量广告,广告不是写来取乐的;广告完全建立在服务的基础之上;优秀的广告人应该懂得心理学,而且懂得越多越好;做广告很像打仗;好名称具有很大的优势,正确的命名本身就是一条广告;广告人研究消费者,他试图将自身放置在购买者的位置;等等。瓦尔特·D.斯科特教授在他著名的《广告心理学》(1908)中提出了一些问题:"有多少广告商能把钢琴描绘得生动无比,引得读者能去听?有多少食品产品被描写得竟然令读者都能够品尝到它的滋味?有多少广告把香水描述得竟然能使读者闻到它?有多少人能把一件睡衣描绘得能令读者感到它与身体接触时的那种快感?"①而西奥多·麦克马纳斯以《出人头地的代价》、雷蒙·罗必凯以《不朽的乐器》等作品回应这种思路,他们希望能通过关注消费者的满足感削弱刚性推销派的攻击性,运用细腻的说辞和敏感、幽默的美学手段使每一条广告丰富起来并达成理想的促销,表达了一种柔性推销派的广告想象与美学主张。

20世纪40年代起,罗瑟·瑞夫斯倡导新的促销广告观——USP理论(Unique Selling Proposition,中文译做"独具销售说辞"),强调广告应该通过发现并宣认一个鲜明的、独特的消费主张而获得解放。

当然,关于广告学的知识想象与实验不仅如此,还包括更多样性的努力与实践。比如,丹尼尔·斯塔奇(Daniel Starch)在这期间撰写并出版了大量的学术论文和《广告原理——系统的塞拉布斯》、《教育心理学上的实验》、《广告原理实践和技术》、《教育衡量标准》四本书。重要的是,斯达克开始关注如何衡量广告的读者关系问题,1923年出版的《广告原理》提出了第一个广告思考格式——五个基本的问题:产品卖给谁?用什么手段吸引人?这些吸引人的手段怎样才会有效?使用什么样的大众传播媒介?花在广告上的合理费用是多少?更重要的是,斯塔奇将第一个问题看做是部分心理学和部分经济学的问题;将第二个问题和第三个问题看做侧重于心理学的问题;对于第四个问题的解决,他认为需要综合心理学、社会学、经济学方法为一体的新思路;至于第五个问题,他认定本质上偏重于经济学。斯塔奇尝试将广告学引向多学科、边缘学科的认知状态。除此而外,斯塔奇尝试在广告费用问题、价格和利润以及季节性循环波动数据等方面做出实际的推动,为此,他大胆地使用经济学、人口统计学方面的数据分析当下的市场环境和变动。1923年,斯塔奇建立了重要的市场调研公司——丹尼尔·

① 转引自〔美〕朱丽安·西沃卡:《肥皂剧、性、香烟——美国广告200年经典范例》,周向民等译,光明日报出版社1999年版,第158页。

斯塔奇公司。关于广告和传播工具效率衡量的实用性研究使他迅速地与当时重要的传播媒介建立了相当的业务关系。1928 年，接受全国广播公司委托，他承担了第一个全国收听人数的研究，为此，他发展出了一种随机取样的程序，并开始了他认真的科学研究历程。对后世广告形象有重要影响力的另一些工具如亚历克斯·奥斯本的“头脑激荡思考风暴法”、欧内斯特·蒂切特尔等人的动机调查分析、詹姆斯·韦伯·扬的创意步骤论等，也出现在这个时候。

20 世纪 40 年代开始的另一项重要变化是：广告经济学的探索开始启动并有效延展，广告经济学内容框架三大部分之一的“微观”部分——厂商部分就此形成。在此期间，(1) 博登(N. H. Borden)(1942)的广告促销效应研究证实广告宣传所提供的商品、市场信息有助于消费者的正确消费，有助于促进厂商的产品销售。(2) 卡尔多(N. Kaldor)(1948)首次对广告经济作用的传统观点提出质疑，认为广告只不过是把人们对某种产品的需要从一个牌号转移到另一个牌号而已。他敏锐地提出广告数量过度的观点，为广告经济学的福利经济分析定下了初步的论题。(3) 多尔夫曼(R. Dorfman)和斯坦纳(P. O. Steiner)(1954)从微观的广告主厂商层次出发，广泛吸纳各种智慧资源，大胆引入现代数理经济学的数理分析方法，创造性地建立了著名的广告主厂商预算投资模型(又称“多尔夫曼-斯坦纳均衡条件”)。(4) 现代产业组织理论之父贝恩(J. S. Bain)(1956)提出著名的“进入壁垒”理论，同时探索广告的“进入壁垒”作用。(5) 韦伯(M. Weber)和菲克纳(L. Feckner)则将心理学研究方法引入广告经济分析，就实际的广告投资强度和消费者的可感知强度间的关系，提出了广告的心理物理定律，为广告经济学行为研究作出贡献。①

20 世纪 50—60 年代，广告思想发生历史性转身，借助大卫·奥格威、李奥·贝纳、乔治·葛里宾、威廉·伯恩巴克等重要人物的努力，广告传播进入“创意革命时代”，关于广告的想象与开拓也进入到新的语境。美国广告史专家建议我们通过四个人——罗瑟·瑞夫斯、李奥·贝纳、大卫·奥格威、威廉·伯恩巴克看此后历史的发展与广告界革命性种子的播撒。② 中国学者提示我们注意李奥·贝纳、大卫·奥格威、威廉·伯恩巴克的三大创意理论以及大卫·奥格威的品牌形象主张。③ 事实上，这些新的广告想象使我们的广告感受有了更多艺术的气息，这是历史的发展与转身。尤其是威廉·伯恩巴克，他拒绝相信广告

① 张纪康：《广告经济学实用教程》，上海远东出版社 1998 年版，第 2—4 页。

② 〔美〕朱丽安·西沃卡：《肥皂剧、性、香烟——美国广告 200 年经典范例》，第 364—381 页。

③ 张金海：《20 世纪广告传播理论研究》，第 40 页。

是科学的流行信条，相反，他认为对所谓逻辑的追求往往会失败，因为“大脑根本就不是一个逻辑的工具，它只是像齿和爪一样的生存器官，所以大脑不会去搜寻真理，它只去探寻利益”。因此，他说：“我提醒你们谨防相信广告是一门科学，它是一种直觉，一种艺术技巧，而不是能给予人深刻印象的广告科学。”他凝练的广告原则是：从产品中寻找简单的故事，并通过一种言语清晰、充满智慧、令人信服的途径介绍出去。[①]“伯恩巴克把广告视为一个整体，第一次将广告明确定义为艺术，定义为在了解产品的基础上充分发挥创意人员的想象力和创造力的艺术创作。”[②]后来的广告界鬼才乔治·路易斯坚信这种广告哲学，他甚至以性别做赌注保证广告不是科学而是艺术。

广告学界的其他发展同样具有品质改造意义。例如，广告经济学方面的转化与改进值得注意。就市场层面产生变化而言：(1) 作为传统的经济观点，广告竞争强度与市场集中度之间应当存在着线性的正相关关系遭遇统计上的否定，引发广告经济学界争议，至 1971 年，格里尔(D. F. Greer)提出二次函数相关假说后，广告导致集中和集中产生广告竞争这一论点获得广泛认同，争议告一段落。(2) 1967 年，科马诺(W. S. Comanor)和威尔逊(N. A. Wilson)以逻辑推理、理性假说和细致的实证检验方法，从广告促销与广告主利润率相互关系的角度，论证和发展了广告经济学中的广告进入壁垒理论。(3) 1976 年，兰宾(J. J. Lambin)就广告的阈限效应及广告收益的递减规律提出自己的理论模型，原有的建立在心理学基础上的张伯伦模型的结论——广告宣传将导致销售收益不断递增得到修正。新模型不仅更客观、全面、符合市场现实，而且提出了广告的规模经济非线性效应，大大加强了广告经济学的应用性和指导意义。(4) 针对广告对厂商(主要是广告主厂商)利润率高低影响问题，纳尔森(1974)从信息经济学和需求弹性角度提出“非线性广告强度—利润率相关模型”。(5) 传统观点认定广告有促进市场竞争的意义与价值，但是，随着垄断经济现象的出现，学术市场中并存广告刺激竞争和广告导致垄断两种不同声音，许久以来，未见分晓。20 世纪 60 年代末，信息经济学引入，该种争议略有定论，并为 80 年代寡头市场广告竞争理论的形成提供理论基础。另一方面，就福利分析层次而言，20 世纪 20 年代，庇古首次将广告分为信息广告和竞争性广告两类，广告福利分析的框架已经萌芽。20 世纪 50 年代后，经济学界关于广告的信息性、劝导性、欺骗性等经济道德问题以及广告刺激抑或遏制竞争、广告与消费者权益等问题争论不

---

① 转引自马长财主编：《营销与广告秘诀》，中国广播电视出版社 1996 年版，第 179—186 页。

② 张金海：《20 世纪广告传播理论研究》，第 58 页。

休，乃至于加尔布雷斯、哈耶克、格雷泽等重要学者纷纷卷入。官方广告管制活动的福利分析也在“管制经济学”（Economics of Regulation）的支援下得以迅速发展。至20世纪80年代，邓肯·里基出版《广告经济学》（1981）、阿尔宾和法里斯出版《广告的争议》（1981）、库特索依埃尼斯出版《非价格决策》（1982）、施马伦西继《广告经济学》（1972）之后再撰《广告与市场结构》（1986），广告经济学大放光彩。通过新的问题——寡头市场的广告竞争与串谋的模型问题、广告的规模经济效应与行业进入壁垒问题、价格与广告的市场均衡问题、广告管制政策的不确定性和动态性问题、双占寡头最小/最大产品差异度问题、寡头均衡下的广告促销问题——的搭桥，广告学世界格局无限放大，它的触角到了一切可能的领域与空间。①

在其他方面，消费者研究领域的马斯洛的消费需求层次理论，以及后世出现的各种消费者分类工具、色彩传播与色彩销售理论、CIS理论、品牌文化理论、体验营销等，都有重大变化与品质性转向。1989年5月，首届“营销与符号学研讨会”在哥本哈根举行。会议成果表明，符号学已经为市场营销和消费者研究做出了有意义的贡献，而且在“质”的方面研究广告效果上，显示了独特的作用与价值。仅从其“野性思维”上观，就格外引人注目，例如J.约翰森研究《效用—认同—圣显：论电视广告的几种逻辑结构》，格伦·米克研究“自我送礼”现象，希望借这种“送礼给自己”现象的格雷马斯理论研究，推导出可以求证的普遍命题。②

到了20世纪90年代，广告学视野扩张至“整合传播时代”，除了唐·舒尔茨的“整合行销理论”以外，原有的各种想象与学说都被赋予了“传统理论”的新身份，适应性变形成为必然和必需。这与网络技术的广泛发展有密切的关系，事实上，碎片化与网络化同时成为这个时代的象征与标志。根据研究，人类文明在经历农业社会、工业社会、信息社会之后，快步跨进一个叫“梦想社会”的时代，人类数千年来被物质所主宰的时代宣告终结，后物质时代开始了。③ 人们被警告说，“如果不顺势而为，恐怕要被冰山碾平”④。在充分化的“梦想社会”里，广告与其他一切行动的游戏规则发生改观，因为广告行动语境发生变化：(1) 梦想

① 张纪康：《广告经济学实用教程》，上海远东出版社1998年版，第6—9页。

② 李思屈：《东方智慧与符号消费——DIMT模式中的日本茶饮料广告》，浙江大学出版社2003年版，第8页。

③ 〔丹麦〕罗尔夫·詹森：《梦想社会——为产品赋予情感价值》，王茵茵译，东北财经大学出版社2003年版，第49页。

④ 同上书，“前言”第2页。

社会市场处在变动之中,因而,过于周密缺乏弹性的战略反而会成为束缚。梦想社会主张把更加广泛、更加灵活的远景前瞻作为组织的指路明灯。(2) 情景规划将成为最恰当的行动工具。建立情景并动员无数商业演员去表演,不仅是分析性做法和严格的技术程序,还是戏剧和梦想的一部分。(3) 图片是最要紧的知识载体。农业时代的原料是土地和家畜,工业时代的原料是煤、铁和钢,在信息专家和符号分析员时代,原料由数据、信息和知识所组成,而梦想社会最可能的知识载体是图像。(4) 梦幻编织故事成为解放途径。理由十分简单:"我们对故事的需求在目前难以得到满足。即使在最宏伟的自然丰碑之前,戏剧成分也开始慢慢地蒸发掉。……我们即将用完真实的童话,所以必须用梦幻编织出新故事。"(5) 情感市场主要由六种类型构成,分别是冒险精神的市场、亲和力友谊和爱的市场、关怀的市场、"我是谁"的市场、醇和心境的市场、信念的市场。(6) 把故事注入产品和服务之中成为关键性工作。(7) 把组织发展为共同体成为使命。约翰·温斯罗普对共同体的理解应有广泛的市场:"我们相互之间应该使他人快乐,以他人的条件为我们自己的条件,一起欢乐,一同悲伤,一同劳作和受难,在我们的眼里永远把我们的共同体与我们自己视为一体。"罗尔夫·詹森根据这种环境特征替我们想象了一系列的相关工作头衔:头脑情绪部主任、网罗精英部主任、文化团体队长、首席想象力长官、进步部长、虚拟现实传教士、公司未来部主任、传递信息冠军、冷静副总裁、无形资产评估师、讲故事助理、核心价值部长、社交工程师、设想师、搞笑委员会主任等等。

梦想社会中的经济是体验经济,因此,广告传播的使命就是努力使人们加入体验生活,为此,它得为消费者设计体验舞台,让生产者、广告人、顾客、媒体一同演出各式各样的传播情景剧,在梦想社会里,工作就是剧场,且不分前台与后台,一旦开始拉幕,演出就算开始。广告学术想象佐证了詹森的想象并非妄言呓语。现在流行的广告研究著述的基本主题即是"大脑操纵"① 或者叫"心脑营销术"②,或者说是何以通过互动关系操纵顾客消费心理的新广告思维。在这个极具压迫感却又相对自由的时代里,《黑天鹅》告诉我们生活中总存在一些不可预测的黑天鹅,希望我们有警觉心与自觉的技术;《长尾理论》希望我们注意从利基市场中发现巨大的商机,看到传统商业观念之外的另类可能;《迪斯尼风暴——商业的迪斯尼化》引导我们走出麦当劳化的世界,在主题化、混合消费、商品化和表演性劳动的商业修辞中实践智慧;《品牌的哲学——伟大思想家关

① 〔美〕洛西可夫:《大脑操纵:行销不能说的秘密》,蔡承志译,台湾猫头鹰出版社 2008 年版。
② 〔日〕小森阳子:《"心脑营销术"的时代》,《读书》2007 年第 3 期,第 114—121 页。

于品牌的看法》干脆动员起赫拉克利特、苏格拉底、柏拉图、亚里士多德、笛卡尔、斯宾诺莎、莱布尼兹、洛克、休谟、卢梭、康德、黑格尔、尼采、维特根斯坦、波普尔等一帮哲学家共同商议“品牌哲学问题”，将广告世界的象形触角延伸到了人类社会的一切角落，包括那些曾经很遥远的、我们一直以为根本不搭界的人类文化资源上，广告的根扎下去的土地显然不再是那么狭小和贫瘠。美国西北大学凯洛格管理学院的建议最直接——“改变公司！”①

（二）广告能做什么和不能做什么？

广告广泛地发挥作用。例如，出于商业目的，为了出售产品和服务；出于招聘目的，为了获得员工；为中央政府所用，可向公众发布信息；为地方政府所用，可公布地区服务；出于宣传书籍、旅游或是教育课程的目的；出于宣传金融服务，或是娱乐和休闲活动的目的；为公司所用，宣传其业绩或是新投资举措；出于宣传卫生保健产品或服务的目的；为个人所用，为了购买和出售私人物品；为政党所用，用于拉选票……广告有很多作用，特别是在以下领域尤其如此：建立知名度，建立或培养偏好，提升品牌形象，产品定位，维系关系，说服，创造需要，引起关注，支持分销商，重构公司，新产品上市，消除竞争的影响，帮助建立产品差异点，帮助有效达到目标受众。但是，切不可夸大了广告的作用，广告不是万能的：广告的本质在于向受众传递信息，因而，广告不是解决所有商业问题的万能之策；广告的作用好坏最终要取决于所宣传商品或服务的质量，广告不能让粪土变黄金；广告有助于解决问题，但有时候不做广告更有利于问题的解决；广告有神奇的力量，但不能帮你掩饰困难与危机；广告无法掩饰价格问题、质量问题、分销问题或者是组织问题；广告也无法掩饰销售中的失误与不足；当其他环节出现问题时，广告无法创造需求……②

如果我们将这些问题转换成广告与盈利、广告与整合传播、广告与社会、广告与公众、广告与企业、广告与媒介、广告与营销渠道、广告与政治、广告与文化、广告与人类、广告与××之类的问题，我们所能够给出的“答案”将会更多样和更复杂。

二、批判性广告学知识与广告界生态圈辩证转化

出于现实利益考量而作的广告论述终于成了社会秩序重构的契机，因为广告已经发展到转身变成刺激多种力量卷入历史格局的“点火装置”。事实上，哲

---

① 〔美〕鲍比·J.卡德：《凯洛格谈广告营销与媒体》，付瑜译，中国青年出版社2009年版，第233—246页。

② 〔英〕A. D. Farber：《赢在简单——广告策划与运作速成读本》，戴冰等译，中国水利水电出版社2004年版，第1—8页。

学家、文学家、政治家、艺术家、历史学家们都被这种显得不可忽视的社会存在所刺激，纷纷发出了自己的声音。客观上，这些南腔北调此起彼伏，构成了广告世界的另一种景观。遗憾的是，它们一直都不在广告文化的视野内，相反，广告人努力地回避着这些对广告"不利"的、听起来极度刺耳的声音。

但是，就像哲学家吉尔·德勒兹和菲力克斯·迦塔利提示我们注意的那样，每一门学科都不得不与它的负面构成建立积极的联系[①]，"不跟敌人结成亲缘关系就无法对抗混沌"[②]。德勒兹推崇的是通过思考与回应这些对抗来有效地克服习性与定见的壁垒，我们的意见是，这些"异质性的构成"当然是广告的"噪音"，但却可以转变成充满着思想性、历史性、人类学色彩的思想参照，并且替广告世界留下足够的"空白"使之透气自如，所留间隙足以支撑广告世界的思想游牧，显示出充分的辩证性与灵动性。

这些思考的起源难以查考。这些从否定和批判的立场出发对广告展开的声讨的面相与品质也悬殊万千，不可一概而论。热拉尔·拉尼奥提醒我们，早年的乔治·杜阿梅尔、保尔·瓦莱利抗议广告的世俗与喧嚣[③]；杰克逊·李尔斯简要地勾勒了曾经提出过相关质疑的思想家名单，从亨利·亚当斯（Henry Adams）到刘易斯·芒福德（Lewis Mumford）、西奥多·阿多诺（Theodor Adorno）、马克斯·霍克海姆（Max Horkheimer）、赫伯特·马尔库塞（Herbert Marcuse）、乔治·巴塔耶（Georges Bataille）、让·鲍德里亚（Jean Baudrillard）无所不包。例如他介绍说，亨利·亚当斯、刘易斯·芒福德等人一边攻击进步思想论，一边思考着什么样的理性思考促使着生产与消费呈螺旋式上升；西奥多·阿多诺、马克斯·霍克海姆、赫伯特·马尔库塞等则花心血探索广告何以制作单向度人的压制性生产机制；乔治·巴塔耶、让·鲍德里亚还有美国诗人刘易斯·海德（Lewis Hyde）将送礼现象与一种含有情欲意味的消费联系在一起……[④]当然啦，实际作出贡献的批判性广告理论家不计其数，还有许许多多。譬如社会学家热拉尔·拉尼奥本人就在他的《广告社会学》研究中，借批判性思考的机会，细究那种无形广告——"本来意义的广告"——的可观价值与生产修辞，他将路易十四的做法看做最聪明的广告行动——尽管那个时代没有专业广告人员，但路易十四却深得广告觉悟，并有效地动员了一切力量服从于整体的社会控制。拉尼奥这样写道："庞大的凡尔赛宫是强制推行具有约束的生活样式的宏伟背景，这一生活样式

① 〔法〕吉尔·德勒兹等：《什么是哲学》，第 522 页。
② 同上书，第 499 页。
③ 〔法〕热拉尔·拉尼奥：《广告社会学》，林文译，商务印书馆 1998 年版，"引言"第 1 页。
④ 〔美〕杰克逊·李尔斯：《丰裕的寓言——美国广告文化史》，"前言"第 4—5 页。

被整理成宫廷礼节，围绕太阳王的社会生活构成了一套制度。这种审美学的作用同政治经济学一样：不安分的贵族被治得服服帖帖，气喘吁吁地维护着极其奢侈的生活，使民族工业首先是皇家制造业大发其财。皇家品位作为优雅与否的标准，造成并革除各种时尚，由于建立了一套国家治理机构，上至亲王下至乞丐，无论富人穷人，都被置于它的绝对权威的监督之下；反过来说，君主的生活在一种昭示天下的广告的光辉中展开，其生活样式的威望普照天下，弄得天下人如同一群站在圣诞橱窗前的孩子一般感到眼花缭乱。”[①]倘若与另一个信息“捉置一处”（钱钟书语）看则更有意味——1950 年 7 月 10 日，美国“国家安全委员会指令”宣布，“最有效的宣传”就是“宣传对象按照你所指定的方向走，而他却以为这个方向是他自己选定的”[②]。

我们可以发现的另一个事实是，这些本来怀抱着批评出发点的广告解读，在客观上恰恰点破了广告的秘密，显示了跳出专业“执著”后的灵活。问题是这些思想的灵性与气度却长期遭到广告业界“定义性表述”的遮蔽！人们很少会在谈论广告的正当性时提及这些人类知识精英们的宏论与伟说，它们深入到了广告的灵府！

社会学家艾德加·莫兰的广告心得是：“广告就像引人欲望的巫师学徒，其目的是引人产生欲望，把欲望转移向产品的消费，并把欲望变成需要。”“广告在竭力引发人的欲望的同时，还要竭力奉迎人，给人戴高帽子，好让人对自己有好感。”“广告信息要按照想象的模式，对购买和消费进行一场总的彩排。如果广告从形式和内容上达到最佳化，那么这种广告应能既给人带来欢乐，又能搅得人心烦意乱，在诱惑当中让人已经有了快乐的预感。”[③]波德里亚则认为：“它（广告）是我们今天唯一的建筑学；巨大的屏幕上反射着运动着的原子、质子和分子。不再有公共的场所或真实的公共空间，只有巨大的流通空间、发布信息的空间和短暂联系的空间。”[④]“广告的诀窍就在于到处使用‘货轮’魔法（土著们所梦想的总体的奇迹般丰富）来取代市场逻辑。”“广告的所有把戏都朝着这个方向发展。”“广告必须改变其作为经济约束方案的形象，并维持其作为游戏、庆祝、漫画式教诲、无私社会服务的虚构形象，由此自然而然地演绎而来……一切

① 〔法〕热拉尔·拉尼奥：《广告社会学》，第 114—115 页。

② 河清：《艺术的阴谋——透视一种“当代艺术国际”》，广西师范大学出版社 2005 年版，“前言”第 3 页。

③ 〔法〕艾德加·莫兰：《社会学思考》，阎素伟译，上海人民出版社 2001 年版，第 421—430 页。

④ 转引自金·索查克：《符号学、控制论与市场营销交往的狂热》，载〔美〕道格拉斯·凯尔纳编：《波德里亚：批判性读本》，陈维振等译，江苏人民出版社 2005 年版，第 126 页。

都是可能的,而且一切都是好的,这并不完全是为了促销,还是为了恢复协调、合作、沟通——简而言之,为了生产出关系、团结、交流。”[①]马克·波斯特借电视广告说:“电视广告是一种行事性的(performative)符号学现象:它利用词语与图像来改变音讯接受者的行为。其美学效果并不崇高;它所传输的信息几乎没有真理价值;它所传达的道德态度不具榜样性;它所唤起的种种欲望也不是力比多动力学所能解释的……然而我坚持认为,它们是一种呼之欲出的新文化的重要的符号学标记。”“当一个人看到一则电视广告时,社会的主要社会关系被再生产了。”[②]《垃圾文化——通俗文化与伟大传统》的作者理查德·凯勒·西蒙说,人们看到的最有说服力的故事就是广告商讲述的那个关于美丽的人们为了自己的乐趣在一个幸福的社会生活着的虚构的故事。这故事包含两种最古老的文化故事——黄金时代的故事和乌托邦时代的故事。在黄金时代的故事里,人们为了自己的乐趣而生活;而在乌托邦的故事里,人们则生活得安逸和理想。人类对那些将快乐和平等混为一谈的故事格外感兴趣,而广告商恰巧懂得来操纵我们的感情。“在黄金时代的故事里,你做你想做的事,在乌托邦,你做你应当做的事,在广告故事里,所想和所必需的是一回事。所以,毫不奇怪,把黄金时代的故事和乌托邦联合起来,广告就创造出一种势头强劲的故事形式。在广告对快乐的态度也就是广告最显著的特点方面,广告与黄金时代的故事最为相似……广告在结构和组织方面与乌托邦传统最为相似,是一个有着自己完整习俗和体制的社会……”最终,“修正主义和商品拜物主义这些被马克思主义者谴责的东西成了广告乌托邦资本主义者的荣耀”[③]。当代艺术批评家阿基内·博尼托·奥利瓦显然将广告看做现代艺术的基本构成而非简单的手段。他指出,广告宣传由一个集中了秘密符号的机制所支配、所推动,并自成体系。在新的推销系统里,这种符号生产显得更加开放和自由,内在的代码甚至可以使我们不需要与消费者进行精神分析意义上的调节而获得成功。奥利瓦敏感地指出:“广告宣传的先决条件是生活的不完美,即那种不幸是可以通过一种生产来修补的,这种可修复的性质又准确地证实了那种生产。这种假设是为广告宣传提供一种绝对正确的权威性。”这涉及了广告的秘密。还有,“一般说来,如果广告宣传具有一种独立的力量和审视消费者单个的愿望和需求,那似乎就是在一事物和另一事物之

① 〔法〕让·波德里亚:《消费社会》,刘成富等译,南京大学出版社 2000 年版,第 185—187 页。

② 〔美〕马克·波斯特:《信息方式——后结构主义与社会语境》,范静哗译,商务印书馆 2000 年版,第 66—67 页。

③ 〔美〕理查德·凯勒·西蒙:《垃圾文化——通俗文化与伟大传统》,关山译,社会科学文献出版社 2001 年版,第 111—130 页。

间、事实和愿望之间寻找一种联结——防止关于新鲜事物的信息出现间断”。更重要的还包括奥利瓦将新艺术与新广告相联系的那种灵活与内在的感悟。[①]在这样的思想路线上，有著名的符号学家罗兰·巴尔特。他的意见是：在一切广告信息中，所指是独一的，而且永远是同一的，“一句话，它是所公布的产品典范”。“在信息的语义学层次上，我们可以说，‘好的’广告信息其本身吸收了最丰富的修辞学和准确地（往往可仅用一个词语）体现了巨大的人类梦幻主题，因此实践着那种对诗歌本身进行规定的重要形象（或通过形象）之解放。换言之，广告语言的判准即诗歌的判准：修辞学的修辞格，隐喻，双关语，一切古代记号，它们都是双重记号，把语言扩大至潜在的所指，并因此赋予接受者以经验整体性的力量。换言之，一个广告句所包含的双重性越多，或者，为避免词语矛盾，其多重性越多，就越能实行其涵指信息功能。”“广告能指的理念在于获得人们须知如何使其具有的一种力量，以便把读者和最大可能的‘世界’连接起来：世界，即是对古老形象的体验，对世世代代用诗意语言命名的身体的含混而深刻的感觉，对人与自然关系的智慧体验；世界也是通过无可争辩的人类语言力量，使人类缓缓上升到一种对事物之可理解性的体验。”[②]还有道格拉斯·凯尔纳，他提醒我们注意广告与人类内在的那种自我想象有密切联系，人们希望自己成为什么，那么他们就消费相应的广告所推介的商品。所以，广告在控制人类的消费想象的同时也已转身成为一种举足轻重却又常遭忽视的社会化机制。为了做到这些，广告就得动用尽可能多的力量展开论述，因此，广告形成了各种文本系统，有效地回应那个时代的美学与社会学问题——如果时代需要的话，广告就有结合商品、观念的相关回应。[③] 还有尼克拉斯·卢曼（又译“鲁曼”），还有著名的哲学家吉尔·利波维茨基，还有人所共知的马歇尔·麦克卢汉，以及赫赫有名的“反广告斗士”娜奥米·克莱恩……他们的贡献与问题没有理由被我们忽视，例如当卢曼在厌恶广告的欺骗性的同时指出越来越多的广告制作者采取让接受者的动机无法辨识的策略争取成功时[④]，我们就很难拒绝他的思想价值与专业考量意义了。

法国广告人弗雷德里克·贝格伯德现在是文学批评家。从前，他就职于赫

① 〔意〕阿基内·博尼托·奥利瓦：《艺术的基本方位》，易英译，载易英主编：《艺术的方位》，河北美术出版社2004年版，第154—160页。

② 〔法〕罗兰·巴尔特：《广告信息》，载罗兰·巴尔特文集之《符号学历险》，李幼蒸译，中国人民大学出版社2008年版，第183—186页。

③ 〔美〕道格拉斯·凯尔纳：《媒体文化——介于现代与后现代之间的文化研究、认同性与政治》，丁宁译，商务印书馆2004年版，第421—433页。

④ 〔美〕尼克拉斯·鲁曼：《大众媒体的实在》，胡育祥等译，台湾左岸文化2006年版，第105页。

赫有名的扬雅集团(Young & Rubicam)法国分公司,十年来,撰写了不知多少成功的广告标语,创造了他的辉煌。他坚信"所有作家都是告密者,所有文学都是泄密"①。颇具张力的是,他要替我们人类解读广告世界的秘密,其自传小说《¥19.99——顶尖广告高手自曝行业内幕》就是他坦诚的批判与开掘:

我是个广告人:不错,我污染这个世界。我就是那个向你们卖垃圾的家伙,让你们梦想那些你们永远得不到的东西:天空湛蓝湛蓝,女人永远美丽;一种经过 Photoshop 处理过的圆满的幸福、无瑕的影像、最时髦的音乐。当你们省吃俭用,终于买下梦想的汽车,也就是我在上次促销中推出的那种,我却早已让它过时了。我总是比你们更时尚,更超前,而且总让你们望尘莫及。奢华荣耀是人们永远无法抵达的国度。我用最新的时尚来毒害你们,而新时尚的好处就在于无法维持,总会被另一个更新的时尚所淘汰。我的神圣职责就是让你垂涎欲滴。在我们这一行,没人希望你们幸福,因为幸福的人不消费。

你们的痛苦能刺激销售,我们的行话把它称为"后购物沮丧症"。你们迫切需要一样商品,一旦获得后,你们又迫切需要另外一样。享乐主义并非人道主义,而是现金流转。它的座右铭就是:"我消费,故我在。"但要创造需要,必须挑起妒忌、痛苦和贪婪。这些就是我的弹药,而我的靶子就是你们。

我的工作就是琢磨怎样欺骗玩弄你们,为此我得到丰厚报酬……

我若打断你们正在欣赏的电视片,强插进我的商标,人家就付钱让我到圣巴特勒米、拉姆、普吉岛或拉斯卡邦等美丽的岛屿去度假。我若在你们爱看的杂志里啰唆重复我的广告标语,人家就送我普罗旺斯农庄,或安地列斯帆船、圣托贝游艇。我无处不在,你别想躲我。你们的目光投向哪里,我的广告就在哪里恭候!我禁止你寂寞,我不让你思考。我用最时尚的恐怖主义向你们贩卖空洞,犹如冲浪。你若问任何一个冲浪者,他都会告诉你:要想待在浪头上,下面必须有个波谷;冲浪,就是在一个大洞上滑行(网上冲浪者跟冲浪冠军们一样对此了如指掌)。我宣判什么是真,什么是美,什么是善。我挑选能让你冲动至少六个月的模特,再将她们宣扬张贴,你们不久就会给她们冠以名模的称号。我那些年轻的女孩能让所有 14 岁以上的女性精神受创。你们崇拜我的选择:今年冬季的流行趋势是,乳房要高过肩

① 〔法〕弗雷德里克·贝格伯德:《¥19.99——顶尖广告高手自曝行业内幕》,孔丽荭译,二十一世纪出版社 2005 年版,第 11 页。

膀，某些地方要皮净毛稀。我越玩弄你们的潜意识，你们就越听我摆布。如果我在你所居城市的墙上吹嘘某某牌酸奶怎么好，我敢保证你肯定会买。你以为你拥有自由的意志，但总有一天，你会在一家超市的货架上认出我的产品，你会买下，为了尝尝，就这样。请相信，我了解我的工作。

嘿，进入你们的大脑真是快活无比。我在你们的右半脑一泻千里。你的欲望已不再属于你：我的已经取而代之。我禁止你们随意遐想。你们的欲望应是亿万欧元的投资结果。至于你们明天想要的，都由我今天来决定。①

不仅如此，贝格伯德接着说出了一连串有关广告的秘密：

为了把人类降为奴隶，广告采取了低调、迎合与说服。我们生活在第一个人控制人的体制中，就连自由也无法与之抗衡。相反，这个体制却把一切都投注在自由身上，因为这是它最大的发现。所有的批评都赋予自由美好的角色，所有的抨击都增加了人们对它肉麻的容忍所抱的幻想。自由以优雅的方式让你屈服。一切都被允许，你闹翻天也没人来教训你。这体制显然达到了它的目的，即把叛逆也变成了一种服从的形式。

我们破碎的命运被漂亮地拼成版面。②

他们好战的字眼让他们露出心虚的马脚：他们谈宣传战、目标、对象、冲击力、计划目标、第一波攻势、第二波攻势。他们害怕被吞噬，拒绝被吸血……请允许我提醒你们，广告作为毒害大脑的一门技术，虽然是由美国人亚伯特·戴维斯·拉斯克尔（A. D. Lasker）于1899年发明的，但它的高速发展还是得力于30年代的一个叫约瑟夫·戈培尔的家伙：为了说服德国人民去烧死所有的犹太人，戈培尔可谓是个杰出的广告文案策划人员：“德意志高于一切”，“一个国家、一个民族、一个领袖”，“劳动赋予自由”……记住，不要拿广告开玩笑。消费与消耗本没有什么大区别。③

商品只有通过其本身的销售才能确立它的主宰地位。你的工作就是说服消费者选择那些使用寿命最短的产品，工业家们称之为“折旧计划”。④

广告甚至成为修正主义者：甘地也卖起了苹果电脑！你想想，这位神圣的老人拒绝所有工业技术，衣如僧侣，行路赤脚，现在好，变成了电脑促销

① 〔法〕弗雷德里克·贝格伯德：《￥19.99——顶尖广告高手自曝行业内幕》，第3—4页。
② 同上书，第6页。
③ 同上书，第13页。
④ 同上书，第49页。

员！毕加索成了雪铁龙的一种车名！史蒂夫·麦奎因驾驶福特轿车！奥黛丽·赫本穿TOD皮鞋！你想，这些人死后变成促销员，他们不在坟墓里气得直翻身才怪呢。这是活死人遍布的黑夜！食人肉者的大餐！我们在吞吃尸体！行尸走肉也能促销……法国国家彩票公司甚至仿效"大富豪"游戏请出卡斯特罗和斯大林帮助他们促销"刮刮乐"彩票！①

再次借用贝格伯德的一句话："欢迎来到一个更美好的世界。"②

第四节　广告世界3：广告的思维、精神与气质

有一个说法具有广泛的普世性价值，它说："人类的所有职业都一样，要想成为任何一个行业的专家，都必须具备该职业特有的第六感觉。"③

那么，广告工作特有的第六感觉何在？既然"广告几乎无处不在"，既然"广告也超越了狭隘的商品推销阶段，拥有了更为广泛、灰色的文化意蕴"④，我们就还得进一步追问：广告的思维、精神与广告气质何在？

为了做到这一步，我们需要广告现象学的学术自觉。简单地说，就是努力使广告规避理性的遮蔽，回到自身的状态并显现存在的光芒。那么，我们就得向自己提出这样一些问题：广告为何而存在？广告作为什么而存在？——广告作为思维而存在？广告作为气质而存在？广告作为机制而存在？广告作为文化而存在？广告作为制度而存在？继而，我们还得向自己提出何以锻炼并垂下广告的智慧之锚那样的问题，在反思现代广告文化的愿景、广告与存在何以相遇并碰撞，以及问题导向下的广告学智慧整合途径、跨学科的征唤关键、"亚文化"资源的启动与开发的过程中，借助现象学的考量与描述，有效地获得广告学的灵韵与救赎。

思考的前提是我们更愿意视广告为"有广告性的领域"，并将广告性提升到"联邦"或"广告共同体"、给予各式各样繁荣昌盛的广告以公民权的状态。简单讲，我们不再坚持广告的唯一性表现，相反，那些常常被我们视做"固定"的东西总是短暂的和语境性的，关于它们的裁定离不开具体的场景与认知框架的特殊性。只要我们注意"广告的面相性" 特质，留心广告文化的软/硬呈现；或者我们

① 〔法〕弗雷德里克·贝格伯德：《￥19.99——顶尖广告高手自曝行业内幕》，第97页。
② 同上书，第216页。
③ 〔日〕石田一良：《文化史学：理论与方法》，王勇译，浙江人民出版社1989年版，第8页。
④ 〔美〕杰克逊·李尔斯：《丰裕的寓言——美国广告文化史》，"前言"第1页。

注意到“广告的论述性”特质，注意到“广告的修辞性”特质，注意到“广告的行动性”特质，注意到“广告的空间性”特质，注意到“广告的共谋性”特质，注意到“广告的主义性”特质，那么，我们就当注意到广告文化的恒定与变异：不论广告文化的肉身何处呈现，广告本身都以一种管理资源的形态呈现自身的人类性价值。当广告的分型成为现实的时候，广告自身则以“广告性”而存在。

广告应当被看做资讯与能量的管理术，这就是广告性的基本取向与扎根之在。在一些地方，这种表现被称做“操纵性”、“操控性”，例如洛西可夫、扎特曼；或者“无形兜售”、“隐蔽说客”，例如万斯·派克尔。

就最显表的具象角度而言，广告就是将信息转换成“信息包”的工作。

面对“强力胶水具有神奇般质量”这样的广告主题，广告作品 1 的表达是：“谁能把金币从墙上掰下来，金币归谁所有！”广告作品 2 的表达是：一辆轿车被胶水横着粘在墙上了！广告作品 3 的表现是：法国妙龄女郎被脚底抹上这种胶水倒着粘在天花板上。广告作品 4 的表达是：一瓶可口可乐和一瓶百事可乐紧紧地粘在一起无法分开。高明的创意！

广告性所含带的管理意涵构成当然不限于此。例如，如果就多元形态资本组合而言，广告还可以理解为是在一个主题统治下的动员与整编。美国广告人克罗德·白德尔为此提出了他的广告认知方程式：$AE = P3A \times [(II \times PP \times CQ) M] \times TF \times FT \times S \cdot D$①，希望能借简单的表述显现广告的“阳谋”机制，显现广告对商品、人性、文化的社区性组合特性，显现广告特别的空间美学建构取向。

从可见的和不可见的角度看去，情况还要复杂些，因为存在显现为“直接在场”抑或“远程在场”并不总是那么明朗，有时甚或暧昧。按照吉尔·利波维茨基的判断，“广告由此也就进入了控制论的时代”，但是却是一个充满了自觉性的、讲究技巧的控制论时代。②

关于这个问题，很特别的，批判性的广告学研究倒是给出了最充足的意见和脉络。除了此前我们所作的介绍之外，还有许多点睛之说值得推荐。例如，批评家卢曼就特别地指出“广告表明它的动机”，“广告的目的和告知意图是清晰可见而不欺骗人的”，吊诡的是，广告却由此获得自由。广告公开地承担了媒介的各种“罪过”，这样一来，它的操作就自然而然地从隐晦走向公开状态。卢曼说，

---

①　其中的“AE”指广告效果；“P3A”指商品的三种魅力，即商品实体魅力、生产企业魅力和品牌魅力；“II”指作品有吸引力、有趣味；“PP”指强大的说服力；“CQ”指良好的沟通技巧；“M”包括费用、媒介和信息；“TF”指时机；“FT”指促销延伸；“S·D”指由于适度等原因诱发的刺激或抑制。

②　〔法〕吉尔·利波维茨基：《空虚时代——论当代个人主义》，方仁杰等译，中国人民大学出版社 2007 年版，第 175—180 页。

"人们使用心理学上较为复杂的介入手段来打广告",例如,广告努力使梦想成为"真的"的前提就是:"这件事被当成前提。"广告很会恰当地对待天然的"时间缺失"困境并积极地开发这种资源,许多时候,它都会善加利用这种短缺所造成的"规格短小",掩饰它的叙述不周——"广告只要求阅听人极短暂的有意识注意,以至于他们没有时间做出批判性评鉴或深思熟虑的决断。缺少时间的东西是由迅速的东西来补偿。"为了保障这种锁定的效应,广告段落时时刻刻转换论题与呈现方式,并以此破坏"文本互涉性",使瞬间的提醒成为唯一。"越来越多的广告是立基于让接受者的动机变得无法辨识。如此一来,接受者就会辨识出所关乎的是广告,但却辨识不出自己是如何被影响。"这种促动都对加强广告的唯一性发挥积极作用。卢曼提到了广告操纵受者心理的另一些方式,亦即所谓的"不透明化"技术在语言上的使用。广告会巧妙地暗示说花钱就是省钱,拥有某个物件就是幸福,占有某个东西自然就能分享某某品位,事实上,这当然不现实。① 吉尔·利波维茨基建议注意广告利用幽默美学回应人类难以解决问题的可能性。简单地总结这位现代文化批评家的观点,例如,善加利用格言、语句套用、滑稽有趣的设计、"喜剧"的手法、矛盾修饰法、同音词、夸张、滑稽刻画、插科打诨、介于有意识无意识之间的组合等都有可能成为填平"后灌输时代"广告效应鸿沟的利器,只要有一种力量存在,"真正的广告便是不屑广告"。这种力量或者就是驯服意识,或者就是借助新的组合使人们如释重负摆脱局促获得解放感。利波维茨基最值得关注的思考路径是广告中的"间离效果"——"幽默刻意与观者保持距离,阻止观者亵玩'信息',以免阻碍陶醉、阻碍同化的进程。""同样也因为幽默,广告创意便不再受制于参照系,它获得了一种自励,从其表现形式来看,它是一种折中形式,是经典的表达与现代的间离效果之间的折中。"② 让·鲍德里亚的研究证实广告性形态的现实性与正当性。他提醒我们注意那些不是"广告本身"(那种如此这般被生产出来的广告)"而是广告的形式,亦即一种被简化的运作模式的形式,暧昧地引诱着,暧昧地感应着(所有的形态在里面都被混淆了,但它们是在一种衰竭的、躁动的模式中)。更一般地说,广告的形式是这样一种东西,在其中,所有特殊的内容都在某个时刻即它们被彼此铭刻的时刻被废除了,而'重量级'的宣言所固有的东西,意义(或风格)的关联形式所固有的东西,就是它们不能彼此转译,如同游戏规则也不能如此"。甚至社会也

① 〔美〕尼克拉斯·鲁曼:《大众媒体的实在》,胡育祥等译,台湾左岸文化 2006 年版,第 104—111 页。

② 〔法〕吉尔·利波维茨基:《空虚时代——论当代个人主义》,第 175—180 页。

落入“集体性企业”状态，“社会是一个脚本，而我们是被它所迷惑的观众”。为了自身的存在与发展，广告的形式——广告性智慧地动员其全部的语言修辞发展自身的建设，让我们看到了一个“不合语法的星云”以及广告成为社会习俗的新社会景观。广告不再像从前那样恪守反映和再现社会的手法，它让所有的存在都来加重自身的社会印象——连续的模型、声音轨道、图像轨迹、持久的修辞组合、总体性环境，都成了开启新时代广告的力量。波德里亚用“丘疹”作喻给我们启示，那是某种神奇的广告植入物，一种传播性的依附物，一旦植入就无法摆脱。更可怕的是，作为合成的构成，它们已经成为自动驾驶的个体精神与数据处理网络的一种机制，可以轻松地生成相关广告信息与美学格局。波德里亚从事广告批判不假，但他更像是一个乔装改扮后的广告生产机制探秘者，像是一个IMC理论的优秀宣讲人。他提醒我们注意在一个“广告终结的时代”里“广告”借化有形于无形之方式真实存在的可能。[①] 强调广告再次启程重建自身的罗伯特·古德曼和史蒂芬·帕普森也加盟参与了关于广告统治的讨论。他们希望能引领读者进入超符号时代的广告世界，除了观赏那些凭借灵活性思维及其美学手段的传统广告、超现实广告，还有“非说辞广告”。根据解说，“说辞广告”的目标指向名称记忆，“非说辞广告”则更加广泛地开发外部的指涉系统，希望能实现价值从符号美学到产品美学的灵活转换，也就是那种美学临近性的转换。“现在，广告人正在扮演我们的图腾组织的角色。”[②]现在，广告人开始策略地运用乔治·巴特森的做法，展开“佯谬的元交流”，借助“揭露”广告的秘密，使自己成为真诚交流模式的化身与代言者，最终召唤受者并重新获得信任和阐释合作。[③] 对广告的意识形态展开研究与批判的还有马歇尔·麦克卢汉，在他眼里，广告是生活在麦迪逊大街的那些研究心理的“蛙人”（frogmen）们精心设计用来制作心理迷幻的手段，由于叙述技巧的缘故，它们甚至可以让特写文章相形见绌。就现象而言，广告拥有马赛克式形态，既非叙述体，也不是表现观点的论述体；既不作阐释，也不作评论。从本质上讲，麦克卢汉总结广告的高深原理是：一个小球、一种模式，经过反复鼓噪与放大，最终获得自身的利益。广告的作用与洗脑程序完全一样。洗脑这种猛攻无意识的深刻原理，大概就是广告能起作用的原因。简单讲，广告就是人类的欲望、手工艺的方法、自动化的原理纠结一体的社会性尝试。广告不是供人们理性消费和欣赏的，它作用于人的无意识，以无

① 〔法〕让·鲍德里亚：《绝对广告，零度地带的广告》，载吴琼等编：《形象的修辞——广告与当代社会理论》，第107—115页。

② 〔法〕罗伯特·古德曼等：《超符码化时代的广告》，载上书，第134页。

③ 同上书，第145页。

意识药丸的形式而呈现，以催眠术而发挥作用。[①]

在这样的智慧参照体系里，动机研究路向的价值不可忽视，从这里出发，我们可以轻松地找到让消费者摆脱购物中诸多的心理困惑甚至罪恶感等思想航线。[②] 比这个分析更恢宏的操纵者由更多学科的专家共同体构成。洛西可夫(Douglas Rushkoff)将广告人称做“业务企划专员”[③]，他们通过那些精心的设计“阻碍你的自然认知历程”，诱发恍惚，导引想象。他们从事的是“神经语言学规划师”[④]的工作，目的是要产生有技术的心理和行动操纵。法国传播学家阿莱克斯·穆奇艾利所给的提示更直接和充分：通过操控情感施加影响，通过操控兴趣施加影响，通过操控情境施加影响，通过操控位置施加影响，通过操控关系施加影响，通过操控规范施加影响，通过操控身份施加影响……广告或者就是通过有技巧的干预认知对象，以干预未来行为意义的产生。[⑤]

这种思考促使我们关于“广告是什么”的追问走到了控制传播、资源运作、资本统筹、形象管理、温和专制的地步，简单地说，走向了建构主义的天地。无意间，广告成为旗帜鲜明地建构商品意涵、建构审美共同体的“超媒体”平台，成为德勒兹意义上的“褶子”，环环相扣，内外接通。借用中国学者的一个总结——“DIMT 模式”(见图 1-1)，广告就是动员“言(Discourse)—象(Image)—意(Meaning)—道(Tao)”为一体的主题性结构，而且，每一则广告中都由于情境的缘故自由地转动身体与艺术、日常生活、哲学、宗教发生特殊的关系并留下相应的轨迹。[⑥] 热拉尔·拉尼奥说：“广告在哲学上已经可以定义为所有人与所有人的交流了。”[⑦]如果加上广告始终存在鲜明的主题感的特性，加上广告设计者从一切资源世界里寻找事物联系可能性的习性，加上广告并不恪守成规而是处处借赋型的机会将这些遭遇压抑的主题从尘封的世界里打捞出来并借物质流通的机遇可感地、形象地呈现出来，我们就可以简要地将广告描述为：以相关话语呈现人生控制交流企图、修辞技艺和特殊性指向的人类传通形态。广告的全部现实主义纲领所确切显示的就是人类资源遭遇疏离与遮蔽，因而需要众多的片断

---

① 〔加〕马歇尔·麦克卢汉：《理解媒介——论人的延伸》，何道宽译，商务印书馆 2000 年版，281—289 页。

② 参考〔美〕万斯·派克尔：《无形的兜售者——广告的奥秘》，滑明达等译，陕西人民出版社 1992 年版。

③ 〔美〕洛西可夫：《大脑行销：行销不能说的秘密》，第 25 页。

④ 同上书，第 32 页。

⑤ 〔法〕阿莱克斯·穆奇艾利：《传通影响力——操控、说服机制研究》，宋嘉宁译，中国传媒大学出版社 2009 年版，第 1—150 页。

⑥ 李思屈：《东方智慧与符号消费——DIMT 模式中的日本茶饮料广告》，第 57 页。

⑦ 〔法〕热拉尔·拉尼奥：《广告社会学》，林文译，商务印书馆 1998 年版，第 5 页。

性揭示，以及强主体性的沟通与交流。就现象而言，广告显示出明显的“块茎”特色，每一个广告机体都能带来独立的人生意涵。

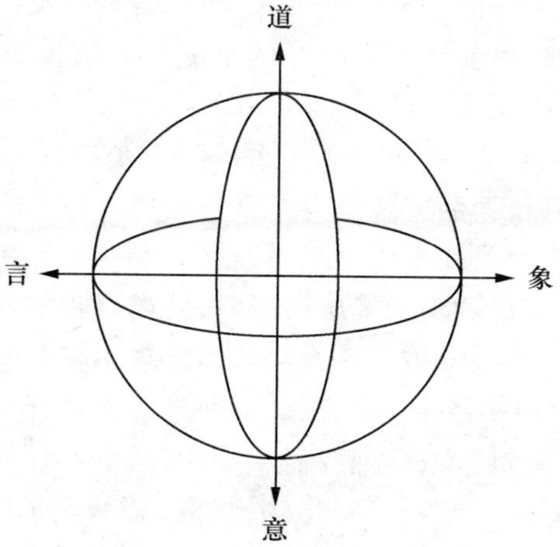

图 1-1　DIMT 模式图

我们当然不能由此认定广告遵循一般的诗性原则而制作。事实是，不同于文学、艺术等诗性实践，广告并非全创造性的和首次性的思想意识刻痕。广告诗性的重要标志在于它对世俗现实的充分尊重和艺术表达。广告不会想到要去揭露现实的“异化性构结”，相反，它要替未分化的那些愿望和物质存在找到有效的关联可能性，并让它们独自显身。如果必要，广告会让那些物质成员分别加盟“甜蜜的庸俗”、“痛苦的庸俗”或者“真理宣认”等存在框架世界，并获得它们分别的修辞资源和认知语境。

而真实的情形偏偏是，生活从来就无力从存在的混浊中找到界限分明的区隔与秩序。这样一来，广告特有的感知结构就从另一方面即戏剧舞台维度获得了解释的可能。当我们把有效广告的特性概括为对应性、锁定性、经济性、媒体性、神话性、整合性[①]的时候，我们已经在做出一种戏剧性的限制与描述。再加上广告作为适当的时间、适当的地点、适当的信息、适当的目标人群、适当的媒体、适当的投入、获取适当的效果的论述，加上广告趋利性思维——一切都利于我的存在——的考量，广告很容易遭遇戏剧艺术，在有效的论述中，最后，广告与戏剧艺术将成为共享许多重要观点和基本态度的人生行动诗学的盟友与兄弟。

广告不是再现现实的艺术，它是一种公开的取舍游戏。“苏格拉底法”（So-

① 王春泉：《实用广告写作》，第 149—166 页。

cratic Approach)从另一方面撞击我们的意识和自觉心,并提醒我们注意上述观点的合理性和必要性。这是一种借用古希腊哲学家苏格拉底问询法的现代媒体文化批评方法,主要用来检测人类非逻辑性假设、信条以及根植于媒体的相关表现,这种方法最主要的特质就在于常识性的挑战!苏格拉底问询法的主要步骤有:(1) 找一个被公认为是常识性的表达。(2) 不管陈述命题的人如何自信,我们都假设这种说法是错误的,并指出在什么情况下是错误的。(3) 如果找到例外,那么,这种说法就是错误的或者至少是不准确的。(4) 最初提出一种说法时就应该考虑种种例外。(5) 如果随后又发现了例外,那么重复以上过程。事实上,当人类对那些看似正确的观点提出质疑时,就离真相不远了。(6) 思考的产物要优于知觉的产物。美国韦伯斯特大学新闻传播学院的阿特·斯沃布莱特示范过对 Dr. Pepper 饮料电视广告的解读。一个身着无袖 T 恤、肩上有时髦文身的英俊的男子在街上昂首阔步;他向身后看了看;两个崇拜他的年轻女子注视着他;他在喝一罐 Dr. Pepper 饮料,咚咚作响;接着,镜头转向了第三个女子,她手捂胸口,似乎激动得不能呼吸;接下来,出现一个看门人,他同样被喝 Dr. Pepper 的人所吸引。轻快的布鲁斯伴随这些画面。镜头下摇,出现一个遛狗的男子;当他转弯时,英雄和一个遛狗的年轻女子迎面而来,英雄手中的饮料差一点洒了出来;在最后的镜头里,伴着"Dr. Pepper 让世界更有为"的歌词,英雄携着美女款款而行。阿特·斯沃布莱特提议首先辨别广告所含的意思,然后用苏格拉底法检验这些说法:

1. 被别人(尤其是异性)赞赏至关重要。

——该男子的幸福取决于别人的认可吗?

——如果该男子不是被关注的中心,他会不高兴吗?

2. 有魅力的人会被认可、赞赏,并有一定的影响力。

——外表不好看的人会被认可、赞赏,并有影响力吗?

——外表好看的人可能会不被认可、赞赏和有影响力吗?

——除了外表之外,还有其他的品性(如正直、得体、幽默)能让人认可、赞赏和认为有影响力吗?

3. Dr. Pepper 让人变得更有魅力。

——喝 Dr. Pepper 会增加魅力吗?

——如果不喝 Dr. Pepper,还会有魅力吗?

——如果喝其他牌子的饮料或什么也不喝,还会有魅力吗?

4. 买 Dr. Pepper 让生活更愉快。

——不买 Dr. Pepper 还会感到愉快吗?

——Dr. Pepper 是唯一一种能让人感到愉快的饮料吗？

——喝 Dr. Pepper 会让人不愉快吗？

5. Dr. Pepper 是成功邂逅的必需品。

——Dr. Pepper 在成功邂逅中起重要作用吗？

——如果喝其他牌子的饮料，会有浪漫的邂逅吗？

——如果什么也不喝，还会有浪漫的邂逅吗？

——喝了 Dr. Pepper 也可能不会有浪漫的邂逅吗？

相信这种提问对几乎所有的广告都有相当的杀伤力！然而，为何仍有如许多的广告呈现于我们的面前？答案很简单：人类需要广告！正是这个被忽视的重要的社会前提确保了广告既不会横遭粗暴的大扫除，同时又能在现实生活中真实地受到关注与欢迎。在人生大舞台上，广告人执行着超级戏剧家的使命，“广告剧”则以其卷裹人生欲望、社会现实为一体的戏剧正当性呈现自身又呈现人生，当下流行的体验经济、情感经济等更是对广告业作为“体验业”的延伸性表述与人类学意义的扩张。至于这些借助于物质产品而形成的舞台剧发生在什么剧场、采纳何种脚本（如论坛剧场、形象戏剧、无形戏剧、教育戏剧、街头剧场等）则有具体语境所作的调适与勾连。但是可以肯定的是，这种剧场行为并非传统的那种当众孤独的训诫式表演，通过具体的某个商品或者服务的纠集，广告剧为这个拥挤的世界提供了把握与参加的可能，剧场里的诸种存在之间已经在许多层面上形成了相互陌生化与解陌生化的可能，终于，广告剧拥有数量可观的“观剧者”或者说“参与编剧与表演者”。由于这种开放式的灵活与邀请，广告剧大胆尝试着走出各种书写纪律限制，它的座右铭或者是：“广告就是作为广告来让我们观看”[①]，相应地，“广告人员存在的理由（就）是帮助广告客户打破规则”[②]，最根本地，“这个职业就在于改变我们同任何一件物品之间的关系”[③]。

在广告屡屡遭到无情批判与彻底质疑的时候，菲斯克以“大众辨析”亦即大众本身拥有文化辨析能力的重要观点使我们获得进一步体谅广告作为剧场艺术的工具和契机。套用这种观点，广告只是一种想象的文本，它要想转换成诸如“潮流或时尚”的现实，还得经过拥有“大众辨识”能力的人们的过滤和选择。很显然，那些受欢迎的文本拥有相当程度的统制（domination）的封闭性及受欢迎的开放性两面特征，或者就像菲斯克说的那样拥有“相关性”、“符号意义上的可创

① 〔法〕阿莱克斯·穆奇艾利：《传通影响力——操控、说服机制研究》，第 118 页。

② 〔法〕热拉尔·拉尼奥：《广告社会学》，第 95 页。

③ 同上书，第 11 页。

造性”以及“消费的模式”。其中的“相关性”，主要指此类文化文本为不同的时空所约束，其意义和解释显然很随意和不具有权威性，相应的阅读则很受相关处境限制，无法产生绝对的主宰性结论。这样理解的结果，则使我们关于广告的感受处在那种所谓的“曼尼科主义”(Manichaeism)状态，相信善恶互不分离，相信受操控的制造附庸的行动和回避对抗的力量的相携相伴，相信广告社会舞台剧场里发生的互动具有真实的戏剧论特色。[①] 事实上，人们很乐意“将广告工业当成是一种核心枢纽，媒介、工商业界及流行文化等各路人们均聚合于此而相互作用”[②]。

如果还要说的话，我们就得说广告就像萨勒曼·拉什迪小说中的第 31 个罐子那样，等待被尚未发现之认知与想象所填满。

现在，广告学已经从具体的“广告行动”发展到“广告生活”并被初步命名为“营销交往学。”或者，我们的思考应该从这里出发。

---

① 史文鸿:《分析“大众辨析”》，载陈浩文主编:《价值与社会》，中国社会科学出版社 1998 年版，第 385—396 页。

② 〔美〕Sut Jhally:《广告的符码》，冯建三译，台湾远流出版事业股份有限公司 1992 年版，第 29 页。

第二章　历时性的广告与广告文化的"千高原"

这里将要介绍的并非纯粹的广告延迁与变革的踪迹与时间性刻痕，那是历史广告学的任务。这里涉及的表象是广告的众生相，但主要表述的却是广告生产与传播的历史性特质，或者说，显示广告与所处历史语境的所有属性、特质、元素、认知、社会制度的内在关联。简言之，这里将主要表明两个基本立场与态度：第一，广告的生产与传播受到历史语境的限制与影响，尤其受到那些隐性权力规训的挤压与制约；第二，作为现实主义美学的重要实验地，广告实践的历史前提是"充分的现实处境诊断"。为了获得一种文明的力量，人们需要从应该懂得的东西里面学会一些什么。据记载，广告已经有至少5000年的历史。

作为广告学教科书的组成部分，这里希望能在辽阔的人类文化舞台上透视广告文化的生成与变异，以及它所遭遇的命运与处境。因此，这个广告世界的"物体系"既要涉及人类欲望的游牧变异，又要广泛地涉及多样性力量何以启动历史性对话与协商的机制和可能。最终，我们将一同身处品牌化广告美学主宰历史的当代语境，共同了解未必是新的但却属于当下的社会想象以及在本质上有兼容性的众多模式与文化体系——这个社会在思想品质上是同质的，而在社会关系上是分层的，按照个人资本之类的合法标准，形成众多选择差异与消费个性。

但是，正如我们所展开的论述显示的那样，广告世界历来都以"帝国"气度而呈现，历时性看仍然如此。例如，从广告诞生之日起，没有哪种"广告"敢于自负地宣称唯独自己才是"广告"的代表与化身，而其他那些叫做"广告"的东西完全是一种僭越。简单的"干涉"没有出现，也将不会出现，粗暴的"学科特权"也没有出现并霸道地张扬自身。但这并不意味着广告帝国没有它的学科主旨与精神意志。恰恰相反，广告帝国拥有它的帝国意志与追求，只是这种帝国意志普遍以普世的姿态巧妙地居住在许许多多的广告身体里，没有以那种人们熟悉的"唯一性"而显现。在广告帝国，历史绝不会在某个时刻或者某一个广告肉身上宣告结束，历史将在广告意志的统筹下弥散到甚至未来的许多时空里，驻扎到那个时刻的广告肉身里。正像"帝国"理论的研究者说的那样："帝国不仅管理着它的疆域和人口,而且也创造了它安置自身的世界;它不仅统治着人类的相互交往,而且直接寻求统治人性。它统治的对象是完全的社会生活。"[①]对我们而言,在广告的世界里,"帝国通过多种多样的自我认证式话语和结构构造出它的主导景象"[②]。

第一节 泛广告语境里的广告生产与传播

一切重要的构成都同时拥有历史和史前史。《英国广告史》的作者 T. R. 内维特告诉我们:"……广告是在历史发展的早期,自然顺应着社会、经济和商业的发展而产生的。"[③]结果是,我们常常不在我们所在的地方。

如今,我们将广告视为一种基本的社会制度,看成聚合社会人生力量的重要机制。[④] 然而,在"广告"的世界还没有成为现在广告世界的时候,在"广告"还没有得到基本的精神与认知武装的时候,"广告"还是一个由散落的形态组成的自然的世界。在那里,"and"或者是最显赫的标志,更多的时候,甚至连"and"都还未出现,广告飘飘荡荡,散落点点,却蔚然成观。

这是最原始的"广告时代",广告处在最基本的手工状态。那时候,广告还没有成为一个专业,没有成为文化构成,没有成为制度形态,没有成为学术资源,没有成为教育水准,没有成为城市化指标,没有成为科学技术映量,没有成为必需的沟通条件……那时候,广告还是广告自身!那时,广告以最直接的生存性回应而呈现。

一、"前学科时代"的西方广告实践与论述资源配置

广告伴随人生而来,满足人类本性的需要。然而,广告的现代性显身却未并非如此,广告的自觉性发展需要过程,也需要条件。所以,"广告"出现在这一时空里显然是个时代错位。

当然,我们可以转换角度思考,将这种时空中纵横交错的沟壑造就的广告世界的复杂和辩证看作广告帝国的本质性景观,尤其是当我们联系到包括洪荒时

① 〔美〕麦克尔·哈特等:《帝国——全球化的政治秩序》,杨建国等译,江苏人民出版社 2003 年版,"序言"第 4 页。

② 同上书,第 53 页。

③ 转引自〔英〕约翰·威廉姆斯赫尔斯特等:《当代广告运作》,周伏平译,企业管理出版社 2001 年版,第 5 页。

④ 〔美〕Sut Jhally:《广告的符码》,第 31 页。

代的“广告”迹象以及随后出现的神奇繁盛时,情形就更是如此,要么不可思议,要么“豁然开朗”。这样理解的前提是我们承认广告空间的平滑移动与自由身处。事实是,广告既不固化肉身,又无处不在。

(一)早期的一般广告形式与样态

(1)叫卖广告。在古希腊城里,人们借吆喝出有节奏的声音吸引顾客,贩卖物品和奴隶,或者传递商船到达口岸的信息。通常,一位叫卖者工作时,都会有一名乐手陪伴,为他伴奏合适的乐曲。

(2)黏土板广告。人类获得的数千件写在黏土书板上的文字证明,在公元前3000年的巴比伦的黏土板上,已有刻着的关于油膏贩子、抄写员、鞋匠的广告。黏土材料的经济、易得,为这种广告形式的发展提供了适当的条件。

(3)火印广告。在古埃及墓葬中所发掘的纸草绘画显示,那个时候,在牲口身上烫烙火印已经普遍——假如一头牛的臀部上有清晰的矩形烙印,则表明这头牛属于某地某人。① 在西方历史上,火印也用于标记奴隶、逃亡者、流浪汉、斗殴者、吉普赛人等,故曾被叫做“耻印”(symbols of shame)。到了1266年,英国国王亨利三世时代,国会通过的法律开始规定面包师必须在烘烤的面包上打上自己的标志。

(4)文字广告。4000多年前的古埃及方尖碑上的象形文字可谓是最早的户外/文字广告。尼罗河畔的底比斯城遗址发掘出来的莎草纸记录了寻找逃奴的广告信息:“奴仆谢姆从织布店主人哈布处逃走,坦诚善良的市民们,请协助按布告上所说将其带回。他身高5英尺2英寸,面红目褐,有告知其下落者,奉送金环一只;将其带回店者,愿奉送金环一副。能按照您的愿望织出最好布料的织布师哈布。”这则记录了公元前1550—公元前1080年间埃及故事的广告现存于英国博物馆,是世界上现存最早的文字广告。重要的是,它显示了古代埃及的书写条件与传播状态。

(5)陶器记印。希腊罗马时期的陶器上出现许多符号印记,研究者认为是最原始的商标。此类印记分为两种:用类似于毛笔的刷子状工具做出的符号称为“软印”(dipinti);用刚性工具刻画的则称作“钢印”(graffiti)。

(6)陶牌广告。罗马时代,商人已经很有广告意识。庞贝城遗址发现石头或者陶制的牌子,传达商店相关信息——一排火腿代表肉店,一头奶牛代表乳品点,一双靴子代表鞋店。

(7)墙体广告。罗马时期经济繁荣,闹市与街区招牌、壁报广告流行,使得

① 参见钱定平:《LOGO的文化史》,新星出版社2005年版,第94—100页。

街道拥挤不堪。政府下令,一律改成墙壁广告,规定一般房屋都留一处专供广告刊发使用。一时间,房屋墙壁皆涂满广告,粗糙的文字和图画比比皆是,诸如竞技场信息、遗拾物启事,充斥视野。聪明的庞贝人还借助墙上手绘图案向公众讲述信息,墙体广告之众,达1600处之多。一则广告这样写道:"一队造营房的武士,在5月31日进行比武,同时也斗野兽,有遮阳光的棚子。"

(8) 表演广告。古罗马时,已经有医生利用表演从事广告宣传。每到一处,他们摆摊设铺,当众表演给病人开刀,借助吹笛声来掩饰病人的痛苦之声。

(9) 纹章广告。"纹章"(heraldry)一词源自西班牙文"heraldica",后者指关于"herald"(传令官)的艺术。古代战场上,传令官最重要的职责之一即验明对方身份,因此,"heraldry"即获标志、验明、确定身份的意义。文艺复兴后,纹章、盾徽迅速转向商业Logo之途并有了长足发展。

(10) 花押广告。花押也叫"签名式",希腊文的意思是"单行符号"。花押的主要作用是以签名证实身份、显示个性之用。使花押充分美术化并进而规格化的是土耳其奥斯曼帝国的皇帝们,他们的努力促成了"院阁体"的流行。而"院阁体"在今天的工艺美术界甚为流行。

(二) 早期的特殊广告形式与样态

假如我们从另一些视点和视阈看去,则这里或可罗列的广告形态还有许多。在一般意义上,它们似乎与广告无关,但是,它们在事实上扮演着广告的角色,推广着某些最重要的和最有价值的信息。所以,它们是广告帝国的另一个军团。

(1) 希腊戏剧。古希腊的戏剧和我们今天的戏剧想象有很大距离,那时,戏剧还没有成为精英艺术,尽管妇女和儿童可否看戏曾经引发激烈的争论,但是就性质而言,它是全体性的交流与沟通。它集合全体公民,并以热烈的互动而展开。研究者认为,我们完全可以将古希腊的戏剧与今天的戛纳电影节、萨尔茨堡音乐节相提并论,考虑到它的知名度和影响力,它与奥林匹克运动会更相像。但是,它看守的仍然是城邦精神。例如,在演出前,人们会向曾经作出贡献的公民和外乡人表示敬意,为国捐躯者的后代会身披盔甲招摇过市,而后坐在专为他们设置的荣誉席位上。除此而外,戏剧节和戏剧演出也成为张扬城邦强大、民主的基本仪式。最有趣味的是,在闭幕式结束后,全体观众聚集在剧场,展开庆典审查、执政官管理能力批评、公民道德分析的城邦集体活动。

(2) 演说。按照西塞罗的说法,修辞学产生于公元前465年的西西里。那时,专制的君王被推翻,人们需要重新拿回属于自己的财产,但是,完整的司法制度没有建立起来,人们需要自行辩护,大众话语教育正式开始。从5世纪中叶开始,演说在希腊各地普及开来。最杰出的演说家们从一个城市走向另一个城市,传播知识以及他们的生活想象。他们成为新的传媒形态和信息生产的理想通道。[①]“舌战”的历史正式拉开序幕，修辞意识成为普遍的观念，修辞技能成为社会普泛的追求，通过修辞获利成为一种职业。[②]

(3) 泛希腊大型竞技会。泛希腊节日把全体希腊人集合在大型圣殿四周，其中最著名的就是四个竞技会：在奥林匹亚圣殿周围举行的奥林匹亚竞技会；在特尔斐巴那斯山脚下举行的特尔斐竞技会；在纳米恩山谷举行的纳米恩竞技会；在科林斯地峡举行的地峡竞技会。前两个竞技会每四年举行一次，后两个每两年举行一次。为了聚会，休战成为必需，按照色诺芬的说法，也成为一些言论得以推广的借口。有了聚会，让人震撼的、热烈的集市形成了：食品商给成千上万的人提供食物，街头卖艺的杂耍艺人施展着各自的才艺，诗人和历史学家朗诵他们的新作，演说家在演讲，诡辩家展开各种议题的论辩，文学爱好者背诵荷马的史诗……而在运动会或者音乐会上，人们为荣誉而战，胜利者受奖的仪式非常可爱：奥林匹亚给冠军戴上橄榄枝花冠，地峡竞技会给获胜者戴上野芹菜花冠。采摘花冠也形成了仪式：一般情形下，花冠应由一位父母仍然健在的孩子用镰刀割下来，与此同时，裁判把一片棕榈叶放到胜利者的手中。列队游行活动在胜利之夜举行。回到家乡，胜利者们除了得到物质奖励外，还会得享树碑立传的荣耀，他们的雕像下面刻有文字，写着他们的姓名和父母所在城邦的名字，还有用来介绍他们光荣成绩的文字。

(4) 异域描述。异域描述产生了对那些非希腊国的介绍，流传至今的第一篇证词就是希罗多德的《调查》。它花了相当的篇幅介绍了埃及人等非希腊人，介绍了他们的服饰、他们的宗教、他们的主要特征，以及让许多人产生浓厚兴趣的问题——尼罗河的涨潮。作为积极的介绍，希罗多德表现出的非希腊人不是漫画式的形象，相反，他们充满着多样性和充沛的人性特征。F. 哈托格以为其中产生并弥散着一种“相异性修辞学”，替他的希腊同胞格外鲜明地制造了差异性的图景。

(5) 他者制造。他者制造的历史从何处而来不得查考，但是，从古典社会开始，他者制造就是人类文化走向社会修辞化的重要表现。例如，在中世纪，条纹服饰是无序的象征，是“魔鬼的面料”[③]。在许多理由的支配下，中世纪的西方社会就有许多真实的或者虚拟的人，被社会、文学、画像等裹上了条纹服装，制作成

① 〔法〕克琳娜·库蕾：《古希腊的交流》，邓丽丹译，广西师范大学出版社 2005 年版，第 68 页。

② 同上书，第 71—72 页。

③ 〔法〕米歇尔·帕斯图罗：《魔鬼的面料》，刘莉译，中信出版社 2003 年版。

为被社会所排斥的"他者"。这些"他者"包括犹太人、江湖人士、麻风病人、刽子手、妓女,还有小说中背叛主人的圆桌骑士。

如果再加上《圣经》诠释实践以及更加多样性的广告生活实践,我们对广告的理解或者会进入更为灵活与得体的状态。

二、"前学科时代"的中国广告实践与论述资源配置

相对于西方社会"前营销时代"历史终结于17世纪中期的情况,中国社会的持续周期显然要长得多,有一种说法甚至将这种历史的鲜明标志追溯到公元前5000年。按照这种说法,那个时期的中国陶器上就已经标有中国皇帝的名号,也刻有工匠的名字和制造地点。① 尽管无从查考,但是,承认中国广告历史久远却是基本的公共认同。

这段历史一般要延续到19世纪末期,例如《申报》创办的1872年、《新闻报》创办的1893年,甚至更晚近的清末媒介广告的生产与传播……事实上,中国社会的经济、政治和文明方式更适宜于传统的广告行为,因此,中国的传统广告不但形式多样,而且,网络化程度更高,持续生命期更长。

(一)早期的一般广告形式与样态

(1)招徕市声。主要指那些以招徕消费为功能特点的贸易市声。基本类型有叫卖吆喝市声、韵语说唱市声、器物音响市声。发展至今,即成有声广告。②《诗经》时代,卖汤饧者即善用吹奏乐器招徕生意。此后,宋人李嵩借《市担婴戏图》、苏汉臣凭《货郎图》记录市井贩售景观。孟元老则以《东京梦华录》刻写北宋都城汴梁意象:"是月季春,万花烂漫,牡丹芍药,棠棣木香,种种上市,卖花者以马头竹篮铺排,歌教之声,清奇可听",可见繁盛与发达。

(2)符牌。符牌起源于夏商周时代的玉制牙璋,起着符节作用,用于身份证明。《周礼·地官》云:"节犹信也,行者所执之信。"到了战国时期,基于军事作战和保密的需要,符牌正式登场,"虎符"几乎成了符牌的代名词,传达诏令、抽调兵马、征调物资,无不用之。隋唐以后,出现铜制"鱼符"和"龟符",用于出入宫禁时辨识身份之用。明朝之时,符牌等级格外明晰,例如《明史·舆服志》记:"指挥佩金牌,双云龙,双虎符。千户佩镀金银牌,独云龙,独虎符。百户素云银牌符。"

---

① 转引自钱定平:《LOGO的文化史》,第10页。

② 参考曲彦斌:《中国招幌与招徕市声——传统广告艺术史略》,辽宁人民出版社2000年版,第169—322页。

（3）旗帜广告。包括酒旗、茶旗、米店旗帜等种类。酒旗又称酒帘子、酒望、青旗等，《韩非子·外储说右上》即云：“宋人有沽酒者，声概甚平，遇客甚谨，为酒甚美，悬帜甚高。”唐朝诗人杜牧《江南春》名句“千里莺啼绿映红，水村山郭酒旗风”正是最佳写照。诗人皮日休《奉和鲁望秋日遣怀次韵》之句“茶旗经雨展，石笋带云尖。鹤共心情慢，乌同面色黔”，则是茶诗的代表，写意了茶旗的风采。

（4）题壁诗。题壁诗始于两汉，盛于唐宋。许多酒店、商铺、寺院，专设墙壁并粉白，供人题诗。唐人王绩《题酒店壁》云：“昨夜瓶始尽，今朝瓮即开。梦中占梦罢，还向酒家来。”其《过酒家》又云：“有客须教饮，无钱可别沽。来时长道贳，惭愧酒家胡。”唐人文献又载，商家常设题诗板，促成相关信息与空间的生成。

（5）瓷器刻诗。长沙窑出土瓷器显示，古人常用瓷器刻诗传播商业信息，而且，有许多诗被认定为“乃是商人或者商人雇人创作的诗歌”。“如果在已有的诗歌中，找不到目标消费群体喜欢的诗歌；或者已有类似的诗歌符合目标消费者的需求，但是商人局限于自己的见识而不知道，商人为了扩大销售，干脆本人或者雇人创作了很多的诗歌”推销商品或者服务。① 新加坡林亦秋先生的报道证明，长沙窑瓷器远销海外，瓷器上甚至刻有“我是阿拉的仆人”、“惟阿拉为真主”以及大量的佛教图文，消费者意识十分明确。②

（6）镜铭。中国人充分开发利用镜子做成广告媒介，传达适当的广告信息。仅《全唐诗补编》就收录了十首镜铭，亦即那些刻在镜子后面的诗歌。据介绍，镜铭内容多种多样，有祝愿照镜子的人天天美丽的，如“偏识秦楼意，能照玉妆成。花发无冬夏，临台晓夜明”；有保健康的，如“卫神永葆命”；有辟邪的，如“魅孽当前惊破胆”。

（7）招幌。亦即“招牌”和“幌子”。形态各异，分别称作表、帜、旗、标、幌、望、招、牌等。一般而言，招牌是以书写广告词句为主或兼绘相应图案的牌式静态固定招徕标识；招幌则是以事物或象征性物象标识为主要形式，可以摘挂或携带的动态招徕标识。现代理论倾向于将招幌分为六大类：第一，招牌，专指以悬挂、镶嵌或砌筑等方式固定于门市的匾、额、联、壁等，是书有特定广告文字或兼绘相应图案的招徕标识。第二，实物招幌，亦即直接将所经营的商品实物陈置或悬挂出去作为招幌。第三，模型招幌，即将商品实物加以放大、夸张或变形化处

① 姜革文：《商人·商业·唐诗》，复旦大学出版社 2007 年版，第 257—258 页。

② 林亦秋：《揭晓长沙窑蓝釉及铜红釉形成之谜——唐黑石号沉船惊人发现，五万余件长沙窑瓷完整如新》，《艺术与市场》2005 年第 8 期。

理后替代实物作为招幌，是一种立体摹绘的结果。第四，象征招幌，系模型招幌的转换与延伸，以经营的内容或事物的物象化特征形象化、隐喻性地作为招徕标识方式。具体分为：借代性象征招幌，如酒店悬挂酒坛/酒篓、油店悬挂油篓幌；隐喻性象征招幌，即以某种隐喻或暗示性的象征构造的招幌，如典当行悬挂钞桶、综合性食品店悬挂“八仙幌”；摹绘形象的图画招幌，即以所摹绘的形象象征经营内容或商品的图画或招幌，如从前北京内联升鞋铺悬挂招幌会有一靴一鞋形象并题有字号。第五，特定标志招幌，亦即以约定俗成的特定标志作为招徕标识。此类招幌一般与内容并无直接关联，多系惯习与传统约定。比如沽酒业以酒旗为招幌。第六，文字招幌，即在招幌上书写特定文字作为招徕标识，可细分为单一式文字式招幌和复合式文字式招幌两种。

（8）民间戏剧。中国民间戏剧以程式化的戏剧表演传达一定的价值观念和审美立场。例如，婚丧嫁娶、新屋落成、贺生送葬、家族祭祀时常以“仪式戏”（典型剧作如《天官赐福》等）沟通神灵；以“家庭戏”（典型剧作如《小贤姑》等）强调传统的家庭伦理观念；以“人情戏”（典型剧作如《天仙配》等）强调美好人情与审美取向。①

（9）印刷广告。中国现存最早的印刷广告是北宋（960—1127）时期济南刘家针铺的雕版印刷广告。广告在最显赫的位置上刻有“济南刘家功夫针铺”字样；中间是一只正在捣药的白兔；两旁书写“认门前白兔儿为记”；白兔儿图像下面刻写核心文字“收买上等钢条造功夫细针，不误宅院使用，客转为贩，别有加饶。请记白”。据考证，这则广告同时是现在已经发现的世界上最早的印刷广告，比西方世界的印刷广告早了三百余年。更加需要注意的是，这则广告包含商标、标题、口号、广告正文、行动号召等细节信息，设计之全面与周到，值得肯定。

（10）包装广告。湖南沅陵挖掘出来的元代墓葬品存有两张1306年以前的商业广告包装纸。包装纸上写着：“潭州升平坊内白塔街大尼寺相对住，危家自烧无比鲜红紫艳上等银朱，水花二朱，雌黄，坚实匙筋。买者请将油漆试验，便见颜色与众不同，四方主顾请认清门首红字高牌为记。”

（11）彩楼欢门。中国古代已有相当形态的店堂广告创意行动。《东京梦华录》“酒楼条”云：“凡京师酒店，门首皆缚彩楼欢门……”“九桥门街市酒店，彩楼相对，绣旗相招，掩翳天日。”《梦粱录》更是记载店内布局与装饰：“汴京热食店，张挂名画，所以勾引观者，留恋食客。今杭城茶肆亦如之，插四时花，挂名人画，装点门面……今之茶肆，列花架，安顿奇松异卉等物于其上，装饰店面，敲

① 参考董晓萍：《说话的文化——民俗传统与现代生活》，中华书局2002年版，第63—65页。

打响盏歌卖……”

(12) 公关广告。《洛阳伽蓝记》记载有云:有一僧人,挖坟掘出一具死尸,此人来到棺材店对老板说,作柏木棺材,勿以桑木为欐。人问何故,答曰在地下见一鬼诉说自己的遭遇:该鬼使用的是柏木棺材,按理可以免除刑罚。然而,其他鬼却认为他的棺材是以桑木欐做成的,固不可免除刑罚。棺材店老板将这个故事广泛传播,一时之间,人们争先恐后抢购柏木棺材,商人大发其财。

(13) 名人广告。《战国策·燕二》有云:“人有卖骏马者,比三旦立市,人莫之知。望见伯乐曰:臣有骏马,欲卖之,比三旦立于市,人莫与言。愿子环而视之,去而顾之,臣请献一朝之贾。伯乐乃环而视之,去而顾之,一旦而马价十倍。”

(14) 商品命名。中国早期社会已经有了初步的商品命名,例如东汉市场上即有“张芝笔”、“左伯纸”、“韦诞墨”等名牌产品。

(15) 对联广告。中国文字的特性使得对联这种极具诗性特质的文体成为中华社会普遍的广告表意方式。借助对联,人们表情达意,布告信息,在精警的文字世界里消费智慧,扩张市场。典型者如豆芽店广告联:“长长长长长长长,长长长长长长长。”(一般读作 chang zhang chang zhang chang chang zhang, zhang chang zhang chang zhang zhang chang)利用汉语同字异音的特点大做文章。

(16) 插图广告。例如,明弘治年间刊本《奇妙全相西厢记》的底页即印有金台岳家书铺广告:“本坊谨依经书重写绘图,参订编大字本,唱与图合,使寓于客邸,行于舟中,闲游坐客,得此一览始终,歌唱了然,爽人心意。”可见以图佐文、图文并茂争取广泛的视觉愉悦价值的思维与行动已然自觉展开。

(17) 广告画。南宋时期即有一幅推销“眼药酸”的广告画——两个身着马戏装的演员,一人用手指着自己的右眼,另一人则手拿一瓶眼药酸请他使用治疗。

(18) 告示。告示历史久远,时时开发用来发布信息。如明代文学家冯梦龙任福建寿守知县时,有感当地重男轻女且弃女成风的恶习,撰著《禁溺女告示》,推行新观念与新政策。告示有云:

> 十月怀胎,吃尽辛苦,不论男女,总是骨肉,何忍弃淹。
>
> 为父者你自想,若不收女,你妻从何而来;为母者你自想,若不收女,你身从何而活。且生男未必孝顺,生女未必忤逆。若是有家的收养此女,何损家财……如今好善的百姓,畜牲还怕杀害,况且活生生一条性命置于死地,你心何安?
>
> 今后各乡各堡,旦有生女不肯收养,欲行淹或抛弃者,许两邻举首,本县

拿男子重责三十,枷号一月,首人赏银五钱。如容隐不报他人举发,两邻同罪。或有他故,必不能留,该图呈明,许托别字有力者抱养。其抱养之家,本县量给赏三钱,以旌其善;仍给照养大之后,不许生父母来认。每月朔望,乡头告状,并申报本乡并无淹女等语。事关风俗,毋视泛常,须至示者。①

(二) 中国广告的"适应性变形"与缓慢转身

1815年8月15日,中国第一份近代中文报刊《察世俗每月统记传》诞生,中国广告历史生态发生改观,一个漫长的转身开始启动。在原有广告形式的基础上,"告白"这种新的广告方式大量出场,一种新的媒介平台及其携带的现代广告意识自然不可限量。

但是,限于早期杂志"地方化策略"战略的影响,"告白"并未采纳完全现代性的广告精神,而是折中妥协,作适应性变形与地方化调适。加上杂志传播范围有限,质与量都有待发展拓宽,并未造成多少实际影响。

中国社会迎来了一个过渡的广告时代,直到20世纪后,这种兼容并蓄的历史面貌才宣告终结,中国广告事业方有机遇转身迈入较充分的现代语境。

以"关键事件"的方法来梳理,则在这个特殊的"过渡时代",中国广告屡屡遭遇刺激与眩晕。这种新局面的重要特点是公共空间的增大和迅猛扩张,而这种建立在大众传播基础上的新空间、新平台、新场域恰好是后世中国广告业全面转身迈向现代化发展步伐的前提和基础。

其中主要表现有:

(1) 刊物广告出现并迅速发展。中国近代广告的历史始于《察世俗每月统记传》,这份举足轻重的刊物的第一期上即刊有"告白",开近代广告之先河。至1853年8月,西方传教士在香港创办中文刊物《遐迩贯珍》,既刊有商业广告,又设有"广告"专栏,最值得注意的是刊物的广告观念转化与对广泛的传播空间的追求。

(2) 报纸广告出场与创意美学转型。1840年后,中国近代报纸媒介出场,且以二分之一左右的版面刊载广告,介入新的广告文化实验。如《中外新报》(1858—1919)以三分之二的版面刊载广告信息,《申报》的广告刊载量约在版面的二分之一。值得注意的是中国报纸广告的创意嬗变,以《申报》为例,1872—1879年间创意的种子尚在土壤中,传统味道依然很浓;1880—1889年,创意的胚胎已然发芽,偏好强调商品商标,广告插图逐渐扩张,系列广告开始呈现;1890—1899年,新锐形式得到进一步完善,报纸广告的编排、边框都有所推新;1900—

① 引自李乔:《人在史中》,上海古籍出版社2005年版,第16页。

1909 年,广告诉求手法日渐多样,而且更加贴近国人心理,现代广告与民族文化自愿结成联盟共同生产出因应当地化发展需要的新广告形势以及新的审美取向;1910—1919 年,广告创意显然进入自由发展状态,号称申报广告“创意迭出的时期”,广告投放策略逐渐成为报纸的发展战略性开发路向。[①]

(3) 广告画的出笼与新美学开拓。鸦片战争之后,西方开始了对中国的殖民历程,开拓中国商业市场并推动适当的消费观念、消费心态的产生与发展,推动了中国近代广告的转向与发展。例如,广告画就是现代商品、新的印刷术与中国年画等方式有机整合之后的新产物。[②] 老刀牌香烟、大英牌香烟、金砖牌香烟等就借助广告画的力量迅速成为商业市场上的知名品牌和热销产品。而中国式广告画的发展,又在客观上刺激了中国的设计家和设计美学。此后的岁月里,周慕桥开发年历广告的空间,徐咏青致力于水彩风景广告,郑曼陀开发擦笔人物广告[③],不但成就了一代广告大师,也丰富了中国广告业的美学世界。

(4) 包装广告。烟草等新式工业发展,推动了相关商品包装的革命。例如,老刀牌香烟的包装,就采纳了西洋美学的手法,显示了一种有别于中国传统思维与主张的包装取向。[④]

(5) 现代广告管理制度体系呈现并系统发展。例如,《遐迩贯珍》(1854 年 11 月 13 日)不仅发布文字劝人刊登广告:“若行商租船者等,得借此书以表白事款,较之遍贴街衢,传闻更远,则获益至多”,更对广告运作的相关体例和制度想象加以设计:“五十字以下,取银一元。五十字以上,每字多取一先士。一次以后,若帖再出,则取如上数之半。至所取之银,非以求利,实为取每月遐迩贯珍三千本之费用而已。”《申报》专门设立广告推广科,内设广告外勤组和广告设计组,改进广告管理机构设置。

(6) 广告业社会性组织出现并随机发展。1912 年“中华民国报馆俱进会”通过“设立广告社案”;世界广告学会 1911 年在美国成立后,万国函授学堂上海办事处与中国广告界联络,共同发起组织“中国广告工会”……

---

① 林升栋:《中国近现代经典广告创意评析——〈申报〉七十七年》,东南大学出版社 2005 年版,第 1—30 页。

② 赵琛:《中国近代广告文化》,吉林科学技术出版社 2001 年版,第 208 页。

③ 同上书,第 57—138 页。

④ 参见上书,第 3 页。

第二节　广告的自觉与近现代广告的“千高原”

现代广告的文化自觉与系统周延带来了峰峦叠嶂、参差不齐、气象万千的“千高原”①,从此,广告文化呈现出典型的“高原的网络”征候,每一个“原”显现为一个“一致性的平台”,“原”和“原”之间则变形关联、扭结难解。

按照介绍,“其中最重要的时期始于一百多年前——当美国变成一个大生产国时”②。有必要远眺美国的广告历史大事记:

1729 年,本杰明·富兰克林在费城出版发行《宾夕法尼亚报》,报中刊载了“新广告页”,推出外部空白隔离等广告生产路向。

1833 年,本杰明·戴在纽约第一个成功发行便士报——《太阳报》。1837 年,已发行至 3 万份,成为当时世界上发行量最大的报纸。

1843 年,沃尔内·帕尔默在费城创立了美国第一家广告公司。到 19 世纪末,加拿大、日本等国相继跟进,也出现了广告公司。

1868 年,佛朗西斯·艾尔以 250 美金开办艾尔父子公司,改变简单的作业惯习和媒介掮客的形象,提供文案、插图等服务,建立相应的现代广告制度。

1906 年,W. K. 凯洛格在美国中西部六家报纸上为其公司生产的玉米片刊登广告。1915 年,它在美国的广告支出达 100 万美金。

1915 年,达美高公司的麦克马纳斯为卡迪拉克创作经典的《出人头地的代价》,开创文学派方法的先河。

1916 年,詹姆斯·汤普逊退休,斯坦利·里索与合伙人买下汤普逊公司,建立市场研究部。

1917 年,美国第一个代理业行会“美国广告代理商协会”(4A)成立,111 个公司加入。

1920 年,全美第一家电台——KDKA 广播电台成立于匹兹堡。1922 年,美国电话电报公司(AT&T)的广播电台 WEAF 为长岛一家房地产商播放第一条广播广告。几年后,企业纷纷开始赞助广播广告。

1923 年,担任洛德·托马斯公司总裁的克劳德·霍普金斯推出《科学的广告》小册子,“广告在某些人手里成为一门科学的时代到来了”,他的推销观影响

---

① 麦永雄:《德勒兹与当代性——西方后结构主义思潮研究》,广西师范大学出版社 2007 年版,第 60 页。

② 〔美〕莱恩等:《克莱普纳广告教程》(第 17 版),第 8 页。

至今。

1928 年,《好彩(香烟)伴舞乐队》节目开始在全国广播公司 39 家电台播出。

1929 年,随着股市崩溃,广告支出巨减,从最高时的 35 亿美元减少到 1933 年的 15 亿美元。

1930 年,《广告时代》在芝加哥创刊。

1932 年,乔治·盖洛普加入扬·罗必凯公司,出任研究部总监,开展了一次广泛的、联合性的民意测验。

1935 年,李奥·贝纳在芝加哥创办自己的公司。

1939 年,全国广播公司对普林斯顿棒球队的比赛进行首次电视转播。

1941 年,纽约拥有了 7500 台电视机,全国广播公司的 WNBT 于 7 月 1 日播出电视节目。第一则电视广告(表现 Bulova 手表滴答走过 60 秒)播出,作为每天节目开始与结束的标志。

1948 年,大卫·奥格威建立了自己的公司——“奥美环球广告公司(纽约)”。

1952 年,广告研究基金会为 A. C. 尼尔森公司电视收视率调查系统提供资助。

1955 年,万宝路硬汉广告拉开序幕。

1959 年,素有“广告界奥斯卡”之誉的克里奥广告大奖设立。从此,广告人永远地处在了一种“合适”与“新颖”的博弈中。

1981 年,音乐电视台(MTV)推出强烈的视觉影像美学,全方位地改变了电视广告的诉求。

1999 年后,麦迪逊大街开始了互联网时代的追求。

这还不够。“当我们开始讨论广告的发展时,我们必须考虑营销、整体商业氛围、社会道德和规范之间的关系,也要考虑公众对广告的态度。”①甚至更多。简言之,广告的生成是社会各种力量之间挤压变形后的产物,而非任意一种力量的逻辑必然。

事实上,近现代广告在这个历史周期里完成了几乎全部的形势准备,包括广告方式、广告美学、广告媒介、广告组织、广告管理制度设立、广告教育、广告人才生产制度、广告学术思想库建设、广告经典确认等等。下面将分别加以介绍:

(1) 多样的广告诉求方式。对广告诉求方式的发掘是这个历史时期最重要

① 〔美〕莱恩等:《克莱普纳广告教程》(第 17 版),第 13 页。

的贡献之一。例如,诉求形式上的情感诉求、理性诉求、复合诉求等;美学形式上的图形诉求、文图复合诉求、纯文字诉求等;篇幅上的长广告诉求、短广告诉求等;现代化程度上的传统诉求、现代诉求、后现代诉求;等等。在广告这个充满象征的世界里,人们努力地将个人与社会按照一定的可能性结合在一起,或者追求"生理上的完美主义",将一切做得如此美好与可爱,或者追求"心理完美主义",就像智威汤逊公司1901年所建议的那样,"除了新奇之外,广告还必须雄浑、爽快、充满磁性"[①],或者说,充满活力、充满朝气、充满生命意志力。

(2) 丰富的广告传播媒介。届此时段,四大传媒——报纸广告媒介、杂志广告媒介、电视广告媒介、广播广告媒介均已出场。随着霓虹灯广告、车身广告、旋转广告机、店面广告、包装广告、灵巧广告等的相继出场,现代广告媒介基本齐备,广告分类与组合全面确立。重要的是,每一种媒介都带来了相应的社会观念和想象可能——"媒介就是信息"。例如,"电视的兴起,使人们更加惧怕广告客户极富操纵性的力量"[②]。相应地,也在诸多方面促进了广告传播与生产的技术跟进、方式调整和思维革命,甚至存在意识的变革。

(3) 广告学说思想库建设。继AIDA之后,广告理论与相关学说迅猛发展,人类智慧资源落实在广告心理、广告创意、广告调查、广告功能、广告语言、广告视觉、广告风格、广告市场、广告修辞、广告伦理、广告制作等层面,结出灿烂的智慧之花。重点理论譬如头脑激荡思考风暴法、定位理论、品牌形象理论、USP理论、受众细分理论、CIS理论、消费者动机分析理论等格外突出。为了广告事业的快速发展与对人类资源最大限度的开发和利用,广告业界苦心孤诣,不时更新理论思维,为此,广告人甚至将这些工作与社会科学家、企业总裁、内科医生、心理学家、自由派新教牧师联系起来。他们希望能在整合中创设一种"人的科学",并积极地应用这些科学成果。[③]

(4) 相关广告组织与共同体出现并获得发展。广告事业的发展,刺激社会管理力量卷入广告市场,相关广告管理组织纷纷出现。例如1917年,美国广告代理商协会成立,共有111位创始人;如今,已有500多家成员机构,约占整个广告市场份额的75%。到20世纪30年代,麦肯—艾瑞克森、沃尔特·J.汤普森等机构纷纷创建海外办事处,拓展全球业务。广告业的传奇者马里昂·哈勃1954年建立艾培智集团,试图将分散的广告代理机构整合成一家公司掌管,到20世

① 〔美〕杰克逊·李尔斯:《丰裕的寓言——美国广告文化史》,第131页。

② 同上书,第185页。

③ 同上书,第97页。

纪60年代,艾培智集团不仅拥有几家广告代理机构,而且还展开市场调研、电视产品供给、处理客户公关活动等业务项目。《广告时代》认为哈勃计划行动“对于代理也可能是一个全新的策略”。1914年,联邦贸易委员会(FTC)设立,替广告业在管理与规范上探索尝试,屡有奇功。1943年,“战时广告委员会”成立,和平时期,则转身成为“广告委员会”。1938年,国际广告协会成立,为全球广告的发展设置平台。1953年,全日本广告联盟成立。1978年,亚洲广告联盟落成。1982年,中华人民共和国第一个广告学术组织“中国广告学术委员会”成立,到1983年中国广告协会成立后,则顺理成章地成为中国广告协会的学术委员会。

(5) 因应形势的广告管理文化的相继确立。到了1900年,公众和立法者都越来越多地担忧欺骗性广告的危害,志同道合的广告人开始联合起来建立广告俱乐部,希望能以群体的力量坚守广告的真实性所在。这些俱乐部后来成为世界联合广告俱乐部(也就是今天的美国广告联合会)。1911年,他们发起了一场推崇广告真实性的运动。1916年,他们组建了一个监督性的委员会,这个委员会后来发展成为今天的商业促进局,继续处理不公正和欺骗性的商业行为。1971年,这些机构成为全国广告评审委员会的一部分,致力于消除误导性广告。1907年,英国制定《广告法》,开启人类广告管理的新纪元。1911年,《印刷者油墨》起草了一份约束性的广告业法规范例,旨在“惩治那些不真实的、欺骗性的或误导性的广告”。1941年11月,在广告业从业人员大会上,沃尔特·J.汤普森广告代理公司的詹姆斯·韦伯·扬提出了一个建议,即“为社会、政治和博爱等更大的目的服务的广告将彻底移除目前存在的对广告的厌恶”[①]。1963年,《国际商业广告从业准则》获得通过,全球性广告规范得以出场。广告自律、广告协商问题一并在20世纪得到空前重视并推动。

(6) 专业广告教育与新广告人才的现代性养成道路建构。20世纪人类教育史上的光彩一页显然是由广告教育构成的。这里面包括明尼苏达州心理学家哈洛·盖尔的早期实践以及斯科特在美国众多大学课堂上的专业讲授,也包括欧美国家众多的艺术类广告课程教学和声名显赫的包豪斯学院的设计教育。“到20世纪第一个十年,营业额最大、最有影响力的广告公司,雇员的类型几乎相同,都是一群盎格鲁—撒克逊男性:大学毕业,而且还通常都是美国东北部的一流大学;都是新教徒,很多还是长老会或公理会牧师的儿子;一般都来自于中西部或东北部地区的小镇或郊区。”[②]必须注意到的是,到20世纪70年代,广告

① 〔美〕杰克逊·李尔斯:《丰裕的寓言——美国广告文化史》,第25页。
② 同上书,第110页。

教育就已经自觉地走出了原先的“视觉教育”状态，走向较为充分的现代广告教育。20世纪60年代，国际工业设计联合会14个成员国甚至联合制定教学大纲，全球化发展态势已然形成。有意思的是广告教育的另一途径——广告专业机构教育。这里指的是广告公司展开的更加纯正和自觉的专业教育，这是广告教育的特殊性所在——20世纪的教育景观。事实上，广告公司展开的新人培训、野外培训、专人指导、出国培训，一点也不比专业院校的教学效果差，甚至超越了专业院校的广告学教育，成为最重要的广告专业素养和行动力培植所在。

（7）广告精英的出现与社会认同。广告学科成熟的标志之一便是相当数量的广告精英登上历史舞台。这是20世纪广告学科的光荣，也是人类文化的灿烂与光辉。19世纪，广告学的成长得利于弗朗西斯·魏兰·艾耶尔、乔治·P.罗威尔等人的辛勤与努力。20世纪，广告业的光彩与烂漫则要借助于西奥多·刘易斯·贝特西(Bates)、乔治·班腾(G. Batten)、威廉·白顿(William Benton)、威廉·伯恩巴克(William Bernbach)、柴斯特·勃列斯·鲍尔斯(C. B. Bowels)、查尔斯·布劳尔(C. H. Brower)、李奥·贝纳(Leo Noble Burnett)、托马斯·詹森·布瑞尔(Thomas Jason Burrel)、克劳德·霍普金斯(Claude C. Hopkins)、约翰·肯尼迪(John E. Kennedy)、阿尔伯特·拉斯克(Albert D. Lasker)、玛丽·乔治恩·柏格(Mary Georgene Berg)、大卫·奥格威(David Ogilvy)、亚历克斯·奥斯本(Alex F. Osborn)、约翰·波文斯(John Powers)、罗瑟·瑞夫斯、雷蒙德·罗比肯(Raymond Rubicam)、马克斯韦尔·萨克哈姆(Maxwell Sackheim)、丹尼尔·斯塔奇、詹姆斯·瓦尔特·汤普森(James Walter Thompson)等人①的智慧与胆识了。这种专业英雄不仅带来了专业生产上的种种价值，也给我们人类带来了广告生产传播的种种新语境、新思维。

（8）广告经典确认与再生产。20世纪最基本的广告学成绩包括对专属广告世界的经典作品进行学理上与事实上的确认，最终，在人们谈论广告学的时候，存在着那种常叫谈论者感受到闪烁的光芒与无穷魅力的学科资本。专家告诉我们，经典的原意是指我们的教育机构所遴选的书，它的另一层意思是：渴望了解某一领域智慧的人们想看到什么样的表现样式。② 在本书中，经典指广告世界里那些人们能够充分感受到广告学魅力并由此将出色的前辈和重要的后来者联系起来的、凸现广告学精神与品格的优秀作品。事实上，这样的经典作品在

① 参看马长财主编：《营销与广告秘诀》，中国广播电视出版社1996年版，第134—377页。

② 〔美〕哈罗德·布鲁姆：《西方正典——伟大作家和不朽作品》，江宁康译，译林出版社2005年版，第11页。

广告世界里很容易被一一列举，例如威廉·伯恩巴克的《慷慨的旧货换新——带来你的太太/只要几块钱/……我们将给你一位新的女人》、《吃光它》，李奥·贝纳的《肉——使得你所需要的蛋白质成为一种乐趣》、《月光下的收成》，乔治·葛里宾的《我的朋友乔·霍姆斯，他现在是一匹马了》，大卫·奥格威的《在这种新型“劳斯莱斯”轿车上，每当时速60英里时，你所能听到的最大噪音来自电子闹钟声》，麦克马纳斯的《出人头地的代价》等均是一时的商业广告杰作。

第三节 “互动时代”、泛传播2.0社会的“营销交往学”

根据最新的研究，20世纪80年代，广告业已经进入“无序的广告业”时代。[①] 吊诡的是，历史又回到了泛传播时代。或者应该说，广告传播进入到它的“泛传播2.0时代”。与原始时期的“泛传播”不同的是，这是基于互动传播背景和资源整合意识普世化的历史语境，在这个新的语境里，人类针对广告生产与传播做出了充满自觉性的选择，这一切都向我们宣布与畴昔那种限于自然条件和认知缺位的情形全然不同。简单地说，广告传播走进了以互动为基本社会条件、围绕品牌做文章的营销交往学时代。

关于这个新时代的历史语境及其构成，我们可以作简单描述：

（1）媒介发展日新月异。新时代的重要标志之一就是新技术、新媒体——传媒本身既是技术也是媒体——的发明与更新几乎达到临界速度，传播系统处于空前的非稳定状态。有线电视、家用录像设备、大量的分门别类的杂志、直邮，从结构上改变了现代传播体系。尤其是进入互联网络后，媒介内外形势风云变幻，互动与竞争并行不悖，演绎出全新的媒介江湖巨变。消费者媒介消费习惯发生相应变化，截至2007年，网络媒介消费已占消费者媒介消费时间的24%。更重要的变化则是由此展开的媒介市场全面数字化的新媒介革命运动，广播、电视、户外媒介纷纷走上数字化、网络化道路，人类营销中心快速向网络世界集结。

伴随而来的那些不可抗拒的新技术，例如使用CoreDRAW（一种基于矢量图形的综合性软件）就可以画出任何想要画出的图形，从建筑图纸到招贴、漫画、网页等无所不包。在众多的“四新”（新媒体、新设备、新材料、新技术）的支持下，广告生活，亦即那种广告与日常生活融为一体的时代，悄然来临。广告的巧思妙想全面转变为现实成为可能。例如，在许多地方，电视节目插播广告的声音会自动提高，有效地对应受众抵触广告的行动。

---

① 〔美〕莱恩等：《克莱普纳广告教程》（第17版），第29页。

(2) 文化创意产业化挑战广告创意。[①] 很显然,我们已经到了文化创意产业化时代,进入一个人人都是创意艺术家并懂行的历史语境,原有的广告人"专业剧场"迅猛地转向了人人都是演员、人人都是艺术家的"全民剧场"时代。曾经的广告辉煌,曾经的广告时尚,转瞬不在,曾经属于广告人专利的创造性展开,而今已经遍地开花:20 世纪 90 年代的中学英语教科书集体记忆被蔡凯发展成了充满着张力的 LH 主题产品——T 恤衫、Han Meimei 半卧在地做性感状的作业本、"亢奋起来"的纸飞机、"三八线"胶带、"我是狐狸精"/"正确对待男女关系"的贴纸等。成功鼓励着蔡凯继续发展他的那些"邪恶"新产品,例如单肩书包、情趣内裤。蔡凯说:"为什么这些带着破坏力和颠覆性的产品那么有市场……因为我们大家正在今天这个语境中对待那段回忆,正在消费其中的落差。一些变化发生得太快太猛,而一些记忆过了几十年仍然留在那里。"[②]相应的,边缘创造带来广告业的"文化眩晕",飞速发展的市场不仅没有成为广告文化发展的新庭院,相反,却带给广告更加严重的挑战和无情的挤压。无所不在的创意市场没有投给广告文化以温暖,没有增加它们的份额,没有加大广告的市场权重,没有凸现广告的角色意义,却以那零乱的但却创意味十足的杂交、古怪的拼凑、脉络主义的关联,将广告人和他们那曾经很自负的行业远远地抛在身后,留给他们的只是诧异和茫然。

(3) 步入"你世代"。2006 年底,美国《时代》周刊将"you"(你)评为"年度人物",正式宣告"你世代"的来临。市场经验告诉人们,"在'你世代',当极其丰富的产品像泉水一样涌现出来的时候,当高度同质化的市场中,产品自身的差异被技术发展飞速抹平时,消费者们越来越挑剔,甚至失去了'消费忠贞'!面对花花绿绿充满诱惑的世界,对某个品牌保持忠诚已是天方夜谭:他们见异思迁、喜新厌旧,以尝鲜为乐。供求关系决定了市场掌控权,YOU,就是帝王!三千佳丽,任 YOU 选!"[③]

这种变革有许多时代背景,例如,现代社会教育水平的提高与商品知识的迅速普及;网络技术等新兴购买手段的普及;以及那种对消费者的"结盟策略"激活的消费者欲望。例如,广告专家提到的"合作与协商假想"的浮现与巩固:

合作假想的关键词:连接,联合,结合,交流,协商,分享,协调,合作,互

---

① 参考王春泉:《文化产业的发展与广告业的前路——一个所有力量都可能成为角色的新广告时代的想象》,载陈培爱主编:《创意产业与中国广告业》,厦门大学出版社 2008 年版。

② 潘晓凌等:《Li Lei 都这么牛 × 了,Han Meimei 却不喜欢他》,《南方周末》2008 年 7 月 10 日,第 21 版。

③ 刘东明:《网络营销整合兵器谱》,辽宁科学技术出版社 2009 年版,第 2 页。

动，聚合感，多重感，多色彩……还包括对话。

合作假想的前置词：和……一起。合作假想的逻辑：沟通。

由此可见，我们的社会已经从一种对抗假想过渡到了协商合作假想，从“非此即彼”走向了“携手并肩”。

一个消费者？不，应该是一个人。

这种同盟性的发展不仅对消费方式产生了影响，也对消费者的自我认识产生了影响：他们是一个完整的人，拒绝被任意肢解分割。

“我不是一个消费者，或者一个类似的人物，或者是一个产品使用者，一个选民。我不是一个目标对象，也不是一个市场份额。我是一个活生生的人。”

AOM航空公司就是这样来对待消费者的：“你不仅仅是一名乘客，你的舒适和你的习惯爱好在我们的航线上都会得到尊重……”

与合作的假想相对应，出现了一种全新的超级领域，即个人领域，这是一个集饮食、体型、美容、护理、娱乐和时装于一体的领域。

对于个人来说，这些领域相互重叠已经变成了自然而然的事情，如饮食品牌和健康相结合（药用食品），万事万物都与美丽相关，时装与休闲和运动也同样相互关联等。

进入21世纪后，个人领域也就是自我领域开始初具结构，并且逐步得到了巩固。伴随着新技术的发展，这一领域势必要占据更加广阔的表现舞台。①

这就意味着在新的语境里展开的广告生产与传播必须紧紧地抓住“消费者参与”这一思路，在体验美学的道路上推陈出新，努力经营。

（4）受众更加分化与现实市场复杂度的加大。20世纪80年代是营销与广告的分水岭。随着传媒网络的丰富与繁华，随着受众知识程度的迅速提升，随着受众商业意识的自觉与更新，也随着经由多种途径而来的受众广告文化媒介素养的养成，广告市场受众构成日趋复杂。“广告曾经是简单的大市场购买的媒介，如今它是汤料、运动鞋或手机的卖家与特殊媒体的小范围受众之间的对话。”②“广告客户们依据单个顾客而不是家庭用户或其他同质族群来区别客户。”消费者方面的这种变化，从根本上“奠定了以科技、研究和创新观点为特点的当代广告业，从大众媒体向个性化媒体的转变……对媒体内容和信息流动共

① 〔法〕雅克·朗德维等：《广告金典》，綦玉宁译，中国人民大学出版社2006年版，第632页。

② 〔美〕莱恩等：《克莱普纳广告教程》（第17版），第38页。

同控制的系统、信息、娱乐和广告的时代已经开始”[①]。一些人甚至发明出“公民媒体”这个词来形容广告客户和消费者之间微妙的关系，也就是那种媒介使用者决定和启动媒介构成的新现象。真实的意味是，这个词语表示了从现在开始起的媒介新走向，参与感成为媒体新的思考基准和行动路线。

甚至有人提出了“盲目崇拜现代性真理的法西斯主义”主宰当代大众的问题——德勒兹和瓜塔里就声称大多数人内心存在法西斯主义渴望。在他们的判断里，法西斯主义指的是通过形成霸权主义的文化，将事实用实证主义方式强加到话语中来。这些事实在日常生活中被证实。日常话语作为一些二元关系得以体现，比如神/人、自然/文化、思想/灵魂、有意识/无意识等等。根据弗洛伊德的理论，这些真理通过有意识的文化实践的不断重复而在社会结构中日趋明朗。或者，我们还可以更灵活地联想到原型理论等。

（5）服务经济时代来临。向服务经济迈进是历史的必然，根据哈佛经济学家克劳迪娅·高迪的分析，这种历史性转向是 19 世纪经济进程的历史延续，也与竞争激烈带来的合并潮有密切关系。当然，最重要的原因还在于消费者的成熟和现代沟通手段的进化。网络购物、手机购物、快递公司等各种物流企业服务，带来了一个全新的商品流通系统。从这里开始，消费者服务成为一种新的现实和商业纪律。当然，我们应该辩证地看待这一现象的构成与实质，从而将服务从有形的和具体的角度扩张到更大的视界，例如，体验营销、差异化营销、概念营销等所呈现出来的内在的、心灵的服务的视界。对广告而言，这种变化既带来了相当的压力，也给予了空前的机遇和市场。关键看我们准备采纳哪些框架，依托哪些知识支援，以何种形式参与和以什么样的心理状态参与新的广告格局再造！

事实上，现代广告业做出了相应的反应。[②] 所作设计，跨越了诸种限制与障碍，彰显了广告自觉的营销交往学个性。例如，充分尊重许可行销的时代特性，充分考虑到目标族群的利益特性，充分吸纳消费者参与卷入，持续的媒体细分和消费者描述，以及广泛地采纳产品整合、病毒营销、互动传播、合作品牌、品牌娱乐、合作营销、媒介集中购买等手段与策略，更重要的是，现代广告养成了“变化就是准则”[③]的自觉性，随时准备因应形势的挑战，做出科学的调适和转向。就像凯洛格所表现的那样，承认变革的现实性并自觉承担，承认人类认知与想象的局限性，在科学观念的指导下，通过广泛的技术变革、社会交流实现解放，最要紧

① 〔美〕莱恩等:《克莱普纳广告教程》(第 17 版)，第 29 页。
② 参考王春泉:《晚近以来广告传播体系的历史性变革》，《西北大学学报》2003 年第 2 期。
③ 〔美〕莱恩等:《克莱普纳广告教程》(第 17 版)，第 33 页。

的是始终将研究和顾客结合起来展开工作。[①]

就目前的发展而言,两大因应策略需要特别提出并略加介绍:一是品牌化路线的确立;二是整合行销传播路线的凝练。

品牌化路线的确是当下广告文化的重大胜利。借用哲学家德勒兹的说法,这是现代广告业应对新格局困境的“逃逸线”。

广告界已经充分自觉地表示了品牌发展的时代营销价值,他们的基本态度是:“21 世纪广告的另一方面是回到了强大的品牌化,公司寻找将其产品区别开来的手段,同时避免价格竞争和无差别销售……当传播渠道越来越多地被消费者控制,公司发现强大的品牌比以往更重要。”[②]不仅如此,广告业界更加深入地注意到了品牌制作的时代语境性变化以及有效因应的策略。例如,安格尼斯嘉·温克勒的总结[③]就直接针对当下品牌观念的历史转型。她比较了既有的品牌观念和新的品牌意识并积极地予以描述,见表 2-1:

表 2-1　安格尼斯嘉·温克勒的品牌观念比较表

品牌误区	新的现实
“冰冻三尺,非一日之寒”	“罗马可以一日建成”
有的放矢	无限扩张
广告是品牌的上帝	广告不是品牌的全部
舍本逐末	舍末逐本
品牌经理全能搞定	品牌需要一位“牧羊人”
品牌只是一个市场营销概念	品牌还是一个财务概念

现代广告最显赫的成绩一般记在“整合行销传播”的头上。事实上,这一经典性的传播策略不但在形式上充分地张扬了广告文化的开放性和资源复合性特征,而且在内涵上,将广告文化的路向转向了寻找并发展“元气”的维度上。这与许多现实困境有关系:(1) 信息管道多元化,使信息空间日趋拥挤,人们无暇分辨何谓广告何谓非广告,因而视一切信息为广告信息;(2) 消费者对认知而非事实的依赖越来越大;(3) 品牌中心作业基模要求将碎片整合成一种力量,简单地说,这是退而结网的做法,目的在于从气息上干预目标人群的认知与想象。

该理论的权威唐·舒尔茨(Don E. Schultz)的总结既显示了它的基本意涵,也显示了这种新理论对既有学术的改造痕迹。例如,4C 对 4P 理论的替代、以资

---

① 〔美〕鲍比·J. 卡德:《凯洛格谈广告营销与媒体》,第 240 页。

② 〔美〕莱恩等:《克莱普纳广告教程》(第 17 版),第 33 页。

③ 〔美〕安格尼斯嘉·温克勒:《快速建立品牌——新经济时代的品牌策略》,赵怡译,机械工业出版社 2000 年版,第 67—100 页。

料库为基础、重视"接触管理"、追求消费者和品牌之间的和谐关系、以"一种声音"为内在支持,以及动员各种传播媒介展开目标整合等。

应该承认的是,这种总结仍然是路线上的组织。如果再加上更加丰富和周全的细节方案和技术修辞,则一个充分有效的整合传播行销时代为时不远。

第四节 广告帝国时代:无疆界剧场与广告的"国际主义"发展

最邻近的广告生态文化方位与趋势是:作为全球化发展的一部分(既是原因也是结果),广告文化的新奥德赛旅程已经起步,新的国际广告主义景观不但形成,而且有积极整合与跨学科互动进而成为"帝国"范式典型"褶子"的未来趋势。广告文化已经进入到一个"云时代",人们很难在特殊性主导一切的那些空间关系里思考广告、策动广告并制作广告,一切都需要在普遍性广告剧场里接受全面的审视和理解。这一节的基本主题是:广告日趋成为普世的人类性修辞并进而占据整个世界,包括灵魂世界。

一、国际广告与整全剧场:如何"新"剧场和"剧场"什么?①

所谓国际广告,就是将商品或服务推向国际市场的广告行为。与一般意义上的广告相似的是,国际广告同样呈现文本结构状态。例如,从实施主体的角度划分,国际广告分为由本国市场直接实施广告和由广告主的国外机构在当地实施广告;从性质差异而言,国际广告分为商业广告和非商业广告;从对象的角度划分,国际广告分为消费者广告和工商业者广告;从战略角度划分,国际广告可以分为标准化策略广告、适应性策略广告和本地化策略广告;从诉求、方式、路径、修辞等任何一方面展开分类,都有展开与扩散开去的种种可能。最终,国际广告形成了同样丰硕的展开景象,而且是一种世界性的文化景观和跨文化的传播景象。

共同的是,全世界的市场营销活动都面临着说服目标人群、刺激购买行动的基本任务。他们使用大体相同的作业工具——大众传播广告、公共关系活动、促销广告以及各种分众传播广告。特殊的是,国际广告身处更加复杂和混浊的营销交往语境,基于语言、习俗、法规、教育、自然环境、都市发育状态、宗教、经济、现代性状态、媒介、经销格局、可资利用的机构等方面的原因,每个国际广告都能

① 本小节文字使用了王春泉:《晚近以来广告传播体系的历史命性变革》一文的相关材料,《西北大学学报》2003 年第 2 期。

够全方面地搬演广告的全程序与全景观。

这种历史最初开始于1899年美国智威汤逊公司伦敦办事处①,自此以后,“广告人的领域和机会变得国际化,而一个世界的想法也逐渐地生根于广告人心中”②。20世纪50年代,广告公司第一个国际化浪潮在欧洲市场兴起,在随后的十年中达到顶峰,这就是历史上著名的“来自美国的挑战”。为了做到这些,美国的广告公司在全世界的很多地方设立教授其专有技术的中心机构,有“美国广告公司代言人”之称的《广告时代》(*Advertising Age*)授予他们“国家非正式外交官”的称号,因为“他们以比国务院和大使们更强烈的现实主义方法代表着美国的生活方式”。第二个国际广告网络占据了20世纪70年代。到了80年代,“一个整体方案才表现出来”③。这包括金融网络、整合性的原理、标准化/分节化路径、经济情报、传播适应、专业知识合法化、传播团体与网络、无边界生产、商业表达自由、世界民主市场等方面的支持性建构,以及诸如美国哈佛大学商学院营销学教授西奥多·莱维特(Theodor Levitt)1983年结合可口可乐全球营销经验所作的“世界需求同质化”的极端总结。他相信生产标准化产品并在全世界销售将成为各个跨国公司追求最大利润的一种趋势,而这一趋势带来的是包括广告传播在内的公司营销的标准化体系的长足发展。

晚近以来,正如学者安东尼·吉登斯(Anthony Giddens,1986)所说:“我们正生活在一个人类历史上前所未有的世界里,这个世界就是所谓的‘世界体系’。”④广告文化不仅不能置身局外,更是其中典型的参与者及制作者,担负多重义务与角色。樊志育以“喷射时代”视之,并以为和国际联系之日趋紧密、三大支柱(大量生产/大量消费/大量传播)的发展、贸易自由化、经济联邦化、广告技术国际平均化、国内市场饱和之后的国际公司剧增等因素密不可分,堪作来源看待。⑤

在这种全方位的市场解构与重构中,广告传播的理论与实践也有了相应的位移。

第一,国际广告市场的形成。由于世界各国自身与共同利益的驱动,一些影

① 刘泓:《全球化语境下广告传播的文化使命》,《福建师范大学学报(哲学社会科学版)》2005年第1期,第114页。

② 〔美〕詹姆斯·韦伯·扬:《广告传奇与创意妙招》,林以德等译,内蒙古人民出版社1998年版,第101页。

③ 〔法〕阿芒·马特拉:《传播的世界化》,朱振明译,中国传媒大学出版社2007年版,第87—89页。

④ 尹鸿、萧志伟:《好莱坞的全球化策略与中国电影的发展》,载张凤铸等:《全球化与中国影视的命运》,北京广播学院出版社2002年版,第103页。

⑤ 樊志育:《最新实用广告》,中国友谊出版公司1995年版,第346—348页。

响交往的市场壁垒被打破，全球市场出现。以遏制贸易保护主义、实现世界贸易自由化为宗旨的世贸组织，其缔约国已由1946年的23个发展到目前的100余国家（地区），缔约国间的贸易额已占世界贸易总额的90%以上。在此背景下，作为使者的广告也将覆盖至最大空间，其国际市场随之成形。例如，奥美公司在全球设有240多个分公司，以立体化方式构建其全球性广告市场。

第二，国际广告业务的集中。据统计，在世界广告公司的排名中，前50名甚至前100名，清一色都是发达地区的广告公司，例如世界广告公司中常荣登前十名者电通（日本）、麦肯（美国）、智威汤逊（美国）、BBDO（美国）、DDB（美国）、葛瑞广告（美国）、李奥贝纳（美国）、博报堂（日本）、奥美（美国），都分布于世界第一、第二广告王国的美国、日本。美国《广告时代》杂志的一份统计资料显示，全球广告业最发达的15个城市中，美国占到七个；全球十大广告组织中，美国也占七席；全球十大广告公司中，美国十占其九。

第三，强势力量对弱势力量的全面性控制已成大势。以中国市场为例，1986年5月16日，第一家合资广告公司中国电扬广告公司在北京注册成立，跨国广告公司的中国历史正式起步。1994年底，进军大陆的外商（合资、合作）广告公司已达300余家，国际知名公司如奥美、智威汤逊、李奥·贝纳等先后落户，它们凭借长期累积的市场经验和技术水准、雄厚的国际人力资源、财力、作业模式、管理水准，已经“反客为主”，逼着大陆的本土公司纷纷缴械投降，成为它们旗下的子公司。因为它们拥有跨国集团的背景，因此，在进军新市场中，总是以牺牲短期利益为代价，进驻某一市场，并霸占长期的战略位置。“牺牲短期利益实现长期目标”，已成为强势力量对弱势力量全面控制的一个固定路线。

第四，为适应全球一体化趋势的需要，国际广告业正朝着集团化方向发展，广告托拉斯组织的出现已成定局。世界性广告集团的形成，有利于广告公司节省费用，也能够避免同行业客户的业务冲突，提供全方位立体化的整合营销传播服务。

例如在亚太区，DDB拿到立邦漆的业务，这一源自新加坡的客户自然就成为上海恒美的客户。

表2-2显示了2007年的相关形势，其中诸多信息值得关注：

表 2-2　2007 世界前十大广告传播集团

排名		公司名称	总部	全球营收(百万/美元)			旗下公司
2007 年	2006 年			2007 年	2006 年	成长百分比	
1	1	Omnicom Group	纽约	12,694	11,377	11.6	• 广告代理商:BBDO、DDB、TBWA、Goodby…… • 媒体代理商:OMD、PHD…… • 市场行销服务公司的 DAS 公司:Proximity、Alcone Marketing Group、Rapp Collins Worldwide、Fleishman-Hillard、Bernard Hodes Group……
2	2	WPP Group	伦敦	12,383	10,820	14.5	广告代理商:JWT、Ogilvy & Mather、David、Grey Global Group、Y&R/Wunderman、Bates…… • 媒体代理商:GroupM(MindShare、MEDIA-COMPANY、mediaaedge l cia)和 Enterprize IG…… • 公关代理商:Hill & Knowlton Inc.、Ogilvy PR、Burson-Marsteller…… • 品牌咨询公司:Landor Associates、Era…… • 市场调查公司:Research International、Millwar Brown……

（续表）

排名		公司名称	总部	全球营收(百万/美元)			旗下公司
2007年	2006年			2007年	2006年	成长百分比	
3	3	Interpublic Group of Cos	纽约	6,554	6,191	5.9	• 广告代理商：McCann-Erikson、Lowe & Partners、Draft FCB、True North Group…… • 媒体代理商：Initiative Media、Universal McCann…… • 公关代理商：Weber Shandwich、Gobin/Harris……
4	4	Publicis Group	巴黎	6,384	5,872	8.7	• 广告代理商：Leo Burnett、Saatchi & Saatchi、Publicis Worldwide、Bcom3、Worldwide…… • 媒体代理商：Zenith-Optimedia、Starcom MediaVest Group……
5	5	Dentsu*	东京	2,932	2,951	-0.6	• 广告代理商：DENTSU…… • 媒体代理商：Media Palette、X-Line……
6	7	Aegis Group*	伦敦	2,215	1,826	21.3	• 媒体代理商：Carat、Vizeum、Posterscope • 数位行销顾问公司：wwwins • 市场调查公司：Synovate

（续表）

排名		公司名称	总部	全球营收（百万/美元）			旗下公司
2007 年	2006 年			2007 年	2006 年	成长百分比	
7	6	Havas	巴黎	2,094	1,840	13.8	• 广告代理商：Euro RSCG Worldwide、Arnold Worldwide Partners…… • 媒体代理商：Media Planning Group、Havas…… • 互动网络公司：Media Contacts
8	8	Hakuhodo DY Holding *	东京	1,392	1,337	4.1	Hakuhodo
9	10	MDC Partners	多伦多、纽约	547	412	32.8	Kirshenbaum Bond & Partners、Cliff Freeman & Partners、Crispin Porter & Bogusky……
10	12	Alliance Data Systems（Epsilon）*	达拉斯	469	309	51.8	Epsilon……

资料来源：Ad Age DataCenter. 2006 和 2007 的营收部分是透过对各广告公司问卷所得数据。公司名称后面打 * 号为估计数据。这份报告撷取自 2008 年 5 月公布的“64th annual Agency Report”。

第五，竞争日趋白热化。集团化发展的必然结果之一就是加剧竞争。1994 年，IBM 改变其企业广告策略，撤掉原有的十几家广告公司，拟选一家专任，以加强其品牌全球化作业，经过激烈竞争，奥美争取到了这一预算达 4 亿美元的客户，但由此却失去了合作长达 12 年、预算为 8000 万美元的微软公司；智威汤逊与柯达长达 76 年的商业友谊一夜之间化为乌有，柯达每年 3 亿美元的业务转给了纽约的奥美；米高梅电影公司每年 1 亿美元的广告合约，从盛世公司转给了 BBDO；DMB&B（达美高）从麦肯手里抢走了可口可乐这个巨大的客户……竞争使广告业界硝烟弥漫，几成一片杀声震耳之态。

全球一体化促成的白热化竞争不但体现在对客户的竞争上，而且也体现在公司文化的竞技上。这可由其符号体现、企业英雄、仪式、价值信念等方面看出。例如在客户问题上，盛世的主张是“只有客户成功，我们才可成功”；李奥贝纳坚持“新客户不能妨碍老客户”；奥美声称：“我们工作不为自己，不为公司，甚至也不为客户，我们是为品牌——持续不变”……它们各自拥有其作业基模、操作工具、管理体系，对它们而言，与对手的竞争更多的是企业文化的较量。

全球一体化所带来的变革是多方面的，例如，统一的作业理念、趋同化的作业技巧、网状化的传媒体系、有全球视野的专业人才及相关的专业教育等等。这些既是一种特定历史背景下的产物，又是全球化历程进一步延伸的持续性保障。

所有的地方、所有的资源都在变化。一篇名为《到2015年广告业的45个新趋势》[①]的网络文章写道：

一、广告业界整体趋势

1. 广告传播集团的动向与矛盾

上世纪80年代后半期到90年代后半期，日本掀起过组建广告传播集团的风潮。目前从规模来衡量的话，WPP、Omnicom、Interpublic、Publicis、电通，可算是全球五大广告传播集团了。然而建立广告传播集团的构想，从战略必然性来看是很低的。在英语国家广告传播集团也许是有效的，在其他国家却不见得如此。因为广告应该是质量的竞争，而不是规模的竞争。其次，广告业务是语言的业务，把本国的语言文化带入另一个语言不同的国家，不见得就能成功。WPP其实早就抛弃了这种集团化的思想，走向了集团网络组织化。据手上现有资料统计，WPP拥有244家子公司构成的庞大网络，其中有很多5—30人的小型公司，业务范围早已超越了广告。比如说其中的Lambie Nairn，就是一个提供以影像和声音为基础的CI策划制作公司。

2. 日本广告公司向中国市场的渗透

……

3. 调查咨询公司的登场与作用

咨询公司的新形态应该是这样的：为广告主的新项目寻找最适合的广告公司，代替广告主对广告公司进行判定并给予意见。

在多变的传播环境当中，广告主越来越难做出有效且精准的判断。自2005年以来，美国的咨询公司数量激增。在日本，越是大型的广告主越是看重调查咨询公司。从广告主的角度来看，使用调查咨询公司有利于成本管理。调查咨询公司的这类业务今后将会广受期待。然而，调查咨询公司掌控了广告公司的生杀予夺的权利，导致广告公司对调查咨询公司的评价

① 发布时间：2009-10-21，http://www.goya06.com。

一直不高。

4. 针对危机管理的咨询业务

可以预见，企业今后将会越发频繁地被卷入一些事件与麻烦。最近在传播学和营销业界中，危机管理这个业务渐渐被提上了日程。在日本，危机管理还没有成为广告公司业务中的主流。但是可以想见，广告公司的业务领域，将不仅仅局限于广告的策划、制作实施、促销、网络广告、DM 的策划与制作、企业 CI 等，而应该是“整体营销管理”。

5. 服务费制度的引进及其可能性

此后的日本广告界，单独的代理费制度将会终结，可能会发展为服务费制度和代理费制度相结合的状况。到 2015 年，广告公司的酬劳可能会发展为代理费制度占 30%、服务费制度占 70%。美国现在就是 20% 的代理费制度和 80% 服务费制度。服务费制度并不是一时的流行，而是根据广告业务的构造发展起来的。问题的关键是，服务费具体金额的设定，现在还没有一个统一的基准。现在主流的服务费计算标准，主要是以硬件为基础制定的，而没有充分考虑智力服务的价值。

6. 咨询业务的抬头

咨询业务越加受到重视，这可能导致广告公司最终将沦为处理具体流程的公司。目前广告公司的一大问题在于创意、创作能力不足——CM、广播报纸杂志广告、海报看板、促销工具、CI 等等的最终表现和制作能力不足。创意是广告公司的生命线，将创意业务外包的广告公司已经不能称作纯粹的广告公司了。对于广告公司来说，创意是手脚，咨询是头脑。电通的理想也是成为一个咨询公司或者是内容公司。

7. 网络广告的表现将超越电视

2004 年网络广告收入超过了广播，2006 年又超过了杂志。可以预见，将来也会超越报纸与电视。我们可以认为，四大传统媒体这个概念已在 2005 年终结。网络广告作为现有的四大传统媒体的补充，将逐渐渗透、扩大到占据主导地位，担任整体营销管理中的重要角色。网络广告的迅猛发展态势估计可以持续到 2010 年。此后，其作为广告媒体的地位将会得到大众的承认。

8. 公平交易委员会对于广告业界的看法

2005 年，公平交易委员会发布了《广告业界交易实态报告书》。之前一直没有什么动作的委员会，通过这次的报告书，显示了其对广告业界的关心，报告大致内容如下：

(1) 广告业界构造:媒介、广告公司、广告主三方鼎立,以媒介支付广告公司报酬的代理费制度为主;超大广告公司和中小广告公司两极分化;广告公司前三强份额有增加的趋势。

(2) 广告业界的交易:新公司很难进入电视广告领域;电视广告的酬劳差别达到20%,中小广告公司面临不利的价格竞争;广告主对于广告效果和成本不一定非常关心。

(3) 竞争政策:媒介、广告公司、广告主交易方法亟待改善。

9. 广告公司的并购

广告公司的并购在欧美广告界已是家常便饭了。然而,日本广告公司的并购,不是为了提高业务的质量,基本上都是为了弥补经营上的破绽,无法带来人才和业务等方面的双赢效果。广告公司的兼并与收购应该以提高生存能力为目的。比如,具有创意、销售、管理能力的公司与具有营销能力的公司,或者提供硬件的公司的结合,才是比较有效果的。

二、广告公司的经营战略与营业的问题(论述省略,以下同)

10. 高层年轻化

11. 广告界将更加强调遵纪守法

12. AP的培养将不可或缺

13. 广告公司应以市场为目标

14. 广告主出身的广告公司老总在增加

15. 寡头代理制度

16. 投资利益率将会成为评价广告的基准

三、创意的方向性

17. 符号分析的专业人才

18. 传播总监备受期待

19. Product Placement 的兴盛

20. 创意是第五经营资源

21. 获奖有利于广告公司的宣传

四、营销2.0的世界与其迅猛变化

22. 游击战营销(Guerrilla Marketing)

23. 品牌和品牌广告将超越促销广告

24. 传播战略由IMC发展到HMC(所谓HMC指的是Holistic Marketing Communications,也可以说是全方位营销传播战略)

25. Futurist(预测未来战略家)给广告公司的未来带来的启示

26. Viral Marketing(病毒营销)能成为救世主吗?

五、媒体概况与其兴亡

27. 广告媒体破产现象

28. Cross Media(媒介交叉化)成为主流

29. 媒介中立化(Media Neutral)的破坏力

30. 受到重视的户外广告

31. 优化程序(Optimizer)和ROI

32. 培养媒介策划人员

33. 媒介购买公司的未来

六、广告业界的人才培养

34. 人才的培养将决定广告公司的未来

35. 在广告业界就职

36. 中途录用(即采用非毕业生)激化了企业间的竞争

37. 替换掉那80%(缺乏必要素质的人)

七、广告主的动向与市场环境

38. 广告要更加科学化

39. 广告新闻学的危机

40. 广告团体和协会

41. 中国广告市场的未来和日本广告公司的进入

42. 落后于时代的广告主的新信息战略

43. Procurement(广告主的购买负责人及其组织)让广告公司胆战心惊

44. 企业整体传播战略不断发展

45. 传播2.0时代的定位与观念

全球剧场,全球主体,全新的情势,全面的挑战……

二、“帝国时代”的挑战:广告身处文化全球化与民族诠释之间

这场重要的“想象力夺权运动”极具针对人类规则的挑战性。现在的问题是:人类将何以面向这一切?

克吕克贝格的建议是:广告与公关人员必须进行全球性的“专业化”,“必须概括出他们在全球社会中的职责与作用并阐明他们的世界观(即他们的意识形态、价值观念和信仰体系)”。这种“专业化”的阐述可以成为他们走向解放的重

要制度。①

事实上,包括整全性的全球化专业广告发展图景想象与论述,一直在悄悄地肩负着广告意识形态生产的跨文化传播使命。例如,和那些广泛的针对全球化所作的批评保持一定距离的是,人们认为广告世界难以大一统,需要充分地考量市场国家/地区的文化个性。在这种有所保留的意识的支配下,我们迎来了一个广告帝国的世界——"伴随全球市场和生产的全球流水线的形成,全球化的秩序、一种新的规则的逻辑和结构,简单地说,一种新的主权形式正在出现。""帝国正在我们的眼前出现。"②

具体说,在新的全球化时代里,全球成为一个市场,但是,与那种出自本能的拒绝缘由不同的是,全球化发展并未简单地制作一个扁平的世界,相反,这个新的市场无边无界,具有空间的整一性和取向的差异性。借着这个机制,人类各种资源与遗产也克服了时间的限制汇聚一起,成就了历史之外的一种公共态势。自然地,普适性的规则与制度、社会价值观念、技术路径主宰了全市场的运作与发展,全球性的"新政"得以快速蔓延并成为"社会国家"诞生的基础。其结果,反中心化、反既有规训以及发明皮埃尔·列维所主张的"网络空间人类学",成为必然。更加新锐的是,网络生产和非物质劳动及其社会学思考得以全面展开,情感性价值瞬间成为人类意识中的新宠,征用信息资源控制全面格局并由此推出混合的政体,势不可挡。在这种形势的挤压下,以个体化、碎片化、表象化加上整合化为特征的"景观政体"替代原有的形式统治成为新的治理之道,所有的人与物转眼间处在传播与沟通的世界里,"政治话语是一种表达出来的推销广告,而政治参与被消减成对可消费的形象进行选择"③。就传媒世界而言,"没有单个的控制点统治着整个场景"。就诉求方式而言,快乐夹杂着畏惧成为控制的机制与手段,最终,"畏惧的景观将后现代、杂交的政体与媒体对大众和政治的控制聚集在一起"④。

这种论述排解了广告殖民的压力,也符合普世的人类标准和价值认同。而且,在文化提升、公民权伸张等方面,也具有积极的意义与召唤色彩。例如与完整的公民权的联系。按照解释,完整的公民权包括四类文化资源与权利:(1)信息——人们必须可以获取同塑造他们日常生活和生活选择的事件和力量相关的

① 德安·克吕克贝格:《全球广告与公关》,载〔美〕叶海亚·R.伽摩利珀编:《全球传播》,尹宏毅译,清华大学出版社2008年版,第231页。

② 〔美〕麦克尔·哈特等:《帝国——全球化的政治秩序》,"序言"第1页。

③ 同上书,第306页。

④ 同上。

全部信息;(2) 知识——信息仅仅提供了最基本的原材料,为了更积极的目的和意义,他们必须获取完整的框架,这个框架可以自如地将事物放置于恰当的历史情境中展开积极的解释,做出反应和解答;(3) 表征——他们有权利看到他们的生活、信仰和愿望准确而公正地呈现在公共文化的主要场所,他们有权利要求不被污名化,不遭受偏见;(4) 参与——他们同样有权利在成为文化消费者时成为文化生产者,积极地参与在公共文化中流通的观念、主见与表征的制造与再度制造。很显然,新的国际广告格局满足了并加剧了这种参与及卷入。

就像另一种研究所指出的那样,全球化的扩散的确带来了超越时间、空间和差异的最为广大的全球性产品及其市场,但是,全球化并未造成人们恐惧的那种“全球一律化”。“事实上,不可能消除或超越差异。这时候等距离原则同样占主导地位:资产丰饶的全球性集团利用地方差异和特质。文化产品从世界各地汇聚起来,转化成面向新的‘世界性’市场的产品:世界音乐和旅游业;民族传统艺术、时尚、烹饪;第三世界的文学作品和影片。把地方性和‘异域的’东西从时空中剥离出来,重新包装,迎合世界集市。所谓的世界文化或许反映了对差异和特质的新估价……”①有意思的是,这些表述拥有文化尊重上的修辞与表达,且与联合国相关组织的话语紧密地联系在一起——2001 在巴黎举办的联合国第 31 次代表大会一致通过了“文化多样性的世界声明”,第一条规定就有“文化多样性”乃是“人类共同遗产”之说;2003 年,联合国教科文组织大会又推出了“一个新的文化多样性策略”,用以实施执行相关契约。② 所以,在资本放纵、市场化逻辑深化的新历史语境里,流动的广告主义——地域的流动性、社会的流动性、想象的流动性、促销的流动性③不但成为正当性的历史行动,甚至对文化多样性的开启功不可没。在中国广告界,跨国广告冲击带来了“中国元素”的出场,以及很巧妙地安置本土文化与普世文化的合作方案。

或者下面这则“2000 年的框架”④也可以向我们展示广告帝国化之后的新世界广告景观——没有什么“你”和“我”之分,一切都是人类建筑美好家园的材料,为了“住”得妥帖些,普世之外任意添加“地方化”材料都是优良管道和必需的选择。而且,这种操作的主体绝不限于所谓的“本民族”主体,他可以是任意

---

① 〔英〕戴维 · 莫利等:《认同的空间——全球媒介、电子世界景观与文化边界》,司艳译,南京大学出版社 2001 年版,第 153 页。

② 转引自〔法〕阿尔芒 · 马特拉:《从历史和地缘的角度看“文化多样性”》,殷芹译,载单波等主编:《跨文化传播新论》,武汉大学出版社 2005 年版,第 14 页。

③ 〔美〕格雷姆 · 默多克:《疆域与十字路口:全球市场时代认同与团结》,章戈浩译,载上书,第 17—19 页。

④ 〔法〕雅克 · 朗德维等:《广告金典》,第 635—650 页。

一个世界公民主体,只要他乐意,因为他早已被充分地赋予了选择和组合的特权。看看这些描绘:

(1) 工业化的自我个性;
(2) 器官、感觉和人体工程学技术:人性化科技;
(3) 自我实验;
(4) 具有安全感的自由;
(5) 健康与美丽的快乐;
(6) 虚拟是真实的;
(7) 娱乐功能:理智的与非理性的;
(8) 科学化的自然?
(9) 空间中的自我:全球与地域的融合;
(10) 时间中的我:弹性工作的时间战略;
(11) 伦理生意?
(12) 财产、知识、权力和流动与一无所有?

人性化科技想象技术手段已然充分地占有了人性的特点——"技术已经放弃了冷冰冰的陈述,取而代之的是人性化的情感诉求。从汽车到电视机,从电脑到手机,借助设计手段和人体工程学理论,技术也拥有了感觉,开始用感情说话。"例如:

电影院里充斥着青光闪烁的高科技幻影。这是一个机器人的世界,代表人类的史前动物充当着故事的主角。从《异形》开始,人们就对这种世界表现出了一种本能的排斥心理,而技术却要努力使人们放心自在地生活在其中。

爱克发(Agfa)照相器材让自己化身为情感的启动者。

惠普(HP Vectra PC 机)则将产品及客户的关系拟人化:如果您的电脑不听话,就给它的父母打个电话……

……今天,雷诺克里奥汽车又开始传播汽车的一种全新的功能观念,即汽车对人的理疗甚至使人重新振作的功能:"如果你接受一次克里奥汽车疗法呢?"

……克里奥汽车疗法创造了一种安全感,使生活中的诸多烦恼一扫而空,也缓解了人们的紧张情绪,而且滑稽幽默的广告风格更拓宽了汽车在自我领域和自我照料层面上的含义。

由此可见,技术已经不再是一种有可能构成障碍的物体,而是变成了一种化学催化剂、一个加速器。昔日的机械形象今天已经日益转化成为一种生命机体，技术变成了人体的构成器官，体现了生物技术的特点，将生命、细胞、感觉和情感融于一体。①

新的想象将自我甚至自恋看做人类极为正常的自我表达，而且主张予以有效地弘扬。尤其重要的是，在“自我实验”的名义下，“品牌呼唤我们进行自我实验，呼唤藏匿在我们身上的千姿百态的‘我’……”其主要通路有：美化自我实验、电子化自我实验、虚拟艺术自我实验、假想自我实验等。新的想象图景中，一切都是自由与安全最佳结合的表达，一切都以追求健康、快乐为人的自身义务。②

最后一个框架：社会两重性的现象有可能在世界上日益加剧，贫穷和富有、疾病和健康、悲观和乐观这样的对立成为普遍的现象。广告将成为其中重要的参与者和观察者，扮演重要的生产性角色。

最直观的经验与社会阅历也可以回答的是：这些当年的“预言与想象”正朝着现实的大陆迈进。只是现实当然不会如此循规蹈矩，更多的力量与结果还要靠“生成”来实现。这就意味着在未来的广告实践中，每一个广告都将是一个事件、一个皱褶、一个包裹万有的“小点”。

许多研究都开始看重“戏剧性”的人类学意义了。例如，《新资本主义的文化》的作者就对我们说：“消费的领域是戏剧性的，因为卖家就像编剧，他需要消费者自愿地抛开怀疑，才能让消费者购买。”③何以编剧？在商品同质化的时代里，消费者的主观化想象里的满足可能是最重要的市场资源了——消费者需要新鲜的东西刺激他的身心；但是，“消费者不会在意买了相同的东西，只要他或她的感觉发生了改变”即可④。在“整合表演”这个新的传播生产场域中，消费者不仅仅参与其中，他们必定要成为其中关键的“协商者主体”。事实是，在广告创意等环节，广告客户已经开始尝试不仅仅依赖广告代理商而是同时建构开放资源（open source）空间征集多种思路的新做法。例如在英国，Unilever即借助于网络寻找合意的创意；Apple在网站界面上建立了它的开放平台（open platform），充分开发网络民意资源。

这种对所有的行动都很看重的做法带来的另一个对中国文化改造意义重大

① 〔法〕雅克·朗德维等：《广告金典》，第637—638页。
② 同上书，第638页。
③ 〔美〕理查德·桑内特：《新资本主义的文化》，李继宏译，上海译文出版社2010年版，第126页。
④ 同上书，第115页。

的是专业主义的行动规制。就像人们看到的那样，跨国公司的创意或许没有最优良的传播效应，但是，它们绝对不会存在那种显而易见的技术失误、制作“硬伤”。这就是专业主义的特色，是最起码的“匠人主义”规则的历史延续。

基于广告的特殊性，这种专业主义的强调落实的结果偏偏转换成坚持“优才统治”的场域建构原则。迈克尔·扬当年创造“优才统治”这个词汇的时候，他指的仅仅是少数优秀人才掌控局面的人生社会画面。到了明天，因为针对每一个契机展开目标导向性质的整合将极大地拷问广告从业者的智慧和水准，所以，我们要面向的就将是缺乏才华的人退出这个工作圈子的现象——“随着时间的流逝，社会寻找特异才华的技术变得精湛。由于期盼的是发展的潜力而非以往的成绩，对才华的追寻非常适合柔性组织的特殊环境。这些组织将相同的工具用于一个宏伟的目标：消灭和提拔个体。人与人之间的有害比较变得更加带有个人色彩。在这种才华的挑选过程中，那些缺乏内在资源的人被遗弃了。他们被断定为再也没有用，或者再也没有价值，不管他们原先取得了什么样的成就。”[①]假如大胆预言，我们或者可以在研究者的基础上做符合未来需要的那些弥补，亦即将关于才华、潜力的考量与专注、忠诚这些“匠人主义”的古老原则结合在一起，使脱颖而出的广告人才德、智、体全面发展。

这种转移性的论述当然不可能如此简单地消弭现实的矛盾与冲突，因为，“众多的文化、混杂的法律体系、一系列经济事件足以在全球市场激起海啸般可怕的结果，政治风云瞬息万变，有如万花筒一般，这就是广告及公关业的讯息理念、运作环境”[②]。

另一些挑战也同步出现。例如，广告主与广告代理商之间的合作关系也在发生变化，根据现实情形，“一站办妥”、“多元合作”、加强比稿权重或者弱化比稿比例、更追求优良创意之外的深度执行……各显神通，发挥独立语境性的效力。在思考与展望未来品牌战略关键任务与使命时，电通广告人冈崎茂生建议关注“面向未来的品牌构筑”的七个问题：(1) 明确定义经营和品牌的发展方向，包括品牌的拓展价值表述等；(2) 注意企业品牌和产品品牌之间的协同增效效应；(3) 注意企业品牌战略与经营战略之间的整合，包括 CSR（企业公民社会责任）的确定和表述；(4) 赋予独立品牌独立的特点；(5) 企业运作与产品品牌的协同效应（飞利浦公司曾经让全球 18 万员工停工一天讨论企业品牌战略）；

---

① 〔美〕理查德·桑内特：《新资本主义的文化》，第 99 页。

② 〔美〕阿诺德·S. 戴比尔等：《全球新闻事业：重大议题与传媒体制》，郭之恩译，华夏出版社 2010 年版，第 89 页。

(6) 将品牌战略与多元功能结合在一起评估;(7) 现代性地澄清品牌战略,就像鳄鱼公司所做的那样,他们描绘了 2083 年的鳄鱼公司,借机重新定义鳄鱼公司的价值系统。更重要的是,让所有的品牌接触都为实现这些目标作出贡献。就像麦当劳芝加哥的那位执行官所说的“品牌杂志”一样,每一篇内容可以不同,但是它们却传达一个核心的价值认同。①

我们所能做的,或者就是直面现实并在广告的健全发展精神的支配下科学地行动。

① 〔日〕冈崎茂生:《品牌战略的七项关键任务》,《广告大观·综合版》2010 年第 8 期,第 44—45 页。

第三章　广告策划艺术:目标导向与资源组合

广告是策划的艺术,广告通过智慧解决问题并实现广告者的预设目标。经验还会告诉我们,广告行动从混乱如麻的地方出发,但是它应该回到并将要回到的那个处所却洋溢着成功的喜悦,秩序朗然。

关于策划,有许多说辞,尤其在这个对广告充满着误会的时代里,更是如此。为此,理解策划,理解广告策划,显得十分重要。

第一节　理解广告策划:从概念到实质

一、策划的词义与诠释

"策划"也称"策画",最直接的意思就是谋划。唐人元稹《奉和权相公行次临阙泽》有云:"将军遥策画,师氏密讦谟。"清人魏源《再上陆制府论下河水利书》亦云:"前此种种策画,皆题目过大,旷日无成,均可束之高阁。"均是此意。

关于策划,人们如是说:

(1) 事前行为说。威廉·纽曼(William H. Newman)的《组织与管理技术》以为策划乃是在事前决定做何事。所作的计划是设计妥当的行动路线。马歇尔·迪莫克(Marshall E. Dimock)所作的定义是:策划为有效掌握将来问题而展望未来,合理求取对策。策划犹如社会生活,对制度上共同之要素,预见其变化,减少其不良影响,并使其组织于遇到新问题时能迎刃而解。策划是避免由于盲目行动导致前后决定不连贯结果的努力。策划是使将来的问题与预期的结果联结在一起。

(2) 管理行为说。哈罗德·史密斯(Harold D. Smith)认为策划与管理乃属一体,策划与管理分离时,即无效率可言。计划应付诸执行,如无法执行,其计划只可称意图而非行动。

(3) 选择决定说。哈罗德·孔茨(Harold Koontz)和西里尔·唐奈(Cyril O. Donnell)合著的《管理原理——管理功能的分析》一书坚持策划的选择决定说。

在他们看来，策划是管理者从各种方案中选择目标、政策、程序及事业计划的机能。因此策划也就是左右策划将来行动路线的决策。其乃思维之过程，是决定行动路线之意识，是以目的、事实及深思熟虑为基础的决定。

（4）思维程序说。赫伯特·史密斯（Herbert A. Smith）等人所著的《公共管理》一书，提出策划是对将来的一种构想，对将来提出构想方案并予以评价，即达成方案过程的有关各种活动。策划是策划者对于将来会左右其机关诸可能的一种理性思维程序。

（5）其他说法。日本人高桥宪行阐述策划概念时说，策划就是为达成目的，组合一些因素，而付诸实行的计划，是效率、智慧综合的结晶。①

最经典者莫如哈佛企业管理丛书编辑委员会的解释："策划是一种程序，在本质上是一种运用脑力的理性行为。基本上所有的策划都是关于未来事物的，也就是说，策划是针对未来要发生的事情作当前的决策。换言之，策划是找出事物的因果关系，衡量未来可采取之途径，作为目前决策之依据。亦即策划是预先决定做什么、何时做、如何做、谁来做。策划如同一座桥，它连接着我们目前之地与未来我们要经过之处。策划的步骤是以假定的目标为起点，然后订出策略、政策以及详细的内部作业计划，以求目标之达成，最后还包括成效的评估和反馈，再返回到起点，开始了第二次循环……要策划再策划以求计划之确实可行。"②

二、广告策划的命名与诠释

（一）广告策划的命名

关于广告策划，台湾《现代广告事典》说是"执行广告运动必要的准备动作。在实务上，广告主和广告代理商处理运动企划有着很大的差异，但理想的过程可以是下列行动的组合：产品—市场分析、竞争状况评估、客户简介、目标设定、预算、目标对象设定、建立创意及媒体策略、创意的执行、媒体的购买及排程、媒体执行、与其他行销组合机构的配合、执行完成、效果评估"③。这个解释加罗列的定义给我们勾勒了广告策划的图像，包括主体间的分歧与妥协的戏剧性。中国大陆的描绘差异纷呈，其中代表性的观点认为："广告策划是根据广告主的营销策略，按照一定的程序对广告运动或者活动的总体战略进行前瞻性规划的活动。它以科学、客观的市场调查为基础，以富于创造性和效益性的定位策略、诉求策

① 参考刘保孚主编：《策划实务全书》，经济日报出版社 1995 年版，第 8—10 页。
② 转引自杨荣刚：《现代广告策划》，机械工业出版社 1989 年版，第 3 页。
③ 《现代广告事典》，朝阳堂文化事业股份有限公司 1996 年版。

略、表现策略、媒介策略为核心内容,以具有可操作性的广告策划文本为直接结果,以广告运动(活动)的效果调查为终结,追求广告运动(活动)进程的合理化和效果的最大化,是广告公司内部业务运作的一个重要环节,是现代广告运作科学化、规范化的重要标志之一。"①较之前者更显细腻和周全。如果可能的话,我们还可以尝试从另一些角度涵括广告策划,使不同语境中的广告策划都有获得自由呼吸的可能。例如,将广告策划看成寻找有利于市场欲望和购买行为管理魔法的过程、工作和使命。广告策划究竟以什么样的内容构成,完全看具体的广告语境的压力与需求。

(二)广告策划的特性

正如人们所知道的那样,广告拥有广泛的人类资源,但是,广告的特殊性却在于由某一种核心目标而触动。作为点火装置或者行动按钮,这个目标拥有相当的自主性去调动各种资源,成了广告行动有效的组织者和发动者。于是,广告策划变成了经由核心目标统帅、自觉地迎当诸种资源散落各处的困窘并使之有效地整合成完全的整体的行动艺术。比如,如何在广告目标的导引下将广告主、广告代理商、广告媒介、广告所处社会、广告零散合作者的利益有效地结合起来;或者,通过技术性的努力充满气势地制造出有利于广告信息传播的新空间。

有一段朋友间的对话这样向我们显示了更多的广告策划的特性:

甲:想象一下你五年后在做什么?

乙:第一,我希望能有一张唱片在市场上,并很受欢迎;第二,我住在一个有很多音乐的地方,能天天与一些世界一流的乐师一起工作。

甲:你确定吗?

乙:Yessssssssssssssss!

甲:好!既然你确定了,我们就把这个目标倒算过来。如果第五年你有一张唱片在市场上,那么你的第四年一定是在要跟一家唱片公司签上合约;那么你的第三年一定是要有一个完整的作品,可以拿给很多很多的唱片公司听,对不对?那么你的第二年一定要有很棒的作品开始录音了。

那么你的第一年,就一定要把你所有要准备录音的作品全部编曲,排练就位准备好。

那么你的第六个月,就是要把那些没有完成的作品修饰好,然后让你自己可以逐一筛选。

那么你的第一个月,就是要把目前这几首曲子完工。

① 徐智明等:《广告策划——广告策划的全新范本》,中国物价出版社1997年版,第16页。

那么你的第一个礼拜，就是要先列出一个清单，排出哪些曲子需要修改、哪些需要完工。

好了，我们现在不就已经知道你下个星期要做什么了吗？

喔，对了，你还说你五年后，要生活在一个有很多很多音乐的地方，与许多一流的乐师一起忙着工作，对吗？

如果你的第五年已经与这些人一起工作，那么你的第四年照理应该有自己的一个工作室或录音室，那么你的第三年已经是在跟这个圈子里的人一起工作了；那么你的第二年应该不是住在德州，而是已经住在纽约或洛杉矶了。①

这段对话再清晰不过地显现了广告策划的“倒推法特性”，显示了广告策划作为浪漫的、前瞻性工作的特殊取向。作为策划，广告策划是一种围绕“愿景”(shared vision)而努力的事业；作为策划，广告策划是一种互文性工作，需要上下古今广泛互动彼此关联；作为策划，广告策划是一种认同性管理工作，目标在于受众人群的真心认同与自觉行动；作为策划，广告策划是一种跨学科、跨领域的次空间建构，它不唯学科边界是论，实行的是跨越学科的积极组合，最终，它将建设一个有利于实现目标的新空间(次空间)世界；作为策划，广告策划是一种思想游牧的事业，只要需求，它可以上穷碧落下黄泉地寻觅而不顾及任何教条的限制；作为策划，广告策划是广义修辞学的当下性、现实性、整合性运用，语境加上充满灵性的资源成就一切；作为策划，广告策划是社会价值观的再生产与战争，每一次广告策划都可以看成是意识形态之间的纷争；作为策划，广告策划是多元化景观的表演，也是其剧场。

问题是，广告策划还不仅仅基于倒推而来，它还有许多值得注意的特性，那种被我们称之为“广告策划特性”的特性。例如：

目的性——有特定目的，广告策划为达此目的而进行；

整体性——是一个和谐统一的整体，需要各环节紧密配合；

战略性——从大势出发寻找机遇并积极地分解与表述；

谋略性——强调运筹与谋划并善用时空关系资源制造新语境；

调适性——根据市场的变化及时调整，以求最根本适应；

有效性——广告追求预期效果，要保证广告的实际效果；

操作性——有可以实施的条件，科学、规范、合理；

创造性——有机动员各种资源并集束力量创造性开发；

① 引自《想象一下，五年后你在干吗》，圣才学习网，略有加工。

前瞻性——着眼未来前瞻性分析/预测并运作；

连续性——注重内在联系，给受众留下统一印象；

集中性——集中于最重要目标的实现；

文本性——广告策划最终显现为一种文本书写状态。

应该给上述广告策划特性描述再加上一条：多样性。事实上，广告策划是一个真正的获得互相认同的家族平台。例如，按照广告影响范围和深远程度分类，可以细分为活动广告策划和运动广告策划；按照不同的目的取向细分，可分为促销广告策划、形象广告策划、观念广告策划和解决问题广告策划；根据诉求对象的差异划分，则可以分成面向消费者的广告策划和面向中间商的广告策划。[①]

（三）广告策划的价值

作为“一个相当新的广告规则”[②]，广告策划的价值描述同样可以涉及广泛的人类构成侧面。例如，广告业务展开本身视点，或者广告作为专业品牌建设视点、个体专业获利视点、社会文化繁荣视点……都可成全我们的分析与想象。或者我们还可以从消费者关系角度阅读广告策划的意义。

最基本的当然还要数具体业务展开视点的价值。一般认为广告策划担负三大基本使命：“一为工作界定，以便清楚地描绘广告主的企图与心意；二为提供资讯，以供广告公司参考与运用；三为品质管制，以作为日后评估广告创意发展是否符合策略的依据。”[③]或者就更加中观的意义展开描述，例如提供总体战略指导；提供具体的行动计划；安排并制约广告运作进程；预测、监督效果；使广告行动更加科学、合理与规范。安格尼斯嘉·温克勒就这个问题所作的表态是，广告策划十分重要，作为整体市场营销方案的构成部分，广告行动方案反映的是我们需要真正重视的消费者的意见和想象。“整个广告策略方案的设计和发展过程，就是一个探寻消费者对产品或市场的深层态度和感受的过程。如果某个品牌选择到了一个聪明的广告策略，那么这个品牌就会从中得到难以想象的回报。”[④]为此，温克勒特别指出了“市场研究”与“广告策划”的不同，见表3-1：

① 徐智明等：《广告策划——广告策划的全新范本》，第36—40页。

② 〔美〕安格尼斯嘉·温克勒：《快速建立品牌——新经济时代的品牌策略》，第170页。

③ 萧富峰：《广告行销读本》，中国城市出版社1998年版，第92页。

④ 〔美〕安格尼斯嘉·温克勒：《快速建立品牌——新经济时代的品牌策略》，第136页。

表 3-1　市场研究与广告策划的不同

项目	市场研究	广告策划
工作特性	独立工作/被动的	连贯性/主动的
发展方向	工作结果的评价	工作发展的指引
评价标准	固定标准/评价技巧	实施后的结果
研究依据	事实和已确定的事	假设和可能性
底线	信息	含义
工作重点	已经做过的事情	可以做什么事

温克勒的研究结论是:广告策划有助于推动广告工作的迅速进展。更清晰的是,通过广告策划我们会对自己所要做的工作建立一个完整的知识框架。①

至于广告策划对广告专业品牌化发展的影响,则有广告策划作为广告运作首要环节,以及在内容上包揽一切,在影响程度上有绝对的指导性,在特性上为前提性环节,在规模上是广告运作中涉及面最广、规模最大的环节等,总体性地形塑广告的专业形象,显现广告科学性意涵,张扬广告尊重人类智慧而非浪得虚名的好形象。事实上,人类正是借助于考量这些专业工具的科学性来评估广告的现代性程度的。

广告策划的社会意义,实在是广泛而活跃。例如,经由这种精、专、深的专业策划,人类社会才以各种理由真实地面对广告业的现状,愿意听取它活泼的想象,正眼关注它设想的未来。广告策划所表现出来的那些联系,既给社会公众显现了文化多样性的轮廓,也使得更多的社会成员追随艺术的操作参与到激活人类文化资源的热战中去,激活独异性,发展自主性,认同多样性。另外,高度的专业策划所导致的竞争,不但迅速地提升着广告专业的现代性程度,而且也波及其他的领域和社会生活,在关联意识、传播修辞等方面加重社会朝着全面提升的方向迈进。广告策划从来都是社会的与文化的,因此,无论我们从政治、经济、文化、伦理、美学、日常消费、社会心态、社会制度、国家形态、跨域交流等任何一个角度看,广告策划都有它不可忽视的崇高性。

第二节　广告策划新框架:理论时代的认知社群

作为典型的淘汰、选择、组合机制,广告策划显然具有自天的框架特性。它们具有将生活资源从混沌中分离开来推演出相应的“主题感”并加以妥善处置

① 〔美〕安格尼斯嘉·温克勒:《快速建立品牌——新经济时代的品牌策略》,第 137 页。

的那种能力。它们还拥有的另一种能力是,通过它们,既有的那些资源得到全新的开发,而新的资源则得到关联性的认知。换言之,它们拥有将许许多多社会资源创造性地联系与处置的力量和智慧,它们带来的不仅仅是单体的力量,更是一种认知社群的力量。

一、广告叙事的品牌框架与现代品牌制造

(一)品牌的诗与真:搭建品牌向生命震颤的桥梁

"品牌"显然是当下令人沮丧的传播语境里奔驰着的超越,是对变化的智慧型拥抱。最新的观点认定"现代广告即等同于品牌沟通","现代的广告基本上和品牌沟通是同义语,因为广告与品牌的关系已经变得密不可分了"。而"作为品牌沟通手段之一的广告包括以下两方面内容:(1)以品牌为重点的沟通活动;(2)品牌构筑的沟通活动"①。事实上,现代广告发布品牌信息,加强和促进品牌沟通,并在必要的语境里维持品牌的生命力。在新的时代里,"也可以说广告是以品牌为中心而展开的沟通活动"②。

这是因为品牌的气息总是与存在、场域、思维、想象、修辞紧密相关,简单地说,品牌不再黏附于某一个构成,而是绕过细部看过去——品牌允许我们"看见"存在的秘密。所以,在一个产品竞争日趋激烈、进入/退出市场周期显得越发短暂的时候,品牌显然可以避开那些不必要的纷争和迷乱,使消费者最真切地看见通过品牌而呈现的商品以及作为选择者的自我。品牌显然更高明。品牌之间的博弈也更加智慧。

按照电通公司的解释,品牌是"假设构念"(Hypothetical Construct)之一。"即虽然无法直接观察但心理上却好像可以感觉到它实际存在,只有刻意地加以定义才可贡献于理论的对象。"③而美国营销协会将品牌定义为"同定一个或多个卖方的产品或服务的、以区别于竞争对手的产品或服务的名称、术语、标记、象征或它们的组合运用"④。英国广告人 L. D. 彻纳东尼和 M. 麦克唐纳的定义则是:"一个成功的品牌是一个好的产品、服务、人或地方,是购买者或使用者获得相关的或独特的最能满足他们需要的价值。而且,它的成功源于面对竞争能

---

① 〔日〕仁科贞文等:《广告心理》,外语教学与研究出版社 2008 年版,第 1 页。
② 同上书,第 2 页。
③ 同上书,第 3 页。
④ 同上。

够继续保持这些附加值。”[①]广泛“邀请”赫拉克利特、苏格拉底、柏拉图、尼采、波普尔等思想家共同思考品牌的汤姆·布劳恩很乐意将品牌与人联系在一起考量，他将品牌看做是不确定性世界的航标，“品牌是以一种能辨认的方式存在的东西，这就是说：‘你已经找到了你正在寻找的东西’”，“我们……能用品牌来跟我们需要的、缺少的和渴望的东西交流。品牌不仅为我们的愿望提供了速记，而且它们把我们不会（或者是不能）用其他方式来表达的愿望清晰地说了出来”[②]。

定义品牌是个困难的工作。但是，人们基本的品牌生活经验以及上述品牌描述都可以简单地指给我们注意品牌的一些特性。例如，品牌之所以成为品牌绝不是因为它拥有名称，它还包括商品包装、视觉象征、形象代言人、服务方式，乃至氛围及顾客经验，以及广义上的“营销人员面向市场发出的刺激”等等。电通公司还提醒可以从品牌知识角度展开思考。而品牌知识所包含的内容相当丰富：(1) 知名度——通过商品类别认知及品牌可获得需求的满足；(2) 属性——突出带有品牌名称的商品特征的记述，包括内在特征（例如商品性能）及外在的特征（例如品牌的个性化的特征）；(3) 益处——消费者通过品牌的商品属性所感受到的个人价值或意义（例如通过购买、使用该品牌而感受到的功能性、象征性、经验性的结果）；(4) 形象——具体或抽象的视觉信息；(5) 思考——接触到该品牌相关信息时的认知反应；(6) 感情——接触到该品牌相关信息时的情感反应；(7) 态度——对该品牌相关信息的概要判断、总体评价；(8) 经验——购买、使用该品牌的相关经验。[③]百货分销研究所的研究更是细致地提出了零售商和厂家心目中成功品牌的构成，例如了解经营目标、产品有创新、了解顾客、有长远发展战略、强有力的品牌形象、质量保障、价格合理、特色鲜明、供应链科学、公共关系到位。[④] 很显然，品牌并非完全外在的，而是内外综合的美学性与宗教性的感受。

同样的道理，品牌也是一个集群组合。这涉及品牌的分类。最常见的品牌分类有大品牌与小品牌、母品牌与子品牌、国际品牌与地方品牌、商业品牌与公益品牌等。从级层所作的划分则把品牌分成下面这几种形态[⑤]：

---

① 〔英〕L. D. 彻纳东尼等：《创建强有力的品牌——消费品、工业品与服务业品牌的效益》，管向东等译，中信出版社 2001 年版，第 20 页。

② 〔英〕汤姆·布劳恩：《品牌的哲学——伟大思想家关于品牌的看法》，张涛译，接力出版社 2005 年版，第 132 页。

③ 〔日〕仁科贞文等：《广告心理》，第 5 页。

④ 〔英〕L. D. 彻纳东尼等：《创建强有力的品牌——消费品、工业品与服务业品牌的效益》，第 20 页。

⑤ 同上书，第 35 页。

表 3-2　品牌分类表

简单 ↑	简单组合（口语），如 Schweppes
	简单组合（听觉），如 Martini melody
	简单组合（视觉），如 Old Spice
	品牌计划，如 Horlicks
	品牌标志，如 Dulux dog
	品牌比拟，如 Famous Personalities
复杂 ↓	品牌比喻，如 Australiancess
	品牌语调，如 TSB
	结构品牌，如 B&H

另一些划分则特别涉及品牌的现实功能：(1) 品牌作为所有权的标志；(2) 品牌作为区分的工具；(3) 品牌作为功能工具；(4) 品牌作为标识工具；(5) 品牌作为降低风险的工具；(6) 品牌作为快捷的工具；(7) 品牌作为法律的工具；(8) 品牌作为战略工具。① 或者对消费者而言，品牌作为参考、品牌作为个性、品牌作为偶像、品牌是公司、品牌是政策。②

（二）品牌剧场制造：表演行动与格局再造

品牌世界同样显示出了充分的剧场艺术特色。事实上，品牌结构、品牌模式、品牌扩张以及品牌的生产体例，都是各种品牌表演者依据品牌形势所作的剧场性行动，是一种商业剧场演绎。譬如品牌命名，或者品牌视觉识别设计，就必须基于现实市场语境作智慧博弈并得到期望的效果。而目标受众充当着观剧人的角色，在相应的刺激效应基础上产生适度的品牌知名、品牌认知、品牌忠诚、品牌联想等品牌剧反应。而凯勒（Keller）提出的品牌构筑步骤，就更是带有典型的戏剧组合的意味——一步步地走向高潮和结尾。它把品牌构筑分为四大步：(1) 构筑正确的品牌个性；(2) 赋予确切的品牌含义；(3) 引发正确的品牌反应；(4) 与顾客之间构建正确的品牌关系。其中，"卓越性"是品牌构筑的第一步，主要解决如何让顾客认知品牌名称、让顾客简单频繁地回忆品牌、让顾客重新认识品牌等问题。"共鸣"则是品牌构筑的最后步骤，主要显现为四种和谐状态：(1) 行动上的忠诚；(2) 态度上的偏爱；(3) 共同体意识；(4) 积极地参与。③ 大卫·爱格指正了品牌编剧中的四种误会——品牌形象陷阱、品牌定位陷阱、外

① 〔英〕L. D. 彻纳东尼等：《创建强有力的品牌——消费品、工业品与服务业品牌的效益》，第 37—46 页。

② 同上书，第 49 页。

③ 同上书，第 14 页。

在观感陷阱、迁就产品特征的陷阱①，并图绘了品牌认同的基本模式，尤其是提出了将品牌看做产品、企业、个人和符号的认同之道。②

如果加上跨国广告传播实践中的那些更系统的总结与论述③，这里的讨论就更显必要。事实上，到20世纪90年代时，跨国公司已经拥有各自的“品牌产权”（Brand Equity），例如，智威汤逊的“汤普逊品牌全营销规划”、精信公司的“品牌未来（品牌性格）”、奥美公司的“品牌管家（品牌写真）”、达比斯公司的“品牌轮盘（品牌精髓）”、达美高公司的“领导品牌（品牌远见）”等等都是各具精妙，别有魅力。例如：

1. 精信由此形成独特的“品牌性格”策划纲要

客户：______商品：______ AE：______主管：______填写日期：______

A. 广告之行销目标：______

B. 广告必须解决之主要问题：______

C. 商品特色：______

商品名/类别：______ 包装：______

价格：______ 通路：______

品牌传统：______ 商品差异：______

D. 定位：为什么它比较好？

______ ______ ______ ______

品牌/商品　主要竞争者　目标消费群　购买诱因

结果：______

产品支持点

E. 人性化，如何凸现商品个性？

______

◉ 思考点：消费者可以通过使用本品牌达成什么企盼？本品牌在消费群生活中扮演什么角色？任何独特之传统印象、特色？

F. 有任何 KEY PICTURES 或文字能表达出品牌个性，使之更……

- 独具一格
- 令人心动

① 〔美〕大卫·爱格：《品牌经营法则——如何创建强势品牌》，沈云骢等译，内蒙古人民出版社1999年版，第38页。

② 同上书，第46—48页。

③ 此节内容参考卢泰宏等：《蔚蓝智慧——读解十大跨国广告公司》，羊城晚报出版社2000年版，第277—296页。

- 历久不衰

◉ 思考点:如果这个品牌是一个人,它应该是什么样子……

- 态度/价值观/利益:________
- 外观/造型:________
- 声音/语调:________
- 嗅觉/感觉/行动:________

G. 创意评估程序________

与策略是否一致________

- 符合广告行销目标吗?________
- 能解决问题吗?________
- 与竞争者划分明确?________
- 是否抓住了商品的重点?________
- 能充分显示品牌个性吗?________

评估判断:________

a. 独具一格

b. 令人心动

c. 历久不衰

- 是否在竞争品牌中突出?________
- 对目标消费群有关及有意义?________
- 能传达给消费群者品牌是给"像我这样的人吗?"________
- 它是否有明确的品牌个性,而且能符合消费者的基本需要?________

现在,精信将其创造的一套品牌策划工具称为"精信工具箱"。其中既有珍藏的"品牌性格",又增添了应对品牌资产的新武器如"品牌忠诚"和"品牌未来"。其中,"品牌未来"是最具前瞻性的策划范式。按照介绍,"品牌未来"包括六个步骤:(1) 品牌现状考察;(2) 当前品牌性格;(3) 市场分析;(4) 市场渴望的品牌性格;(5) 消费者沟通;(6) 沟通效果评估。经由这些步骤将品牌引向未来。

2. 达比斯:从硬销"USP"到"品牌轮盘/品牌精髓"

罗瑟·瑞夫斯发明了达比斯重要的品牌资产——独具销售说辞,强调针对商品的独一无二的特征展开积极地诉求,并以销售力为目标对目标消费者作一个主张/承诺。20 世纪 90 年代,达比斯更上层楼,围绕 USP 之精华发展出一套适用于新语境的品牌生产模型,在品牌视阈里挖掘精准度更高的 USP。

新的模型将整个USP创意分为七个步骤：

（1）品牌轮盘/精髓。品牌轮盘把通常意义上对品牌层次的划分作了由表及里的归纳：

最外圈——品牌属性：品牌是什么，品牌的物理性/功能性特征；

往　里——品牌利益：品牌做什么用，使用品牌的结果；

再往里——品牌价值：品牌如何让我感觉自我，以及让他人感觉我；

再往里——品牌个性：如果品牌是一个人，谁会是它？

圆　心——品牌精髓：品牌的核心，这个轮盘中各特征的总概括。

（2）品牌营销策划。这个环节要求客户和代理商共同参与，并通过明确的定义广告和其他所有营销传播组合的特定角色和行为标准，形成下面的分支问题：

品牌概况/品牌资产；

营销目标和商业目标；

传播政策；

评估（包括广告和其他营销传播组合要素）。

（3）品牌审查。品牌审查的目的在于更好地发现品牌的独特方面。这正是USP的基础。一般而言，审查从调查产品和消费者的各个方面进行。为了做到真正以消费者眼光看问题，一般通过头脑风暴法、Adcepts产生和测试的方法，提出更好的问题。

（4）头脑风暴法。亦即通过开发代理商集体智慧之道提升知识资产的利用值，并使之形成一种新的策划思维，有效地展开相关工作。

（5）Adcepts产生。Adcepts是假设、样板创意、声称、令人惊奇的事实，甚至是在策略建立的研究过程中产生的消费者反应（以一种比敏感的词汇更鲜明、直接的方法）。如何展开具体工作并无特定的规定和形式。但是，它们必须包括一个想法，带有激励效果的想法。同时，它必须将策略性主张归纳为消费者易记易懂的习惯用语，而非干巴巴的策略宣言。

（6）Adcepts测试。主要是对消费者反馈的刺激，而非测试目标。在多数情况下，我们都可以发现关于该品牌的8—10个最有效的Adcepts，然后展开测试。测试中，一般使用商讨而非提问的方法，所以，要特别警惕只注意消费者的想法而不关心产生这种想法的缘由的做法。

（7）USP创意简报。对达比斯而言，创意简报的核心焦点就是“USP”。重要的是创意简报必须遵循“创意轮盘”展开，这两者的结合形成关键的创意简报文本。达比斯创意简报一般包括以下问题：

我们为什么做广告？在广告投放之后，我们希望消费者做什么？想什么？

我们在和谁交谈，我们对他们有哪些洞察？

品牌的 USP 是什么？

USP 的支持点是什么？为什么消费者会相信它？

促进（品牌个性或主张的真正动人之处是什么？从附加材料和刺激物中寻找）；

控制（品牌个性或主张、客户、法律等限定的不可动摇之处）；

媒体如何帮助这个创意变得活跃起来甚至让人惊奇？

按照设想，达比斯最终要对它的 USP 广告展开积极的诊断和分析，看看它们是否解决了应该解决的问题和困境。这些问题通常是：

创意简明令人信服吗？

创意是否与众不同？

它是否来源于有关品牌的事实？

它是否包含了一个独特的利益点或一个独特的类别利益？

如果除去技术成分，创意还存在吗？

它是同类产品中最出色的广告吗？

它具有作战力吗？

3. 奥美："品牌管家"哲学

1992 年，奥美公司推出"品牌管家"新哲学，成就奥美品牌文化的光荣。奥美的相关定义是："品牌管家是一种完整的哲学，是在奥美的生活方式。具体地讲，是思考奥美所做的每件事的一种新方式，是奥美对待他们的工作、他们的客户、他们的研究、他们的信息库、他们的策略、他们的每天的方式。"

品牌管家是一个完整的计划，用以确保所有和品牌有关的活动，能反映和忠于品牌的核心价值和精神。

品牌管家行动分为六大步骤操作。

第一步，信息收集。以团队方式彻底了解产品。回顾所有关于品牌的指示，包括：产品细节——它的利益、成分、物理形式和功能属性、历史等；消费者——大量使用者、轻度使用者，当前的、已失去的以及非用户；他们的行为和态度，他们生活在哪里，以及正在做些什么等；竞争——直接和间接的，范围，趋势等；环境——品牌背后的公司和较为广阔的环境、社会、经济、政治、文化等。确信已经了解这些"事实"后，把它们放在一边，深呼吸，然后进入下一环节。

第二步，品牌检验，汇集事实后，需要的便是得出结论。品牌检验把感情、印象、联系、意见、闪光点、期望、满意、批评和失望，不论正面的、负面的抑或是反面的因素统统融合在一起，从而形成关于品牌的消费者认知。品牌检验借助词语描绘用户生活中关于品牌的实际经验。特别的是，品牌检验要求以消费者的立场来回答问题；准备回答问题时，必须努力唤醒回答者所有的品牌形象、消费者的知识、经验与理解。为了科学地操作这一程序，奥美设计了独特的标准化问题清单：

(1) 激发你头脑中的品牌形象，思考这些专门的问题：

当你听到品牌的名字，首先跃入你脑中的是什么？

其他呢？视觉的还是图像的？包装还是产品元素？广告的片断？符号还是象征？其他品牌的传说？

这些刺激物对品牌揭示或暗示的是什么？

(2) 思考品牌唤起你的感觉和情感……

你在使用品牌时有哪些特殊的感觉和情感经验与之相连？

这个品牌让你如何感受自己？

当看到其他人使用这个品牌时，你感觉到什么？

品牌的基调是什么？

这个品牌与它处于领导地位的竞争者相比，在唤起你的感觉和情感方面有何不同？

(3) 因为使用一个品牌使它成为你生活的一部分，品牌具有自己的记忆或联想依附在上面……

这个品牌把哪些记忆或联想带到你的头脑中？

描述你或与你关系密切的人的一段生活情节来说明之。

(4) 除了品牌履行的功能外，它在我们的生活中还做了很多事。

在你的生活中，除了技术上的功能外，这个品牌还为你做了什么？这恰是其他品牌做不到的。它独特的贡献是什么？在使用这个产品类别时，它带给你什么样的特殊看法或观点？

这个品牌在哪些方面加强了你思考事物的行为或方式？

第三步，品牌探测。品牌探测是奥美为回答品牌检验问题提供必需的洞察和理解而专门开发的一项工具。据介绍，这项工作一般分为四个步骤，借助广泛的样本群探测相关思想和态度信息。一个完整的样本群包括品牌忠诚消费者群、客户代表、客户品牌小组、代理商的品牌小组代表以及服务于品牌的公共关系/促销/包装公司邀请来的代表。基本流程为：

第一阶段——征集50—60位品牌忠诚者，邀请他们写品牌使用日记，包括使用情况、使用中的感受、选购理由等。然后分析“日记”并选择其中十位回答清晰的品牌忠诚者进入第二阶段。

第二阶段——由两个处于观察中的“品牌风暴”会议组成：一是十位消费者代表由代理商客户的品牌团队观察；二是十位专业人员由消费者小组观察。

第三阶段——把两个群体合并在一起；把他们分成各有五人参加的四个混合小组，讨论和准备发言。

第四阶段——举行一个 20 人都参与的、发言形式的品牌会议，保持一种“问题和回答”形式的争论。从中形成自己的结论。

可以通过下列方式完成这个过程：

目标：

探索消费者对品牌的态度。

探索品牌对消费者的态度。

鉴别这种关系中的关键态度。

鉴别并试图写出所有潜在的否定点、缺点、着重点等等。

在这些关系中建立明确的联系。

明确表达出这种独特的品牌消费者关系，用语词、色彩、铅字字样、音乐、类比等所有可以帮助你理解的方式。

刺激/投影技术：

日记形式——适当地从品牌检验形式改编过来。

品牌地图——通过理性和感性的标准。

角色扮演——戏剧手法，广告，上门推销。

品牌杀手——“杀死”这个品牌，你可能做什么？

品牌康乃馨——重新把它带进生活，你可能做什么？

品牌梦幻——一天中品牌发生梦幻，它的行为、感受、奇遇等。

品牌比拟/拟人法。

品牌收集——图片、文字、色彩、声音、味道等。

品牌拥护者与品牌反对者“大辩论”。

问题与回答小组讨论。

第四步，品牌写真。品牌写真是关于消费者与品牌之间存在的独特关系的一种生动陈述，是关于品牌存在理由的最根本的绝对真理。简单地说，品牌写真就是要透视品牌的核心真相及精神并作相应的品牌 DNA 陈述。品牌写真以知觉和态度为基础，珍视品牌检验中的闪光点，并以简明的语言表达之。一般而言，品牌写真可以是一段或两段话，但最好压缩为一句话或一个短句。必须提到的是，品牌写真是真实的挖掘与真相的开拓，不是理想品牌的虚构与想象。例如，“IBM 是信息时代的基石，改造我们生活的拉力……IBM 站在全球发展的高度，兼顾人性化需求的温和、积极，甚至偶尔也会自嘲一番；轻轻一触，它就能把任何人变成拥有科技魔力的用户；它提供‘四海一家的解决之道’”。

第五步，怎样使用品牌写真。品牌写真不是装饰品，它是一种真实的工具。要理解其价值——品牌写真可以测试我们在品牌名义下所做的任何一件事，同时观照我们在品牌下的相关表现。对行动者而言，品牌写真可以供给一种清晰的行路指示，避免幻想的无力感。品牌写真可以帮助我们真实地发现消费者并与之建立联系。同时，品牌写真应该是我们创意的出发点。

第六步，品牌检核。这是一种简单的反思过程，通过每一细节检查确认品牌要素是否被正确感知并有效使用。品牌检核一般结合如下问题发问：

营销组合的所有元素反映了品牌写真吗？如果不是，为什么？需要做些什么？

在消费者行为和态度中是否发生了相关变化？这需要在品牌写真中加以修改吗？

与品牌写真存在联系的竞争性关系/活动是否发生变化？

产品或产品线是否发生了物理性变化？有什么影响？如果有，是否对消费者与品牌的关系产生了影响？

在商业关系如公司的结构、公司的健康状况上是否发生了变化？这些与品牌写真是否相关？如果是的话，是什么？

在品牌的地位上，如国家的还是国际的，是否发生了变化？我们怎样发展品牌写真以迎接新的挑战？

（三）品牌叙事脉络：品牌故事与内在/外在节拍

通过叙事制作品牌已经是最深入人心的品牌常识。事实上，品牌的每一个细节都在震荡着消费者的灵魂，形塑着持久而稳定的品牌形象。除非出现超过正常承受度的叙事噪音，也就是那种从负面侵袭甚至毁灭品牌形象的信息，一般情形下，点的打击、面的感染和空间式的包裹，都能在客观上建构适当的品牌效绩，打造理想的品牌形象。简言之，在品牌叙事的道路上并无绝对的妙法，当年梁启超所说的优秀报刊四标准——“宗旨定而高；思想新而正；材料富而当；报事确而速”似乎也很适合我们的描述。或者，我们可以将这些可能的路径表述为辽阔的视野、周彻的洞见、持续的努力和细节上的成功。借用达比斯的说法，品牌体系本身就是轮盘性构结，深刻的叙事要落实在轮盘的周延及其一切上。

1．品牌愿景

按照解释，“愿景”（shared vision）亦即人们共同愿望的景象，共享、共用、共幻想、共努力的未来图景。卡恩(Khan)的定义是:"一种想象行为,一种看待或思考事物的方式,一种不同寻常的辨别力和远见。"他还说,愿景就是未来的基本结构。按照海德格尔的意思,愿景就像一个清洁机构,在由于互相冲突的解释所造成的充满压力的社会里,愿景为机会清除了障碍。① 很显然,愿景是一种特殊的"公共"想象与认同。并且,愿景不同于使命,使命是主体的奋斗目标,愿景则是多种主体——传者与受者——共同的偏好与认同。

愿景很重要。一个理想的愿景完全可以表明某种东西存在的理由,而且还可以显示出诉求者的胸襟与心志,更重要的是,愿景可以清晰立体地呈现诉求者的未来勾勒,充满着乐观前瞻的味道,因此,愿景可以成为号召,愿景可以凝聚力量,愿景可以鼓励人,愿景可以做方向舵,愿景能够建立共同体。②《圣经》和历史上那些成功者每每都显示出了描绘愿景的能力和偏好:摩西的愿景是领导他的人民摆脱奴役;圣雄甘地梦想着印度独立;马丁·路德·金有一个梦想——实现人人平等。伟大的品牌例如迪斯尼、耐克同样如此。

建立愿景的关键在于:(1) 创造一种适合建立愿景的文化;(2) 关键利益相关者的识别和培养;(3) 理解信息和价值观;(4) 了解人们的渴望和建立愿景;(5) 培养高质量的交流;(6) 正确的时间观……③还有,(1) 有服务精神和愿望;(2) 真正地面对顾客;(3) 独特和充满个性;(4) 清晰描述和简洁表达。④或者还应该再加上一条——"尊重品牌"。

2. 品牌名称

在品牌轮盘世界里,品牌名称实在突出,是"具有高价值的信息线索"。它或者就是我们与品牌最直接和最简单的联系通道,善加开发,便可省掉若干搜寻信息的时间和劳作。因此,有一种说法索性将它视为紧密关联品牌属性的"信息块"⑤——若干个信息位集合在一个较大的信息组内所形成的信息单位。当我们提到可口可乐、迪斯尼、梅赛德斯、松下、肯德基、麦当劳、夏士莲时,问题就直接地有了回复。

---

① 娜达·考拉奇—卡卡巴德斯等:《愿景、具有愿景意识的领导才能和建立愿景的过程:综述》,载〔英〕安德鲁·P. 卡卡巴德斯等编:《成功在望——建立愿景》,魏陆译,东北财经大学出版社 2003 年版,第 8 页。

② 〔美〕加里·胡佛:《愿景——企业成功的真正原因》,薛源等译,中信出版社 2003 年版,第 226—228 页。

③ 娜达·考拉奇—卡卡巴德斯等:《愿景、具有愿景意识的领导才能和建立愿景的过程:综述》,载〔英〕安德鲁·P. 卡卡巴德斯等编:《成功在望——建立愿景》,第 16—29 页。

④ 〔美〕加里·胡佛:《愿景——企业成功的真正原因》,第 229—276 页。

⑤ 〔英〕L. D. 彻纳东尼等:《创建强有力的品牌——消费品、工业品与服务业品牌的效益》,第 94—95 页。

品牌名称通过声音、含义、造型等角度向阅读者发出信息，同时产生“声音象征”、功能暗示、美学辐射等传播效应。[①] 品牌名称如此重要，因此，品牌命名就十分必要和具有挑战性。我们可以直接将企业名称挪移过来当作品牌名称，一举两得；也可以全新地开发新的名称。这就要看需要了，也要看我们所掌握的命名技巧。许多公司采用保守的做法，例如先给品牌定个名称，然后根据预先决定好的标准评价和修订品牌名称。而普遍的命名指南是：(1) 品牌名称必须简单；(2) 品牌名称必须是独特的；(3) 品牌名称必须有意义；(4) 品牌名称应适合产品；(5) 如果需要，某些品牌名称应该富有情感；(6) 品牌名称必须有法律保证；(7) 创建新的品牌名词；(8) 延伸任何储存的资产价值；(9) 避免过度地使用首个字母；(10) 开发具有灵活性的品牌名称；(11) 开发国际上适用的品牌名称[②]；(12) 便于记忆；(13) 含义性——具有利于展开营销活动的含义；(14) 美的诉求力——名称具有美感；(15) 超越商品类别、地理、文化界限、市场类别的移动性；(16) 可长期使用的通用性和灵活性……[③]也有些组织则采纳管理灵性或者词语联想甚至计算机生产名称的方法解决难题。

3. 品牌符号

品牌符号在这里指一切以符号化方式传播品牌信息的符号构成，例如，品牌标志、品牌象征、品牌色彩和品牌包装造型等。从品牌符号向度而言，品牌与符号学关联密切。

品牌标志是指在营销沟通中用来提示品牌并经由视觉化设计的品牌名称（用声音或音乐形式表现的品牌称为声音标志），而品牌象征则是指诸如麦当劳叔叔那样的象征品牌的图像。与其他品牌构成一样，这里同样充满复杂性。例如，亨德森（Henderson）和科特（Cote）基于 195 个标志所作的分析证明，标志世界主要由三种类型及其社会反应所构成：(1) 高认知标志，可以唤起高度的积极情感，自然和谐，精练程度居中，被误认比例较低；(2) 低投资标志，比较和谐，但略显不自然，不被正确认知的情形较多；(3) 高形象标志，有一定的自然感，高度和谐，精练程度中等，虽然给人积极的感觉，但是认知程度偏低。他们的结论是：较为复杂而精练的标志对于维持消费者的关注和好感较为有效。而另一些调查也显示，诸如美林公司的公牛视觉形象，可以充分地带来强壮和优化的印象。另外，色彩、包装也可以呈现出一定的品牌意义。例如，黄金在某些地方意味着财

① 〔日〕仁科贞文等：《广告心理》，第 17—18 页。

② 〔英〕L. D. 彻纳东尼等：《创建强有力的品牌——消费品、工业品与服务业品牌的效益》，第 110—112 页。

③ 〔日〕仁科贞文等：《广告心理》，第 17 页。

富和地位，也可以转化成爱、豪华、重要、热情、永恒，而在另一些场合诸如廉价塑料儿童玩具汽车中，则有可能被理解为庸俗。

4. 品牌个性

品牌如人，有其鲜明的个性。品牌形象测定中，人们常向消费者提出这样一些问题：假如品牌有生命，它像哪一类人？假如品牌是一个人，他死后墓志铭上应该写些什么？珍妮弗(Jennifer)将这种品牌构成细分成了五种类型：

表 3-3　品牌个性性格分类

性格因素	性格的各个侧面
诚意(sincerity)	脚踏实地、诚实、健全、快活
鼓舞(excitement)	大胆、有活力、想象力丰富、最新的
能力(competence)	信赖性、聪明、成功
精炼(sophistication)	上流阶层、富有魅力
坚固(ruggedness)	针对户外、结实

结合这种框架，日本学者的分析则指出，各个品牌或多或少都具有这五种因素的个性，只是每个品牌的偏向度略有差异而已。例如金宝汤的品牌诚意因素较强，而 MTV(音乐电视频道)的鼓舞性更重，CNN 的能力因素稍浓，Hallmark 除了坚固之外，其他四个因素都非常之强。① 美国学者大卫·爱格承认品牌个性的现实，但所给出的指标与此不同。他重点推荐了五大个性，分别是纯真、刺激、称职、教养、强壮。他的观点是“五大个性要素几乎可以解释所有品牌”。爱格的分析同时指出，每个个性下面当然又存在着许多不同的面相②：

纯真(康柏、贺轩、柯达)：

纯朴面相：家庭为重的、小镇的、循规蹈矩的、蓝领的、美国的；

诚实面相：诚心的、真实的、道德的、有思想的、沉稳的；

有益面相：新颖的、诚恳的、永不衰老的、传统的、旧时尚的；

愉悦面相：感情的、友善的、温暖的、快乐的。

刺激(保时捷、Absolut、班尼顿)：

大胆面相：极时髦的、刺激的、不规则的、俗丽的、煽动性的；

有朝气面相：酷酷的、年轻的、活力充沛的、外向的、冒险的；

富想象面相：独特的、风趣的、令人讶异的、有鉴赏力的、好玩的；

最新面相：独立的、现代的、创新的、积极的。

---

① 〔日〕仁科贞文等：《广告心理》，第 28—29 页。

② 〔美〕大卫·爱格：《品牌经营法则——如何创建强势品牌》，第 105—106 页。

称职(Amex、CNN、IBM)：

可信赖面相：勤奋的、安全的、有效率的、可靠的、小心的；

聪明面相：技术的、团体的、严肃的；

成功面相：领导者的、有信心的、有影响力的。

教养(凌志、奔驰、露华浓)：

上层阶级面相：有魅力的、好看的、自负的、世故的；

迷人面相：女性的、流畅的、性感的、高尚的。

强壮(李维斯、万宝路、耐克)：

户外面相：男子气概的、西部的、活跃的、运动的；

强韧面相：粗野的、强壮的、不愚蠢的。

品牌个性的形成既来源于先天的产品本身所呈现的美学取向，如强力酶洗衣粉比不加酶的洗衣粉更能体现出阳刚之气，因为它具有充足的“克服”、“改变现状”的气势。品牌个性也来自于后天的广告塑造的功效，由广告宣传在相关元素、符号上的选择和汰弃所决定。

5. 品牌精髓

正如达比斯公司品牌轮盘所显示的那样，品牌精髓是品牌轮盘的“圆心”、品牌的核心与这个轮盘中各特征的总概括，显示了最基本的品牌认同与价值观念。在另外一些地方，品牌精髓被称为“品牌基本认同”。根据爱格的意思，“所谓的基本认同，指的是一个品牌的‘本性’，这种本性是不会因为时间的流逝而消失的。它就像是剥去外皮之后的洋葱内部”。例如，“米其林”的基本认同是“为懂轮胎的人所制造的先进轮胎”，“强生”的基本认同是“让人信赖的高品质药品”，“钍星”的基本认同是“世界级的品质，与客为友、以客为尊”。在品牌的基本认同中，我们可以找到下列问题的答案：这个品牌的精神是什么？这个品牌的背后，有哪些基本的信仰和价值观？拥有这个品牌的企业，有什么过人之处？拥有这个品牌的企业，有什么样的经营理念？①

这样一来，品牌精髓的发掘自然就显得越发关系重大且有难度。这就要靠创意挖掘来解决了，在某种程度上，我们可以将品牌在何种程度上、何种性质上、何种层面上满足人性需要、给人生以温暖作为尺度决定我们的选择。简单地说，品牌精髓的发掘所需要的理想视野在于辽阔的人生、人性世界的诸多存在性玄机，而开掘的方法则可以在商品人生现象学中得到帮助。

① 〔美〕大卫·爱格：《品牌经营法则——如何创建强势品牌》，第57—58页。

6. 品牌关系

品牌总要与顾客建立某种关系,按照一种说法,“品牌”就是“关系的建筑师”[①]。但是,有些关系看起来并非我们所期望的,例如,带有势力性质的高级品牌、看轻顾客的表演品牌、炫耀实力的强势品牌、居劣势的受恐吓品牌。[②] 有些关系则显得较为合意,就像 Hovis 使顾客沉湎于怀旧、Nintendo 使顾客倾心于激情那样。成功的品牌会与顾客建立一种高质量的、理想的关系,并使顾客分享认同感与归属感的快意。不成功的品牌关系则使品牌诉求传播失去根基,成为毫无生产价值的劳动。

针对发展成熟的品牌关系品质(brand relationship quality,BRQ)问题,哈佛心理学家苏珊·法纳(Susan Fournier)开掘了七项品牌关系面相[③]供我们了解与参考。它们分别是:

(1) 独立行为:关系的紧密程度从互动的频率和重要性中看得见。

这个品牌在我的生命中扮演着重要的角色。

一旦我不使用这个品牌,我就觉得好像什么东西正在消失。

(2) 个人承诺:朋友忠心于彼此,会随时间改善关系的品质,背叛的时候会感到内疚。

我非常忠于这个品牌。

不管生活好坏,我都会继续使用这个品牌。

(3) 爱与激情:激烈的情感结合,缺乏忍受分离的能力。在这种热烈的联结关系中,替代品会让顾客不安。

没有其他品牌可以完全取代这个品牌的地位。

如果找不到这个品牌,我会非常沮丧。

(4) 怀旧联结:这种关系部分是基于过去美好的记忆。

这个品牌让我想起曾经做过的事或是去过的地方。

这个品牌让我想起生命中某个特别的阶段。

(5) 自我概念联结:朋友间彼此分享共同的兴趣、活动和意见。

这个品牌的形象和自我的形象是类似的。

这个品牌提醒了我是谁。

(6) 亲近感:存在朋友间的深刻了解。顾客会经由知道品牌和使用方法的

---

① 〔英〕L. D. 彻纳东尼等:《创建强有力的品牌——消费品、工业品与服务业品牌的效益》,第 26 页。

② 〔美〕大卫·爱格:《品牌经营法则——如何创建强势品牌》,第 118—119 页。

③ 同上书,第 121—122 页。

细节而获得亲近感，一对一的营销计划强化了这种亲近感，培养互相的了解。

我对这个品牌知之甚详。

我对制造这个品牌的公司有很深厚的了解。

(7) 合伙品质：这个面相反映出你对伙伴的评价，也就是消费者感受产品的态度。

我知道这个品牌会感谢我。

这个品牌会看重我这位顾客。

可以看出，前三种面相系品牌忠诚的变数，后四个面相则细致地介绍了不同的关系测量法。而每一个面相后面的两个说法则在现实层面上丰富了测量的等级，满足了我们品牌建设现实工作的需要。

日本专家们建议我们设想"共同性关系"和"交换性关系"作为参考。前者指的是那种像家人和朋友一样总是替对方考虑的关系；后者指的是如同商贸伙伴那样期望从对方身上获得利益的关系。面对不同的关系，我们的应对策略肯定会有区别。

福尼埃(Fournier)就消费者与品牌关系问题作了更深入的研究。在这里，品牌与消费者不仅仅停留在经济性的"交换"关系上，同时又有"伙伴"的关系，例如将某些商品与祖母曾经使用过等现象联系在一起。福尼埃提取了112个品牌关系性，并据此从以下七个层面进行了分析：(1) 自愿的—被强迫的；(2) 肯定的—否定的；(3) 坚定的—表层的(不确定的)；(4) 持续的—短期的；(5) 公的—私的；(6) 正式的—非正式的；(7) 左右对称的—非左右对称的。

在持续研究的基础上①，福尼埃提出了他的消费者与品牌关系形态分类，共15种：(1) 相亲结婚——由于第三者的好恶而强迫的非自愿关系；(2) 轻松的朋友关系——感情不深厚的友人关系；(3) 基于便利性的结婚——由于环境的影响而形成的关系；(4) 深厚的伙伴关系——长期培养形成的感情依赖关系；(5) 最好的友人——由于互酬性而形成的自愿关系，因有满意的报酬而能保持持续的关系；(6) 局限的友情——在特殊状况下局限的朋友关系，比起其他友情来说虽然亲近度较低，但有社会经济的回报；(7) 亲戚关系——并非自己愿意，而是基于某种原因，例如从母亲那里继承而来；(8) 失望或忌避而导致的关系性——由于离开以前使用过的伙伴品牌而结下的关系性，例如在工作单位使用的电脑品牌；(9) 从童年时代开始的关系性——富含情感关系，可以唤起昔日的

① 参看〔英〕L. D. 彻纳东尼等：《创建强有力的品牌——消费品、工业品与服务业品牌的效益》，第139—140页。

安心感;(10) 求爱关系——与品牌结下深厚伙伴关系的中间阶段,例如最初开始使用期间的香水;(11) 依存关系——富含感情,不能被替代的关系;(12) 不专——短期的感情关系,例如沐浴液的使用装;(13) 憎恶关系——被否定感情遮掩的忌避关系,例如前夫使用的品牌;(14) 秘密的爱情——告知他人会有一定的风险,包含情感的关系,例如偷偷使用的品牌;(15) 奴隶化——源自品牌的单方面结下的关系性,伴有否定性的感情,例如没有选择余地时使用的品牌。

按照这种说法,可以总结出六种品牌关系质量:(1) 爱与热情——消费者对品牌情有独钟,不计价格成本,乐于购买享用;(2) 自我的关联——品牌使消费者获得归属感,甚至使他们觉悟到自我的个性;(3) 相互依赖——由于频繁使用,品牌成为消费者日常生活的一部分;(4) 承诺——消费者对品牌保持忠诚;(5) 深厚的关系——消费者对品牌熟悉、了解并形成深厚的关系;(6) 品牌伙伴质量——消费者如何把握该品牌的性能在伙伴关系中所产生的作用。品牌伙伴质量有五个构成要素:品牌令消费者感觉到的积极态度、品牌的信赖性、与品牌的关系中所包含的"规则"、品牌带来的信念、对品牌活动的想法(例如我对品牌忠诚,则品牌亦应对我忠诚)。品牌与消费者关系借此达成理想效果,如适应、忍耐、宽恕、直觉偏向、对替代品的低评价、归属偏向等。

一个伟大的品牌是了解自己的,为了满足建设性的需要,一个伟大的品牌应该而且能够深入消费者的情感世界,在那里驻扎长存,情感决定了消费者的决定,伟大的品牌有足够的力量整合这些活生生的情感构成。品牌是一个随着时间不断发展的充满寓意的故事,一个品牌将是一个永远讲不完的故事。通常,伟大的品牌总是深入到深层次的构成并与之互动交融产生综合的效绩。"故事创造了人与人之间的关系,同时还创造了一种情感环境,使得人们能够在更广阔的体验中定位自己。"①伟大的品牌需要这些内在与外在的故事。

品牌文化的生产与传播总是充满了相关性。例如,在新的历史语境里,日益时兴的品牌搭界、品牌延伸、既有品牌资源再开发等问题,或者更应该加上那项英雄事业——挽救问题品牌,就在另一些维度上逼问我们既有的关于品牌发展的想象与见识。在品牌世界里,不论是哪些问题,最后都牵涉颇广,关联甚多、甚远。

品牌绝非仅仅是工具性构成,品牌带给我们的更是一种全新的思维方式,一种新的信息世界组织制度,一种看待现实资源的灵活性与整体性。

---

① 〔美〕莱恩等:《克莱普纳广告教程》(第17版),第116页。

二、整合营销传播：跨域边界、资源共享与思想游牧

新的广告学研究预言："历史学家回首21世纪初期，可能会认为这是一个整合的时代。"这个断言的作者接着补充说："整合一词意味着一起到来或将相关系统的不同部分相交叉。""整合"既涉及技术的整合，也包括商业的整合和内容的整合。①

事实也是这样。我们已经到了一个言必谈整合营销的时代，很显然，"IMC"是个有时代特色的高频度语汇。尽管人们认为"整合营销传播（IMC）实际上只是一种简单的常识"②。但是，我们必须承认这种思维主宰人类社会诸多方面的现实性——既是新思潮也是新运动。③ 或者我们可以直接将整合营销传播看成这个时代最重要的知觉、洞见、行动的新框架。

（一）理解整合行销传播：概念与意涵

作为整合营销传播（Integrated Marketing Communications，IMC）体系的强力推动者，唐·舒尔茨和他的合作者们并没有给出明确的定义。但他们却作了周详的描述和思考，提供了应有的分析框架和思路。后来的许多学者则提供了相当多的定义与描述。例如，《克莱普纳广告教程》提供的定义是："整合营销传播是指所有传递给消费者的代表品牌利益的信息：媒体广告、促销、公共关系、直复营销、事件营销、包装、网络等。所有的信息必须经过整合，从而使这些信息能够支持其他信息或者品牌的形象。如果整合过程成功的话，那么通过传递给消费者相同的品牌信息，就可以建立品牌资产。"④朗涛公司的查理·伦奇说："品牌整合并不是指你的品牌标识和结尾要一直保持一致。也并不是说要让你的代理商们一起工作。它是一种结果，而不是一个过程。当顾客不管在什么时间什么地点见到你的品牌，你都能保持形象一致的话，你的品牌就达到了整合的目的。"⑤德拉克大学的卢·沃尔特（Lou Wolter）则说："整合营销传播就是经营市场中的互相依存关系。"⑥《当代广告学》的作者威廉·阿伦斯的定义富有广义色彩："整合营销传播指企业或品牌通过发展与协调战略传播活动，使自己借助各种媒介或其他接触方式与员工、顾客、利益相关者以及普通公众建立建设性的关

---

① 〔美〕莱恩等：《克莱普纳广告教程》（第17版），第38页。

② 同上书，第105页。

③ 〔美〕舒尔茨等：《整合营销传播——谋霸21世纪市场竞争优势》，吴怡国等译，内蒙古人民出版社1998年版，"译序"第6页。

④ 〔美〕莱恩等：《克莱普纳广告教程》（第17版），第105页。

⑤ 同上。

⑥ 〔美〕威廉·阿伦斯：《当代广告学》，第220页。

系,从而建立和加强与他们之间的互利关系的过程。”①

现在的问题不是去讨论哪种定义合适与恰当,而是从真实的市场动力与驱动角度深刻地理解整合营销传播的气度与轮盘。事实上,整合营销传播已经在客观上改变了许多广告公司的生产经营思维,例如奥美公司就将广告、直销、公共关系及销售促进都整合到一个结构和盈亏状况报告中。就业务而言,“每一个计划都按照消费者渴望获得的方式来安排信息,并且当消费者需要的时候加以传递”。连方式方法也变得灵活起来,但“不论用什么方法,都必须共同努力以向消费者传递统一的信息。重要的是与消费者之间的关系,而这要通过超越单独媒体的理念来完成”②。

看来,整合营销传播既是一个概念,也是一个过程,一种协同效应,一种结构组合方式,一种集群作战战略。汤姆·邓肯还告诉我们,整合营销传播是一种有意思的结构图景:统一形象、一致声音、好听众、世界级公民组结而成的立体图景。③

表 3-4 整合层次

层次	名称	描述/重点	实例
1	统一形象	一个面孔,一种声音,注重强烈品牌形象	3M
2	一致声音	前后一致的声音面孔,对不同受众(顾客、同行、供应商等)采用相应的讯息	贺曼(Hallmark)、可口可乐
3	好听众	采取双向传播,通过免费电话号码、调查、商展等获取反馈,注重长期关系	安德森窗户公司、土星
4	世界级公民	关注社会、环保、健全的企业文化,注重更广阔的社会	本与杰里、苹果、本田

这些表述从不同的角度和立场给我们理解整合营销传播提供了便利。但是,似乎并没有触及整合营销传播的内在秘密。整合营销传播就像拌沙拉那样将有关的资源搅拌在一起?显然不是。关于这些问题,还是舒尔茨解释得到位。他替我们描述了“完整的 IMC”意涵:

第一,一切以消费者为中心。其中代表性观点体现在 4C 对 4P 理论的替代上。从前的理论认为,产品(Product)、价格(Price)、地点(Place)、促销(Promotion)至为重要。现在却主张把产品先搁置一边,优先研究消费者的需求(Com-

① 〔美〕威廉·阿伦斯:《当代广告学》,第 221 页。
② 转引自〔美〕莱恩等:《克莱普纳广告教程》(第 17 版),第 48 页。
③ 转引自〔美〕威廉·阿伦斯:《当代广告学》,第 221 页。

sumer Wants and Needs)；暂时忘掉定价策略，快去了解要满足消费者需要与欲求所需付出的成本(Cost)；忘掉通路策略，应当思考如何给消费者方便(Convenience)以购得商品；最好忘掉促销，20世纪90年代后的关键词汇是沟通(Communication)。过去人们常提醒说“消费者请注意”，现在则换成“请注意消费者”。

第二，以资料库为基础。既然以消费者为中心，自然要研究消费者，因此，建立详尽科学的资料库并不断注入新资讯，就成为发展趋势。

第三，重视“接触管理”。接触管理的含义是指通过对接触时间、地点、环境的管控，使传播主体获得充分的传播方向、传播力度、传播效果控制权。

第四，以建立消费者和品牌之间的关系为目的。整合营销传播的一个核心是培养真正的“消费者价值”，并由此获得与那些最有价值的消费者保持长久联系的可能。

第五，以“一种声音”为内在支持点。IMC认同信息“累积模式”并追求累积效应，但是却主张以一种确定的本体信息作为中心诉求，希望能获得统一和完整的品牌形象认同。以一种声音作为内在的支持点，既能防止品牌形象歧化，又能强化市场注意力资源高度集中，在累积与持续中形成理想的传播效力。

第六，以各种传播媒介的整合运用为手段。调查显示，消费者会将102种不同的媒介判断为“广告”，从电视到购物袋到赞助活动到人员促销到相关报道到口碑到领导人个性，所有这些品牌活动或者品牌联系——无论有无广告主出场——都会在消费者心目中产生出整体的印象。那么，对应性的工作当然就是：让同一个信息弥散于各个不同的媒介管道并最隐秘地与顾客接触。

最后一条我们比较熟悉，是最常见的关于整合营销的见解。但是，通过舒尔茨的介绍，我们所得到的许多整合营销传播秘密，包括整合营销传播最真实的天机——消费者中心观主导下的资源整合体系的玄秘，却实实在在地对我们说：整合营销传播最根本的机制所在其实不是资源的大组合，那只是我们肉眼看到的形貌，就实质而言，整合营销传播是围绕“愿景”设计诸种品牌资源互动的点火装置，它最重要的品质是强调一切从消费者出发，一切要服务于消费者的需要，一切机会都要用来服务于消费者，更重要的是，所有的传播都不能破坏消费者的真实意志——潜在的意愿、价值的支援、时空的机缘、心理的对位等等。整合营销传播的秘密就是：让一切都环绕着消费者的需要！

（二）整合营销传播行动：资源与整合

整合营销传播是一种实战模型，整合营销传播的魅力在于它的实际的行动品质与可操作性。

1. 从组织结构调适开始

整合营销传播的执行需要从组织结构调整入手。丹·舒尔茨的意见是:(1) 传播"独裁者"的建立;(2) 重新建构组织,使组织从品牌导向转为市场导向;(3) 对传统的品牌管理作一些基本改变。①

另一种更具体的想法从现有公司结构下的整合营销方式种类谈起②:

(1) 营销传播经理。亦即由营销传播经理负责组织完成,所有的传播活动都围绕一个人或者一个部门进行(参见图 3-1)。产品经理由营销传播经理那里获得他们产品的传播计划,而营销传播经理则负责制定战略,并从外部或内部对传播计划进行管理。

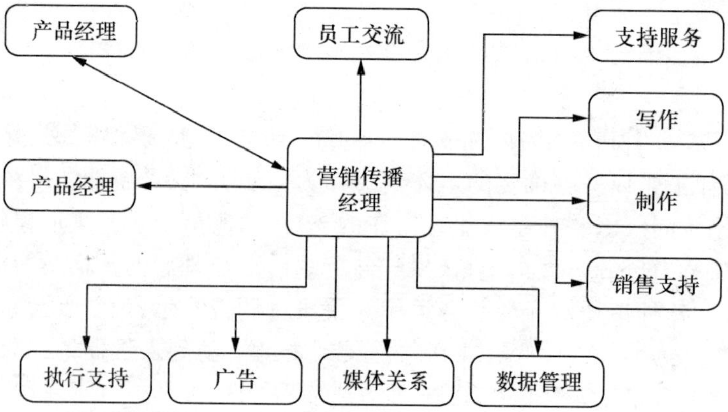

图 3-1　营销传播管理将所有的传播活动都围绕着一个人或一个部门进行

(2) 品牌管理重组。所有品牌、产品类别或组织的销售或营销活动都减少为三个团队进行。它们处于相同的级别,都向 CEO 报告各自的情况。它们分别是营销服务/传播组(MSC)、营销运作组和销售组。营销运作组主要负责发展并将产品传递至 MSC 组,后者则负责与销售组合作发展并实施所有的销售及营销计划(包括广告)。

(3) 设置传播经理。普遍的做法是设置一个传播经理,该经理负责对整个组织的传播计划进行审批及协调(参见图 3-2)。许多品牌一般都会按照传统的做法发展单位品牌传播计划,然后交给传播经理,由传播经理协调整合这些计划、信息和传媒。

舒尔茨说得对,关键是面向市场导向的思维与战略转移。有了这种转向,一

① 〔美〕舒尔茨等:《整合营销传播——谋霸 21 世纪市场竞争优势》,第 233—234 页。

② 〔美〕莱恩等:《克莱普纳广告教程》(第 17 版),第 202—203 页。

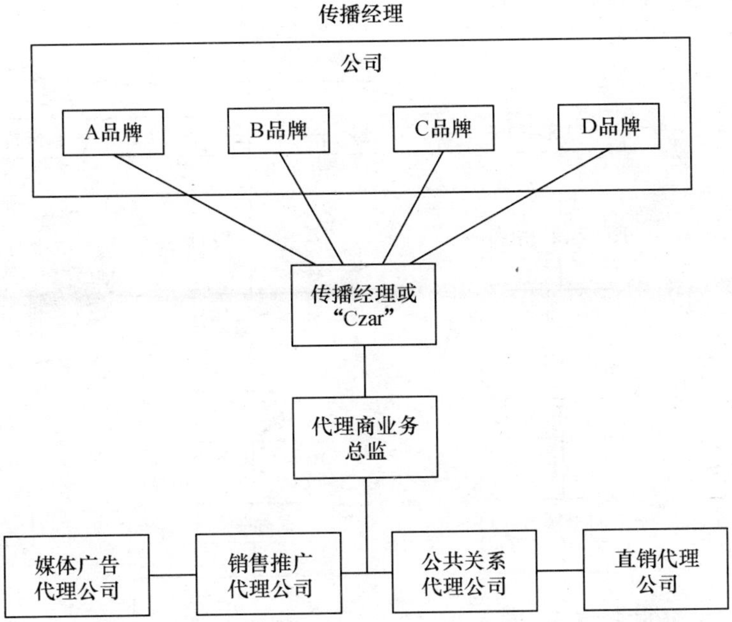

图 3-2 传播经理负责对整个组织的传播计划进行协调和控制

切都会应运而生。

2. 整合营销传播的操作：策划与制作

整合营销传播的跨界整合与主题导向性作业特性，使它格外地依赖传播战略的规划与执行。整合营销传播的最初出发点便是准确地确立行动目标。整合营销成功的关键在于准确地确定整合营销所应完成的战略目标。这些目标可能是：

(1) 树立品牌知名度。作业者可以通过使用 IMC 强化品牌的价值和独特性，借以增加品牌的知名度、鼓励消费和增强目标顾客的品牌偏好。

(2) 提供信息。商业客户需要大量的信息，因此，只要可行，组织者就应该使自己的产品具备与众不同的特征。

(3) 传递差异化/定位。我们的产品代表什么，有何竞争力？整合营销传播会帮助组织传达并刻画这些观点。①

这些目标也可能是别的什么。但是，相对于这些目标，具体的展开更具有挑战性，也更能体现出细节为王的人类传播特性。舒尔茨给出了完整的策划模式

① 〔美〕莱恩等：《克莱普纳广告教程》（第 17 版），第 203 页。

（见图 3-3）①和策略思考大纲。

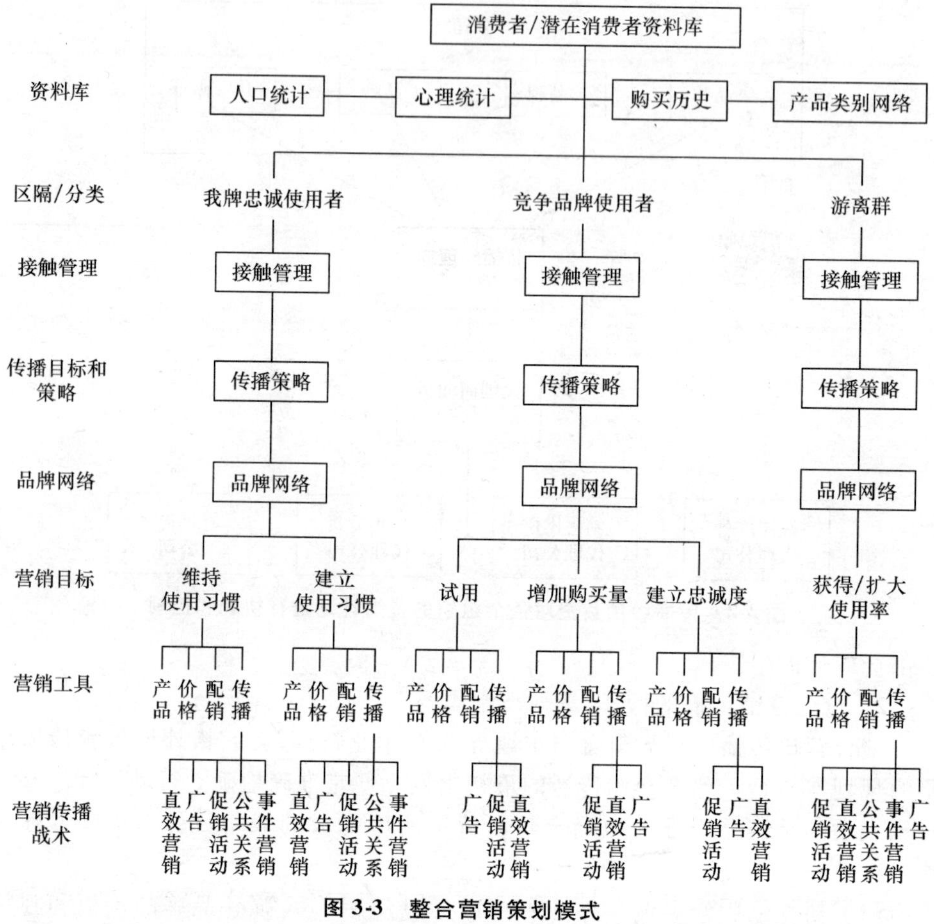

图 3-3　整合营销策划模式

在这里，我们还可以加上“互动往复”、“循环不已”这些操作指导，因为整合传播就是在目标导引下的一种资源、技术、思维互动游牧的工作，绝非静态的简单组织与排列。事实上，舒尔茨就是设想将消费者和潜在消费者作为贯穿始终的力量。然后在此基础上建立数据库、制定目标策略、建立组合团块并与消费者保持始终和根本意义上的联系。

① 〔美〕舒尔茨等：《整合营销传播——谋霸 21 世纪市场竞争优势》，第 79 页。

第三节　广告策划流程：从调查研究开始的工作

所有的策划都有具体的流程，这是实在的策划现实。从某种程度上讲，关于策划的想象与图示本身就是丰富的知识资源库与生产/传播行动出发点。

一、理解与想象策划流程：不同的想象与图解

有意思的是，关于策划程序的想象不尽相同，存在一定的差异和悬殊。约翰·米利特(John D. Millett)将它分解成三阶段：(1) 设定目标；(2) 测定现状；(3) 为明确的活动设计计划。赫伯特·莫里森(Herbert Morrison)主张将策划作理性的五阶段划分：(1) 树立计划的决心，把握策划的意义；(2) 确立计划能够树立在健全实际的作业基础上，搜集实用的事实，预测发展未来；(3) 实际制订考案的计划，比照各计划所提示的内容、资源与限制事项，检讨各计划所需费用；(4) 订立计划事项；(5) 实施施行计划。乔治·盖洛韦(George B. Galloway)的说法是：(1) 决定追求目标；(2) 为了解决问题展开调查研究；(3) 发展思考；(4) 制定政策；(5) 细部执行。哈佛大学教授爱德华·班菲尔德(Edward C. Banfield)期望能通过四个阶段的程序保障计划的理性：(1) 状况的分析；(2) 目标的设定及其具体化；(3) 行动路线的设计；(4) 结果的比较评估。普雷斯顿·勒布雷顿(Preston P. Lebreton)和戴尔·亨宁(Dale A. Henning)的想象与设计比较细致：(1) 认识树立计划的必要性；(2) 明确目标；(3) 订立提案的概要；(4) 获得提案的承认；(5) 规划策划编制并赋予任务；(6) 决定计划的明细性概要；(7) 了解所有的协调机关的合作程度；(8) 收集必要的资料；(9) 资料的评估；(10) 订立计划草案；(11) 检查草案内容；(12) 设立最终计划；(13) 计划的检查；(14) 获得计划的承认。

而乔治·特里(George R. Terry)则坚信策划的个性特征，他的看法更丰富，也更全面：(1) 发现问题；(2) 收集情报资料；(3) 情报的分类和分析；(4) 设定策划的假定；(5) 裁定可能代替的各计划；(6) 选定预拟计划；(7) 配列预拟计划的重要顺序及时间；(8) 针对预拟计划的进展状况，订立检阅方法。日本策划家江川郎认为策划程序细分并无止境，可以分为四步骤、十五程序：第一步骤：(1) 发现策划对象；(2) 选出策划对象；(3) 明确认识策划对象；(4) 调查、掌握策划对象；第二步骤：(5) 描绘策划轮廓；(6) 设立策划目标；(7) 探求策划发想点；(8) 酝酿创意，产生构想；第三步骤：(9) 整理策划；(10) 预测结果；(11) 选出策划案；第四步骤：(12) 准备提案；(13) 提案；(14) 付诸实行；(15) 将结果

运用于下一个策划。[①]

二、广告策划的程序管理与内容建构:卓越流程与有效性构成

20世纪60年代,英国广告专家斯坦利·波利特首先提出"广告策划"这一专业范式,从此,广告世界拥有专业策划的相对自觉。例如,重视定位的奥美公司将它分为八大步进行控制:(1) 行销目标;(2) 广告目标;(3) 目标市场;(4) 竞争范畴;(5) 定位;(6) 消费者承诺;(7) 支持点;(8) 调性。以单一概念主张(single-minded proposition)著称的沙奇广告集团则以三段格式解决问题:首先是产品现状分析,包括产品形象、市场概况、竞争品牌分析、竞争品牌广告分析、产品过往所作广告的检讨、来自各方面的限制;其次是塑造产品,主要包括表现方式、目标市场、广告目的、单一概念广告主张、支持点、特别限制(如logo)、塑造形象;第三阶段是给媒体部门的创意简报,其中包括目标消费群对媒体的叙述、建议媒体使用方案、预算、调查资料、行销目的、广告目的。杨鲁广告的纲领是:(1) 商品资料;(2) 广告需要解决的难题;(3) 确定广告的目的;(4) 目标对象;(5) 主要竞争者;(6) 对消费者的承诺;(7) 支持点;(8) 表现要求。以大创意闻名的李奥·贝纳则如此设计自己的运作格式和纲要:(1) 市场描绘;(2) 品牌表现;(3) 品牌与消费者之间的关系;(4) 广告目标;(5) 目标视听众;(6) 消费者主张;(7) 支持点;(8) 调性。主张"刺激与反应"沟通模式的智威汤逊广告公司首先考虑消费者的立场与需要,特别设计了"T计划"(T为Target的缩写):(1) 广告必须强调的机会或问题是什么;(2) 我们希望广告能使消费者产生哪些行动;(3) 我们的目标对象是谁;(4) 广告想要达到的主要目的是什么;(5) 哪些资讯、特质能协助达到这个目的;(6) 广告所要阐述的品牌形象是什么;(7) 有哪些媒体或预算方面的考虑;(8) 产品具有哪些利益点。

一种描述这样想象和结构现代广告作业所包含的智慧整合与资源匹配行动:

(1) 成立策划小组。根据业务和人力资源构成情况,在广告目标的导引下成立策划小组十分重要。当然,那些小的业务和非正规的作业可以另类看待。策划小组多由策划小组负责人加上客户代表、调查人员、文案人员、美术设计、媒介人员、公关人员和其他人员联合组成。他们是广告策划的实际操作者,他们的广告想象和知识视野、专业熟练程度决定了广告策划及其战略技巧的最终取向。

(2) 制定工作时间表。根据广告执行所能够控制的时间资源制定相应的工

① 刘保孚主编:《策划实务全书》,经济日报出版社1995年版,第23—26页。

作任务时刻表，既可以显示作业者的专业精神与专业路线，也能够确保在适当的时间资源空间里合理安排，理性地达到目标。

一般而言，广告策划小组的工作日程安排以表格方式呈现。主要分为“任务下达表”、“任务完成表”和“策略列表”三种。“任务下达表”主要用来下达工作任务，主要包括工作目的、内容要点和时间要求等。“任务完成表”用来及时掌握各项任务完成情况，内容包括项目负责人、起始时间、完成时间，完成结果等。策略列表主要用来将各项工作中发现的机会点、问题点、可以采取的策略等及时列表反映。

(3) 分别下达工作任务。主要是落实与安排前述工作任务，使之落到实处，利于监督执行。

(4) 不同工作内容的诊断与研讨。主要针对每项工作内容进行具体的研究与思考。例如，接触资源整合方面的发展接触清单、绘制接触路线、制定接触细节、描述接触管理思路等。或者就相关方面展开语境分析、历史描述、困境展示、方法检讨等具体而有成效的工作。

(5) 情报收集与适应性诊断。主要完成资讯收集、资讯解读、资讯配置等工作。最终将数据和诸种情报转化成有效判断和结论。

(6) 战略决策性决策。主要涉及战略选择、战略诠释、目标市场锁定、广告目标发想等工作。例如，选择快速穿透策略抑或是逐渐穿透策略、传染病式穿透策略。也包括谁是我们的目标受众、目标受众与我们的当下关系如何、竞争对手在目标受众心目中地位如何、我们期望在目标受众心目中获取何种形象与地位、我们给顾客的承诺是什么、我们实现承诺的依据是什么、我们的广告将选择哪种语气适应目标人群的构成与想象等问题的确立。

(7) 战术性考量与决定。主要涉及广告主题、广告定位、广告创意、广告媒介选择、广告接触管理路径、广告视觉表现、广告语言表现、广告气质表现、广告叙事表现、广告费用预算、广告效果检测等现实性广告操作问题。一份广告策划业务流程结构图较为充分地显现了其中的繁复与多样性构成(见图 3-4)。

(8) 编制策划书。最终，广告策划将以文本方式——广告策划书而呈现，形成指导性、协约性、制度性的文本表述。一般而言，广告策划书以“标准策划书”和“一页策划书”两种方式显示自身的灵活性。策划书的内容通常被简化成“5W3H”，即 What(什么)——策划的目标和内容；Who(谁)——策划相关人员；Where(何处)——策划场所；When(何时)——策划的日程安排；Why(为什么)——策划假设和原因；How(怎样)——策划的方法和整体系统运转；How(怎样)——策划的表现形式；How(多少)——策划的预算。现实地讲，则涉及整

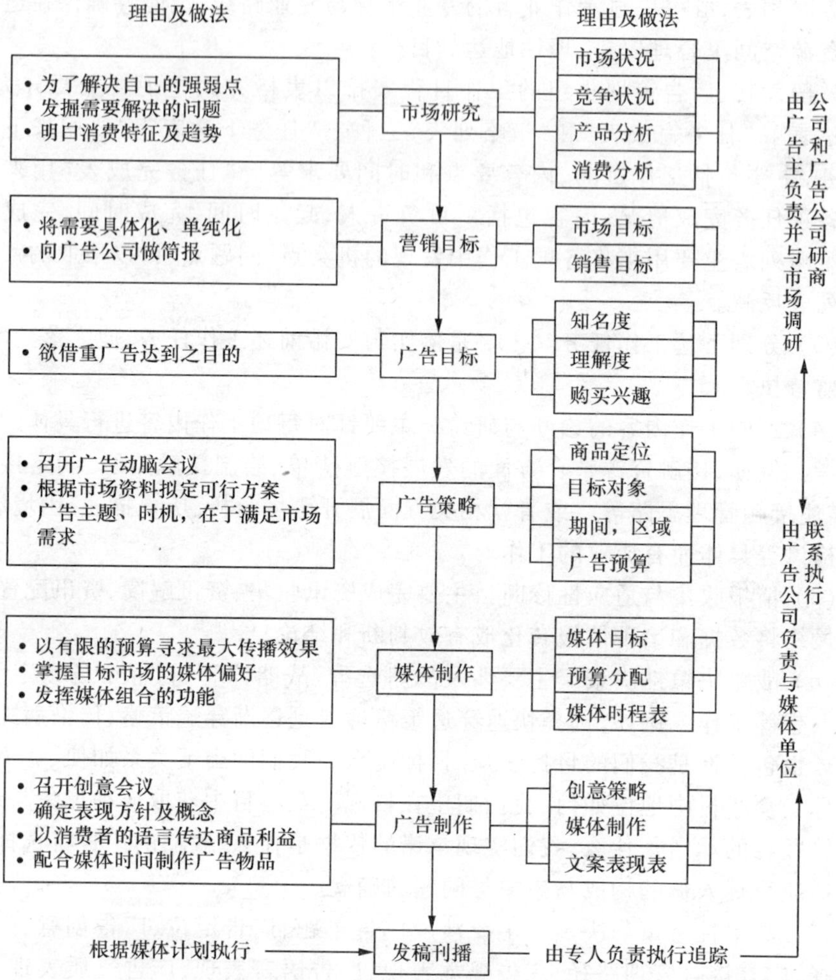

图 3-4　广告策划流程图

体美学选择、封面设计、印刷选择、结构安排、阅读指南等方面。一般的策划书格式包括封面、封二的策划小组名单、内容提要、目录、前言、主体内容、预算、实施日程、附加说明和相关材料。广告策划书的写作并无绝对格式，只有有效策划书和无效策划书之分、被执行策划书和被否决策划书之分，关键是思路之科学与表述之清晰与否。为此，专家常建议借鉴剧本写作方法，充分考虑限制条件，充分考虑中心构想，并以细节性信息形态巧加配置妙手构结，策划书的写作并不要求文采，一切以简单明了、清晰可读为基本原则。但是，策划书写作要求尽力使相关的信息传播视觉化展开，例如，图形化信息、模型化信息，甚至场景化信息。

(9) 通过提案活动。通过谈判或争取基本策略认同,保证作业的有效性发展和后续性工作条件。

(10) 实施计划与整体工作总结。执行广告策划计划方案;通过各种方式对广告策划活动展开总结和分析,发现模式上、方法上、思维上的不足与成绩,争取积极的知识生产与观念改造的可能性。

另一种勾勒大体相似,但涉及细节更多。这种广告策划流程想象将整体工作设想为五大步骤:

1. 捕获客户信息阶段

(1) 召开客户说明会,让客户全面介绍组织、产品、技艺、销售、竞争、过往广告、市场环境及其认知。

(2) 与客户进行洽商谈判,了解客户的要求与意图,签订策划合同。

(3) 成立项目作业小组,落实作业主体,建立客户档案。

(4) 举行内部说明会,研究客户信息,制定作业方向。

2. 作业准备阶段

(1) 制定项目计划推进表及时限控制表。

(2) 召开项目组内部沟通会议,明确分工,并要求制定个人工作推进计划。

(3) 根据专业分工需要,从现实出发,或委托专业调研公司进行相关专项调查,或者自行展开具体调研工作,包括:确定市场调查的目标、范围、对象、方法等;拟定问卷、访谈提纲,准备辅助设备和相关人力;实施市场调研项目;市场调研结果的分析、整理;撰写市场调查和分析报告。

3. 策划作业阶段

(1) 组织营销环境分析,分为宏观环境分析和微观环境分析。前者指影响组织营销活动展开的政治、经济、文化环境分析;后者指行业趋势及其组织营销中的微观利弊分析。

(2) 消费者分析,包括:消费者的购买行为分析;消费者的使用习惯分析;潜在消费者的特征分析;潜在消费者第一次购买动因分析。

(3) 产品分析,包括:产品现存的优劣点分析;扩大产品目标消费市场的机会点分析;本产品与其他竞争者的机会分析;产品的包装形态分析。

(4) 竞争对手分析,包括:与竞争对手在行业中的地位比较;与竞争对手之间的优劣势比较。

(5) 竞争对手广告分析,包括:竞争对手的广告表现分析;竞争对手的媒介选择策略分析;竞争对手的广告传播目标分析;竞争对手的SP组合策略分析;竞争对手的广告效果评估;本组织与竞争对手在广告方面的优劣势比较。

(6) 目标市场论证及选择:目标消费群使用本产品的理想销量及目标利润分析;区域市场细分、论证和选择;对目标消费群和目标区域市场的广告投入原则。

(7) 产品定位分析:与竞争对手的定位策略比较;产品定位的概念陈述。

(8) 广告诉求策略研讨:广告目标受众的特征描述——对谁说?明确广告承诺的利益点——说什么?确定广告诉求的风格特性——怎么说?

(9) 广告表现策略研讨:广告总主题的提炼;核心创意的明确;创意表达的载体确定。

(10) 媒体组合策略研讨:按覆盖面、受众特征、千人成本选择适当的媒介类型;广告发布的时段、周期、频次确定。

(11) SP 组合策略研讨:促进购买的 SP 活动原则和类型分析;公关活动与核心创意的配合;店面促销活动规划。

4. 广告表现作业阶段

(1) 动脑会议:核心创意指导下的多样性风格的 CF 脚本创意发想;核心创意在报纸、海报中的意念构想;核心创意的图形意念在 POP 中的活化运用原则。

(2) 创意表现作业:CF 脚本细化及分镜图;报纸文案撰写设计样稿;海报文案撰写设计样稿;POP 相关文案及型样设计;促销用品型样设计。

(3) 创意说明会:展示初期创意表现成果;说明创意的思路原则;邀请本项目以外的设计、创意人员及公司其他成员对本创意表现成果进行评议。

(4) 客户创意提案:与客户进行全面沟通,陈述创意表现的原则;向客户展示创意表现成果;展开创意表现效果论证及评估;听取客户反馈意见,确立修正办法及时限。

(5) 创意表现修正及完稿:根据客户反馈意见,全面完整地完成各项创意表现;将修正后的创意表现提交客户,获得客户认可。

(6) 实施推进会议:确定 CF 制作单位和时限;安排报纸版面联系;确定海报、POP、促销品的制作单位,明确时限;制定总体的实施日期排布原则。

5. 执行作业阶段

(1) 委托制作和估价作业:列出需要制作的清单;委托制作,明确时限;明确费用,签订合同。

(2) 客户确认合同:委托制作、发布之项目的全部费用确认;委托制作、发布之项目的代理费用金额;委托制作、发布之项目的交货期限及发布时限;明确双方的责、权、利;合同签字确认。

(3) 发包或委托。

(4) 请款作业。

（5）财务结算。

（6）结案。[①]

当然，真实的策划工作远比我们说的还要复杂和立体，牵涉及构成也更丰富多彩，难以简单描述。从内容构成角度讲，高牵涉性构成主要涉及界定问题、规划建构、行动传播、评估分析四大段落及其相关资源整合。这种四步式作业过程可以简单地勾勒如下（表 3-5）[②]：

表 3-5　基本策划过程

四步式过程	战略策划步骤和方案提纲
界定问题	1. 问题、关心或机遇： 现在正在发生什么事情？ 2. 形势问析（内部和外部的） 哪些积极的和消极的力量在起作用？ 何人受到牵扯和/或影响？ 他们是怎样受到牵扯和/或影响的？
计划与方案	3. 方案目的 预期的形势是怎样的？ 4. 目标公众 方案应该回应、到达和影响何人——内部的和外部的？ 5. 目标 针对每一类公众要完成方案目标时，必须取得什么结果？
行动和传播	6. 行动战略 必须做出什么变化以取得目标所陈述的结果？ 7. 交流战略 为了取得在目标中指出的结果必须传播什么信息？ 哪些是将内容传送给目标公众的最佳媒介？ 8. 方案实施计划 何人为实施每个行动和传播战术负责？ 活动顺序和日期安排是怎样的？ 这个方案要花多少钱？
评估方案	9. 评估方案 在方案的目的和目标中，特定的结果将如何进行测定？ 10. 反馈与方案调整 评估的结果如何报告给项目经理和用于方案的调整？

① 参见国家工商行政管理局广告监管司编：《广告专业技术岗位基础知识》，中国统计出版社 2000 年版，第 327—332 页。

② 〔美〕斯格特·卡特里普等：《公共关系教程》，明安香译，华夏出版社 2001 年版，第 308 页。

更通俗的描述则是另一种被称为5Ms的行动结构，如表3-6所示：

表3-6　5Ms的行动结构

广告的目的	（任务——mission）
广告的投入	（资金——money）
传递确认信息	（信息——message）
使用媒介确认	（媒介——media）
如何评价结果	（衡量——measurement）

广告策划可以在任何时间空间关系里展现自我的特性——沟通性、陈述性、表征性、规制性、人类性，并丰富之。最重要的是，广告策划要在事实上成为卓越管理的战略行为，在目标描述、环境察觉、问题顺序、资源梳理、有机结构、对等沟通、战术计划、技术工具、效益实现等方面达成一流运筹的状态，例如，符合社会要求、在伦理上能够被接受、概念清晰、内外紧密关联、结构上有条理性、易于执行、在实践上可以做到、可展开相当的评价、紧贴目标、效果显著、运作效率高。

广告策划是开放系统与封闭系统的复合性生产，它涉及多元维度的构成与力量。为此，我们需要抵制那种将广告策划作“运营性矮化”的态度与认知，拒绝将广告策划看作纯技术层面的组合，从而忽略了价值观念、社会发展模型等社会学想象力构成的传播与沟通意义。

第四章　广告调查问道：寻觅扎根之所在

普遍常识一再向我们人类显示，有效的广告营销传播需要建立在广泛的调查研究基础之上，并从调查研究出发开始它最为智慧的历程。事情或者就像精信公司想象的那样，人类的广告行动总是伴随着“我们在哪里”、“我们为什么在这里”、“我们要去哪里”和“我们如何去那里”之类的设问与随之而来的调查研究。迷雾荡涤之后，那些梦想的灿烂与荣光才能充分实现。

干扰并不来自外界，相反，关于广告调研的误会更多地源自广告业界内部。譬如有“广告界怪才”之称的乔治·路易斯等人就坚决反对对广告作“科学”的学门想象与道路认同。他们蔑视广告定位等常识性认同。这种态度增加了广告界关于自身的论述困难，于是乎，有人开始借广告是艺术的口实排斥调查研究的必要性。

事实上，乔治·路易斯从来就没有否认过调查研究的重要性。他的家里堆满了各式各样的艺术图册，他参与了一定量的调查活动，他还直接肯定与推介了调查研究的生产性价值——“市场调查发挥了它适当的功用”，“对于创意人员来说，市场调查是一项无价的资源，它会事先展示出一则广告活动是否能够正确地传达讯息，也能测试它是不是能深入消费者的心理层面，并且引起他们行动”。说到底，乔治·路易斯尊重调查研究，他的批评主要针对那些将市场调查神秘化或者仅仅看做一种“程序”的做法，路易斯痛恨它们每每使广告传播误入歧途。①

这种纠葛显示了广告调研还不是一个不言自明的真理的社会现实。作为知识真实，广告调查研究还需智慧地诠释和解读，需要在专业意义上加以立体想象与周全描绘。

---

① 〔美〕乔治·路易斯：《蔚蓝诡计——颠覆市场的广告创意智库》，刘家驯译，海南出版社 1996 年版，第 153—155 页。

第一节　位格研判:广告剧场行动的条件与生产机制

一、一切从“面向”与“凝视”开始

广告传播是一种充满“目标性”和“算计性”的人类活动,在某种程度上,我们甚至可以说广告传播是一种有强烈目的论结构特色的人类活动,这种活动受行动目标的直接支配和引导。

因此,我们需要最真实的信息。不仅如此,我们还需要这些最真实的信息所结构并呈现出来的额外的张力与气息。换言之,我们需要的不是那些缺乏生命力的数据和表格,而是真实的“境遇与此在”秘密的外泄。最终,经由努力,我们或者可以达成广告剧场效果管理系统所期望的根本目标。

如此一来,广告调研成为一项全纳性的人类活动,并拥有显著的目标性、包容性和突出的实效性。一旦与存在探秘这样复杂的使命联系起来,人类行动就不会贸然排斥或者边缘化他者力量,相反,它们是坚定的整合意志与自觉行动的拥趸。“我们注意到艺术家、技工甚至学习代数的学生一旦沉浸入他们的任务之中时,就可以看到人与任务之间的深度的关联和亲密。这种关系看上去就像谈一场恋爱,充满着投入、关心、关注、梦绕魂牵和骨立魂销。就像移情试验或为他人服务试验一样,服务于任务也涉及对自我分离的超越;我们移情于要完成的任务中,并且,在一段时间之内,这个任务与我们合二为一,或者说,任务变成了我们。”因为人们受着关切意志力的引领,受着使命的驱动,受着完型趋向定律的支配,所以,一旦建立了合作的关系,那种神秘的共鸣就将随之产生并扩散到许多方面——“服务于任务也涉及一种精神的意向与投入。当我们进入任务‘区域’或为一种流变的状态所深深吸引时,认识活动也相应发生转变。在某些时候,人的时间感减少了,深度的关系感、亲密感,甚至一体感或炽烈的爱出现了。服务于任务甚至可以变成一种冥想。”而且,这种受着使命感支配的开展“帮助我们从利己主义的纷乱状态中解脱出来,使我们臻于作为创造的源泉和目标的‘无我的快乐之域’”。在这个理想的状态里,人们就像是一个充满活力的接收器,以超越规范的自由精神延伸半径,扩展信息,“正常的领会、保持和评价转向亲密的关注;远距离的观察变成了亲密的参与;认知和认知对象之间的分离瓦解了,并开始融为一体,同呼吸共命运”①。

① 〔美〕托宾·哈特:《从信息到转化:为了意识进展的教育》,彭正梅译,华东师范大学出版社2007年版,第95—97页。

广告调研既非空洞的宏大理论，也绝对不是一种迷途的经验主义行动，同时，我们也反对将广告调研与既有的调研思维和作业路线直接画上等号，反对将那些受观念、方法污染的“调查研究”——就像米尔斯说的那种由于僵化所造成的不健全的调查研究——简单地看做广告调查研究本身。广告调查研究追寻的是实质性问题，因此，它应当保持灵动的气质与知识的活力。在遭遇知识与方法规格化、自身广告化的时代里，广告调查尤其要努力地借助于健全的社会科学想象使自身得到解放，成为合格的资讯社会里的公众智能制度器官。调查研究世界里的情形比我们想象的要复杂得多。

“环境戏剧论”的主张者理查德·谢克纳的相关意见为我们寻觅积极的调研之路提供了一种现实的操作路径、一种美学的与体验主义的获取路径。他说：“表演剧团的基本工作是与空间在一起：发现它、与它发生关系、与它协商、让它表达意思。剧团不管到哪里去演出，第一次练习就是让人们去接触空间。”①在那些充满诗意的表述里，他写道：

> 在空间中走动，用不同的方式探索它。感觉它，看着它，与它说话，摩擦它，听它，与它一起制造声响，与它一起演奏音乐，拥抱它，嗅它，舔它，等等。
>
> 让空间为你做事：拥抱你，抓住你，使你走动，推你转圈，拎你升高，挤压你，等等。
>
> 让你与空间——与它的容量、它的节奏、它的质地、它的材料的关系中发出声响。
>
> 在空间里走、跑、滚翻、游、飞。
>
> 用词语、用名字、用没有词语的声音、用没有声音的呼吸召唤另一个人。倾听这召唤，试着把它们当成来自不同的地方。
>
> 然后找一个你感到最安全的地方。仔细检查这个地方，把它当成你的家。从这个地方、这个家、这个窝发出呼唤。然后再找一个你感到最受威胁的地方。从这里发出呼唤。唱着轻柔的歌从坏地方挪到好地方。②

很显然，这种超克的路径使存在本身得以凸显，但却无力呈现个性与特殊的所在，有体验压倒解读的特殊取向。

哲学家米歇尔·福柯的研究则给了我们另一个操作路径——凝视与诊断问题的范式与路径。与理查德·谢克纳启示下的广告剧场论不同的是，福柯的研究直接将我们引进医学凝视的世界，很显然，他的研究带有更加明显的科学主义

① 〔美〕理查德·谢克纳：《环境戏剧》，曹路生译，中国戏剧出版社 2001 年版，第 13 页。
② 同上书，第 13 页。

痕迹,也可以在某种程度上给予具体议题充满个性的传记性书写。

关于这种"医学凝视",福柯说:"我们可以初步地把这种临床目视定义为由一种运作逻辑维持的感知行动;它具有分析功能,因为它能重现(事物)构成的发生过程;但是,它没有施加任何干预,因为这种发生过程完全是事物本身处于原始沉默状态时所使用的语言句法。"①下面的表述更清晰:(1)"临床目视以唯名论的方式对疾病的本质进行归纳",它依赖词语的构建作用与功能。(2)"临床目视以化学方式对疾病现象进行还原","通过相互作用,临床医师的目光变得在功能上相当于化学燃烧中的火焰;基本纯粹的现象只有通过它才能显现出来:它是真理的分离剂"。"临床目视本身就是一种能够燃烧事物、直至暴露出终极真理的目视。""临床医学不仅仅是解读可见物;它还必须发现它的秘密。"(3)"临床经验与一种惊喜的感受力合而为一","临床目视不是那种能够感知现象背后纯正本质的知识之眼。它是穿越一个肉体的具体感受力的目视,它的轨迹固定在感觉现象的空间里"②。简言之,凝视由于内在的渗透与互动拥有了发现真理的那种独特的能力。

不仅如此,凝视还是一种积极的态度,例如,凝视首先要面对它的对象——哪怕是病变的身体,否则,从这里出发的诊断就有可能走向歧途。对于广告调研所拥有的凝视而言,凝视首先就是肯定面对对象的存在现实,以及这种存在的合理性价值。更重要的是,由于广告传播天然的"利好"话语特性,这种肯定甚至就是一种坚信。如果没有这般的乐观前瞻,后续广告思想与行动将无从做起。假如从广告思维谈起的话,这种预设的乐观、坚信、成功的基调就是广告传播与其他传播文化不同的"专业个性"。

这种态度的另一个取向就是尊重与科学。吉利贝尔借《药用的混乱状态》这样说:"您没有确定疾病的种类,就决不要治疗这一疾病。"③他的意思是说:如果你不能准确地诊断你所面对的疾病的话,你就不能迅速地医治它。对广告传播来说,或者我们也可以说:没有研判的自信,你就不能够宣称广告运作的智慧与成功。

米歇尔·福柯说:"凝视要听取,要发言。"④凝视就是行动,凝视将我们快速且无形地卷入到改变现状的生产行动中来,并使我们不可能随便停下来。因为,一旦与"存在的皱褶"建立联系,深入探究就势在必行——主客体接触面、接触

① 〔法〕米歇尔·福柯:《临床医学的诞生》,刘北成译,译林出版社 2001 年版,第 120 页。
② 同上书,第 132—137 页。
③ 转引自于奇智:《凝视之爱——福柯医学哲学论稿》,中央编译出版社 2002 年版,第 18 页。
④ 同上书,第 10 页。

途径的增多不可能带来安宁与祥和，它们提供的只能是更大的暴风雷电以及经由杂交、兼化、叠合配置而来的混合信息。在这个意义上说凝视就是一种启动绝不过分，它启动“问题”、启动框架、启动知识、启动思考、启动书写、启动论辩与批判……假如我们将对象看做一个压缩了的褶子的话，凝视就是对于这个褶子的开启、穿透与表述，在这样的行动中，主体怀揣框架、观念、方法、词语之炸弹，随时准备扔向客体世界。“诊断病体就是读解物性文本，并且书写灵性文本，即进入身体织品和精神织品。读解和书写都是被引诱的实践，即在仪器、纸、笔等工具和方法的作用下进行的实践……事物无论废宝、坏好、臭香，都有其对应性的词语。主体在触摸事物织品（存在、实）时，呼喊通过喉管诞生出来的对应性词语（名称、名），或者触摸具体和殊相，呼唤抽象和共相……事物、存在、实、具体、殊相、所谓居于物性暗箱之中，通过触摸而可见；词语、名称、名、抽象、共相、所谓寓于灵性暗箱之中，通过呼喊而可述。”而“观察与探索把事物引向词语层面，让事物接受语言之光（符号的智慧），使事物体系与语言体系熔融为一体，使物有词—形式（物居于词中），使词有物—内容（词居于物中），物与词的外在性消失，但内在性方面得以拾获，灵性文本从物性文本中提出来。情感与理智、浪漫与思想高度结合而产生灵性文本，乃至于形而上学文本。物与词之间的内在性关系把它们同时转入文本的生产和传播过程”①。

在这个文本生产过程中，对象的“自觉症状”还只能被看做有待认识的“客观世界”或“对象世界”，而非“认识形式”。换言之，不论对象怎样卖力作自我描述，一切冒险还都是操作者的冒险。这就构成了广告调研的复杂性：一方面，广告主拥有相当的资讯资源和研判能力；另一方面，广告作业者同时要将一切面向的世界视做批判的对象，一视同仁地在广博的脉络里延展视野，批判诊断，希望寻找出最为接近真实的存在信息。广告调研本身就是冒险行为，它不会直接地将广告主的意见当成作业的出发点。就实际的操作而言，广告调研首先面对的和将要处理的就是广告主的自我研判和殷切期许，这是广告作业的普遍现象。理由也很简单，由于多种主体在生命空间、作业范式等方面的悬殊，即使面向同一个对象，最终获得的“事实真相”也不尽相同，甚至悬殊万千，表述各异。但是，凝视的姿态真实地引导广告作业者完整地与面向的那些对象相遇。因为“凝视闯入物的内部，深入物穴或存在之洞，看见了物的内部秘密（暗面）……凝视者的目光照亮或驱散了物的内在阴影，即阴暗的内核；这一阴暗物如同偶像或

① 于奇智：《凝视之爱——福柯医学哲学论稿》，第94—95页。

雕像有待‘开光’，正是一个目光闯入之前的‘未展开的世界’或‘有待展开的褶子’”①。

但是，广告调研在客观上确实是借助于广告主的愿望和想象展开操作行动的。按照现实的说法，广告运作的首要环节就是通过广告主界定问题——发现问题并严密地表述问题。知名管理顾问彼得·德鲁克（Peter F. Drucker）的经验是：面对顾客连珠炮似的提出的一大堆问题，德鲁克总是披荆斩棘，提出最简单却又最基础的问题："你想要我做什么？""你最想做的事情是什么？""你为什么要去做呢？""你现在正在做什么呢？""你为什么这样做呢？"简言之，不论广告主是否有能力界定他的问题和目标，广告作业的第一步都是科学地定义问题并恰当地表述它。真实的情形是，当我们透过纷纭复杂的表象将问题清晰、简洁、准确地表述出来时，我们已经解决了问题的一大半。而完成这一重要步骤的方法，首先是专注于重要问题，其次才是细分区隔、改变原有脉络、借助"为什么"追根究底。②

现在，我们可以说：面向现实、凝视现实并去积极地表述现实，如斯，我们方可获得真实展开广告资讯搜集的工作机遇与正当方位。

二、混合主义行动路线与广告资讯获取的解放之道

广告是一种行动主义的现代社会制度。广告是一种结构主义的现代社会制度。广告是一种嵌入性的现代社会制度……广告行动资讯包罗万有，无论大小，事关广告建构品质者，都具有充分的专业生产价值，都值得认真面对、积极开发。广告调研面对着广阔无垠的人生世界，人性声光、社会协商、资源汇聚的浪潮与波澜，无不在现实主题的规约下，奔来眼底，汇聚一时，成壮阔景观。相应地，超克这种专业困境的方法路径以及诸多的真诚努力，也汇成丰硕的学科性景象。

日本电通公司所推出的《广告用语事典》恢宏地将广告调查（Advertising Research）看做是伴随着广告活动所进行的一切调查活动。在那项重要的描述中，广告调查包括发现或决定广告的诉求而作的调查、为使购买者显在化而作的调查、媒介的量的调查、关于媒介特性的调查、媒介的接触率（如视听率、注目率等）的调查、商品或企业形象的调查、广告影响力（冲击力）的调查、购买动机的调查、关于投入市场的广告量的调查等不同的业务构成。这种分解显然还不够彻底，另一种按照传播流程所作的分类则推出传播者、传播信息、传播管道、受者

① 于奇智：《凝视之爱——福柯医学哲学论稿》，第118—119页。
② 郭泰：《如何写企划案》，三联书店1993年版，第19—24页。

等角度的分类结构：(1) 有关广告传播者的调查，包括广告主自身资讯以及竞争者广告诉求等方面的调查；(2) 有关广告信息的调查；(3) 有关广告物的调查，包括有关广告信息、广告物的调查，例如诉求对象因广告而产生或可能产生什么反应；(4) 有关广告媒介的调查；(5) 有关广告受者的调查。或者进一步归类为：(1) 广告信息调查，包括主题调查（根据消费者信息确立适当的主题并测定广告主题的效果性），以及测定广告文案传达信息内容的文案调查；(2) 广告媒介调查，包括媒介质与量方面的相关调查；(3) 广告效果调查。

更为抽象的描述则将广告调研分割成不同的概念框架，例如用来侦测问题和评价现状的检测性广告调研或者用来评估广告规划、实施和最终效果的评估性广告调研等。第一种调研可以视作环境核查，贯穿于问题侦测、资讯发掘和现实描述三个阶段，是广告想象行动过程中界定问题的重要构成和现实基础。第二种调研主要用来研判广告项目的实现效果，从环境监测完成那个时刻开始，并以前一种调研的描述和预想为出发点。相比较而言，检测性调研在本质上是开放性与探索性的，每每受到调研组织与个体知识概念、结构路线、问题认知等方面的影响和干预；而评估性调研则更多地显示出高度结构化、注重量化分析的基本倾向。

《当代广告学》的作者捉置广告调查于营销调查的脉络中加以详查。按照他的描述，用于收集、记录、分析新信息，帮助经理们制定营销决策的系统程序被称为营销调查。这种调查不同于人们常说的市场调查，后者主要用于收集某一个特定或者细分市场的信息。营销调查具有许多重要的功能，例如协助识别消费者需求和细分市场，为开发新产品、制定营销战略提供信息，帮助经理们确定具体的营销规划与促销活动，还可以利于财务规划、经济预测、质量控制等等。或者像某些专家那样，提出"3R"理论——吸纳新顾客（recruiting）、保持老顾客（retaining）、夺回失去的顾客（regaining）——作为基本的功能描述。按照相应的说辞，在计划广告战役之前，作业者总要了解消费者对产品的感觉、对竞争对手的看法以及品牌形象和组织形象的信任度，广告调研应运而生。广告调研通常细分为四类：(1) 广告战略调查，希望能明确产品概念或选择目标市场、广告信息或媒介载体；(2) 创意概念调查，亦即在概念阶段测定目标受众对不同创意思路的接受程度；(3) 广告事前测定，亦即在广告活动展开前诊断可能出现的传播问题；(4) 广告事后测定，亦即在广告发布后对广告活动进行评估。

广告调查与研究其实就是一种现代社会态度，同时，经由发展而成为一种现代社会认同与社会制度。与许多人类行为相似的是，这种力量的介入与生成需要一定的社会条件：首先是承认社会生活的复杂性和多样性，承认信息遭遇遮蔽的存在主义特性。其次,则要像专家说的那样,承认信息不能简单地获得,而且,“信息本身没有价值”,“信息本身不能回答营销问题”,只有当信息转换成与营销和广告相关的“观点”时,信息才获得现实的应用价值。[①] 最后,需要一种“研究的态度”,一种被 C. F. 凯特林所赞赏的态度——“对于变化的一种友善、欢迎的态度。乐观其变,而不是被动地等待它的到来。研究……是努力把事情办得更好,而不是在执勤扳道岔时睡大觉……它是一种与差不多就行了的心态相对照的解决问题的心态,是作曲家的心态而非小提琴手的心态,是‘明天’的心态而非‘昨天’的心态。”[②]正是基于此,广告调查工作者曾经获得“应用型社会和行为科学家”的个性身份。

那种凭着直觉行动的时代已经成为过去。复杂的任务,复杂的结构,复杂的面向,相应地,广告调研的方式方法也呈现出惊人的复杂与多样,尤其是“混合方法”的特性。

20 世纪的大部分时间里,定量方法主宰了广告调研领域,实证主义范式立场备受关注和欢迎。到了 20 世纪最后 20 年,定性方法登上历史舞台,成为与定量研究并行不悖的研究取向,调研范式发生转型。随之,作为兼具二者之长的实用技术——“混合方法”以“第三条道路”、“第三种研究范式”、“第三次方法论运动”、“第三种研究共同体”的姿态历史性地出场。

混合方法的基本假设是:用两种方法比用一种方法能更好地揭示研究问题。约翰逊(Johnson)和昂维戈布扎伊(Onwuegbuzie)指出此乃一种“研究者在同一研究中综合调配或混合了定量和定质研究的技术、方法、概念或语言的研究类别”。塔沙克里(Tashakkori)和特德莱(Teddlie)把混合方法定义为“一种把定性和定量方法用于问题类型、研究方法、数据收集和分析过程和/或推论的研究设计”。

混合方法研究的目的在于“意义提升”。根据科利纳(Colline)、昂维戈布扎伊和萨顿(Sutton)等人介绍,“意义提升”是启用混合方法的主要理由,它包括使用混合方法的五个目的:(1)“三角互证”,即把定量数据的结果与定性数据的结果进行比较;(2)“互补”,亦即在一种方法的结果与其他方法的结果比较中寻求解释、例证、改进和澄清;(3)“发展”,用某个方法的结果来丰富另外一种方法的结论;(4)“引发”(initiation),亦即揭示研究问题重构过程中似是而非的观点和矛盾,描述数据中出现的新观点;(5)“扩展”,通过使用多种方法来扩大

① 〔美〕莱恩等:《克莱普纳广告教程》,第 488 页。
② 〔美〕斯格特·卡特里普等:《公共关系教程》,第 280 页。

研究的广度和范围。

根据进一步的介绍，作为一种具体方法，"混合方法问题指导着混合调查研究，它可用叙事或者数字数据来回答。问题在混合方法中占有中心地位。混合方法数据分析涉及对统计和叙事数据的分析技术以及其他混合方法特有的策略。在混合方法研究中，调查者需要在统计分析和主题分析之间进行熟练地切换"①。

要从事和展开如此充满复杂性的广告调查研究，需要最为广泛的知识资源和灵活多样的技术技巧。如今，人们甚至聘请人类学家和人种学者参与观察，以求最深入地了解消费者的行为和需要。几年前，惠而浦家电公司就曾聘请人类学家到家庭中去观察、研究消费者如何使用电器，并与家庭成员展开适当的交流。被观察者的使用和行为模式帮助惠而浦了解到家庭活动的流程和完成情形，那些繁忙的家庭里的男人和孩子都参与到洗衣服的行列的事实，促使惠而浦开发出孩子和丈夫都能看懂的、用颜色控制的洗衣装置。②

社会学也被动员起来支持调研的展开，广告作业者借助这种重要学科的相关知识研究群体对新思想、新观念、新审美意识、媒介选用、消费行动的复杂影响，他们用社会学研究预测不同的消费群体购买产品所带来的赢利情况。研究清晰地显示出人们通常总是对那些更高社会阶层的生活方式心存向往。研究也一再证明在现今的营销环境里，没有任何单独的变量如年龄、收入、性别能够准确地预测消费者的购买行为。"我们发现，同时使用几个变量可以更加准确地预测消费者行为。"③不仅如此，趋势（宏观趋势与微观趋势、世代分析、家庭生命周期等）研究也能够充分地产生惊人的支持性力量和作用。

心理学以研究人类行为及其原因为主要学科取向。有关消费者行为中包含三个重要的心理学概念：动机、认知、学习。为了彻底和周全地了解消费者的心理、意志，家乐氏雇用认知心理学家研究妇女对于食物的感觉。结果显示，Special K 不应该被定位成低脂早餐食品。Special K 的广告转向普通女性对于多纳圈的极度热爱和对美腿的追求。

神经营销学也得到了积极开发。人们努力探测脑电波研究的开发与利用，试图借助更加科学的手段了解消费者的真实状况。杰拉尔德·萨尔特曼解释说，脑电波研究的目标是理解消费者动机，而非"将创意插入人们的思想"。在

---

① 蒋逸民：《作为"第三次方法论运动"的混合方法研究》，人大复印资料《社会学》2010 年第 1 期，第 41—42 页。

② 〔美〕莱恩等：《克莱普纳广告教程》，第 481 页。

③ 同上。

这种实践中，营销人员可以利用功能性磁共振成像扫描仪，来测定当一个人接触广告或产品时，大脑不同部位的用氧情况。扫描仪上的不同颜色取决于大脑的哪一部分受到了思想的刺激。另一些营销人员则利用脑电图来监控观看广告的消费者的大脑活动。通过受控者戴的特殊的帽子，脑电图衡量大脑产生的电脉冲。这些测试可以衡量吸引力、憎恶、注意力、回忆等水平状态。据明尼苏达卡尔森管理学院营销学教授劳·阿克什介绍，这些测试费用较高，租一台功能性磁共振成像扫描仪，测试20人，大约花费1.5万美元。

第二节　调研面向：信息获得、对象锁定与“目标剧场管理”

广告调研面向广阔的对象世界，形态、规格、行动路径等悬殊万千，意象纷呈，其最终呈现状态往往与广告目标、框架选择、作业工具现代性状态等密切关联。人们在何种层面上解读广告调研，人类就将在何种程度上展开真实的广告调研。

一、广告调研：面向与构成

一般而言，广告调研面向构成大体分为营销语境调查、商品信息调查、消费者信息调查、媒介信息调查等。这里仅就相关信息搜集整理内容作适当说明，其余工作细节分别置于相应章节另行描绘。

（一）营销语境与广告生产场域的调查分析

研判广告作业语境是广告调研的重要构成，这种梳理脉络、澄清是非、研判处境的工作的良苦用心，不仅使我们获取一定数量的情报资讯，更重要的是帮助我们了解我们即将展开行动的那个场域的“场域性”，帮助我们获得作业行动的现实“身处性”。换句话说，通过研判广告作业语境，使我们回到神圣的生产性“大地”上，将那种急迫的诗性展呈与现实的呼唤结合起来，从而直接地排解虚无的诗性对急迫的现存需要的挤压。在我们无力把握现实的时候，“地图使过去与未来现形”，“地图连接了领域和相关事物”，“地图使我们的生活成为可能”①。

这个“地图”包揽广泛，涉及：

（1）营销语境与广告生产场域的政治、制度生态。例如，现行政治设计、法律规范结构/品质怎样？是否存在有利或不利于本信息广告传播的具体构成？如果存在这些构成，有无调适的可能？

（2）营销语境与广告生产场域的现实文化生态。如社会核心文化、习俗文

① 〔美〕丹尼斯·伍德：《地图的力量》，王志弘等译，中国社会科学出版社2000年版，第7—16页。

化、族群文化、消费文化、性别文化、审美文化等。这种文化构成中是否存在有利或不利于本广告信息传播的设计与表达？如果存在，它们是什么？

（3）营销语境与广告生产场域的宏观经济生态。例如，总体经济发展态势是否景气？走向如何？总体消费态势是否供求平衡？本信息传播所属整体体系支持状况如何？是否属于重点或者特别支持行业？

（4）营销语境与广告生产场域的市场结构。包括整体市场的销售额、市场可能容量、销售者总量、销售者购买总量等市场规模信息，以及该市场核心品牌、各品牌之间份额结构、品牌竞争现实、竞争品牌作业战略/战术/广告手段等市场结构状态和市场是否受时间影响等市场独立性资讯调查。

（5）营销语境与广告生产场域的趋势构成。包括宏观趋势和微观趋势两种构成。宏观趋势关系"大的问题"，"是我们对幸福、成功和成就的界定。宏观趋势来自人们的思维方式。当人们对自己的生活或社会现状不满时，它就出现了。它宣告着我们对幸福新的界定。部分新传统主义反映在对传统的回归中——人们重新平衡工作、家庭和朋友的关系"。"微观趋势是在较大情境下的细节。它是宏观趋势在时尚、音乐和体育活动中的具体体现。"例如，当微波炉一代试图像他们的祖母那样举办聚餐会时，烹饪学校应运而生。①

（6）营销语境与广告生产场域的社会洞察与社会想象。主要涉及社会整体关于自身处境的文化自觉，包括社会图景想象、社会制度想象、社会主体想象、个体自我想象、社会/社区价值关注、社会威权处置、社会/个体弹性想象、社会控制认同、现代竞争观念、当下资源意识、核心/边缘伦理视角、社会/群体/个体话语确立、多元灵活性建构、愿景转变机制、生态保护状态、身体心灵之解放与路径选择、现代性治理模型权重、核心专业工具社会/公民拥有状态、批判主义文化自觉程度等。

（二）商品信息与社会脉络化的诊断解析

商品是"广告交往"的基本力量，关系到这种充满着物质性倾向的社会性交往的可能与品质，以及具体交往的脉络方向。例如，建立在相当的信任基础上的广告传播根本性地区别于那种包含着首先要努力获得认同才能建构进一步行为的广告信息沟通。这并非专指广告交往的出发点不同，同时更指向广告建构将来的维度、结构方式、动员力量构成。因为，任何一个来自商品的实际信息都能成为动员的力量，扭转广告的指向和盘结所在。简单地说，商品的构成具有若干的特性，这些特性在不同层面、不同脉络上与人类性建立了难以言说的联系，每一个联系都有可能成为展现人性复杂与多元构结的典型样本，只要它们乐意在

① 〔美〕莱恩等：《克莱普纳广告教程》，第482页。

原型意义上建设与行动，这些商品现象学的出场就有可能。

商品现象学世界包括广泛，主要有：

(1) 商品生产/供给组织的相关资讯。例如，该组织的历史、生命周期、社会地位、组织愿景、组织文化、组织英雄、专业工具产权拥有量、运营模式、组织故事、组织典型文本、组织社会关系、组织社会认同、组织伦理取向、组织品牌轮盘建设情况等。除了一般意义上的相当信息外，这个环节可能延伸的重要维度在于内在的组织信息与深刻的社会联系。

(2) 商品自身历史相关资讯。主要包括商品出身、商品传说、商品转变印痕、商品现实处境、商品所处代模状态等信息。

(3) 商品自身个性相关资讯。主要包括商品外在个性、商品内在个性、商品的社会性关联个性、商品的美学个性、商品的价值认同个性、商品的存在主义信念个性等。

(4) 商品自身市场相关资讯。主要包括商品的市场定位、商品的生态定位、商品的结构定位、商品的消费定位、商品的服务定位、商品的推广定位、商品的生命周期等。

(5) 商品自身形象相关资讯。主要涉及商品的自我形象期许、商品的形象现实、商品的形象未来、商品的形象困境、商品的形象认同、商品的首选状态、商品的坚定与忠诚度、商品形象关联脉络、商品的现代性品质程度、商品形象建设的制度性支持等。

(6) 商品自身符号学相关资讯。主要涉及商品的修辞学诊断，包括色彩、造型、独立元素、整合印象等商品结构性资源与商品美学塑造、叙事质感制作、格调气息建树等关系分析以及积极的行动建议等。[①]

商品信息调查需要面对更为广泛的空间内容，这个重要调研项目的根本目的不仅在于一系列的数据和相关概念的获得，更在于事实背后围绕该商品所可调动和整合的人心构成、人类关系、人文脉络。我们所需要的是：物的视野成为上帝的视野[②]，不但看见具体的“物”，而且了解表层下的那些关于“物”的真实故事以及这种故事的人间关联。或者就像李阿·海格·柯恩那样，在她的叙述里，“物”完全由故事构成，故事用意义和价值把它们编织起来，使它们完全可以

① 实践案例与方法可参考罗兰·巴尔特：《符号帝国》（孙乃修译，商务印书馆 1994 年版）及《神话——大众文化诠释》（许蔷蔷等译，上海人民出版社 1999 年版）。另外，可参考马歇尔·麦克卢汉：《理解媒介——人的延伸》（何道宽译，商务印书馆 2000 年版）等书。

② 约翰·弗罗：《一块鹅卵石，一部照相机，变成了电线杆的一个人》，载孟悦、罗钢主编：《物质文化读本》，北京大学出版社 2008 年版，第 550 页。

简约为人的再现。在她的叙事里，被抛弃的照相机如此富有，各种命运在这里聚敛……①

现在，我们甚至需要建立一种全新的“物—人”观念：“人和物是亲戚；世界是多，不是双。”②

（三）消费者情报获取：普遍的资讯与特别的指向

如果要我们从广告生产体系中选择一个“关键者”扮演“广告杀手”的角色，我们会选择什么？如果要我们彻底执行“釜底抽薪”的广告破坏使命，我们又该从哪里着手展开工作？

按照克洛德·白德尔方程式等广告认知的介绍，每一个构成都有资格成为“广告杀手”的备选对象。但是，“受众”，唯独“受众”，无疑是其中最具有覆盖性作用的结构性力量。“受众”是影响广告生产与传播最重要的存在与力量。因为一切努力都是朝向受众的努力，一切动员起来的资源都是为了赢得受众认同的资源，一切积极的行动都是试图转移受众视线与感情的行动……为了做到这一点，人们进一步锁定了这些受众并称之为“目标受众”、“目标市场”。

现在，我们可以如此说：广告调研是以赢得目标市场认同并获得相应支持的人类资讯生活形态。广告调研面向最根本的目标受众，并努力使广告效绩最大化。从直观上看，广告调研直接面对现象、事实与数据，是最为灿烂和丰富的人生现象学的聚集与盘拢。但是，这一切的聚拢都要建立在目标受众的确认与想象基础上，只有从这里出发，我们的整合努力才有明晰的方向，我们的作业场域建构才有卓越的机制，我们的互文性关联才有恰当的结构与落实。

消费者情报获取的基本构成包括：

（1）消费者的基本情报。包括消费者的年龄构成、性别构成、职业构成、婚姻状态构成、收入构成、消费能力构成、教育程度构成、需求层级现实与相关结构、所属世代（“老一代”、“婴儿潮一代”、“X 一代”、“Y 一代”、“Z 一代”）等资讯的收集。

（2）消费者的智慧情报。包括消费者的社会想象、消费者的市场观念、消费者的商品知识、消费者的消费文化取向、消费者的批判意识、消费者的媒介素养、消费者的策划意识、消费者的资本概念、消费者的包容状态等资讯的收集、整理。

（3）消费者的心理情报。包括消费者的心理特质、消费者的思维状态、消费

① 约翰·弗罗：《一块鹅卵石，一部照相机，变成了电线杆的一个人》，载孟悦、罗钢主编：《物质文化读本》，第 551—552 页。

② 同上书，第 559 页。

者的消费心理、消费者的价格观念、消费者的需求现实、消费者的行动逻辑、消费者的消费视阈、消费者的行为嗜好等密码信息的获得与研判。

（4）消费者的独立性情报。包括消费者的认知独立、思维独立、想象独立、观念独立、审美独立、行动独立、话语独立、结构独立，以及与之相关联的行动模式。在一个碎片化的后现代文化语境里，我们需要这些建立在丰富的社会支援基础上的独立意志外现性信息，最终，我们将使这些重要的信息与消费者的从众心理、趋利避害心理、社会控制性心理等结合在一起，共同成为诊断消费者现代处境的重要依据和出发点。

（5）消费者的参与性情报。包括消费者的参与角色、消费者的参与环境、消费者的参与心态、消费者的参与习惯、消费者的参与内容、消费者的参与方式、消费者的参与程度、消费者的参与频次、消费者的参与公开性/匿名性、消费者的参与状态（如消费者的共鸣式参与/强迫式参与、美学式参与/实利性参与）等等，都是重要的资讯与参照。

（6）消费者的专业创意性情报。这主要指向消费者的创意自觉性，以及已经拥有的创意专业常识、创意习惯养成。当然，这种操心的目的是清晰地呈现消费者究竟以何种身份介入广告信息传播与沟通。因为，深谙创意之道的消费者和对创意文化丝毫不知情的消费者相差遥遥，不可同日而语。相应地，对广告生产语境的影响力也有所不同。需要更加灵活地是，这里还包括消费者的多种创意文化素养，以及相关的媒介文化传播的自觉性。

（7）消费者的密码情报。也就是那些在根本上控制或者影响消费者的内在的、微妙的、深刻的信息机关。例如原型满足，或者“四个半”因素——价格、质量、便利、愉快，以及占半个因素位置的“道德”①，或者其他什么。

（8）消费者的禁忌情报。在我们花费大量的心血从事正面消费者研究的时候，请注意，不要忽视了消费者的禁忌信息，这一点太重要了，它们最有可能成为营销传播的致命的杀招！禁忌涉及的范围十分广博，例如色彩、话语，或者行为习惯，有相当多的私人性禁忌。现在的任务是：掌握它们，并使它们成为营销传播中的积极力量而非阻力。

（9）消费者的亚文化情报。这主要涉及消费者所属的群体以不同程度、不同方式所呈现出来的亚文化构成及其基本品质信息。例如，与主流文化构成形成一定悬殊、对立甚至反抗意涵的“摇滚的一代”、“山寨文化”、“漫画迷”、“超女追星族”、“抠抠族”、“败犬女”等等，以及他们的价值取向、他们的叙事习惯、

① 〔美〕罗布·沃克：《买单——我们到底消费的是什么》，第237页。

他们的话语方式、他们的美学主张等等。①

这是一个辽阔的世界。当下的重要工作是：像风触及风琴那样碰触消费者世界，触及消费者神秘的灵魂与天性，让人性的光辉轻轻地外泄、展呈！

一切从了解和体味消费者开始！

二、目标受众的分辨与宣认：你是“我的消费者”

从盲目的市场作业到承认“并非所有人都适合”，是人类市场文化的重大进步，作为历史语境，促动了调研市场的深刻转向与体系构造。作为回应，传播学宣示了这样一条真理：注意您的受众，仅此就构成了技巧！现在的问题是：何以发现并精准地描述它们。尤其在一个一切都围绕着“自己”展开的“DIY(do it yourself)主义”时代，情形更是如此。

这项工作始于市场细分。“将整个市场划分为不同的群体，这些群体之间存在相似性，并成为满足他们特殊需要的产品市场，叫做市场细分。”②市场细分同样需要经历调查阶段、分析阶段、细分阶段的实际开掘与分辨，最终，获取明晰的结论与指向。

由于细分的框架差异，市场最终被我们归并成一个个更小、更具体、更可感的现实市场。事实上，诸如地理细分、人口细分、教育程度细分、收入程度细分、心理细分、行为细分、婚姻状态细分等等形成了无数的“市场构成”，如表 4-1③ 所示：

表 4-1　市场细分表

变数		典型的细分市场
地理变数	地区	沿海、内地；山区、平原；大陆，海洋
	人口	5 千以下；5 千—2 万；2—5 万；5—10 万；10 25 万；25—50 万；50—100 万；100—400 万；400—1000 万；1000 万以上
	规模	农村；小镇；郊区；小城市；中等城市；大城市；特大城市
	区域特性	一般地区；地区中心城市；广大地域的中心城市；大都市；国际大都市
	富裕程度	贫困；一般；小康；富裕；非常富裕
	产业特性	农业地区；工业地区；商业地区
	生活方式	稳定的农村生活；变动中的农村生活；稳定的城市生活；变动中的城市生活
	生活风格	简朴的风格；奢侈的风格；现代的风格；保守的风格
	时尚性	时尚的领导者；时尚的追随者；不易受时尚影响者

① 基本理论请参考〔美〕迪克·赫伯迪格：《亚文化：风格的意义》，陆道夫等译，北京大学出版社 2009 年版。

② 〔美〕莱恩等：《克莱普纳广告教程》，第 137 页。

③ 引自徐智明、高志宏：《广告策划——广告策划的全新范本》，第 132—133 页。

（续表）

变数		典型的细分市场
人口变数	年龄	6岁以下;6—11岁;12—19岁;20—34岁;35—49岁;50—64岁;65岁以上
	性别	男;女
	家庭生命周期	年轻—未婚;年轻—已婚—未生育;年轻—已婚—子女在6岁以下;年轻—已婚—子女在6岁以上;中年—未婚;中年—已婚—子女在18岁以下;中年—已婚—子女在18岁以上;老年—未婚;老年已婚—未丧偶;孤老
	收入	高收入;中等收入;低收入
	职业	专业技术人员;经理;职员;业主;工人;军人;学生;公务员;教师;家庭主妇;退休者;失业者
教育程度变数	受教育程度	小学以下;初中;高中;大学;更高
	宗教	基督教;天主教;伊斯兰教;犹太教;佛教;其他
	国籍	本国原住民;移民
心理与行为变数	生活方式	朴素型;时髦型;高雅型
	个性	好强迫人的;随和的;爱交际的;有权力欲的
	使用场合	一般场合;特殊场合(晚会、谈判、旅行等)
	追求利益	质量;服务;经济;自我满足;他人尊重
	使用者状况	未使用者;以前使用过;潜在使用者;初次使用者;经常使用者
	使用频率	很少使用;偶尔使用;经常使用;依赖
	忠诚程度	无;中等;明显;强烈;绝对
	购买前行为	不注意;注意;知道;感兴趣;想买;打算买
	对产品态度	热心;冷漠;肯定;否定;敌视

这些分割涉及人口学、社会经济学、地缘人口学、消费心态学等分类范式。尽管已经显得十分丰富多样了，但是，它们仍然没有充分显示市场细分的魅力与多样性。对于有些商品而言，人们更容易受到情感或者文化价值观念方面的影响。因此，新的、从内在构成出发的细分体系开始出现。“消费心态法”应运而生，人们开始依据价值观念、态度、个性、生活方式等分类框架将消费者放置在不同的位格上。斯坦福调查所（Stanford Research Institute，现 SRI 国际公司）首创的 VALS（Value and Lifestyles，“价值观及生活方式分类体系”）很快风靡美国进而扩散到世界各地。1989 年，SRI 又推出了 VALS2，进一步完善并发展新的分类路径。

VALS 将消费者依据需求驱动划分成两类人——生存者和维持者。“生存者”是指那些生活在贫困线上的人，毫无希望与前途；“维持者”通常要比前者年轻，他们被描写成谙熟都市生活、对现实不满的现代社会成员。

外部取向者包含三类人：财富拥有者（belongers）、竞争者（emulators）、卓有成就者（achievers）。“财富拥有者”是美国的中产阶级，相对保守，优越感强，墨守成规，反对变革，恪守清教徒式的规则；“竞争者”则追求更加辉煌、更富有的生活，充满竞争性，渴望提升，关心个人地位；“卓有成就者”是指那些高收入的物质主义者，他们辛勤工作，事业成功，生活安逸。

内部取向者乃是那些生活方式和价值观念取决于自身而非他人期望的人。主要分为我行我素者（I-Am-Mes）、体验主义者（experientials）、社会良心者（societally conscious）。“我行我素者”是转型者，介于外部取向的人群与体验主义者和社会良心者之间。崇尚个人主义，热衷于表现自我，以不安全、易冲动和具有创造性为特征。多数是年轻人，女性，单身，并受到父母的呵护。“体验主义者”乃是对趋于成熟的我行我素取向者的理论化概括。他们不再以个人优越感自居，而是关心他人，勇于冒险，为人直率，热爱参与。“社会良心者”富有但却渴望变革。他们通常是活跃和激进公众以及单一议题运动的领袖人物。与卓有成就者不同的是，他们崇尚合作，而非操持和控制。

整合型取向者吸纳并融合了两种取向（外部取向和内部取向）的价值观和生活方式的要素为一体，他们人数较少，倾向于自我保证、自我实现和自我表露。根据人格形成的模糊心理学模式，这些人显然很成熟。他们拥有一切并“超越一切”，是卓尔不群的领袖人物。

VALS2 的出现是为了应对新的消费者形势变局。在这一更新的消费者分类体系里，消费者以三种类型呈现：原则取向者、现状取向者和行动取向的消费者。“原则取向者”信念坚定，不为外力所左右；“现状取向者”的行为方式每每受到他人观点和环境因素的左右；“行动取向者”期望广泛参与社会性的或者可以身体力行的各类活动，甚至是冒险性活动。在这种构想下，消费者又被分为八种次级群体：

（1）现实主义者——成功的，老于世故的，活跃的，掌握话语权，拥有自信和大量的自我资源。这些人对于开拓、发展有兴趣，喜欢自我表达。

（2）满足者——属于原则导向者。通常受过良好的教育，拥有一定的专业特长，是有秩序、有知识、有责任感的一群人。满足者会坚定地维护自身的做人原则，讲求实际，喜欢购买那些实用性的、物有所值的、耐用性的商品。

（3）信仰者——属于原则导向者。通常显得保守，对传统的东西持有坚定信念。循规蹈矩，热爱家庭生活。

（4）成就者——属于现状导向人群。通常是成功的上班族群，对生活有充分的控制感。安于现状，有责任感，重视形象，喜欢高档位产品和体面的服务。

（5）奋斗者——属于现状导向人群。努力寻求认同与肯定。这群人需要为生活而奔波、奋斗，在经济上、心理上有一定的不确定性，看重他人的评价。常用获取金钱来衡量自身的成败。

(6) 体验者——属于行动导向人群。年轻,有热情,拥有一定的反抗精神。对新生事物迅速热爱或者迅速冷淡。喜欢快餐、音乐、电影、光碟,喜欢户外活动。

(7) 劳作者——属于行动导向人群。是讲求实际和善于自我满足的一群人。一般而言,这些人掌握一定的技能,信奉实用主义哲学,观念传统,常通过抚养孩子、种植、修理维护而体验生活。政治上属于保守主义者,对新观念通常持怀疑态度。

(8) 挣扎者——属于生活窘迫的一群人。处于贫困状态,技能单一,教育程度偏低,缺乏强悍的自我意识。考虑的首要问题多是安全和基本保障。偏好低价位商品,相信广告,对喜欢的品牌忠心耿耿。

与此相对应,杨科洛维奇伙伴公司研发出一种叫做"精神监控"的细分系统来从事内在区分工作。中国台湾地区的"生活形态分类"主张则建议从"AIO"三个变数出发展开细分,认真审视:消费者日常参与活动(activities)、消费者对事物的兴趣(interest)以及消费者对事情的意见(opinions)。据此,台湾十家公司联合展开的分类将成年男性市场分为五大类:自命雅皮族、孤芳自赏族、刻板规律族、草根劳力族、爆发声色族。[①] 而奥美公司针对中国大陆新中产阶级30岁以上人群所作的划分则涉及四种构成——追寻者、调适者、忍受者、抗拒者。"追寻者"主要特征有:寻找机会,志在成功;追逐金钱;富于创新;野心勃勃;个人主义;受西化影响;期待未来;自豪;快节奏的生活;喜欢最新的科技产品;喜欢能体现自我身份的品牌;对外国品牌有强烈的认同。"调适者"的主要特征有:较有野心;有家庭责任感;认为金钱并非衡量成功与否的唯一标准;在财力许可的范围内追求生活质量;社交面广;对工作"从一而终";为适应社会变化努力学习;跟随潮流但不想领导潮流;欣赏而非崇拜品牌。"忍受者"的主要特征有:对未来感到迷惘;犹豫并缺乏行动力;与家庭、传统紧密联系;认为家庭比金钱重要;不太专注于工作;认为民族品牌和外来品牌一样好。"抗拒者"的主要特征有:满足;宿命;目光短浅;为了孩子牺牲自身生活享受;接受社会地位越来越低的现实;喜欢有福利的轻松的生活;担心失去铁饭碗;为了少干,宁愿少赚一点;生活平静,家庭单位两点一线。[②]

真实的调查研究显得更复杂,也更具体和可感。例如,《新周刊》对"飘

① 马家辉:《如何掌握消费者心理》,三联书店1993年版,第53—58页。
② 朱海松:《麦肯的方法》,广东经济出版社2002年版,第60—66页。

族”的描述[1],为我们勾勒出事物具有脉络意义的真实图景,不但可以作为参照,而且可以直接成为开发的资源,成为生产的出发点——“哪里出现一种新的观众或公众的形式,哪里就产生了一种新的广告据点。”[2]

调查研究需要抽绎,更需要细节。这是随后需要完成的“品牌满足”(品牌对目标人群内在心理欲望展开诉求与宣认)的作业需要。品牌诉求需要了解并真实地把握目标人群的“核心欲望”,并对这些内在的欲望或恐惧做最能打动人心的工作。在《英雄和反叛》一书中,玛格丽特·马克和卡罗尔·S.皮尔森就12种心理原型的滑板运动可开发价值作了分析,提供了进一步工作的某种蓝图。例如,有利于滑板运动的心理原型有:“探险者”——能够参与某个旅程并发现一个更美好的世界;“英雄”——需要承担巨大的风险,以便为社会作出贡献;“反叛者”——反抗既有秩序的人。按照分析,反叛者似乎是最好的选择,因为那些需要的故事都发生在“隐秘幽暗”的地方。马克和皮尔森写道:“虽然探险者还停留在社会的边缘,他们也只是想要自由。相比之下,反叛者实际上是想要扰乱事情,冲击人民,酝酿一场革命,要逃离某些东西。”但是,“反叛者通常会感到无助,他们努力寻求权力,即便是在仅有的冲击或挑衅他人的能力中寻求权力”。这种从无中创造“有”的精神恰恰与滑板运动者内在的需要吻合![3]

广告调研是一项艰苦的工作,用心,用力,绝非易事。而“商品受众”(commodity audience)[4]资源的开发,更是受到相应的受众其他身份(如公众身份、文化成员身份等)的影响,处于互动生成状态中。单一的个体视阈探析,抑或是集群身份解析,既无法完整地还原他们的存在特性,也无力实现建构基础上的征用与脉络嫁接。

一切还需要智慧地面向与积极地迎当……

第三节　调研管理:广告调查的程序与方法

广告调研是寻找“造物主的粒子”的专业主义行动,毋庸置疑地带有充分的广告专业特性与气息。按照现代广告规则,广告调研同样需要策划与启动,需要针对核心目标整合现实资源,在科学控制的语境里组织生产与传播。

---

① 转自朱海松:《麦肯的方法》,第69—71页。

② 〔美〕罗布·沃克:《买单——我们到底消费的是什么》,第144页。

③ 同上书,第42—43页。

④ 〔美〕小奥斯卡·H.甘地:《人种、族裔地位和媒介市场的分层》,载〔英〕詹姆斯·库兰等编:《大众媒介与社会》,杨击译,华夏出版社2006年版,第44—45页。

一、行动步骤:广告调研的科学程序

作为科学管理的一部分,广告调研有其行动展开的科学程序和过程。市场经验显示,尽管基本上没有重大的差别和区分,但是,在表述和相关工具的采纳上,的确存在不同。

《当代广告学》将广告调研分成五个步骤①:(1)形势分析与问题界定;(2)非正式调查(试调查),包括搜集内部二级信息和外部二级信息;(3)编制调查目的;(4)正式调查,包括定量、定性调查;(5)调查结果解释与汇报。其中,"形势分析和问题界定"是最基础的环节,倘有错失,调查再好,也是浪费精力。调查过程的第二步是运用非正式的调查,对市场、竞争和工商环境进行更加深入的了解和把握。在调查研究中,信息被分割成两种——初级信息和二级信息。直接从市场收集到的有关某一具体问题的信息叫初级信息;本组织或者其他组织过去收集或公布的信息,叫做二级信息。按照介绍,在这一调研阶段,作业者应该认真整理内部的二级信息并尽力收集外部二级信息。第三步用来确定调查目的。在试调查完成后,组织就需要启动初级调查获得更多的信息,例如明确自己的顾客等。要做到这一点,就需要确立具体的调查目的。调查项目开始时,应该编制一份关于调查问题的准确的书面陈述,作业者必须明确自己要做出的决策,为调查指明方向。第四步即正式调查的实施,包括定量与定性两种调查类型,以及广泛的调查研究方式方法的现实应用。最后一步是对调查结果进行解释和汇报,也就是将那些市场情报转换成雇主所需要的资讯和建议,并以他们能够接受的方式加以表述。报告应该对问题和调查目的进行说明,对结果进行小结,最终形成一种明确的结论。一般而言,报告以正规陈述的方式出现,一方面可以突出主要内容,另一方面便于管理人员做出反应。

第二种表述则以"调查主题"分析开头。同时,这种表述建议调查研究者对本调查问题精通者进行访问,例如针对经理阶层人员、推销员、经销者、中间批发商等展开细致的调查研究。在锁定问题的基础上,该表述建议统筹后续的资讯收集等调查研究工作,并使各种资讯互文检讨、整合行动,最终取得适当的效应。

这种建议同样包含着试验性的访问与调查,目的在于真实和内在地把握问题构成及其特性。为了做到这一点,调研人员就必须有相应的工作素质:

(1)使被访问者对访谈问题产生兴趣,拥有想象与设计被访问者自由发言的相应技术。

(2)拥有广博的生命空间、丰富的想象力和一流的创造力。

① 〔美〕威廉·阿伦斯:《当代广告学》(第7版),第191—209页。

（3）对问题症结有充分的认知，并能促使（但非诱惑）被访者袒露心声。

（4）具有发现被访者惯习及其隐藏动机的意识和能力。

（5）依照试验性访问调查所得资讯，能够正确地向企划人员作正确说明。

（6）对该项调查有充分的经验，掌握丰富的作业知识。①

基于试验性调查所作的正式的调研企划很重要。这项工作首先包括调查目的的确立。其次，涉及调查项目的决定、调研方法的决定、调研经费之预设、调研实施之步骤、调研结果分析标准之预设等。

接着是调查实施计划。调查实施计划乃是根据上述调研计划案，针对如何实施该项计划所制订的行动性计划，由调查计划、调查问卷、统计计划、预算明细、调查实施与管理计划所构成。按照介绍，作业程序如下：

（1）为制订调查实施计划的预算估价；

（2）调查实施计划的确认；

（3）对样本计划细目的检讨及决定；

（4）问卷的拟定；

（5）问卷的预试（试验性访问）；

（6）根据预试结果，对问卷之检讨；

（7）统计计划书的拟写及检讨；

（8）制定机械统计要领；

（9）调查实施管理计划之检讨；

（10）编列调查实施有关预算明细。②

大陆的描述通常将广告调研的专业使命落实在以下几个主要程序段落：计划准备、采取行动和传播、评估分析。如图 4-1 所示。

在这项充满趣味的工作结构关系中，形势分析与问题界定依然占据中心地位。目标启动生产机制，问题刺激答案产生，“问题能帮助我们破译邂逅的信息，并赋予我们寻求其深层语义的动力”③。从操作层面讲，该项工作包括问题框架选择、整体问题的陈述以及确定研究问题的具体组成部分，通常由负责人提议完成。其中，那些二手资料不但是思维延展的基础，也是说服认同的重要参考，值得重视。

市场调查方案通常以计划书的形式呈现。一份调研计划书主要包括调查名

---

① 参照樊志育：《市场调查》，第 22 页。

② 同上书，第 26 页。

③ 〔美〕杰拉尔德·萨尔特曼：《客户如何思考》，李华飚等译，机械工业出版社 2004 年版，第 176 页。

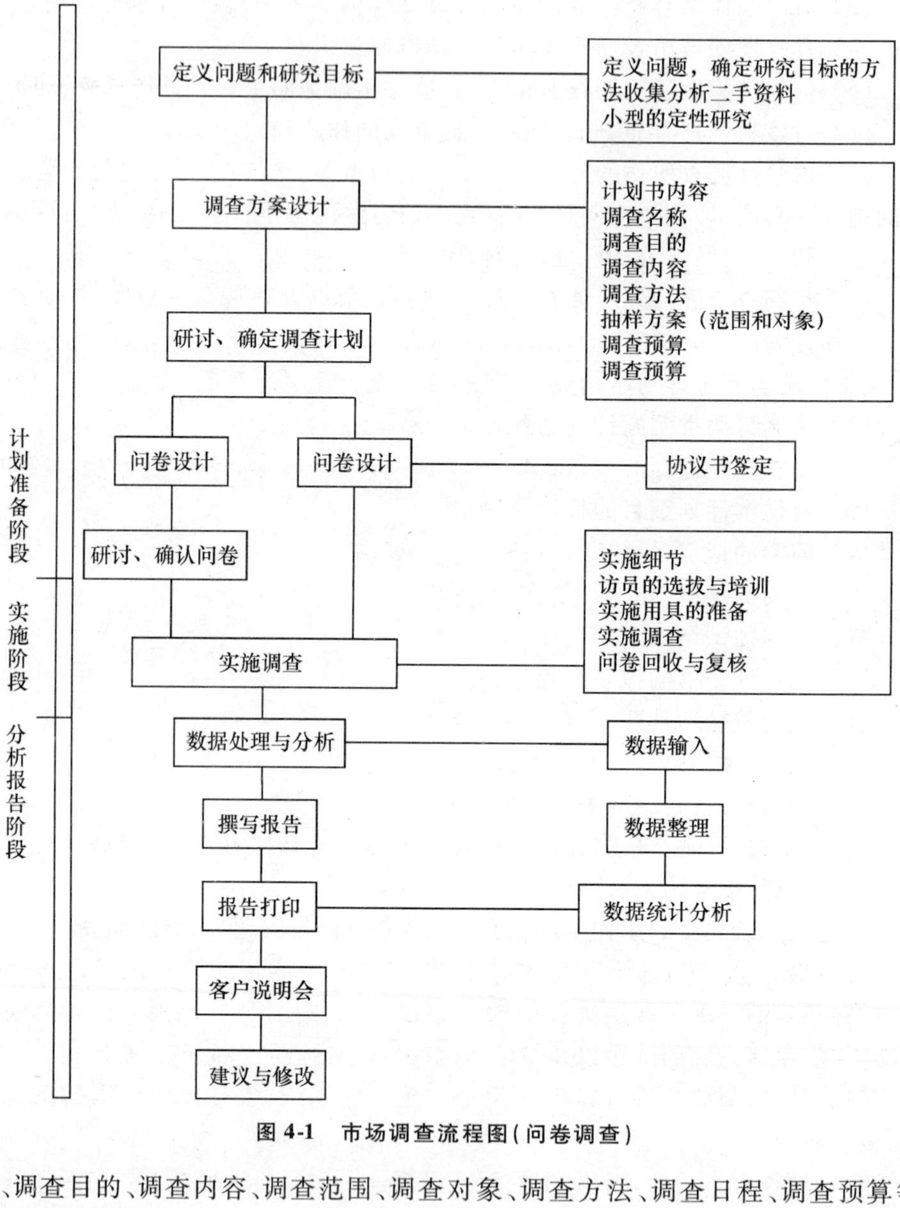

图 4-1　市场调查流程图(问卷调查)

称、调查目的、调查内容、调查范围、调查对象、调查方法、调查日程、调查预算等方面的预设与细节。

除了这些专业的问题需要注意与处理外,广告调研的展开同时需要就时间等资源进行分配性考量。一般规模的广告调查需要45—60个工作日,大规模的调研甚至持续半年、一年。具体时间资源配置见表4-2。

表 4-2　市场调查时间计划

活动内容	计划时间比例
(1) 计划起草、合议	4%—5%
(2) 抽样方案设计实施 (3) 问卷设计、测试与合议 (4) 问卷定稿及印刷	三项合计 10%—15%
(5) 调查员的挑选与培养 (6) 实地调查	两项合计 30%—40%
(7) 数据的计算机录入、统计分析 (8) 报告撰写	两项合计 25%—30%
(9) 客户说明会 (10) 建议、修改、定稿	两项合计 5%—10%

广告调研当然涉及费用投入。一般而言，这项预算的总额占到整个预算的40%。费用的支出项目，通常包括：

(1) 调查方案设计费与策划费；

(2) 抽样设计费、实施费；

(3) 问卷设计费(包括测试费)；

(4) 问卷印刷、装订费；

(5) 调查实施纲要(包括试调查费用、调查员劳务费、受访对象礼品费、督导员劳务费、异地实施差旅费、交通费及其他杂费)；

(6) 数据录入费(包括问卷编码、数据录入、整理)；

(7) 数据统计分析费(包括上机、统计、制表、作图及必需品花费等)；

(8) 调研报告撰写费；

(9) 资料费、复印费等办公费；

(10) 管理费、税金等。

这项工作的最重要的环节是撰写调研报告。如果撇开提案活动，撰写报告就是调研活动的最后一个步骤，一个让广告调研者欢欣鼓舞的环节。但是，从具体的情形而论，这项工作同样是一个艰苦的工作，丝毫不比抽样工作、问卷设计、座谈会等实施行动来得轻松。从创造性角度而言，甚至比上述环节还要艰难和富于创造性趣味。这是因为调研报告并不仅仅是事实与数据的堆积，而是数据脉络化的事实与结果。那些复杂的事实和各异的数据最终能否在恰当的层次和恰当的框架上得到开发和解释，都在这个重要的环节落实。撰写报告从来都涉及透视的框架与挤压意涵生产的脉络。

除了那个考验撰写者智慧的框架意识和能力之外，撰写调研报告的另一些压力来自于格式方面的书写纪律与要求。

一份合格的调研报告应该包括:(1) 序言部分,主要介绍调研课题的基本情况;(2) 摘要部分,概括地说明该项活动所取得的基本成就;(3) 引言部分,介绍调查研究的语境和目的;(4) 正文部分,详细陈述研究细节及其基本信息;(5) 附录部分,提供与正文相关的资料信息,以备参照研判使用。

而一份合格的调查研究报告可以体现出来的魅力与特色,则可在下述方面得到回应:(1) 语言简洁,表述恰当,易于阅读和理解,有相当的说服力;(2) 结构严谨,行止得当,保证不遗漏重要材料;(3) 针对调研活动的相关问题提出了明确的结论或建议且能清晰表述;(4) 有使读者了解调研报告写作基本信息的自觉性,在适当的时空关系里,说明研究为何而作、用什么方法做等信息。

要做到这些方面并非易事,需要健全的交流观念,需要周全的市场判断和现代传播意识,需要较强的语文书写能力和表意自觉,需要成熟的资源处理意识和技巧,需要追求真实的态度与经验,需要灵活的话语形态(例如图表)及现代性表达。

二、工具自觉:广告调研的多样性方式与方法

愿望需要通路支持展呈与实现!面对复杂的市场世界及其裹藏的各种欲望、不同的动力,广告调研的行动显然已经适应性地发展到同样复杂的历史境地,甚或发展成为一种现代人类方法论新景观。广告与人性世界深入的、广泛的关联决定了这些选择的必然;现代知识学的发展与繁华,提供了这种历史性交融所需要的正当性论述资源;技术文明则从旁贡献了所有的成长所需的支援与帮衬。随着人类社会形势的日益复杂化发展,这种以广告学名义展开的联系还将持续下去,并呈现多样性含义。作为市场资源与欲望之所的人类世界必须得到人类智慧的照拂才能呈现自身的广博与繁华,人类资源的有效开掘需要我们转身展开工具的现代锻造与方法的有机卷入。假如人们不希望自己的努力陷入那种"对时髦风气的某种俯就"①的现代人尴尬,那么,我们就需要更为复杂的"多边"方法论大繁荣而非迄今为止盛行的一般的方法体系独占的格局。

(一) 方式分类:广告调研的路径可能与选择

一切地方都存在广告传播所需要的情报和资讯。因此,基于实利特性的广告调研不但看重一切情报资源,而且愿意动用各种手段,力争多角度、多层面、多

① 〔美〕尼古拉斯·加汉姆:《解放·传媒·现代性——关于传媒和社会理论的讨论》,李岚译,新华出版社 2005 年版,第 195 页。

视阈地获取可以获得的一切有效的情报。

从现有的状态来看，广告市场调研的基本方式有两种：案头调研和实地调研。

1. 案头调研

“案头调研”有许多别称，譬如“文案市场调查”、“二级信息调查”、“基本调查研究”等。这种调研的主要特点是利用现实的、已经存在的各种文献资料即所谓“二手资料”获得与广告行动相关的信息资讯。这种调研的成本很低甚至不需要成本，但是，获得情报与资讯却存在一些潜在的问题，例如信息过时陈旧、信息片面，或者还有网络时代信息海量发展所带来的无从甄别等问题。现实的态度是：重视这种管道所能供给的各种信息，但是，不盲从、不轻信这些信息，最好是结合信息收集者的背景、信息收集手段、信源是否会使信息带有倾向性等问题的核实，诊断并有效处置这些信息。

案头调研的资料来源很多，例如，外部机构调查资料、外部刊物及索引类资料、专业书籍及杂志、组织内部资料、网络相关资讯等。

案头调研一般分为六大步骤：(1) 确定市场调查的基本目的及必要的调查内容；(2) 拟订周详的调研计划，安排相关人员训练；(3) 查明可资利用的资料档案内容及其资料来源，积极主动地展开资料搜集工作；(4) 过滤资料，评估资料的适用性并作必要的摘要；(5) 资料调整、衔接及融会贯通；(6) 制作调查报告。

2. 实地调研

实地调研又称为“第一手资料调查”、“初级信息调查”、“田野调查”、“基本调查研究”等，是指在周详严密的构架下，调研人员携带调研问题，深入现实场景，展开调查研究与相关互动，最终获得相应数量和质量的信息调查活动。这种调查针对最真实的调查问题展开，所以体现出强烈的针对性、现实性、具体性和较高的作业价值。

实地调查研究常用方法有三种：

(1) 观察法。由调研人员观察有关对象群的行为，借以了解问题之所在，掌握相关情报信息。花费较低，不足之处是易于表面化，故常作辅助方法使用。

(2) 实验法。由调研人员借助实验的方式，将某些现象放置在一定的条件下展开观察，最终获得情报信息。例如，品尝食物等。

(3) 调查法。借助于问卷发放、座谈会等方式获取所需资讯的调查研究方法。主要包括问卷法、深度访谈法、小组访谈法等。就调查现实而言，问卷调查所占比例最高，最为普遍。

这两种形式的调查研究所需的资讯，或者来自定量的数据及其分析，或者来自相当周延的定性研读，它们各有特点和行动要求。社会学家比较了定量与定性两种调查路径：

市场定量研究与动机定性研究各自所遵循的方法论是对立的（或者说是互补的）。定量研究工作的依据是"个体"与"问题"（即一团社会微粒和一系列由代码表示的变量）相交叉的调查数据表。定量研究的课题是把这些"星云"集中起来，加以排列。定量研究的努力方向是，根据人与人的"形似"将人归类，并且通过变量间的相关和协变等关系寻找这一分类法的成因。定量研究完全符合社会学方法的传统——社会学法只通过共变分析得出结果，它是用以测量并且同时解释社会约束的机理的……

定性研究则与定量研究相反，不是寻找相似点，而是系统地查找交流的外在与潜在、"表示性"与"操作性"内容之间的差距。因此，定性研究的特点也与定量研究正好相反，例如，定性研究中数据分析的方法贫乏，而素材收集手段丰富。定量研究只搞封闭式问卷调查，但不断创造更为精细的方法以处理问卷调查中的答案；动机研究只对内容作基础分析，但开发了庞杂的素材资源，这些素材是通过一整套巧妙无比的坦白法、谍报法得到的。形成上述差异的原因，首先是定性研究人员特有的姿态，这些人总想着要不加引导，要不放过交流中的任何内容。定性人员对"详尽收集所指"的关注，只有定量人员对"安排能指"的热衷可以匹敌。不过，两种方法之所以形成反差，根本原因是目的的不同，目的不同决定了各自方法的不同：定量研究不停地分析，目的是得到从局部组合到特殊联系这样一个渐进的和远观的综合；定性研究一着手就要求自己是综合性的，它特别重视直接到达合理假设的闪现的直觉，其最高目标是建立单一的"基本类型尺度"，在这种尺度上，人与物的关系消失于消费者与产品直接而完美的一致之中。①

一种显然追求更加可感化表述的总结这样概括了两种调查（定性调查和定量调查）的特点，见表4-3②：

① 〔法〕热拉尔·拉尼奥：《广告社会学》，第74—75页。
② 〔美〕威廉·阿伦斯：《当代广告学》（第7版），第195页。

表 4-3 定性调查和定量调查

指标	定性调查	定量调查
收集数据的主要技术	小组讨论、深度访谈	全面调查，科学抽样
问题类型	为什么？通过什么思考过程？用什么方式？与其他什么行为或想法有关？	多少？
访问员职责	很关键。访问员的思路必须立得住脚，并根据受访对象的提问架构来调查自己的问题。最好由受过严格训练的专业人员担任。	重要，但访问员只需能看懂大纲即可。他们不必即兴发挥，无需太多培训。有责任心的员工即可担任。
提出问题	每一组之间、每一场访问之间的问题顺序和段落要有变化，增加新问题，去掉老问题。	每一场访问都应毫无差别，问题顺序和段落要小心掌握。
访问数	若访问场数少，时间可以稍长。	大量访问，以便得到科学投射样本。
结果类型	设计前提，获得情报，改进语言，精练设计，使数据具体化，判断广告创意。	试验前提，优化因素，为数学模式和投射提供资料。

研究显示了更加复杂的人类学取向。例如，在定性与定量研究之外，乔基姆·马库斯—施泰夫另外创造了一种背景分析法解决现实困境。在这种分析方法中，收到的素材的意义由其周围的事物决定。乔基姆·马库斯—施泰夫还强调了两个层次研究的区别：一个是外表层次的，另一个是内里层次的。前者是直接与表象的，后者则是间接和潜在的。

针对后现代社会“鼠系繁衍”的社会现实以及现实作业需要“近似全集合”信息的信息市场现实①，智慧者最明智的方法是通过努力使两者兼容并蓄，为己所用。例如，为了获得对市场和消费者、产品的总体印象，一般情况下，人们通常会从定性研究入手，按照介绍，定性研究既可以帮助调研者了解被抽取人群的基本观点，又可以了解问题本身。而后，调研者会采用实地调研的方法或其他定量方法获取有关具体营销形势的确凿数据。

（二）广告调研的定性调查方法举隅

作为研究范式，“定量研究强调变量间因果关系的测量和分析，而不是过程。这种研究的拥护者声称，他们的工作是在一种价值无涉的框架内完成的”。与此相反，“定性一词意味着对实体的性质和过程的强调。同时，其含义不能通

① 马家辉：《如何掌握消费者心理》，三联书店 1993 年版，第 109 页。

过实验来考察,也不能以量、数字、强度或频率来测量。定性研究者强调现实的社会建构性,强调研究者与其所研究的对象之间的密切关系,强调研究问题受情景的限制。这种研究者强调研究的价值承载性质。他们寻求这些问题的答案即强调社会经验是如何被创造出来并被赋予意义"①。定性调查者采用漫谈等方式而非"是"或"否"式的问答途径展开调查,由于直接目的涉及了解目标人群的心理和动机等信息,所以,有人索性称之为"动机调查"。

"在人文学科中,定性研究有着悠久的、卓著的、有时也是痛苦的历史。"②最终,"它横跨不同的学科、领域和主题。在定性研究这一术语下,包含着由一系列复杂的、相互关联的术语、概念和假设所组成的家族。这其中包括基础主义、实证主义、后基础主义、后实证主义、后结构主义等理论传统,以及许多与文化研究和解释性研究相联系的定性研究视角与(或)方法。一些分别地、详细地论及多种方式与方法的文献被归于定性研究的范畴中,例如个案研究、政治与伦理、参与性研究、访谈、参与观察、视觉方法和解释性分析等"③。内尔森这样定义"定性研究":

> 定性研究是一种学科间的、跨学科的(transdisciplinary),并且有时是反学科的(counterdisciplinary)领域,它横跨人文学科、社会科学以及自然科学。定性研究在同一时刻意味着多种事物。它的中心点是多范式的,它的实践者对多方法途径的价值十分敏感,他们承认自然主义的视角和对人类经验的解释性理解。同时,这一领域本质上是政治的,并受到多种伦理的和政治的立场的影响。
>
> 定性研究同时包含两种张力:一方面,它受到宽泛的、解释性的、后实验主义的、后现代的、女性主义的和批判的敏感性的吸引;另一方面,它又受到更为狭窄定义的实证主义、后实证主义、人文主义和自然主义等有关人类经验及分析的概念的吸引。而且,这些张力可以在同一个项目中相结合,使其同时带有后现代的和自然主义的,或者批判的和人文主义的视野。④

"定性的调查可恰当地被理解为是一种公民性的、共享的、协作的方式。它将调查者和被调查者结合进一个涉及价值的正在进行中的对话当中。"⑤在定性

① 〔美〕诺曼·K.邓津等:《导论:定性研究的学科与实践》,载诺曼·K.邓津等主编:《定性研究(第1卷):方法论基础》,风笑天等译,重庆大学出版社2007年版,第11页。

② 同上书,第1页。

③ 同上书,第2—3页。

④ 转引自同上书,第9页。

⑤ 〔美〕伊冯娜·S.林肯等:《第七阶段》,载诺曼·K.邓津等主编:《定性研究(第4卷):解释、评估与描述的艺术及定性研究的未来》,风笑天等译,重庆大学出版社2007年版,第1115页。

研究的家族里，人们很容易发现太多的方法构成。事实上，在所谓的定性研究的七个历史时段里，解释主义、建构主义、诠释学、女性主义、种族化叙述、文化研究、酷儿理论、民族志、参与观察、表演民族志、现象学、民族方法学、扎根理论、生活史、访谈、观察、视觉方法、自我民族志、文本分析、焦点小组、应用民族志等方法，已经纷纷登场，甚至交融在一起，成为定性研究的成分与机体。

对广告调查而言，下面几种定性调研方法尤其值得注意并应用：

1. 参与观察

观察通常被看做是社会科学、行为科学中所有方法的基石以及民族志研究的主要方法。[①] 这种依托观察手段对人类群体和社会，对他们的生活环境、文化、生活进行详尽而深入研究的方法，同样被看做最有成效的研究方法之一，因为它能够带领我们进入存在的内部构成，窥视到社会构成的隐秘所在。[②] 当然，这种方法也颇具挑战性，要求使用者熟悉相应的路径、掌握基本工具，同时深入持久地实地观察，以及贯穿研究过程的对他人思想、行为的敏感体会与准确领悟。尽管它本质上属于质化研究而非量化研究的方法，但是作业者通常都会碰到对各种数量和频次的统计和记录。

参与观察法显然具有一定的优点，例如：(1) 记录和显现不可见的东西；(2) 避免"推论带来的问题"；(3) 通过综合法改进其他方法；(4) 验证或修正猜想性的理论主张；(5) 揭示文化生产过程的偶然性特点；(6) 为文化生产过程的动态和内在特性提供证据。

参与调查研究有六个典型的相互重叠的阶段，它们分别是设计、接触、建立联系、收集和记录数据、分析数据、整理写作。其中，设计阶段主要解决研究什么、为什么研究、怎样研究等问题；接触阶段主要解决介入的问题，例如"参与—观察者"的身份问题；"建立联系"主要解决有效地将自我介绍给对方并获得对方认可；在收集和记录数据阶段，人们通常会采纳观察、交谈和访问、审阅文件这三种技术手段获取所需信息。

参与观察是一项充满现场性的互动性的信息获取手段。按照沃纳和斯库珀(Werner & Schoeple)的说法，这种调研方式呈现出三种类型，反映了对所研究的社会群体日益深入的理解和体认。首先是"描述性观察"，其目的是观察所见到的一切事物与存在。此时的作业者表现出孩童般的态度，假定对一切事物一无

① 〔美〕迈克尔·V. 安格罗西诺等：《反思观察：从程序到文本》，载诺曼·K. 邓津等主编：《定性研究(第3卷)：经验资料收集与分析的方法》，风笑天等译，重庆大学出版社2007年版，第713页。

② 〔英〕安德斯·汉森等：《大众传播研究方法》，崔保国等译，新华出版社2004年版，第43页。

所知，不作想当然的判断。这种方法的弊端在于容易陷入海量细节的泥沼之中无力自拔。所以，人们改用"焦点观察"，亦即忽视那些不重要的存在的观察方法。最后，也是最体系化的方法是"选择性观察"，将注意力和观察资源集中于核心领域与核心目标。

事实上，由于涉及主体性保持等问题的缘故，参与式观察需要遭遇和解决的问题显得很多，也很复杂，诸如何以处置主体身份、观察视点、观察视阈、情感想象、权力关系、效度标准等棘手的现代社会学问题，在参与式观察中一个都没少地出现并决定着调研的效绩。需要善加整合与完整作业。[①]

2. 投射考察

针对目标消费者回答问题犹豫不决、无法表明态度、不愿意表明态度或者态度虚伪等调查处境，调研者常用投射技术了解人们潜在的或者下意识的感觉、态度、兴趣、观念、需求、动机，这就是所谓的投射法、影射法。常用的影射法主要有文字联想法、文句完成法、漫画测试法和主题统觉测验法几种[②]：

(1) 文字联想法。借助文字联想了解被调研者深层信息的调查方法。日本学者户川、仓石联合贡献的《联想检查法》作如下分类：

心情联想——反应字包括主观的感情、好恶、愿望等。例如"干净"、"肮脏"等。

叙述联想——反应字多带有客观评价的色彩。例如"小鸟—会唱歌"。

性质状态联想——反应字包括客观的性质、状态。例如"冬天—很冷"。

动作联想——反应字叙述习惯性动作。例如"香粉—搽抹"。

上位联想——对刺激字所表示的对象上位概念。例如"饭碗—食器"。

因果联想——例如"互殴—受伤"。

例示联想——例如"算术—加法"。

要素联想——例如"钟表—发条"。

场所联想——例如"电影—好莱坞"。

共同存在联想——例如"饭碗—筷子"。

类似联想——例如"胡萝卜—牛蒡"。

相反联想——例如"战争—和平"。

印象联想——例如"萝卜—小腿"。

---

① 〔美〕迈克尔·V.安格罗西诺等：《反思观察：从程序到文本》，载诺曼·K.邓津等主编：《定性研究（第3卷）：经验资料收集与分析的方法》，第718—737页。

② 参考樊志育：《市场调查》，第116—121页。

摹本联想——例如“地球—地球仪”。

同等联想——与刺激字相同意义之其他字句。

添加联想——将别的字附加在刺激字上而说成另一个字句，例如“蛋—煎蛋”。

间接联想——例如“钟表—迟到”。

无意义联想——在刺激字与反应字之间，不具有任何关系的字，例如“饭碗—鞋”。

（2）文句完成法。提供未完成的句子，请被调查者回答完成的调查研究方法。例如，“到了这座城市后，我的身体感觉很____”。

（3）漫画测试法。画出人物或者故事情节，将其中一些构成空白处理，请被调查者完成填写。

（4）主题统觉测验法。向被调查对象展示一幅绘有购买情况的图片，请求被调查者说出自我想象的“购买者说的话”，并以此推论被测试者的信息。

3．深度访谈

“访谈即对话，是一种提问和聆听的艺术”，值得注意的是，“访谈已经成为我们大众传播文化的一个想当然的特色”①。

访谈看起来很简单，但是事实上，访谈已经表现出了它惊人的多样性和复杂性。“访谈有多种类型和用途，最常见的访谈形式有个别的、面对面的言语交流，访谈还包括面对面的群体交流、邮寄或自填问卷以及电话调查。它可以是结构性的、半结构性的或非结构性的。访谈可以用来进行市场调查、民意测验、临床推理和学术研究；它还可以用于测量，或者是从个人的、群体的多重视角来理解研究的现象。访谈可以是一次性的、简要的事实陈述，5 分钟的电视交谈，也可以是多次性的、持续较长一段时间，如生活史访谈。”访谈甚至给我们带来了一个“访谈社会”②。

按照现有研究，在需要详尽了解被访者内心想法、访问对象可能不愿意配合直接互动、调查商品会诱发某些情绪反应等情形下，人们选择使用“深度访谈”展开信息调查。在进行深度访谈时，掌握访谈技巧的访谈者与调查对象之间展开一对一谈话，用以揭示那些潜在的、深层次的动机、信念、态度之类的信息。例如，先灵制药公司就曾运用深度访谈技巧探究医生开处方时最看重药品的哪些

① 〔美〕诺曼·K. 邓津等：《经验资料收集与分析的方法》，载诺曼·K. 邓津等主编：《定性研究（第3卷）：经验资料收集与分析的方法》，第 673 页。

② 〔美〕安德里亚·方塔纳等：《访谈：从结构式问题到引导式话题》，载上书，第 683 页。

属性、医生会把哪些属性和何种品牌联系起来这样的信息。

为了有效地展开深度访谈,作业者应该设计一个粗略但恰当的访谈大纲,设计周密而松散的问题有助于访问员更加积极地开掘受访者世界的深度信息。至于发问措辞、发问顺序等实施技巧,则要仰赖操作者的作业水准与灵活性。例如,一些深度谈话选择开放回答法展开工作。所谓开放回答法,就是从认为特别重要的问题入手问起,随着被访者的回答深入探寻。另一些访谈则依赖于一定的道具的刺激,加强谈话的张力感。

除了要求访问者注意平等待人等态度立场之外,深度访谈要求适度的人性化作业;并且,在互动过程中,不能仅仅接受"是"或者"否"之类的回答,应该想办法使谈话向深入、开放与内在层面发展。

一般情况下,深度访谈的样本数量根据资金、时间、人力限制等情形确定,可以是十余人,也可以是几十人不等。具体作业,具体对待。

4. 焦点小组讨论

焦点小组讨论被看做最常见的一种深度调查技术。在这种调查设计里,组织者邀请六人以上(最理想人数 6—10 人,最好不超过 12 人)作为目标市场典型代表参加小组座谈,就产品、服务、营销等市场运转问题展开座谈讨论。时间大约在一个小时或者稍长。会议由一位经验丰富的主持人控制,与会者之间的相互影响可以揭示出每个人对产品的真实感受与内心状态。通常情形下,单向玻璃墙之后有另一批调查人员对小组讨论实况进行记录、录像和观察。

参加小组讨论的人并不能绝对代表真实的人口样本,但是,他们的反应有助于解决如下问题:提供候选代言人的可行性资料,判定视觉元素和战略的效果,区别哪些因素不够清楚、哪些承诺不太可信。[①] 因此,小组构成的性别、年龄、职业及其他特性应该是同质性的,即尽量趋近同一性别、相似年龄、相近职业,以免造成沟通障碍,影响讨论展开。爱德华·弗恩的第四个假设即是"研究者需要保证小组中的同质性"[②]。

焦点小组法是一种将参与者的不同态度、经历、信仰作为研究重点的集体式调查研究方法,这一方法的独到之处在于可以让调研者观察并注意人类的集体互动性——焦点小组讨论不仅涉及垂直互动(主持人与被访者互动),而且涉及群体参与者之间的水平互动。焦点小组讨论的目的不在于倾听和了解

① 〔美〕威廉·阿伦斯:《当代广告学》(第 7 版),第 196 页。

② 〔美〕大卫·E. 莫里森:《寻找方法:焦点小组和大众传播研究的发展》,柯惠新等译,新华出版社 2004 年版,第 313 页。

他人，而在于尽可能地听取那些"作为知识建构者和知识化身"和作为社会变迁动力的他人的各种看法。[①] 在这里，"研究者的知识随着研究的进程也在不断地得到构建"，包括认知水准、问题转化、方法更替等。"简而言之，这是一种总是处于构建状态的方法。"[②]

怀抱文化自觉的行动者依靠程序建设支持这些目标的实现。焦点小组方法设计与实施的步骤如下：(1) 问题定义/对研究问题进行简洁陈述；(2) 确定样本结构；(3) 确定协调者；(4) 制订访谈指南和进行前期验证；(5) 征集参与人员；(6) 进行焦点小组访谈；(7) 分析并解释数据；(8) 撰写报告。甚至访谈地点和场域格调等，也需要周详地设计与考量。

关于访谈指南，我们可以理解为涉及的研究问题、主题、研究领域的"菜单"。除了列出涉及项目之外，这个重要的工作文本还应该包括话题顺序设计、话题性质定位、辅助手段采纳等项目的预设。

关于主持人与发问，社会学家默顿和肯德尔建议遵循四个标准：

> (1) 无引导(non-direction)：在访谈中，访谈者的指导和引导应该减至最小。
>
> (2) 特异性(specificity)：必须要发掘出被访对象对他所描述内容的完全的和详细准确的表述。
>
> (3) 值域范围(range)：访谈应该尽可能地最大化被访者提供的回答和刺激物所唤起的反应的值域范围。
>
> (4) 深度和个人背景(depth and personal context)：访谈者应该挖掘出被访者的回答在感情上和价值观上的深层含义，来确定这些经历是具有核心的意义还是外围边缘的意义。它应该能够引发出相关的个人背景、特殊的联想、信仰和观念。[③]

(三) 广告调研的定量调查方法举隅

市场与广告调查通常采用定量的方法获取确凿的市场相关数据。晚近以来，随着社会认知体系现代性转向、跨学科知识学充分发展、现代技术手段超常剧增，数量性调查研究更上层楼，呈现繁华态势。简要总结，用于收集定量信息的常用方法主要有如下三种：观察法、实验法、问卷法。

---

① 〔美〕埃斯特·麻德里兹：《女性主义研究中的焦点小组法》，载诺曼·K. 邓津等主编：《定性研究(第3卷)：经验资料收集与分析的方法》，第901页。

② 〔美〕大卫·E. 莫里森：《寻找方法：焦点小组和大众传播研究的发展》，第315页。

③ 同上书，第321—322页。

1. 观察法

所谓观察法,即调查人员通过现场亲身观察或机器在场观察展开相关信息收集工作的调查方法。这一方法的重要特点是被观察者并不感受到遭遇调查的体会。

观察法表现出丰富的形态与风貌。例如,工作人员可以站在马路边统计经过某一空间的人群的流量,或者通过连接在电视机上的仪器统计相关电视节目的视听人数,又或者身处超市现场观察消费者对某一商品的真实反应。

现代科学技术极大地丰富了观察方法。附在每件商品身上的条形码就是其中一种。调查人员利用扫描器阅读条形码便可以得知正在售出的产品为何种产品、数量如何等信息。有些公司则利用摄像机获取一手信息。他们运用保安摄像头获取消费者的购买行动信息,譬如人们在购买某一物品时所花费的时间和他们阅读标识的个体方式。

2. 实验法

所谓实验法,即作业者利用实验方式,设计适当的实验空间语境,以相关的活动诱使被试者曝露信息,从而获取恰当资讯的调研方法。例如,食物品尝会等。

实验法的优点是方法科学,具有客观真实性。这种方法的不足在于时间偏长,成本较高,实施作业有一定困难。

3. 问卷法

所谓问卷法,即借助于问卷获取信息的调查方法。关于问卷,一般认为是"为了搜集人们对某个特定问题的态度、价值观、观点或信念等信息而设计的一系列问题。问卷可以是手写的,也可以是口头的,它们能将有关某个或某组题目的问题组合起来"①。

问卷法包括个别访问法、集体访问法、留置法、电话法、邮送法、网络访问法等现实构成。

个别访问指那种一对一、面对面的访问,亦即调查人员每次只单独接待一个被访问者的调查方法。可以是室内访问,也可以是街头拦截式访问、柜台前访问、入户式访问。操作时,应有明确的调查主题、调查样本、调查问卷及适当的专业技能。

集体访问指那种统一时间、统一地点、借助统一的问卷所展开的调查方法。这种调查省时省力,样本回收率高,但是对现场控制等要求也高。

电话调查即由访问人员针对抽样人群所做的电话问卷应答。这种调查被拒

① 〔美〕约翰·菲斯克等:《关键概念:传播与文化研究辞典》,李彬译注,新华出版社 2004 年版,第 231 页。

绝的可能性较高。

留置访问即调查人员将问卷发放给被访问者，由被调查者事后回答，然后调研者回收的调查方法。使用留置法时，详尽地、针对性地交代回答要求、回复技巧等非常重要。

邮送法即将印刷妥当的问卷邮寄给目标访问者，待问卷填写完成后再寄回调研机构回收的调查研究方法。由于无法直接接触目标人群，所以相关的填写要求、技术处理方式等务必详尽说明，甚至举例说明。

网络访问即借助于网络管道传递问卷、回收问卷的现代信息征集手段。这种问卷调查方法的优点是成本偏低、可以同时接触到较多的人群、可以完整地表述复杂的主题、阅读时间自由、不受地域限制等。缺点是回收率较低、真实性无从查考等。

（四）广告调研的问卷设计与制作

广告调研涉及样本选择、问卷设计等作业环节及其内容设计，需要科学处置，以期通过作业收恰当掌控信息之功。其中，问卷设计尤为重要，值得介绍与把握。

1. 良好问卷应具备的条件

一份良好问卷应具备一定的条件：（1）能实现调查研究目的；（2）清晰地表明访问者和被访问者的关系，被访问者愿意合作，可以有效完成问卷发放、回收工作；（3）获取的信息可以有效地转换成后续行动中适用的资讯。

2. 良好问卷应有的结构

一份良好的问卷，就结构而言，应该包括：（1）问卷基本信息，包括问卷标题、编号等；（2）开场白，用来交待问候、作业者身份、调研目的、调研结果处理方法、配合请求、配合刺激等信息；（3）示范答复例子；（4）访问主题（正式问卷）；（5）受访者资料，通常包括电话、年龄、性别、教育程度等信息，必要时还要有受访者签名。

3. 良好问卷的设计步骤

一份理想问卷的设计需要周详的过程支持：（1）确定所要搜集的资讯是什么；（2）决定问卷的调查方式；（3）决定问题内容；（4）决定问题形式；（5）决定问题用语；（6）决定问题顺序；（7）决定问题可靠性检验；（8）决定问题版面布局；（9）试验调查；（10）修订与定稿。

4. 问卷的调查方式及设计要求

问卷针对不同的需要而设计，因此，调查方式决定了问卷的相关思维及现实构成（见表 4-4[①]）。

---

① 陈辉吉：《如何市场调查》，三联书店 1993 年版，第 60—62 页。

表 4-4 问卷的调查方式及设计要求

	项目	访问调查法	通信问卷法	电话调查法
问卷设计	题数多寡	题数可多	题数不宜多	题数不宜多
	开放式题目	宜	不宜	宜
	题目复杂性	高	低	低
	问卷结构	低	高	中
	敏感性问题	较易得到回答	不易引导回答	可以引导回答
样答	母群资料完整	较易完整取得	不易完整取得	难有完整资料
	代表性	样本代表性高	样本代表性中	样本代表性低
	样本控制	容易访问到本人	无法控制填答人	较易访问到本人
	替换样本	容易找替换样本	不易找替换样本	容易找替换样本
	接受访问	可能性高	可能性不高	可能性稍高
	拒答原因	可以知道,克服	不知道,难补救	可知道,难补救
	作答态度	可因鼓励而提高	无监看,作答随便	可鼓励,成效小
	样本广度	适合各阶层,只要能讲口语	只适合具识字能力之民众	同访问调查法,但必须有电话
作业实施	人力需求	需要较大批人力	不必太多人手	需要人手不多
	时间需求	花费较多时间,速度慢	需要点时间,速度较访问法快	不必花太多时间,速度最快
	样本资料取得	不易得住址姓名	不易得住址姓名	电话号码容易得
	经费需求	需要大批经费	经费省,不必多	经费省,不必多
	作业场所	不佳	佳	佳
	实施标准化	具有弹性	固定,无弹性	具弹性,可修正
	刺激标准化	劣	佳	可
	情境控制	佳	劣	可
访员	工作时间	配合受访者作息	任何时间皆可	应配合受访者作息
	访员要求	诚实可靠身体壮	一般文书可胜任	口齿清晰不厌烦
	访员偏差	有	没有	有,易控制监督
其他	保密性	少保密性,受访者易感受威胁	具私密性,不具威胁感	具些许私密性,也具威胁感
	调查地域	不可能太广	有邮政之处即可	有电话之处即可
	相关资料搜集	容易实施	无法实施	透过声音判断
	使用视觉辅助	容易做到	容易做到	无法做到

5. 决定问题形式

问卷使用问题形式不尽相同,可以选择的空间较大。常见的有①:

(1) 两分式。例如,“你会开车吗?”回答“是”或者“否”。

① 参考樊志育:《市场调查》,第 59—74 页。

（2）多项选择式。例如“你使用过的牙膏都包括哪些品牌”这样的问题，备选答案涉及三种以上。

（3）开放式。设计问题，回答者不受数量限制地展开回复。

（4）语义分化式（量化表）。对评估对象从一个极端到另一个极端的分等评估。

另外，倾向偏差询问法、再确认法、配合法、一对比较法、数值尺度法、图解评价量表法、项目核对法、强制选择法、数值分配法、等现间隔法、李嘉图法、嘉德曼法、潜在结构分析法、重点尺度法、意见调查法、竞争选好法等，也是十分重要的方法体系和备选途径。

6．决定问题用语

关于问题用语，一般主张询问的着眼点应该明确、语义明确清晰、容易回答、避免诱导性问题、避免过于隐私性问题。另外，在表述的过程中，尽可能重点突出、简洁、围绕主题结构与展开、表述力争简短等，也是基本的要求。

7．一份有效的问卷编写建议（见表4-5[①]）。

表4-5　问卷编写建议

项目	说明
列出具体的调查目标	避免花费资金收集无关的资料
写出简短的问卷	调查对象没有义务保持耐心，问卷过长有可能使他们不认真或草率回答问题
清楚地表述问题	避免误解的可能，应避免笼统或模棱两可的问题
先写出大概提要	然后再润色
运用简短的调查说明	包括访问员的姓名、实施者的姓名和问卷目的
让受访对象轻松自在	用一个轻松易答的问题作为开始
在问具体问题之前先问一般问题	问题的编排应逻辑流畅
避免诱导性问题	这种问题会使结果出现误差
安排几个查验性问题	用于检查前面的答案，以确保答案的效度
将人口性问题（年龄、收入、教育状况等）和个人问题安排在问卷的最后	
事前测试问卷	用20—30个样本，检查看他们能否正确理解问题，所需的信息是否都包含在内

① 〔美〕威廉·阿伦斯：《当代广告学》（第7版），第203页。

第五章　广告策略与广告创意：智慧光亮照射的核心通路

广告是人类围绕荣耀与形象所作的精巧的实验。

得到广告荣耀的"允许"显得很重要。这涉及何以叩问广告的策略与技巧问题,涉及广告的普遍性何以巧妙地与人性的普遍性真实遭遇的问题,涉及物理学的探究何以与物理学之上的探究相统筹的问题,涉及理性与信仰的双重光芒何以引导和谐的广告形式的问题,涉及深深扎根于人性欲望的力量何以转换成不同角度的广告荣耀美的问题。广告的荣耀之美是人性七彩光谱的呈现,却因为后者以碎片和整全方式复合存在而显现出惊人的智慧差异,从现存的"此在性"出发的广告学特性,则进一步加重了这样的面貌。福柯在另一个地方说:"集体的问题就是要建立、发现或恢复最大量的联系。"[①]

第一节　广告策略规划:选择智慧之路

在许多对现代广告的描绘中,"广告战略"与"广告策略""当然地被分割"成两个世界,人们一口认定,在支持与显现智慧的道路上,"广告战略"显得更恢宏,而"广告策略"略趋于细密。

然而,现实的作业则证明了这些源自战争文化的概念"在商品推广领域里……似无明显之区别"[②]。事实上,许多精心的描述都可以看作复合性表述。例如,在那个最著名的关于"广告战略"的描述里,理查德·里恩斯写道:

> 战略是为置对方于死地而精心设计的计划。任何一项广告战略,如果它缺乏置对方于死地的决心,如果它不能反映消费者对产品的强烈需求,如果它用生硬、平淡无奇的文字来表现,如果它不加区分地以全世界所有人为

---

① 〔法〕吉尔·德勒兹:《尼采和圣·保罗,劳伦斯和帕特莫斯的约翰》,尹晶译,载〔法〕吉尔·德勒兹:《哲学的客体——德勒兹读本》,陈永国等译,北京大学出版社 2010 年版,第 272 页。

② 樊志育:《广告学原理》,第 248 页。

对象，比如说针对从3岁到93岁的所有年龄段女性，如果它的内容可以轻易地换去表现另一种产品，那么，它就称不上是什么广告战略。①

因此，本书采用广义统筹处理的方式，将它们指称为“广告策略”。在我们的预设里，广告策略就是广告场域里用来整合资源、调适关系的配置性认知、框架选择，是把广告作业力量和生产资源攥在手里的领土性断言，以及那种“姑且用之的艺术”。借用米歇尔·德赛都的说法，策略并不接管他者空间，而是进入他者空间并以对他者资源的算计成为其中的一部分。策略是实现目标的富于创意的计划，坚守目标和方向，但是又有着灵活的、变化的特性，策略的重要特征就是富有勇气并与“异己的力量”展开博弈，进行周旋，借助、利用“异己的力量”为自身服务。②

另一个必须正视的现实是，广告策略是个文本关系，构成繁复，形态多样，需要在广泛的脉络里加以妥善认知与个性体味。甚至我们可以将广告策略理解为一种“块茎”关系，一种无结构、多元性生成的后结构主义状态。借用德勒兹和加塔利的说法，“它们表现出隐蔽、运用、侵入、外突等功能。块茎本身设定了多种多样的形式，从分叉的层面向四面八方衍生，结出大小不等的鳞茎和球茎”③。它们呈现了人类联系性、异质性、多元性、裂变性等创造性原则，并展现了欲望在块茎中搅动而后不断生成的游牧状态，一种拥簇着智慧向前运动的人类自我解放状态。就其实在性而言，每一个具体的路径都足以扮演智慧共同在场的欲望“逃逸线”的角色。

为此，研究再次证明，“策略并不是为策划活动而产生的，它应该是整个广告活动的蓝图，是穿越地雷阵的路径”④。卓越的策略应该围绕品牌发展而设计，最终成为作业者本能的思维方式。

一、广告行动的市场策略

（一）剧场选择：广告场域拟剧策略

广告剧场形势万变，格式多样，增加了广告策略工作的刺激性、趣味性与挑战性、风险性。

从剧场面对角度而言，广告剧场可以简单地分为：

---

① 转引自〔美〕杰罗姆·朱勒等：《广告创新战略》，傅如昕等译，中国经济出版社1999年版，第82—83页。

② 转引自陶东风主编：《粉丝文化读本》，北京大学出版社2009年版，“前言”第6—7页。

③ 麦永雄：《德勒兹与当代性》，广西师范大学出版社2007年版，第64页。

④ 〔澳〕Jim Aitchison：《卓越广告》，臧恒佳等译，云南大学出版社2001年版，第100页。

(1) 空间性剧场:例如,全球广告剧场、全国广告剧场、区域广告剧场、地方广告剧场等,就是典型的围绕空间演绎广告演剧的广告剧场。空间性剧场的主要特性伴随着相应的市场结构、市场脉络而转移,既强调普遍的传播营销规则,更看重个性化的操作智慧。

(2) 族群性剧场:以某些人群为转移的市场构成。例如,特殊时期的民族主义传播营销剧场、以特定客户为主要作业目标和环境的差异化行销策略,都是族群性广告剧场的代表。其中以差异化行销策略最为典型。这种策略建立在意大利经济学家帕累托(Vilfredo Pareto)的"关键性的少数控制着绝大多数的影响力"①这一观点之上。差异化行销策略强调,应该针对高获利人群进行适当的品牌忠诚度活动,建构品牌资产,创造持续的市场竞争优势。

从剧场修辞性来看,广告剧场可以简单地分为:

(1) 独白剧场:基于信息传达需要所作的剧场选择,主要用来传达信息,在这种剧场中的传者扮演显在且活跃。也可以细分为数据独白、现象独白、趣味独白、价值观念独白、美学独白等不同的构成。

(2) 论坛剧场:基于对真实信息或者理性资源深入开掘而设计的商业剧场,有较为显著的论辩痕迹与互动趣味。例如研讨会议、观念交锋、格局挑战、形态重构等。

(3) 形象剧场:以呈现相关美学形象为主要取向的广告剧场,比较看重视觉化的传播与形象生产价值,强调积极、有力、有益的建构效应。也可以细分为单一形象制造和复合形象制造、古典形象制造和现代形象制造等多种类型。这就涉及品牌叙事问题,与记忆、人格、节拍、故事、神话、人物等存在力量紧密相关。

(4) 装置剧场:指那种依靠环境要素制造信息、观念、美学、文化心理、价值取向或者借助仪式生产相关信息效果的广告生产剧场。这种剧场的主要特点表现在无声、无形以及自然、持续等传播特性上。其中的逻辑,主要表现在利用美学这个独特的"满意器",制造"美学产生忠诚"、"美学能从杂乱的信息中显露出来"②等营销效应。为了实现这一策略,人们需要用心设计有效的点火装置,以及积极有益的剧场脚本。

(5) 体验剧场:指那些通过相关设计,使目标受众积极卷入体验营销平台,并产生美好、舒适、愉悦等有效反应的广告传播剧场。

---

① 转引自〔美〕葛斯·哈伯:《差异化行销》,黄复华等译,内蒙古人民出版社 1998 年版,第 34 页。

② 〔美〕贝恩特·施密特等:《视觉与感受》,曾嵘等译,上海交通大学出版社 1999 年版,第 19—22 页。

作为该领域的权威专家，B. 约瑟夫·派恩和詹姆斯·H. 吉尔摩建议考量两个重要维度：第一，横轴，表示人的参与程度。其中，积极的参与者参与体验创造，影响到事件的进展；消极的参与者仅仅作为视听众存在，不影响事件的进程。第二，纵轴，考虑联系的类型，或者说环境上的相关性。其中一端表示吸收，亦即通过让人了解体验的方式来吸引人的注意力。而另一端则是沉浸，表明消费成为切实的经历。由此出发，体验呈现为四种基本形态：娱乐（消极参与/吸收），教育（积极参与/吸收），逃避现实（积极参与/浸入），审美（消极参与/浸入）。① 对于广告戏剧操作者而言，还需要判断自己的剧场形式究竟属于街道剧场、即兴剧场、舞台剧场、配合剧场中的哪一种。根据解释，即兴式剧场就是那种油然而生成的、无法事先规划的剧场，需要主体创造性发挥；而舞台式剧场几乎不允许差异，完全按照脚本展开；配合式剧场强调组合，将各个部分联系在一定的主题势力之下成为整体；街道式剧场是一种考虑语境情势所做的戏剧展开，看似没有剧本，其实，街道剧场更像是对剧本大纲式的开发与利用。②

工作就是剧场行动，一切都是表演，这是体验剧场的重要取向。

（二）市场行走

面对新品类商品，广告主不得不首先培养足够的消费需求，以便将产品拉入分销渠道，这种策略通常被称为“拉式策略”；鼓励经销商和批发商储存、展示、宣传这种新产品的广告策略，则叫做“推式策略”。

（三）市场面对

针对市场的现实结构与广告作业者的营销图景预设，广告行动者通常会因应变形，适应性面对，主要有以下几种策略：

（1）无差别广告策略：广告作业者预设目标市场为同质市场，且采用统一的宣传方案，推动相同的广告主题传播，以及市场结构建设。这种策略的优点是容易形成积极的传播之势，达成形似的广告认同，快速地形塑品牌形象。弊端是缺乏对应性，无法满足消费者的个性需求。

（2）差别广告策略：作业者针对不同的目标市场的特殊性分别处置，以充分的对应性传播特性赢取各个子市场。优点是对应性强，容易获得认同，更适合于步入成长期后期或者成熟期的产品推广作业。缺点是增加了运作成本。

（3）集中广告策略：作业者集中选定几个或一个具体的目标市场展开积极

① 〔美〕贝恩特·施密特等：《视觉与感受》，第 37—38 页。

② 同上书，第 132—146 页。

传播与相应性建构，争取在投入有限的情况下，获得恰当的利益回报。也就是通常说的在较小的细分市场中获取较大的市场份额。这种策略适合资金有限的广告主，也适合那些测试性的广告行动。

（四）市场穿透

营销专家科特勒总结了三种穿透策略[①]，分别是：

（1）快速穿透策略：集中传播资源，快速实现对目标市场的穿透。采用这种策略者必须对两项内容有所了解：潜在接受者的总人数或者百分比、估算穿透剩余潜在目标接受者的恒定速率。如果预计推广资讯可以迅速进入目标市场并按照恒定的速度穿透剩余非接受者，一般采用这种策略作业。

（2）逐渐穿透策略：相对缓慢地穿透市场的作业策略。这种传播策略更适合那些需要经历从"革新性接受者"向"落后性接受者"逐渐转移的信息推广活动。

（3）传染病式穿透策略：传播过程仿佛传染病似的蔓延。该模式在以下条件获得满足时最具预测力量：接受预计能抵达全体目标群；以两个穿透率（目标接受者对非目标接受者的影响率和非私人媒体对非接受者的影响率）实现产品穿透。

（五）信息介入

这里包括一系列信息何以卷入市场的模式和具体路径。主要介绍两类选择：

1. 信息出场的形式策略

传统的广告传播依赖于切块信息和有意识、主观地处理大量的、复杂信息的过程，形成显著的信息结构形式和形势。针对消费者面对海量信息且无力处理的现实，现代传播者主张走另一条道路，即用切片信息和一种新的处理信息的方式，即无意识地自动处理信息的方式，"自然"暴露广告信息。

2. 信息发布时机策略

广告传播需要控制资源并有效地嫁接资源，使之生成有利于认同建构、行动配合的传播场域。广告信息发布时机处置，就是其中的一种策略选择。广告作业者可以考虑三种可能性：

（1）同步策略，即广告信息发布与商品铺货同步展开。

（2）超前策略，即广告信息发布先于商品铺货时间。

---

① 参考〔美〕菲利普·科特勒等：《营销大未来——变革公共行为的方略》，俞利军等译，华夏出版社1999年版，第124—128页。

（3）滞后策略，即广告信息发布后于商品铺货时间。

3. 信息发布时间策略

广告发布时间策略一般分为集中时间策略和分散刊播策略两种。

（1）集中时间策略，使时间资源集中支持广告信息传播与营销格局制造，也可以再行细分为固定时间集中策略和变动时间集中策略。

（2）分散时间策略，使时间资源分散在不同的时空点上，争取恰当效益的广告策略。

4. 信息发布频度策略

发布频度是指单位时间内发布广告的次数。有效控制频度资源，同样可以收获理想功效。

关于广告频率的开发可能，P. 柯特拉发明的刊播模式①最具代表性（参见图5-1）。产品处在成熟期时，水平式较合适。节假日商品广告适合用上升式频率，广告由少到多，在节日来临时广告达到高峰并停止，如（2）型。下降式则是由多到少，显示递减频率发展态势，最后慢慢终止，文艺广告、新产品上市或者酬宾促销广告适合于此，如（7）型。递增递减交叉型刊播频率适用于预算少的企业安排季节性、流行性商品的广告刊出，如（8）型、（12）型。

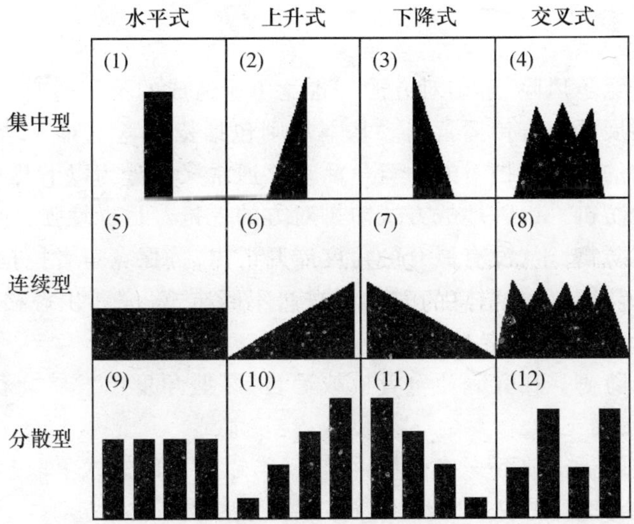

图 5-1　刊播类型（柯特拉式分类）

① 转引自余明阳等：《广告策划创意学》，复旦大学出版社 1999 年版，第 261 页。

二、广告行动的推进策略

（一）竞争性推进：进攻性策略与防御性策略

1. 进攻性策略

选择市场空隙或者对方弱点或者利好的方向展开进攻，以期赢得市场的广告作业策略，被称为进攻性策略。又细分为如下几种：

（1）正面进攻策略。在挑战者拥有优势实力的情况下，作业者可以考虑在生产、价格、服务等方面展开进攻，争取获得积极的传播营销效果。

（2）侧翼进攻。作业者集中力量针对空隙或者弱点展开攻击。也可以再分为地理性的侧翼进攻和细分性的侧翼进攻两种。前者主要考虑地理上的空白，后者则重点考量尚未被寻找出来的细分市场。

（3）迂回进攻。不直接与竞争者展开竞争，而是从产品多元化、新技术开发、新生活方式推动等角度展开营销传播，最终争取通过迂回策略争取生存空间。

（4）游击策略。通常是灵活性强的作业主题采取的策略方案。挑战者可以采用小规模、间断的进攻解构竞争者的市场态势，赢得一定量的发展空间。随时可以“撤退”。

2. 防御性策略

为了降低竞争风险、解构对方的广告竞争所造成的不利影响，广告作业者也采用防御策略展开广告传播营销。基本规则包括抢在竞争对手之前、以迅速模仿对手的运动的方式阻挡对方的竞争活动。通常又细分为以下几种：

（1）阵地防御。以阵地战方式防御对方的挖抢。目标性强，但较为保守。

（2）侧翼防御。从没有展开的角度展开诉求，确保竞争者挖抢机会最小化。

（3）生态防御。就整体生态持续建构，不断丰富、完善生态格局，有利于商品的现实与未来发展。

（4）反击防御。在受到竞争者挑战后，从某些角度出发展开积极的广告诉求，争取广告传播主动。

（5）收缩防御。放弃一些市场诉求路径，以切割的方式争取基本市场格局。

（二）复杂性推进：从生命周期策略到广告螺旋策略

1. 生命周期策略

产品生命周期是指从产品投入市场到退出市场的整个过程。第一阶段被称为引入期，也叫介绍期，是指产品脱离研发阶段并初步进入市场的阶段与状态。第二阶段被称作成长期，也叫增长期，是指产品经过引入期历练后被市场认同，销量扩大阶段。第三阶段被称为成熟期，是指产品已经占有一定的市场份额，销售量大而且稳定，但增长率已不如成长期的表现。第四阶段被叫做衰退期，也叫滞销期，是指产品已显老化且不能适应市场需要、逐渐退出市场竞争格局的态势。

在产品引入期，一般需要花费高额代价启动市场，包括告知信息、教育顾客、建立广泛的经销网络、刺激需要等。理想的效果是通过努力建立相关品牌的市场领导者地位。

成长期的广告的主要目的是向消费者说明该产品在同类产品中的地位或者不同之处，广告的重点是产品的差异性。可以考虑酌情扩大宣传范围、改变宣传角度、加强形象塑造。

在产品进入到成熟阶段之后，广告也发展到如何保持优势、加深开拓的成熟期作业。这段时期经常被看做"提醒阶段"，这段时期的广告经常被叫做"提醒广告"，这主要指这段时间的广告的重要任务就是提醒消费者该品牌的存在。通常，这类广告很醒目，名称广告比例较高，有海报的特性。当然，这一时期也可以采纳智慧方式垦深原有市场并发掘新的市场。

衰退期的广告难以操作。一般不主张戛然而止，而是在持续中形成新的发展可能，例如争取忠诚顾客的情感认同朝向新产品转移的可能。可以采用的策略有断断续续的广告策略、收缩性广告策略、转移性广告策略等。

2. 广告螺旋策略

广告螺旋①是产品广告阶段的扩展。广告螺旋为确定产品在特定的时间和特定的市场下处于哪个阶段或哪些阶段以及广告应该传递什么样的信息提供参考。"在很多方面，广告螺旋与产品生命周期同样重要。"②

广告螺旋的三个基本阶段——开创阶段、竞争阶段、保持阶段（如图 5-2 所示）的含义直接易懂。相比之下，新的开创阶段、新的竞争阶段、新的保持阶段的含义就要复杂些。一般而言，新的开创阶段试图让更多的消费者使用这种产品，方法要么是加减法式地改进产品，或者彻底地改变产品。为了更好地吸纳广告客户，广告作业者会适当地改变广告的方向，或者加入些新方法，或者给出更多的使用的缘由。

这里需要一定的想象力。例如，随着广告螺旋的展开，同样商品的现实消费者事实上处在不同的现代性状态上，长期使用者会认为它已经处在竞争阶段或

---

① 〔美〕莱恩等：《克莱普纳广告教程》，第 93 页。
② 同上。

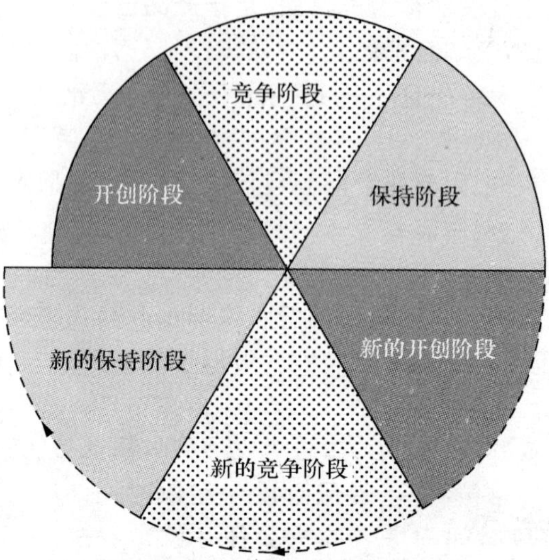

图 5-2　广告螺旋

保持阶段,新的顾客却认为它还处在开创阶段。这时,广告螺旋进入到另一个循环[①](参见图 5-3)。人们把这一阶段叫做最新的开创阶段,它的重点是让更多的顾客使用这种产品。“创造性的营销活动和灵活的产品将有助于这个目标的实现。”[②]

广告螺旋是一种管理决策工具。我们需要承认事物的灵活性。例如,产品并非以同样的速度经历每一个阶段,某些时候,从一个阶段进入到另一个阶段仅仅是一个短暂的行为。处在保持阶段的广告主可能会突然发现市场在萎缩,可能做出不经过任何开创性工作就直接进入一个新的竞争领域的决定。广告螺旋成了行动的指南。但是,这种指南的获得需要经过以下这些问题的过滤:产品处在哪个阶段?我们是否应该采取开创性的广告来吸引新的消费者使用这种产品?我们是否应该加强竞争性的广告来获得现有市场的更大份额?我们的广告中哪些是开创性的?哪些是竞争性的?我们是否只是简单地停留在保持阶段?如果是的话,我们是否应该更积极一些?

最终,我们可以借助于广告螺旋实现营销解放!

① 〔美〕莱恩等:《克莱普纳广告教程》,第 98 页。
② 同上书,第 99 页。

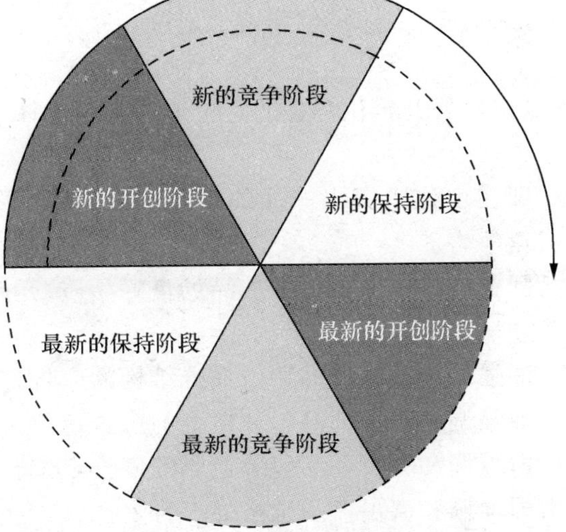

图 5-3　扩展后的广告螺旋

三、广告行动的定位策略

有史以来，影响人类营销实践最重要的概念与思维，不是包括品牌理论在内的其他概念，而是发端于 20 世纪后期的“定位(positioning)理论”。1972 年，美国学者杰克·特劳特(Jack Trout)和艾·里斯(Al Ries)借《广告时代》之助，发表关于“定位时代”的系列文章，借科特勒的话说，“营销界从此被定位改变”①。1981 年，《定位》一书庄严出场；1996 年，特劳特和他的新合作者瑞维金再奉献《新定位》，定位理论系统完成，并成为因应变形、尊重受众、强调感性营销美学的现代理论先锋。

对“定位”最直接的解释可以是：你及你的产品在预期客户头脑里独树一帜的位置。定位也是使产品适合购买者生活方式的另一种表达方式。作为工作，定位就是争取消费者大脑的过程，定位就是在目标消费者心中形成某个突出概念的心理战。定位工作神圣性的现实根源是人类信息处境的尴尬，海量信息不仅没有解放人类，反而使人类走向行动无力的境地。另一方面，人类栅格化处理信息(将事物放置于某个心理格子上生产记忆与理解)的心智特点，也决定了定位理论产生并发挥强大作用的必然。事实上，定位理论强调了对事物的消费者

① 引自〔美〕艾·里斯、杰克·特劳特：《定位》，王恩冕等译，中国财政经济出版社 2002 年版，“科特勒序言”第 1 页。

聚焦。

定位策略主要分为两类:实体定位和观念定位。

(一) 实体定位

凡是从商品本身出发展开定位考量的定位形式都是实体定位。实体定位可以细分为:

(1) 功效定位,即在定位中突出产品的特异功效,借以形成产品差异性价值,增强产品的现实竞争力。

(2) 品质定位,即在广告中突出诉求产品的良好品质,开启目标消费者的行动欲望。

(3) 成分定位,即强调和凸显产品特殊成分结构的广告定位。

(4) 造型定位,即强调和突出商品包装造型的广告定位。

(5) 色彩定位,即强调和突出商品包装色彩的广告定位。

(6) 价格定位,即强调和突出商品价格的广告定位。

(7) 操作定位,即强调和突出商品操作使用优势的广告定位。

(8) 人群定位,即强调和突出商品适用人群的广告定位。

(二) 观念定位

凡是从消费心理、消费观念、消费美学出发展开的广告商品定位都称之为观念定位。这种定位的思考重点不是商品本身,而是与商品消费有复杂联系的人类心理特征及其表现。观念定位又可以细分为:

(1) 是非定位。是非定位的主要特征是借助于是非标准的重新确定,解构既有判断建立全新判断的广告商品市场定位体系。例如,某柔软剂产品将原有的"去污—漂净"洗涤观念改造成新的"去污—漂净—柔软"三步法,借标准改革之机,将与标准一致的产品打造成优良形象产品、最现代产品,争取市场格局重构。

(2) 逆向定位。利用目标消费者同情弱者心理、对虔诚态度全面认同的心理机制展开的广告定位即逆向定位。例如,比尔·伯恩巴克所做的艾维斯汽车出租广告"艾维斯在出租行业仅居第二"。

关于定位操作的问题,特劳特和里斯的建议是深入考虑如下问题:我们的产品目前在消费者心目中的定位是什么?我们希望拥有什么样的定位?如果我们确定这样的定位,会遭遇哪些组织的反对?我们是否有足够的营销资金来建立并支持这种定位?我们是否能够保持这种长期一致的定位?我们创造性的方法是否符合我们的定位战略?

戴维·阿克认为最常用的定位策略是将某个目标与产品的属性、特征联系起来。例如,丹尼尔岛融合了古典与现代特色为一体,有公园,有教堂,有学校,有商店,有河流,有潮汐,它的定位是:“一个城镇,一个岛,一种生活方式。”

四、广告行动的主题策略

在存在那广袤的大地上,总有一些力量能够担负起动员者的身份,它们是存在最真实的“造物主的粒子”。在广告的剧场里,总有一种鲜明的主张引导广告前行,这就是主题。按照劳伦斯·维森特的解释,“主题就是你的品牌的原因。它赋予品牌以意义”①。

广告主题世界充满着惊心动魄的人类性趣味与美学魅力,涉及广泛,影响深远,以艺术的形态呈现着人类积极/消极、正面/反面、理性/反理性、抽象/具象等心性与纠葛。这是一个无量智慧交往桓玄的人性剧场,在这里,“关于大地的真理想要与关于天空的真理联合”;“原始的、自发的统一体中有某种东西被刺破了,刺出了一条缝隙”;甚至“土地在哀号,而天空不闻。土地浸满了血,而天空被火光照得或黑或红”②。

借用德勒兹的观点,这是一种“奇点”——“时空中的一点,在该点重力使物质的密度无穷大、体积无穷小,空间和时间被极度的扭曲”③,一个人性世界的“奇点”。有意思的是,这个“奇点”自身就是一个世界。完全有理由说,这是一个人类性的“奇点世界”。它的主要构成包括健康、安全、经济、利益、快乐、爱心、爱情、亲情、地位、食欲、欢悦、时尚、先锋、诗意、恻隐、便利、尊严、骄傲、感动、个性、独立、支援、社会健全等存在的、人类的、满足的、互动的核心粒子力量。社会学教授马克·特迪内提示注意十类主题:(1) 地位、身份;(2) 热带天堂;(3) 荒芜西部;(4) 古典文明;(5) 乡愁;(6) 阿拉伯狂想;(7) 都市情调;(8) 堡垒建筑与警戒;(9) 现代主义与进步;(10) 无法展现的展现。④ 可以看出,它们或者来自人与存在的关系维度,或者来自于人与他者的关系维度,又或者来自“成己发生”、抗争命运、自我纠结、神秘存在的维度。它们的价值在于,正是它们影响着人类的“回家”之行。它们自然存在着,一旦受到召唤,它们便在耸立之时枝干相邻了。

在这些力量的耸立过程中,生产性机制显得很重要。人们可以通过借助现

① 〔美〕劳伦斯·维森特:《传奇品牌》,钱勇等译,浙江人民出版社 2004 年版,第 146 页。

② 〔俄罗斯〕德·谢·梅列日科夫斯基:《俄国革命的先知》,载〔俄罗斯〕德·谢·梅列日科夫斯基:《先知》,赵桂莲译,东方出版社 2000 年版,第 6 页。

③ 转引自姜宇辉:《德勒兹身体美学研究》,华东师范大学出版社 2007 年版,第 134 页。

④ 〔美〕B. 约瑟夫·派恩等:《体验经济》,夏业良等译,机械工业出版社 2002 年版,第 55—56 页。

代知识学智慧打开发现之门,可以在诸如转变仪式、日历仪式、交往仪式、狂欢仪式、崇高仪式之中,开启人性与商品挂钩的可能性,也可以通过释放/加重、打开/关闭、改变/维系、解放/遮蔽、私性/公共、温暖/寒冷等获取关联的契机,找寻到主题的可能。保时捷希望帮助客户规避风险,拉斯维加斯要激发冒险意志,劳斯莱斯·银影认为帕特·布坎南的自由主义有点过头。如果我们愿意的话,我们可以关注创造的神话、时间的神话、魔力的神话、老师的神话、行走的神话、梦想的神话、城市的神话、体育的神话,甚至各种各样的阿里阿德涅彩线神话。贝恩德·施密特和亚历克斯·西蒙森的建议是通过以下几个领域获取主题:(1) 历史;(2) 宗教;(3) 时尚;(4) 政治;(5) 心理学;(6) 哲学;(7) 实体世界;(8) 大众文化;(9) 艺术。[①] 他们的意思是说,自然界是丰富的主题仓库,那里有存在的符号及其独立的气质;哲学告诉我们关于时间、空间、逻辑、存在和道德的通用定义、人生联系;宗教、政治、历史可以提供神话传说、价值观、习惯、权力观念;艺术能提供视听觉的形象库,它们与某些风格、情绪、历史事件保持复杂联系;语言本身往往就暗示着某一主题,显示了人类的框架指向。[②]

"主题中包含了原型的内容","主题需要重复以便在消费者的头脑里留下烙印"[③]。而且,这些奇异的力量需要借助于名称、符号、叙事、歌曲、概念、适当的情节传播开来。

表 5-1[④] 所做的属于情节关联性显现:

表 5-1　品牌叙事

情节及相关构成	品牌示例
行动惊悚者(人物面对着超自然或者超常的生死相搏的敌人,世界的命运常常系于一线)	PlayStation(索尼公司开发的一种游戏机)
美国文化史诗(一个令人尊敬的人物,进行着长时间的追问,反对改变美国式生活的文化背景)	可口可乐
密友电影(通过一系列的戏剧性事件发展起来的持久的友谊,故事的结果是两个人发展出永久的改变)	百威啤酒
黑色罗曼史(夫妻罗曼蒂克的享乐主义受到禁忌和危险的诱惑)	卡尔文·克莱恩
教育情节(主要人物的生活观有了深刻的改变——从消极到积极,而且学到了永恒的原则)	万事达卡

① 〔美〕B. 约瑟夫·派恩等:《体验经济》,第 56 页。
② 〔美〕贝恩特·施密特等:《视觉与感受——营销美学》,第 128—130 页。
③ 同上书,第 116—117 页。
④ 根据劳伦斯·维森特意见,稍作修改。〔美〕劳伦斯·维森特:《传奇品牌》,第 138—140 页。

（续表）

情节及相关构成	品牌示例
家庭电影（一个家庭面对着生命变动的事件——通常伴随着喜剧性事件——它让他们的最后关系变得更加紧密）	柯达
高度冒险（爆发性的行为，粗犷的男主人公和异域风情）	吉普
成熟情节（主要人物成长过程中的年龄转变期）	MTV
都市浪漫喜剧（人们在一个大都市的疯狂中找到了亲近感并恋爱）	陶瓷大库房
现代史诗（大卫和歌利亚的战争，个人对国家和富豪的争斗）	苹果
音乐剧（通过歌舞变形来表达的喜剧或戏剧的现实）	盖普（时装品牌）
惩罚情节（主要人物获得了成功，但也受到了惩罚）	微软
体育挑战（一个运动员面对他的最使人畏惧的生理挑战，但是，通常会出现真正的考验是心理和对自我的挑战）	耐克
西部生活（在旷野中以苦为乐地面对潜在危险的牛仔）	万宝路

五、广告行动的诉求策略

广告诉求的复杂性几乎可以和我们说话的复杂性相提并论，有多少透视的选择，就有多少种组成的可能性。

（一）弗特·科奈策略模型

广告代理商弗特·科奈设计了一个模型（见图 5-4）①显示他的策略结构。该模型建立在这样的事实基础上：(1) 一些消费者的购买决定是以理性考量为基础，另一些购买决定则多出自于感情的缘故；(2) 一些购买行为需要较长的时间慎重考虑，另一些则不需要或仅仅需要很少的时间来决定。

第一象限：感性／非常重要。这一象限也称之为感情模型。启动的前提是消费者不太注意有关商品信息，主要凭借兴趣、态度、感情等因素做出适当的购买决定。因为这样的购买决定与个人的自我意识、自我评价关联密切。例如首饰、化妆品、时装等的购买决定。

第二象限：理性／非常重要。这一象限也称之为信息模型。启动的前提是消费者需要了解较多的信息方能做出适当的购买决定。例如汽车、高档照相机等的购买决定。

第三象限：理性／不重要。这一象限也称之为习惯信息模型。它以消费者只需要花费少量时间即可做出购买决定为前提。只要能让消费者购买一次，例如借助于赠券刺激吸引消费者购买一次，他们就会继续购买下去——这比在产

---

① 〔美〕杰罗姆·朱勒等：《广告创新战略》，第 91 页。

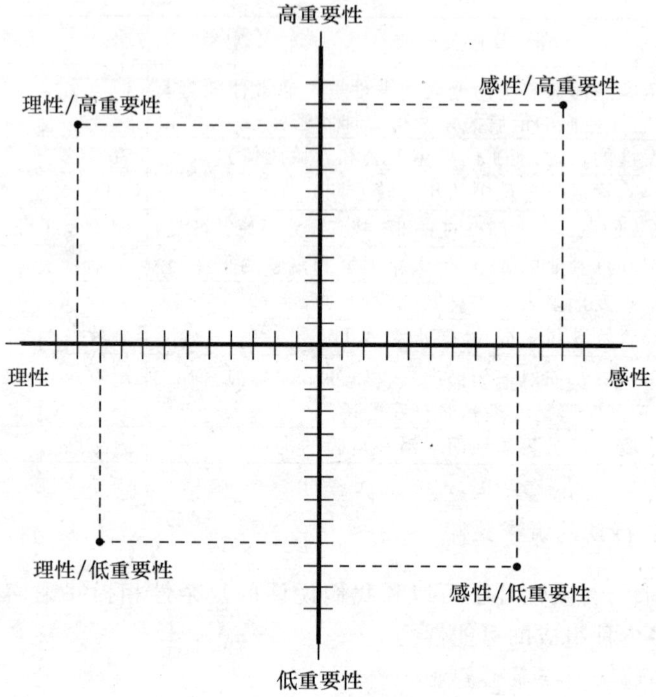

图 5-4　弗特·科奈战略计划模型

品说明中罗列许多无差别的特点来说服消费者购买要自然得多。食品、家庭日用品等适合这种广告方法。

第四象限:感性/不重要。这一象限也称之为自我满意模型。这种方法所针对的消费者一旦认为产品符合自己的品味,就会一直选用,成为品牌忠诚者。例如香烟、酒类产品。

(二) 信息——USP 策略

USP 策略是美国广告人罗瑟·瑞夫斯(Rosser Reeves)20 世纪 40 年代提出的重要策略主张,50 年代后开始流行,影响颇为广泛深远。

按照解说,每一个想要获得成功的广告都应该将消费者视为理性行动人,它们更倾向于留心、记忆广告诉求中最重要且最醒目的那个主张。从现实效应来讲,这个突出的主张或概念就是广告效力生成中的阿基米德杠杆,可以轻松地撬动地球。这个重要的构成即"USP"(Unique Selling Proposition),中文意思是"独具销售说辞/独特销售主张"。

"USP"是个精确的术语,有基本的要义与表述:

(1) 每个广告都必须向消费者陈述一个主张。不仅说上几句话，吹捧吹捧产品，也不仅仅是橱窗式广告。每个广告都必须对每位消费者说："购买此产品，你会得到这种具体好处。"

(2) 该主张必须是竞争者所不能或不会提出的。它一定要独特——既可以是品牌的独特性，也可以是在这一特定的广告领域一般不会有的一种主张。

(3) 这一主张一定要强有力地打动千百万人，也就是吸引新的顾客使用你的产品。①

在瑞夫斯的总结里，"广告是一门以尽可能低的成本让尽可能多的人记住一个独特的销售主张主题的艺术"②。

(三) 理性诉求策略

所谓广告的理性诉求策略，亦即动用理性资源展开广告文本组织、广告信息传播的人类广告路径。按照贝曲(Belch)的说法，就是一种广告信息组织方式，在沟通上，特别采用产品或服务的使用、产品本身所具有的特性以及利益为主要讯息。③ 该诉求策略的理论假设是消费者作为理性经济人，具有相当可观的成本效益理性、选择理性、最大边际效用理性、购后理性，相应的，该诉求策略拥有的基本功能与特性显现成如下几点④：

表 5-2　广告理性诉求策略

目的	改变消费者态度，建立品牌知名度，形成产品独特性形象。
功能	"产品功能性"承载功能； 解决消费者问题的功能； 带给消费者最大利益及额外利益功能； 产品间差异性与相同性功能。
特性	广告非人性化以及物性之强调； 产品之放大及机械性表现； 功利性之诱导及说服； 直接式表达，强调购买产品之逻辑。

根据介绍，理性诉求的定位机会，可以考虑如下六种⑤：

① 〔美〕罗瑟·瑞夫斯：《实效的广告》，张冰梅译，内蒙古人民出版社 1999 年版，第 80—81 页。
② 同上书，第 202 页。
③ 祝凤冈：《"广告理性诉求策略"之策略分析》，《广告学研究》(台湾)第 8 期，1996 年，第 4 页。
④ 同上书，第 5 页。
⑤ 同上书，第 11 页。

（1）强化定位：强化产品之功能、结果与价值定位。

（2）定义性定位：定义产品观念及产品形象。

（3）焦点性定位：介绍产品新性质或者侧重产品属性及使用效果。

（4）建构性定位：建构比较性之优点，以加强竞争优势。

（5）导引性定位：导引消费者如何评估产品及介绍良好产品应具备的特性。

（6）矮化竞争者定位：刻意矮化竞争者产品之优点，以去除对手之优点为目的。

而维度细分，则又可以区分为资讯性策略、转换性策略、解构性策略三种。更加细致的组成如下①：

（1）资讯性策略。提供产品资讯，包括比较广告策略、USP 策略、验证性说明策略、主观预测性策略、原生性策略等。

（2）转换性策略。主要目的在于品牌形象之建立，主要技巧是在广告中强调形象转化。包括使用者形象策略、品牌形象策略、使用场合形象策略、原生性策略等。

（3）解构性策略。即在发展广告主题以及导引出广告创意的过程中，借助分段、分区之解构性技术为主的策略。细分为集中诉求策略和精选有竞争力排除不具竞争力信息的排除性广告策略两种。

（四）感性诉求策略

所谓广告的感性诉求策略，主要指在承认感性作为“功能性系统”的前提下，积极动员整合人类情感性资源传达广告信息，制作广告传播格局的专业信息诉求方式。“感官营销学”提出大脑三元结构的理论，支持感觉营销的绝对合理性。在大脑的世界里，“蜥蜴脑”（lizard brain）主要用来维持生命存活；“豹脑”（leopard brain）为人类增添情感和运动协调的功能；“学习脑”（learning brain）则给了我们解决问题、使用语言和数字的能力，并且发展了人类的记忆，使人类拥有了伟大的创造力。旧模式强调的是学习脑的价值，新的发现则清楚地表明，豹脑才是最关键的部分，它决定了接受信息的方式和处理的前提。② 因此，新营销主义主张必须重视并有效地开发人类的潜意识资源，激活包括积极情感（幸福感、自信感、成就感等）、中性情感（惊奇等）、消极情感（恐惧、冷漠、被抛弃等）在内的广泛的人性资源。

较之于理性诉求的非人性化、冷漠、生硬的特点，感性诉求充分显示出人性

① 祝凤冈：《“广告理性诉求策略”之策略分析》，《广告学研究》（台湾）第 8 期，1996 年，第 13—14 页。

② 〔美〕丹·希尔：《购买的真相》，尹鸿雁译，当代中国出版社 2005 年版，第 35—40 页。

化、较温暖、感情浓烈的特点。

关于感性诉求的基本功能与特性，如表 5-3① 所示：

表 5-3 广告感性诉求策略

目的	经由品牌形象，建立产品差异化
功能	引导消费者产生强烈之感情； 建立强劲之品牌形象。
特性	广告人性化； 人员接触； 温馨、温暖之感觉； 软性打动。

其策略具体类型，则被细分为：(1) 密集式感性诉求策略；(2) 选择性感性诉求策略；(3) 低密度感性诉求策略，具体内容见表 5-4②：

表 5-4 广告感性诉求策略分类

广告诉求可行策略方案	策略内容	应用时机	执行作业特点
密集式感性诉求策略	70% 以上感性，30% 以下理性	产品：无差异 市场：成熟期 消费者：低涉入	以人物接触为主； 以“形象”、“符码”为重点； 注重语气、声调、彩色、音乐、特效之气氛营造； 创意上就是让消费者产生强烈的感情与共鸣
选择性感性诉求策略	50% 为感性，50% 是理性	产品：小差异 市场：成长期 消费者：中度涉入	以精选之特殊感性作为感性诉求的表达； 以产品与人物结合表陈； 文字上以叙述产品功能以及产品性能为主； 创意焦点是在一种特定的感性气氛下，传播产品资讯给消费者
低密度感性诉求策略	70% 以上理性，30% 以下感性	产品：显著差异 市场：导入期或衰退期 消费者：高涉入	以产品为图形主角； 以“文字”“文案”取胜； 广告“资讯性”角色为主； 仍有部分感性运用来支持理性诉求

① 祝凤冈：《“广告感性诉求策略”之策略分析》，《广告学研究》（台湾）第 5 期，1995 年，第 92 页。

② 同上书，第 107 页。

（五）其他策略

1. 比较性诉求策略

比较是一种传统的、符合人性需要的广告诉求方式，比较诉求广告已有多年历史。

所谓比较性广告诉求，指将推广产品与同类产品作个别属性或整体性比较。汪辛与雷（Wansink & Ray）两位教授认为，比较策略广告可以用来增进消费者的使用频度。[①] 莱文（Levine）曾指出，对于非居市场领导地位的品牌而言，通过比较性广告可以产生潜在优势，尤其是针对领导品牌的顾客，或者是在预算偏低的情况下所做的针对对手的解构性工作。[②] 根据坦嫩鲍姆（Tannenbaum）的"指标过程"理论，讯息中若出现一个特殊线索或线索组合时，会提高消费者对整个信息的注意力，并且会超越其他信息的知觉选择性。[③]

比较性策略同样是一个丰富的世界。就展开角度而言，既可以走强调品牌之间差异性的"差异化"路线，也可以走寻求品牌之间相似性的"关联性"路线。就介入问题而言，可以是直接性比较，也可以是间接性比较；可以是一对一的专比，也可以是一对多的泛比，还可以是历时性的自比。就语义差异而言，可以是很好、很喜欢、很有趣、很荣耀等，也可以是很糟糕、很不喜欢、很没趣等。按照汪辛与雷两位教授的建议，比较策略还应该考虑产品比较取向和情景比较取向的不同选择可能。

2. 其他表现策略

广告传播中存在相当丰富的表现策略，除了比较手段之外，还有许多值得注意的策略路径：

（1）名人策略。利用名人所占有的社会资源诸如知名度、美誉度、粉丝人群等展开广告诉求的一种传统策略。因为其中存在显著的光环效应/晕轮效应机制，所以也称光环效应策略。

（2）实证式策略。通过验证展示证实所宣示的信息真实性。可以直接验证，也可以使用破坏性验证（通过破坏性试验证明信息真实性）表现广告信息。有一定的仪式性，也可以显现自信与享受的快乐。

（3）修辞式策略。借助于幽默、悬念等修辞手段传播相关广告信息，诱发目

① 祝凤冈：《广告策略之探究——系统建构观点》，《广告学研究》（台湾）第10期，1998年，第46页。

② 林建煌等：《比较性广告之比较方式对广告效果之影响》，《广告学研究》（台湾）第1期，1993年，第35页。

③ 同上书，第36页。

标人群注意并积极行动的广告诉求策略。这种策略主张积极开发惊奇、悬念、幽默、奇妙等人类性资源，有相当程度的智慧表达。启用者应该超越实利之追求，深入研究探索人类需要，在内在和外在世界里实践人性与社会的多元性、复杂性，呈现物品与人类的多向度关联。

（4）性诉求策略。以性的素材、主题、符号等制造广告信息传播现实语境，达成有效广告信息传播目的的广告诉求策略。性诉求策略在吸引人群注意力、争取潜意识满足等方面的确有一定的传播效力，但是，应该注意目标人群的“性自我图式”（sexual self-schema），在许可范围内强化创意，规避成为羞辱女性/男性自尊、亵渎象征物的管道。

（5）观念诉求策略。借助包括价值认同、性别认同、美学认同、生命认同、婚姻方式认同等人类观念表达形塑现实广告营销语境的广告诉求策略。这种策略的重要特点是认定观念乃是一种生产性力量，同时，这种策略主张发掘并有效激活观念性的人类行动能量。

（6）旧模式循环策略。亦即在新的传播语境中重新刊播旧的或者适当修改后的广告文本，借助于文本既有的时代特色与现实时代语境之间的差异，制造美学惊异、回归情结满足等传播效应。

（7）病毒式营销传播策略。借助各种手段实现先交朋友后做生意的传播策略。例如，设立网站介绍单位产品与人类生活的整全信息但并不直接贩卖自我，在“纯交往”中达成“我们人”的认同，借机产生后续的营销反应。

（8）植入式广告策略。植入式广告是有目的地将产品和品牌植入电视节目、电影、音乐、小说、舞台节目、游戏等内容中的一种广告手法。因为这种广告更注重品牌诉求，所以也叫品牌植入式广告。植入式广告发端于20世纪30年代，其做法是赞助商不向电影公司支付费用，而是提供电影中使用的商品；20世纪70年代，植入式广告作为一项营销策略引人注目，刺激产生了专门从事植入效果测定的组织公司。植入式广告的弊端是容易引发消费者的逆反心理，妨碍广告信息的传播效果。

（9）商业闲谈者策略。一种较为时尚前卫的广告信息传播策略。这种策略主要借助人际传播（谈话或者网络聊天等）的力量，将广告信息渗透到包括私人宴会等各种语境里。就像那个著名的美国女人加布里埃尔所做的那样，那些自愿的“商业影响者”领取免费样品，主动为包括书籍、啤酒、鞋子、香水等商品作口碑代言。2006年，BzzAgent公司就曾声称在网络上已经拥有超过12.5万名志愿者。

（10）系列广告策略。利用系列体制传达一定的、清晰的广告信息的传播策略。细分为主题系列、产品系列、功效系列、包装系列、形式系列等广告传播策略。在持续中形成累积性诉求的效应，在变化中建构一定的差异性美学机制。系列广告强调整合性调适资源，全面处置微观信息原料。

六、广告行动的能力养护策略

20世纪80年代后，广告传播营销领域出现新动向，品牌/商品培育市场的“营养时刻”层出不穷，诸如植入营销、伏击营销、善因营销以及大量的文化营销、展览活动，蔚为壮观，新的品牌营销魔法世界快速出现。“也许妙计的时代已经结束了，或者没有一个人找到了合适的计策——或者是现在这个时代，妙计必须通过耳语和秘密握手的方式才能够传达给消费者。也许，这必须通过混沌营销的方式。”①

这些无形的品牌徽章有：

1．馈赠广告策略

馈赠是一种完全利好消费者的广告作业策略，是一种有条件的奖励手段。可以刺激信息传播，也可以扩大销售，还可以借此获得阅读率等相关资讯。赠品的主要种类有：(1) 回头赠品；(2) 累积赠品；(3) 直接赠品；(4) 自付赠品。

2．文娱广告策略

以开发、奉献文娱信息为核心手段的广告传播策略即文娱广告策略，常见形式有文娱赞助、有奖问答、猜谜竞技等。传播机制表现为对相关信息的文化品质包装，借此规避单一信息传播的生硬和直接，增加扩散信息的人性化印痕，有利于调动广泛的人类性资源的共同卷入，扩大相关信息的品质与结构。

3．中奖广告行销

利用抽奖的方式刺激信息受众的卷入，改变消费者的信息获取方式，强化信息接受的积极阅读份额。这是一种积极的消费者参与性广告传播方式。但要注意合法、合理的操作要求以及伦理性行动规范。

4．专题促销策略

选择可以诱发社会人群强烈关注、热烈参与的活动主题展开积极诉求的广告传播策略。譬如，某产品借教师节时机所做的各种形式的促销，比如竞技比赛、专题写作、命名策划以及围绕主题所做的媒介报道诱发等。这种策略既要求提炼主题、描述主题、扩散主题，也要求作业者针对人群调动、刺激销售配置等方面的内容做出有益的计划与安排。过于生硬的策划与行动都可能招致失败。

① 〔美〕罗布·沃克：《买单——我们到底消费的是什么》，第161页。

5. 展览广告策略

利用展览方式传播相关广告信息的广告策略。可以分为室内展览/室外展览、专题展览/综合展览、单纯信息性展览/展销同步性展览等形式。具有典型的教育性、竞争性、直观性、氛围性、卷入性等特点，有利于引起媒介关注。

6. 服务行销策略

在充分理解顾客的基础上，从满足顾客价值观及其支援系统出发，为顾客提供个性化服务，从而提升顾客满意度的现代营销模式。

服务行销的核心问题是服务无形性的有形化转化。爱德华兹（Edwards）提出有形化的四项原则是：(1) 用有形的指标表示无形的服务特质；(2) 加强人际资讯网络的拓展；(3) 注意“口碑效果”；(4) 建立服务品牌形象。蔡特哈姆尔（Zeithaml）等人解决无特性的广告/行销策略是：(1) 强调有形的象征物；(2) 尽量使用人的资源；(3) 模拟或者刺激口碑的沟通；(4) 创造强而有力的组织形象；(5) 与使用后的顾客建立沟通管道。[①]

7. 游击行销策略

所谓游击行销策略，主要指放弃大众传播营销通路，转而采纳充满灵活性、创意性、体验性、联系性、针对性的低成本营销方式，在意想不到的地方安置广告信息，给受者带来惊奇与意外。这种策略常用于诸如香烟、处方药之类的受限制产品的营销/广告诉求，针对少数人潜在的需求展开激发，将其迅速吸纳并有效转换成忠实的拥趸，建立特殊的紧密关系。

8. 联合行销策略

联合行销策略是一种充满着整合色彩的广告行销运动，表现出强烈的竞争认同与力量聚集战术取向。

联合行销策略可以落实在联合广告作业或者联合促销、联合公关等相关业务上。就表现形式而言，可以是横向联合，也可以是纵向联合。其中，横向联合一般细分为同一型联合行销、相关型联合行销、许可型联合行销等。纵向联合则是处于同一价值链上的上、下游品牌之间的联合行销。

联合行销运作需要科学把握共生原则，认真检讨品牌相似性、品牌互补性等具体信息，并科学确立联合行销的合作伙伴以及合作结构、合作边界、平衡制约、分享方案等现实问题。

---

① 转引自谭大纯等：《服务业广告讯息之有形化——模式建构与实验研究》，《广告学研究》（台湾）第10期，1998年，第6—7页。

9. 事件行销策略

以制造行销事件为基本特点的现代行销策略就是事件行销策略。这种策略表现出来的重要特点有突发性、刺激性和语境影响性。可以是借势之作,也可以是策动的结果。事件行销运作手段和方法多种多样,例如,(1) 揭开行业内幕;(2) 挑起标准之争;(3) 敢于大声比较;(4) 表演行为艺术;(5) 坚持大吐口水;(6) 善于火中取栗。其生产流程,则有所谓的七步法:发现炒点→观看形势→营造事件→导入媒介→引发争议→扩散影响→平复收割。①

10. 伏击行销策略

伏击行销(ambush marketing)是一种被视作赞助克星的行销策略,表现出强烈的场域再造、巧妙嫁接的特点以及浓厚的借势思维取向。按照解释,伏击行销是指不向赞助对象的权利所有者支付必要的权利金,直接开展让人感觉该品牌似乎与赞助对象有某种关联的营销活动。1984 年洛杉矶奥运会上,富士胶卷获得赞助商资格,为了对抗,柯达胶卷则成了美国 ABC 广播电台奥运会节目的赞助商,同时成为美国田径队官方胶卷供应商。柯达的这种行为就是典型的伏击行销,它所取得的商业成绩相当惊人,尽管它表面上败北。

11. 善因行销策略

善因行销(cause related marketing)是企业/组织在履行社会责任的同时用来促进自身业绩提升、获取发展的一种现代营销手段。1983 年,美国通运公司在支持自由女神像修复过程中,将募捐活动与自身营销联系起来一起运作,一般认为此乃善因营销的开始。

善因行销的主要特点有:(1) 与公益事业结合在一起,通过援助公益活动展开;(2) 社会与组织共同获益;(3) 有明显的公益性特征;(4) 有显著的意见性特点。

12. 企业形象识别策略

企业形象识别策略(CIS)是企业/组织对自身价值认同、文化理念、行为方式、符号表征等资源进行整体配置,借机实现统一形象传播、互动关联的行销传播策略。

作为系统构成,CIS 由三部分构成:理念识别(MI)、行为识别(BI)、视觉识别(VI)。其中,MI 是核心构成与作业出发点,决定了整体走向的基本维度和节奏;BI 是这种抽象认同的行为体现与行动细化;VI 是呈现这种精神与价值认同的视觉外化。它们分工协作,互通有无,形成严密而又不乏生机的轮盘构成。

① 陈云岗:《品牌推广》,中国人民大学出版社 2004 年版,第 181—185 页。

CIS 的策划需要相应的组织支持，需要严格与科学的操作程序，需要大量的经费支持。因为涉及广泛等缘故，CIS 的实施同样是一个相对长期的工作，需要一定的时间周期。

13. 品牌行销策略

品牌行销策略的核心取向是形塑品牌美学体系、建设独立的品牌认同、争取最为持久和广泛的品牌资源关联、发展有效的品牌网络资本。不同于销售性广告策略，这种策略的作业重心在于借助现代框架资源，结合适度的主题选择、人物形象、场景形态、传奇故事等叙事修辞，制造品牌在人性格局中的恰当构成与场域独享的可能，制作一种供给物与人实现感性、理性互动的综合性机制，从而取得梦想的效果和预设的市场资本占有份额。

14. 整合行销策略

整合行销传播的核心主旨是围绕消费者展开全面的资源整合，形成有机互动关联型结构力量，最终，借助高度的消费者参与以及充分的资源主体性整合生产，达成理想的营销格局，取得理想的市场利益。

15. 其他新理念行销策略

(1) 身份营销。通过品牌定义消费者的身份，解释周边世界。

(2) 热望型行销。预测顾客下一步将行走的路线，针对性地诉求。

(3) 参与式行销。鼓励顾客同经营者一道创造行销语境。

(4) 生活方式行销。打造一种能使某一类别的成员以各种具体方式来表达他们潜在身份的品牌组合。

第二节　广告创意行动：创意魅影与诗性实践

人类完全有理由直接将“创意”看做是存在意义上的宗教性取向，作为容器，创意几乎包揽了人类所有存在的急迫与从容，创意从来就不仅仅是广告领域中的宁馨儿，科学地说，广告创意仅仅是人类创意本能的一种外泄。

一、广告创意解码：理解与程序

(一) 理解广告创意

秉承普遍创意的精神与意志，广告创意充满了戏剧性的特质：灵动，神秘，并且充分的优异。因为这个缘故，只要我们愿意，广告创意可以是一切。

秉承创意文化天然的赋性，广告创意可以是透视世界万物的目光所在，借用艺术学的说辞，“它是艺术家的优越视觉方位，艺术家又使它成为观赏者的优越视觉方位"[①]。在"广告中,总体概念就是用全新的方式看待事物——即用新的方式来谈及某一产品或服务,一种能给读者以不同于以往视觉感受的崭新层面。概念即是创意"[②]。

广告创意可以是困窘的解决与释放,是压迫感的舒缓,就像比尔·贝克的《创意的培养》那样,将基本的创意或概念定义为"对感觉到的欲望和需求的抽象解决办法"[③]。

广告创意还可以是解放的思考在技术上的表现。据《克莱普纳广告教程》介绍:"创意就是通过思考而得到的想法或计划。"[④]曾经创作"米勒时光"等优秀创意的广告人比尔·贝克则认定:"执行性创意就是运用文字、符号、声音、颜色、形状、形式或综合运用这几种方式来对感觉到的欲望和需求予以抽象地解决。在广告创作中我们也使用实施这个词。它是一个关于精神分裂方面的动词。它的意思是按照一种方式去完成、奏效或者使用——就像一件艺术品。"有意思的是,贝克还灵活地补充说:"当然,它也有'处死'的意思。"[⑤]他提醒我们注意创意并不等同于成功,有些创意最终走向了死亡之途,成了反创意的急先锋。

或者其他。例如,"从经济学的角度看,创意也是一种资本形式——可称之为'创意资本'",它们广泛地涉及新理念、新技术、新商业模型、新文化形式、新产业等不同的构成。[⑥]

这样的理解丰富了广告创意的脉络,也增加了我们穿透的难度和跨度,因为广告创意已经从简单的工作发展到了一种思维、一种聚集、一种纠葛、一种设置……广告创意从"地点"概念转换成了"空间"概念,它是人类关系在广告性生产与传播领域最简要的宣言。

（二）"杰出广告创意共识"

简单的肯定与简单的否定都不科学。创意实践已经向人类证明,在创意的道路上,一切皆有可能!借用尼采的《查拉图斯特拉如是说》开头那个著名的故

---

① 〔英〕威廉·弗莱明语,转引自高士明:《多义的视觉——图像化时代的观看制度》,载孙周兴等编:《视觉的思想——"现象学与艺术"国际学术研讨会论文集》,中国美术学院出版社2003年版,第144页。

② 〔美〕莱恩等:《克莱普纳广告教程》,第537页。

③ 同上。

④ 同上。

⑤ 同上。

⑥ 〔美〕理查德·弗罗里达:《创意经济》,方海萍等译,中国人民大学出版社2006年版,第32—33页。

事的话：尽管创意的路径各不相同，但是，在会合的大门口上它们有共同的交合点，创意就是多种路径的“会合处”。

广告大师威廉·伯恩巴克提出ROI模式解释了这个问题。他的意思是，优秀的广告通常能够体现出典型的“关联性”(relevance)、“原创性”(originality)、“震撼性”(impact)特质。“关联性”指广告创意必须与广告商品的其他元素密切相关，使最终的整体性达到尽可能的完美状态，渗透纠葛，互动有机。“原创性”系指广告创意新颖别致，有典型的差异性特征和“这一个”取向。“震撼性”是指广告传播能够在瞬间奔迸力量并达成强烈效果。

威廉·阿伦斯的总结更简单：“杰出广告均有某些共同的特点，我们在此将这些特征大致归结为两大类：受众共鸣和战略关联性。”在阿伦斯的描述里，受众共鸣是指广告创意可以拨动消费者的心弦，引发他们心理上的共鸣与波动，让他们得到感觉、感动、感情，促动他们伸展想象的翅膀。杰出广告的另一个特性是广告创意必须与广告主的战略相关联，“杰出的广告必然要完成某个战略任务……战略是产生杰出创意作品的关键”①。

M&C Saatchi广告公司的创意定位显然更具体也更有趣味。将“创意”的英文拼写倒过来，那就是M&C Saatchi广告公司的意思——EVITAERC。其中，“E”指every，每一个；“V”指virgin，处子的，前所未有的；“I”指idea，想法；“T”指takes，需要；“A”指a lot，很多；“E”指energetic，活力充沛的；“R”指raw，原始的；“C”指courage，勇气。

狄力普·穆可加(Dilip Mukerjea)将创意形容为“点燃新点子的火花”。借《智力冲浪》一书的相关表述，他提出了一个有意思的创意公式：$C=(M\times E)^{\infty}$。在这个公式里，C代表创意，M代表大量的信息、数据、知识和毕生的智能，E则代表那些让你生命充满能量的经验和启发的总和，∞代表无穷大。②

还有那些常识性的评估指标，如与众不同、突出、独特、跳出盒子外的思考、惊喜的、记忆深刻的等等，或者像莫康孙说的那样：创意等于创依、创意、创一、创异、创易、创宜、创忆、创艺、创怡、创议、创移、创益。③

（三）广告创意主体

广告创意小组是最基本的广告创意行动主体，在广告生产与传播的过程中，广告主负责委任与出资，创意小组则承担创作者的角色，负责包括主题策定、符

① 〔美〕威廉·阿伦斯：《当代广告学》(第7版)，第344—345页。

② 〔澳〕韦恩·罗特林顿：《打开创意的脑》，刘盈君译，中国市场出版社2008年版，第6—8页。

③ 莫康孙于2007年9月在青岛第14届中国广告节的专题演说。

号转换、文案书写等实质性工作的启动、运转。

自20世纪60年代以来，创意团队通常由美术指导和文案作业者组成，他们共同构思和发展创意，最后，由有“右脑人”之称的美术指导加以视觉化，由有“左脑人”之称的文案制作标题和正文内容。在大多数情况下，创意团队要向创意总监/副总监汇报，创意总监领导整个创意团队。

广告公司也可能以其他方式组织作业小组。基于各种工作理由，有些工作团队也可以由一名美术指导、一名文案人员、一名媒体人员、一名策略人员、一名客户人员组成。

作为共同体，在现实的创意作业中，创意团队成员一起工作，共同发现广告灵感，生产并外化广告创意资源。每一个角色分担其中一部分工作，更重要的是，他们需要围绕基本使命和目标协作互动——文案需要了解艺术指导，美术人员需要点评文案制作。作为创作性的组织，广告创意小组需要创造最好的生产语境，使每个主体的创造性得以最大限度地发挥，同时保证整体效益的低成本获得。一般而言，这里没有固定的模式，每一个主体或许都会有自己的工作风格和方式。广告人迪克·罗德这样说：“我用最大的绘图板弄出小样来。我仅仅弄弄标题和图画创意。我自己坐在那里寻求灵感，弄出60—70条广告标题和画面创意来——我不对它们进行编辑。隔了一会儿把它们过一遍，也许你会觉得有那么10—12条能让你回过头来再看看。然后便与美术搭档沟通，问他‘你有什么收获？我的在这儿。’”①

作为团队任务之一，创意管理是一种格外重要但又难以操作的工作。享有很高的创意管理声誉的奥美公司的措施值得介绍，奥美环球广告公司总裁肯·罗曼强调了其中的九方面：保护新创意、准备受惊、寻找魔术师和“管道工”、为创意创造一个环境、勿将调查和创新混淆起来、保持和谐、将资料转换成意义然后发展战略、重新制作车轮、和创意一起微笑。②

（四）广告创意的步骤

广告创意并不墨守成规，并不是每一个成功创意都需要相同的过程才能产生。资深广告人和资浅广告人、科学派广告人和艺术派广告人很难就此达成完全的妥协。

根据20世纪60年代的经验，詹姆斯·韦伯·扬提出了“产生创意的五个阶段”理论，在相当多的情境里，这个理论至今仍然是最重要的表述。这个被称为

① 〔美〕莱恩等：《克莱普纳广告教程》，第539页。

② 〔美〕莱斯·屈特：《广告创意》，韩运荣译，内蒙古人民出版社2002年版，第17页。

“练心的过程”通常由五个段落组成，而且，“在一个步骤尚未完成前，绝不可预作下一个步骤”①。它们分别是：

(1) 收集素材——当前问题相关资料以及将来会增长你一般知识的资料。

(2) 在你的脑海中消化运动这些资料。

(3) 孵卵阶段，将一些东西丢入潜意识中进行合成工作。

(4) 创意产生的阶段——可高呼“我找到了！”的阶段。

(5) 最后整修及改进，使创意（点子）可以被有效地运用。②

创意理论家约瑟夫·沃拉斯认为创造力是四个发展阶段的产物：准备阶段、沉思阶段、启迪阶段、求证阶段（或叫“评价阶段”）。李奥贝纳广告公司的一位创意总监曾说：“最佳创意源于对人们所思所感的理解。创造力就是对人性敏感性的把握和与之交流的能力。”③斯塔奇研究所看重广告关于商品价值的诉求，所以，他们主张从研究商品入手。

1986 年，罗杰·冯·奥克提出他的四步创意模式，这是当今许多跻身 100 强的公司所采纳的创意作业模式。按照这一模式，每个美工和文案人员在创意过程中扮演不同的角色：(1) 探险者——寻找新的信息，关注异常模式；(2) 艺术家——试验并实施各种方法，寻找独特创意；(3) 法官——评估实验结果，判断哪种方法最为实用；(4) 战士——克服一切干扰、艰难、险阻和障碍，直至实现创意概念。

按照介绍，在扮演探险家的时候，创意人员仔细审核创意纲要、广告计划，研究市场、产品和竞争状态，从尽可能多的角度获取其他有用的信息。他们需要摆脱常规，在新的地方发现新的观点并辨明非同寻常的格式，一座图书馆，一场电影，都能带来伟大的创意。他们需要准确地描述问题，并使自己的创意之泉流淌不息。他们需要借助于动脑会议等方式挖掘大量的创意。他们需要摆脱自己的专业视阈，不怕迷路，在新的可能性中周旋流连。他们需要灵活、勇敢和开放。

扮演艺术家是最普遍、最有收获、最艰苦的创意工作，需要检查信息并完成大致轮廓的勾勒。这一环节又叫形象化环节或概念化环节，是广告创作中最重要的一步，也是寻找大创意的环节。除了寻找大创意的工作，还需要进一步努力

---

① 〔美〕詹姆斯·韦伯·扬：《广告传奇与创意妙招》，林以德等译，内蒙古人民出版社 1998 年版，第 125 页。

② 同上书，第 138 页。

③ 〔美〕莱斯·屈特：《广告创意》，第 17 页。

实现大创意,使之达成理想的有形化状态。

创意过程的下一个环节是扮演法官角色。此刻,创意人员的核心工作是研判大创意是否可行,决定是否完成、修改或者干脆放弃大创意。具体要解决的问题包括:这个创意究竟是好是坏?这个创意点哪里是对的?是否值得为此冒险?我的文化偏见是什么?什么阻碍了我的思维?

战士要在适当的时空关系里为这个新创意开辟疆土,使概念可以付诸实施。也就是说,战士要使大创意得到认可,然后进行制作,最终拿到媒体上发布。为此,战士需要通过努力使公司的客户小组变成战友,协同向客户展开陈述。

还有一些人建议注意推理或者情感的创意价值;另一些人则主张从直觉开始,在轻松愉悦中获得解放。

真实的作业实践给我们的启示或许就是:广告创意路径并非唯一,不可教条对待。

二、广告创意作业:策略与方法

广告创意作业是一种人性的焦点实验,不管你从哪里出发,你的作业归宿都是人心与人性——"真正的创意来自内心"。或者说,"心是我们的创意来源"①。

赖声川描述了创意的生产过程(图 5-5 所示)。他说:"创意在运行时,我们的内在像是一座金字塔,金字塔上方吸取来自底座的创意营养,向上提升,不断精炼,最终提炼出创意的精髓,从金字塔顶端吐出创意作品。"而贯穿其中的中间层,则是许多更加微妙的拷问。作业者的任务就是清理内部资源并使之周流贯通,互动牵连,有机整体。②

(一) 广告创意方式/方法发微

广告创意必须得到更加广泛的、有效的、符合人类学特性的技术技巧的支持才可以行得通。

有相当多的创意生成方式与方法存在。其中,发挥主导作用者有头脑风暴法、横向思维法、原型航线法和经典广告创意法等。下面分别加以介绍。

1. 头脑风暴法

头脑风暴法是最重要和应用最广泛的一种集体式广告创意生产方式方法。它的成功主要归功于小组活动情境下所具有的彼此促动的群体动力学基础。

---

① 赖声川:《赖声川的创意学》,中信出版社 2006 年版,第 43—45 页。

② 同上书,第 57 页。

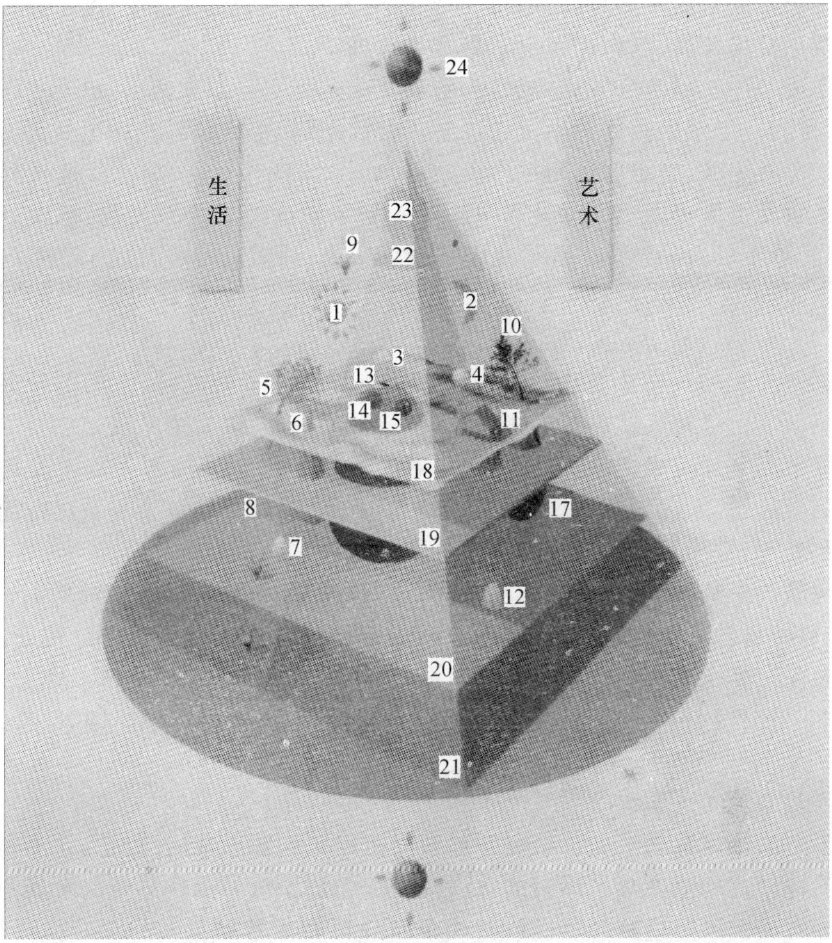

图 5-5　“创意金字塔”立体效果图

图中数字与意涵的关系是：1—智慧；2—方法；3—想象力；4—组合力；5—经验；6—习性；7—动机；8—档案库；9—灵感；10—技巧；11—结构；12—美感；13—如何看；14—如是观；15—因果观；16—世界观；17—万物运行原理；18—屏障；19—意识、潜意识的界线；20—个人源泉；21—共同源泉；22—创意构想；23—执行；24—作品。

(1) 经典头脑风暴法

由亚历克斯·奥斯本首倡，发明的主旨在于积极转化“暂缓评价”的生产性作用，通过设计相关机制，克服人类对创意予以评价的限制性倾向，鼓励发散思维，争取获取最大限度的创意文化资源。奥斯本为这一方法设计了四项基本原则：第一，不允许对观点与想象提出批评；第二，鼓励畅所欲言，各抒己见；第三，观点和想象的数量越多越好；第四，个人除了贡献自己的观点外，还需要针对别人的观点提出发展建议，或者寻求组合与改进。

作为一种小组生产方式方法，头脑风暴法并不主张人数太多，也不主张时间太长，目的在于保护高度的生产性机制。会议期间，小组领导在速记活页卡片上记录下所有想法；小组成员则尽力讲出他们针对问题的所有想法。这样做的目的在于激发出更多的不同意见和想法。头脑风暴法的重要原则是：想法越多越好，想法越不着边际越好。允许搭便车展开组合，并启动各种可能生产新的洞见与图景。

（2）头脑风暴法的变式

奇谈变式——在小组无法发展出一些奇异的点子的时候，人们则开启另一种创意活动。这种头脑风暴变式以极富思辨性的观念生成为基础。它要求所有参会成员充分发挥想象力，尽可能找出解决问题的幻想办法而无需顾及现实条件限制。然后，人们将这些虚幻的想象记录下来，继而对每一个想法进行简洁的概念化处理，最终寻找出有效的解决思路。

间歇性头脑风暴法——这种方法的规则与经典头脑风暴法的规则相同。但是，在这种新的方法体系里，会议被分解成若干部分。当会议规则陈述完后，会议领导允许小组成员利用3分钟时间思考，并将他们的想法讲出来。而后，休息5分钟。在这5分钟休息时间内，一定要保持安静，以鼓励酝酿思想、等待灵感。5分钟后，再进行3分钟的观念激发。然后又是5分钟的沉默，又是3分钟的观念激发。

循环头脑风暴法——会议展开规则同于经典头脑风暴法，但是，它不要求小组成员冲动式地喊出自己即兴的想法，相反，它要求每一个成员依次发表他们的意见和看法。通过这种非随机的方式不断获得突发性意见和想法。循环往复，直至会议结束。

嘈杂会议法——集头脑风暴法与小组竞争于一体。在人数上，比普通的头脑风暴法要灵活。当人数较多时，这种方法同样可行。具体做法是将大多数成员分成若干小组，每个小组配备一位懂得头脑风暴的组长。每一个小组针对同一问题开展头脑风暴式的观念激发，在会议之后，每组选出一个或者几个最好的想法/创意，由该小组领导向其他小组介绍汇报。

2. 横向思维法

横向思维法是爱德华·德·波诺提出的创造性思维方法，主要用意是借助有效途径，帮助人们摆脱面对问题时的惯常习性与做法。这种方法的主要特点体现在随机性和非逻辑性几个方面，相反，纵向思维则坚持逻辑推理与序列推进。其中，横向思维的主要表现有：

（1）随机刺激法。这种方法显示，人们应该从大量随机刺激中获取样本。

（2）随机词汇法。可以使用点的发想展开关联；也可以借助特性罗列等方法获得契机。

（3）观念挑战法。针对任何一种极为重要但通常又被想当然的陈述予以深刻考量，尽一切办法展开挑战。

（4）居间不可能法。亦即寻求想象中不可能的问题解决方法。

（5）逆转法。这种方法要求人们把问题当成一种威胁，并且寻求各种各样的方法对其进行再聚焦。这样一来，就很有可能使威胁变成机遇。

（6）扭曲与夸张。将问题情境推向极致。

（7）曝光法。将多种多样的不相关的要素捏合在一起，以期获得对问题的不同洞见。

（8）交叉孕育法。如果换成另一个专业的方法，会是什么？

（9）问题转换法。在一定的时候，停止对某一问题的思考转向另外一些问题，然后在后续的某个阶段再回过头来考虑最初的问题。

3．原型航线法

我们可以将那种专心开垦人类原型资源、努力探索消费机制源代码，从而有效制作广告创意的广告创意路线称作"原型航线法"。或者直接将那些偏好"沟通 DNA"①——"原型"——开发的创意取向称作广告创意世界里的原型航线法。与别的创意方式方法相区别的是，它是智慧探锤向下开掘的典范。它的空间浩大无垠，但却又集中在最微妙和深藏的"原型世界"。

对"原型"最简单的解释是，原型是人类心思意念最原始的、不可化约的样式或构型。"就某种角度而言，原型的意义正是一个品牌能够在消费者心目中'活起来'的原因。""原型，是品牌的心跳，因为它传达了某种让顾客以为自己在跟一个有某种生命的产品互动的意义。"②"这意味着，塑造品牌形象的最好办法是：牢牢地定在某个原型上——而且只能有一个。品牌原型就好比信号灯，指引着我们每个人内心与之相对应的动机。"③例如，天真者原型与我们一起追寻圆满与怡宁，探险者原型刺激我们冒险，智者原型释放我们关于通过学习获取解放的基本焦虑。

---

① 〔美〕肯特·沃泰姆：《形象经济》，刘舜尧译，中国纺织出版社 2004 年版，第 78 页。

② 〔美〕玛格丽特·马克等：《很久很久以前：以神话原型打造深植人心的品牌》，许晋福等译，汕头大学出版社 2003 年版，第 27 页。

③ 同上书，第 50 页。

研究者总结了12种常见的品牌原型取向，见表5-5所示[①]：

表5-5 各种原型及其在人们生活中的主要功能

原型	帮人	品牌范例
创造者	创造新的东西	Williams-Sonoma
照顾者	照顾他人	AT&T(Ma Bell)
统治者	发挥控制力	美国运通(American Express)
弄臣	快乐一下	美乐淡啤酒(Miller Lite)
凡夫俗子	自在地做自己	温蒂(Wendy's)
情人	寻找爱并爱人	贺轩(Hallmark)
英雄	做出勇敢的行为	耐克(Nike)
亡命之徒	打破规划	哈雷机车(Harley-Davidson)
魔法师	蜕变	Calgon
天真者	维持或重塑信仰	象牙香皂(Ivory)
探险者	保持独立	Levi's
智者	了解周遭的世界	欧普拉读书会(Oprah's Book Club)

根据介绍，每一种原型都有其具体的适应情境。[②]

适合于选择天真者原型的情形有：(1) 为某个清楚可见的问题提供相对简单的答案的品牌；(2) 与善良、道德、朴实、怀旧或童年有关的品牌；(3) 在功能上和干净、健康或美德有关，且可以不断复制的品牌；(4) 中低价位的品牌；(5) 由抱持传统价值观的公司所制造的品牌；(6) 希望和某个形象不佳的产品有所区别的品牌。

适合于选择探险家原型的情形有：(1) 你的产品给人自由的感受，你的产品与众不同，或者你的产品在某些方面很有开拓性；(2) 你的产品很坚固耐用，或适合在大自然、道路上、危险的环境/职业中使用；(3) 你的产品可以从目录、网络或者其他另类来源买到；(4) 你的产品可以帮人表现自我；(5) 你的产品可以带了就走或在路上使用；(6) 你努力想将你的品牌和其他成功的凡夫俗子品牌或更大众化的品牌区隔开来；(7) 你的组织具备探险家的文化。

适合于选择智者原型的情形有：(1) 它为你的顾客提供专门技术或资讯；(2) 它鼓励顾客思考；(3) 该品牌以科学上的新突破或神秘学的知识为基础；(4) 该品牌的品质有实际的资料可供佐证；(5) 你希望将你的产品和其他品质

① 〔美〕玛格丽特·马克等：《很久很久以前：以神话原型打造深植人心的品牌》，第19页。
② 同上书，第57—287页。

或功能有问题的产品区隔开来。

适合于选择英雄原型的情形有：(1) 你的发明或创新对世界有重要的影响；(2) 你的产品能帮助大家超越极限；(3) 你正在解决重大的社会问题，希望大家共襄盛举；(4) 你很确定要打倒某个敌人或对手；(5) 你正处于弱势，希望能反败为胜；(6) 你的产品或服务有办法以妥善有效的方式完成某件困难的工作；(7) 你想要把你的产品和那些无法长期经营的产品区别开来；(8) 你的目标顾客群自认为是品行端正的好公民。

适合于选择亡命之徒原型的情形有：(1) 你的顾客和员工觉得非常不能融入社会，或是认同的价值与社会的整体价值大相径庭；(2) 你的产品功能是在破坏某样东西，或是十分具有颠覆性；(3) 你的产品并非对人十分有益，用了就等于将社会的健康观念踩在脚底下；(4) 你的产品有助于维护受到主流价值威胁的价值，或是倡导革命性的新观念；(5) 你的产品属于中低价位。

适合于选择魔法师原型的情形有：(1) 产品或服务具有转变的作用；(2) 它保证绝对会让顾客有所转变；(3) 它是以 New Age 顾客或文化创意人为诉求对象；(4) 它有助于扩展或提升意识；(5) 它是人性化的科技；(6) 它含有心灵或精神的成分在内；(7) 它是十分新颖的产品；(8) 它属于中高价位。

适合于选择凡夫俗子原型的情形有：(1) 它有助于大家产生归属或觉得有归属感；(2) 它的功能在日常生活中运用得很普遍；(3) 它属于中低价位；(4) 它的制造或销售公司拥有淳朴的组织文化；(5) 它希望以正面的方式显现自己，以便和高价、精英取向的品牌作区隔。

适合于选择情人原型的情形有：(1) 能帮助人们找到真爱或友情；(2) 能增加美貌、沟通或人际间的亲密，或者和情欲、爱情有关；(3) 价格偏中上；(4) 生产或销售的公司有亲密、高雅的公司文化，和大型统治者阶级不一样；(5) 需要以正面的方法和低价为品牌进行区隔。

适合于选择弄臣原型的情形有：(1) 能够帮助人们找到归属，或产生归属感；(2) 使用该产品能够帮助人拥有美好时光；(3) 中至低价位；(4) 生产或销售的公司具有爱玩、自由的企业文化；(5) 想要和自以为是、过度自信的既有品牌区隔开来。

适合于选择照顾者原型的情形有：(1) 顾客服务带来竞争优势；(2) 提供对家人的支持，或和养育有关；(3) 提供保健、教育或其他照顾领域的服务；(4) 协助人们彼此联系，彼此照顾；(5) 协助人们照顾自己；(6) 从事非营利的目标慈善活动。

适合于选择创造者原型的情形有：(1) 你的产品功能鼓励自我表达，提供顾客各种选择,协助他们创新,或者你的产品有艺术的设计;(2) 属于创意的领域,如行销、公关、艺术、科技开发等;(3) 你想要做点区隔,不同于“为顾客打理一切”、没有太多选择的品牌;(4) 当 DIY 可以替顾客省钱时;(5) 你的公司有创造者的文化。

适合于选择统治者原型的情形有:(1) 有力人士用以加强权势的高档产品;(2) 协助人们获取更有组织性的产品;(3) 提供终身保证的产品或服务;(4) 提供的科技协助或资讯服务可以维持或提升权势;(5) 有规范和保护功能的组织;(6) 产品属于中高价位;(7) 希望能与较普遍(凡夫俗子)的品牌有所区别,或者是在业界有龙头地位的品牌;(8) 处于相对较稳定的领域,或在混乱的世界里保证安全和可预期性的产品。

4. 经典广告创意法

美国广告人莱斯·屈特曾旗帜鲜明地指出,在过去的岁月里,广告创意一直受到六种不同的广告创意战略的影响,它们分别是:李奥·贝纳的固有刺激法、罗瑟·瑞夫斯的独具销售说辞、大卫·奥格威的品牌形象法、威廉·伯恩巴克的实施重心法、艾尔·里斯和杰克·特劳特的定位法、理查德·伍甘的讯息模式法。屈特还特别提示注意除了伯恩巴克的实施重心法外,其余经典创意方法都有趣地侧重于“说什么”的因素。①

李奥·贝纳认为,成功广告的秘诀就在于找到了商品与生俱来的戏剧性,亦即“固有刺激”。这一理论最成功的典范是李奥·贝纳本人创造的“青豆巨人广告”。

罗瑟·瑞夫斯的独具销售说辞是我们所熟识的创意理论,它的经典之作当属瑞夫斯为马氏糖果所作的“只溶于口,不溶于手”。

广告史上最令人尊敬的创意大师大卫·奥格威建立了自己的品牌形象法体系,这方面的代表性案例当属万宝路香烟的再制作。

威廉·伯恩巴克的实施重心法认为,实施风格是广告中起决定性作用的力量,有效广告的秘诀便是抓住问题,然后将其变成一个图像刺激而又诚实可信的优点。按照威廉·伯恩巴克的解释,杰出的创意就是努力使广告信息单纯化、清晰化、戏剧化,并在人们心中留下深刻印象。要做到这一点,就应该恪守相关作业可能:尊重受众;手法干净直接;作品独特新奇;善用幽默生产力量。该方法最重要的成果是大众金龟轿车的杰出创意。

艾尔·里斯和杰克·特劳特的定位法同样强调独一无二与印象深刻,这种

① 〔美〕莱斯·屈特:《广告创意》,第 25—40 页。

创意方法最杰出的代表作是艾维斯出租公司的创意广告——“艾维斯在租车行业只是第二,但是为什么与我们同行?”

广告创意世界景象繁荣、热闹非凡,所可选择的难以量计,何去何从,全看作为意识舵手的广告创意者的用心及其框架选择、资讯供给和修辞配置。创造性的作业没有固定路径!

(二) 60种广告创意策略

借全球第五大传播集团HAVAS的创意工具书《广告创意解码》的书写,贝纳德·格塞雷和罗伯·埃伯格提炼了20类广告传播模式及60种创意策略(见表5-6),它们分别属于“功能型附加价值”、“社会型附加价值”、“心理型附加价值”。①

表5-6　60种广告创意策略

广告传播模式	社会型附加价值	功能型附加价值	心理型附加价值
01 添加奥秘	弦外之音型 (我的话,很有价值)	引发事件型 (我创造了一个大事件)	高深莫测型 (我做了一个奇怪的梦)
02 注入能量	膜拜图腾型 (我的名字,具有力量)	靠山背景型 (我有各种能力)	颠覆叛逆型 (我有傲慢权力,面对不同意见)
03 纯粹冲击	咒语笼罩型 (我对你有回应)	无所不在型 (我随处可见)	重力冲击型 (我令人印象深刻)
04 抬高地位	一脉相传型 (我一直是这样在做)	实践理念型 (我要这么去做)	原生力量型 (我的内心感受,就是如此)
05 炫耀智能	经验至上型 (我知道如何去做)	层层剖析型 (我知道这是怎么回事)	魔法奇迹型 (我握有秘方诀窍)
06 增强信用	口碑支持型 (大家都这么说)	断言肯定型 (这是权威专家所肯定的)	至理名言型 (这个寓言显示了)
07 加重权威	制定标准型 (行事应该要像这样)	宇宙真理型 (你应当以此为榜样)	视野不凡型 (从这里可以看见未来)
08 凸现个性	流行时尚型 (这,就是流行)	精密细致型 (这样才够力)	夸张演出型 (有点夸张,不过确实如此)
09 架构舞台	华丽丰富型 (这,就是好莱坞)	朴实无华型 (这,就是客观)	疯狂纷乱型 (简直就是疯狂)
10 强力呼唤	挑战认知型 (你真是……)	耳目一新型 (这,就是我)	圣像显示型 (来看我,膜拜我)
11 动摇观点	制造紧张型 (别人都这样,那你呢?)	假装平凡型 (你一切都还好吧!)	大吃一惊型 (你也是这个样子吗?)
12 地位不凡	顶尖大亨型 (你一定要……)	精英桂冠型 (更多,更好)	少数异类型 (独一无二)

① 〔法〕贝纳德·格塞雷等:《广告创意解码》,沈吕百等译,中国物价出版社2003年版,第67—231页。

（续表）

广告传播模式	社会型附加价值	功能型附加价值	心理型附加价值
13 拉近距离	攀龙附凤型 （它有它的地位）	逻辑说理型 （一切都很合理）	游戏人间型 （真是好玩）
14 更加亲和	喜剧效果型 （在家看好戏）	机智风趣型 （这真是有趣）	刻意嘲弄型 （它不可怕，我们可以一起来玩）
15 完美境界	社交道具型 （我知道了……）	证据证明型 （我看到了……）	改造生活型 （我感觉到了……）
16 以利诱人	社会地位型 （我变得更重要了）	实际利益型 （我有了一个好工具）	感官享乐型 （我乐在其中）
17 反射自我	融入团体型 （我会适应得更好）	专家捷径型 （我可以做得更好）	自我陶醉型 （这样，就更像我自己）
18 成功之道	磁石吸力型 （我的吸引力）	化繁为简型 （我可以保证）	幸福理想型 （我觉得更好）
19 相亲相爱	物以类聚型 （这是我的伙伴）	近邻相亲型 （这是我的邻居）	心灵默契型 （这是我的知己）
20 亲密关系	表白推荐型 （我爱用它）	忠诚见证型 （我支持它）	完全信服型 （我同意它）

（三）广告创意的实施与评估

广告创意完成后，便是执行与实施。实施创意的基本原则①是：

（1）恪守战略。保证广告符合所提出的讯息创意。

（2）单纯。保证广告用简洁明了的方式宣传产品的主要利益、属性、功能或特点。

（3）主导讯息。保证广告策略不会淹没产品讯息。

（4）形象一致。保证广告不改变产品的形象，除非这种改变是出于战略目标的考虑。

尽管广告创意的前提是宽容与大度，但是，人们还是给出了纪律性较强的广告创意工作评估的大思路——“衡量广告创意的标准”②：

（1）符合战略。创意是否与已有的市场营销和广告战略相符？创意能否在预算的媒介经费内完成？它会不会使消费者按预定方式行动？它是否符合公司的形象？

（2）符合目标市场细分。创意针对的细分市场是否适当？它是否与目标受众的问题和语言相吻合？它的宣传对象（购买者）是否与广告主预定

① 〔美〕莱斯·屈特：《广告创意》，第21页。

② 同上书，第20页。

的对象一致？

(3) 符合总体促销组合。创意是否与其他促销因素的讯息一致？会不会创意在宣传“独家经营”而销售推广却在说“便宜”？

(4) 影响力。创意是否能从竞争激烈的媒介状况中脱颖而出？创意是否有抓住目标细分的注意力的威力？

(5) 具体。创意有的放矢吗？会不会太泛？

(6) 抵抗力。创意会不会被对手的承诺击败？

(7) 持久。创意是否能站住脚？它能持续多久？

这样的衡量标准还不止一个。罗伊·格雷斯给出的那个用来区分“好创意”和“糟糕创意”的标准单就大不相同①：

第一，是否与产品相关？它是否与产品有一定的联系？

第二，是否从未有人将这个创意应用于这个类别的产品？

第三，是否是一个可以创作出一系列广告的创意？是否可以持续多年？

第四，是否不仅不落俗套，而且又有娱乐性？人们晚上回家不会专门看广告。人们也不会因为看广告而翻阅杂志。广告的信息是否感动你？是否动人？是否有冲击力？是否能吸引某些人的注意力？

第五，是否引人思考？这很关键。人们是否参与到广告中？是否启动了他们头脑中的小马达，使他们真正地介入对未来的憧憬中？是否有激发性和劝服力？

第六，我是否喜欢？如果你喜欢这则广告，受众就很可能会喜欢这个产品。

第七，最后，第一眼看到它时，它是否令我感到兴奋，是否使我感到紧张？我喜欢使我感到紧张的广告，因为它们有威胁、有新意。看到你曾见过的东西时，你不会感到紧张的。

① 〔美〕劳伦斯·明斯基等：《如何做创意》，钱锋译，企业管理出版社 2000 年版，第 148—149 页。

第六章　广告媒介:广告沟通中的桥与门

在许多地方和许多机会里,人们常说媒体是广告的通道。这种说法恐怕还不能充分地显示媒体之于广告生产的伟大与具体,因为,这种肯定显然持那种将信息看作“被抛入”媒介世界的僵硬态度,而且有将两者人为分割、二元对待的嫌疑。

现实是,“大多数营销人员都有一种在一个未知领域里的感觉”[①];关于广告媒介的理解与行动仍然需要人类操心、思考并加以善意地补充和发展,否则,人类的媒介行动将会长期处在麻木的状态,相应地,广告媒介的禀赋亦将遭遇“遮蔽”的命运。

我们需要通往媒体世界的路线图。第一,“它不是一张写满命令或者预测的清单,而是描绘了潜在的与消费者更好沟通的路线图”[②]。第二,“观念是关键……最严重的污染是心灵的污染。环境的改善归根结底取决于价值的改变”[③]。第三,它应该担负起导引我们周知“媒体奇观”及其逻辑[④]的义务并获得成功。

第一节　广告媒体:媒体现象学与媒体体验创造

这幅新的路线图从理解媒体开始,事实上,这幅地图更多的用意是反对那些简单的媒体工具观,希冀媒体在我们的话语中获取解放与自由而非压迫、遮蔽。借用德勒兹的话,“我们必须用积极的、乐观的航线来反对这股法西斯力量,因为这些航线开启了欲望、欲望的机构和社会领域的欲望的组织:‘它并非是指个人的自我逃离,而是允许一些东西逃逸,就像水管的爆破和水的沸腾’,‘开启’被社会规则所阻挡和限制的欲望的洪流”[⑤]。

---

① 〔美〕鲍比·J.卡德:《凯洛格谈广告营销与媒体》,序言第8页。

② 同上书,序言第10页。

③ 罗德芮克·纳西语。转引自王庆节:《解释的真与真的解释——利科尔的文本与解释理论初探》,载孙周兴等编:《视觉的思想——“现象学与艺术”国际学术研讨会论文集》,第77页。

④ 〔美〕道格拉斯·凯尔纳:《媒体奇观——当代美国社会文化透视》,史安斌译,清华大学出版社2003年版,第1—38页。

⑤ 转引自〔美〕威廉·M.雷诺兹等:《导言:课程解构/重构》,载威廉·M.雷诺兹等主编:《课程理论新突破——课程研究航线的解构与重构》,张文军译,浙江教育出版社2008年版,第2页。

(一) 媒体描述:形态与本质

“媒介”,源于拉丁文“medius”,意思指“中”或“间”。最晚到 17 世纪,英语词汇“medium”出现。雷蒙·威廉姆斯指出,“medium”也许一直都同时包含三种含义:(1) 普遍的旧含义指“中介机构”或“中间物”;(2) 专指技术层面,如将声音、视觉、印刷视为不同的媒介;(3) 专指资本主义,在这个含义里,报纸或广播——已经存在的或是可以被计划的事物——被视为另外一个事物(如广告)的媒介。与此相关联,美国学者安德鲁·哈特提示注意两种界定:(1) 媒介是将信号输入讯息,或对原材料进行解释的方式;(2) 媒介是一种装置,它将传输的信息同时传给大量的人。①

另一种思路显然更多地注意到媒介的自主性偏向。最典型的要数加拿大学者马歇尔·麦克卢汉的说辞——“媒介即信息”。这种观点更倾向于将媒介与相关的社会感觉标尺相联系。到了美国学者斯蒂文·小约翰那里,媒介开始含有“调解”的意思,因为它处于受者和世界之间。丹尼尔·麦奎尔试图提出一些暗喻来“网格”媒介:媒介是使我们看到身外世界的窗口,是帮助我们领悟经历的解说员,是传递信息的站台或者货车,是包括观众反馈的相互作用的传播,是给予知识和方向的路标,是去伪存真的过滤器,是使我们正视自我的镜子,是组织真理的障碍。乔舒亚·梅洛维茨又补充了三个暗喻——媒介如管道,媒介如语言,媒介如环境。美国学者杰弗里·克雷吉接着说,媒体是一项生意,媒介的传播形式模糊了公与私、再现的事实和虚构的形式之间的界限。②

采用非简化论方式考量媒体,媒体还可以有许多种框架的可能,例如媒体是场所,就像会议,就是碰撞的论坛或者意见相似的主体的纠集;媒体就是景观;媒体就是剧场;媒体就是场域;媒体就是认知、精神、观念聚餐的地方;媒体就是一种身体;媒体就是一种哲学(缓慢哲学/快速哲学);媒体就是一种生产体系(分类树、结构树等);媒体就是一种美学;媒体就是一种社区;媒体是介质、连接与组合,因此是一种结构力;媒体就是一座“千高原”(德勒兹);媒体就是一种你想说的任意的什么。

美国学者杰弗里·克雷吉的结论是:“给媒体下定义很难,媒介是一个总体性的词语。”③

不管我们如何难以清晰地描述媒体,媒介显然具有相当的特性:(1) 物质

① 参考陈力丹等:《传播学关键词》,北京师范大学出版社 2009 年版,第 115—117 页。
② 同上书,第 118—120 页。
③ 同上书,第 118 页。

性。它是一种物质,无论以哪种物理状态出现。(2)非物质性。它虽是一种物质,但更重要的是一种工具和手段。(3)流通性。它的存在前提是交流。没有交流就没有媒介的作用。(4)中间性。它使交流发生和进行,但不属于交流的任何一方。①

而且,对于人类而言,媒体这种运载讯息和创意到达目的地的"交通工具"拥有许许多多的呈现形态。我们可以从微观的与具象的角度,或者从中观的与集合的(组群、具象空间)的角度、从宏观的与抽象的(精神与存在)的角度展开细密的分析和开放,那里有媒体繁复的身形与做派。

学者海因茨·普罗斯(Heinz Pross)1972年的媒介分类仍然被视作权威性的分类。在那个分类世界里,媒体被分为初级媒体、次级媒体、终极媒体三大类。初级媒体指那些属于人类自身而非外在的传播渠道,包括语言和非语言物质,例如表情、手势、肢体语言等。次级媒体指的是一定的技术手段,传播者需要借助它们发出信息,而接受者则不必依赖它们,包括狼烟、火警以及需要借助书写、印刷表达的人类宣言(例如传单、报纸、杂志、书籍等)。所谓终极媒体,主要指信息传递者(生产/传递)和接受者(接纳/吸收)为实现传播所需要借助的技术手段,如广播、电视、电影、磁带、CD、唱片、个人电脑以及相关数据承载设备等。

安德鲁·哈特(Andrew Hart)建议从示现的媒体、再现的媒体、机械/电子媒体这三个类型入手分解媒体世界。示现的媒体需要面对面地展开传播,如讲演。而再现的媒体则可以在参加者不在现场的情形下对信息进行存储并在一定的距离内传播、复制,电报、报纸、漫画、杂志等就是再现的媒体,它们采用印刷的符号、图像、摄影作品等展开传播。机械/电子媒介依赖技术设施进行编码和解码,例如电话、收音机、电视等。

马歇尔·麦克卢汉最具有创造性的贡献之一就是对媒体世界所作的"热媒体"、"冷媒体"划分。在他的分类里,热媒体呈现高清晰度,受者基本上处于被喂食状态,甚至部分失去了解码的机遇,如照片、电视、广播等;冷媒体则属于低清晰度媒体,仅提供少量的信息,要求参与的程度高,要求接受者完成的信息多,如口语、电报、手稿、卡通等。

麦克卢汉的加拿大同胞哈罗德·英尼斯另辟蹊径,将媒体从偏向的角度分成偏倚空间的媒体和偏倚时间的媒体。

还有普通教科书常常提到的大众传播媒体、小众传播媒体的划分也值得我们关注。针对大众传媒,很多人都有回答,传播学学者麦奎尔的总结是:(1)通

① 费菁:《超媒介:当代艺术与建筑》,中国建筑工业出版社2005年版,第21页。

常需要复杂的组织；(2) 面向广大受众；(3) 公开的、非私人性的；(4) 受众可能处在相当不同的文化环境中，生活在有相当差异的空间里；(5) 可以和远距离的受者建立联系；(6) 它的传播者以公众身份出现；(7) 它的广大受众因为共同的兴趣点而联结参与同一活动。相对而言，小众传媒的特性就要分别到各自的世界里探寻和钩沉了，它们充满了灵活与个性色彩。

作为广告业最重要的组织之一，电通广告则建议分成三种类型：(1) 运用现有信息传播手段传达广告信息的"传达型广告媒介"；(2) 利用众人聚集的场所来传达广告信息的"集人型广告媒介"，例如叫卖、招牌、交通广告、POP、博览会、主题公园、奥运会、体育比赛等；(3) 兼具"传达型广告媒介"和"集人型广告媒介"特点为一身的新广告媒介是网络，它使许多既有媒介发生变形，例如，电子邮件就是直邮的网络版形式。

关于媒体形式划分的实践完全可以看成是一种框架、知识、思想方式的专题实验。没有人能够负责任地宣布可以穷尽其中的秘密。只要乐意，我们可以从任何一个角度出发展开同步发掘的工作，这就是它的神秘，也是它的乐趣。例如，就媒体的结构特征与组织形态而言，媒体世界可以被细分为主题公园式媒体、商业超市式媒体和个性家居式媒体等，它们分别支撑着一种组织结构的类型和取向。同时，这种组织制度也提供了最重要的思维方式，重申了人类行动的基本原则，坚持了专题、混杂、个性的人性路线。倘若从思维的角度/美学观念的角度展开这项充满趣味的工作，那么，我们就又可得到传统媒体艺术和新媒体艺术的结构分类。20 世纪下半叶以来兴起的新媒体艺术多数系各种具有时间性的媒体，如摄影、录像、声音和互动艺术，所以常被归化到"时基媒体"(Time-based Arts)的名下，它们的另一些特征则主要集中到运动的电子形象、再处理自由、虚拟性、互动性等方面。需要注意的是，"新媒体并不是对一种具有已知或未知可能性的媒介的应用，而是通过给予特定的可能性以意义来创造一种媒介。不是用媒体去创造作品，而是要在作品中创造出新的媒体。每一件作品都是新媒体的一次机缘，一个出发点，都是对媒介的一次更新和创造"①。

在一个"人人做广告、物物皆媒体"的时代里，任何罗列都不能清晰地呈现存在的面貌。在了解了初步的类型划分之后，倒是很有必要直接观察真实的媒体构成，因为那里有广告操作需要的资源和现实的作业纪律。表 6-1② 显现的广

① 高士明：《新媒体时代的视觉与表述制度》，载许江等主编：《非线性叙事——新媒体艺术与媒体文化》，中国美术学院出版社 2003 年版，第 80 页。

② 〔美〕罗宾・蓝达：《美国广告设计实用教程》，第 40 页。

告媒体世界如下：

表 6-1　广告媒体世界

常规媒体	非常规媒体
1. 播放类	人行道上的标志
电视	户外张贴(脚手架及临时墙)
大型电视网	咖啡杯外套
独立电视台	地铁票
有线电视	小贴士
广播	小型海报(人行道、墙体及其他表面上)
广播网	房门钥匙
本地台	门把上的悬挂式告示牌
2. 印刷类	出租车广告
杂志	酒瓶塞
报纸	厕所
全国性报纸	超市推车及其地板
州(省)报	
地方报纸	**礼品**
3. 直邮	日历
4. 辅助媒体	广告衫
户外	新奇事物(如笔或者杯子)
公告牌(户外公告牌)	
交通类(公车、地铁等)	
海报	**其他**
周边环境(在购买点及其附近)	售点展示
5. 新互动媒体	活动赞助
推销网站	展会赞助
社会公益网站	场地赞助
网络电影	电视赞助
网络广告	电视节目、音乐片、影片中插播产品
广告牌	
在线游击广告或病毒营销	
网上购物	
滚动播送娱乐节目	
音乐台	
光盘	
因特网	
局域网	

表 6-2[①] 则专门用心介绍那些吸引顾客的非常规媒体：

表 6-2　吸引顾客的非常规媒体

录像带	广告主有时出资制作录像节目，在特定的场所播放，如波士顿先生的"办公室酒保指南"和红龙虾酒店播放的"大吃比赛"。有时则将广告附在流行电影录像带上。
高空条幅和灯光	用飞机低空拖挂印有广告讯息的条幅或横幅，入夜可以采用移动空中灯光表现讯息，可以长达 90 个字，还可以用直升机牵引由几千只灯泡照明的 40×80 英尺大小的物件。
软式小飞艇	除了固特异，现在，花旗银行、可口可乐、富士胶卷等也在利用小飞艇传递广告讯息，电脑控制照明系统使得小飞艇在晚上仍然可以进行广告宣传。
机舱内广告	许多航空公司飞行途中的视听节目播放广告，使用者主要为旅游业或那些想到达公务飞行的人们的广告主。
报纸袋	利用报纸的保护袋印刷彩色广告，还可以在上面附上产品样品，这种方法不会和其他的广告主冲突，因此比较理想。
泊车计时器	现在已经出现更新颖的太阳能计时器，用液晶显示屏传递广告讯息。
电子看板	借用各种电子显示屏传递广告讯息。
充气模	巨型充气啤酒罐、吉祥物甚至麦片盒均可用来做广告。
出租车广告	除了常见的车外、车内广告外，有一种高级技术甚至可以在乘客眼前展现电子讯息。
车体彩绘	在公共汽车、货车或汽车上涂上花纹、大于实物的图像以及广告讯息，吸引注意力；有些车体整个被信息包了起来。
垃圾回收器	用设计独特、装饰独特的各种垃圾容器传递广告讯息。
电脑亭	独立电脑亭可以喷绘醒目的设计和讯息，或在其顶端和侧面附加特殊装置，以吸引人的注意力；电子显示发布软件可以不断发送彩色活动录像片段、幻灯或互动文案，有的还伴有同步音效和音乐。
厕所广告	如在厕所的隔板里或者男厕所的小便池上设置广告
遮光广告	遮光板是一张刻有标志的金属模板，透过镂空处将灯光投射在墙上或其他背景上，比较适合大型户外或室内活动。
CD-ROMs	消费者现在可以在电子游戏或其他软件中发现产品广告，还可以在节目中间或序幕中看到广告的身影。
列车车厢	如今，列车已经被广告包裹起来了。
滚轴滑板	纽约的公园保安人员巡逻时使用滚轴溜冰滑板，滑板上印有广告。
水果	许多大电影公司现在也把自己的电影名称印在施密斯奶奶和富士苹果的标签上，促销电影录像。

① 〔美〕威廉·阿伦斯：《当代广告学》（第 7 版），第 247 页。

（续表）

出租车收据	从波士顿到丹佛，你可以在55个城市的出租车收据背面看见哥伦比亚广播公司新闻节目主持人丹·拉瑟的面孔。
购物发票	如今，许多大型超市连锁店都在购物收据的背面印上优惠广告。

媒介研究专家罗杰·菲德勒给出的勾勒是一个被称作“传播媒介家族树”①的图景（见图6-1）。

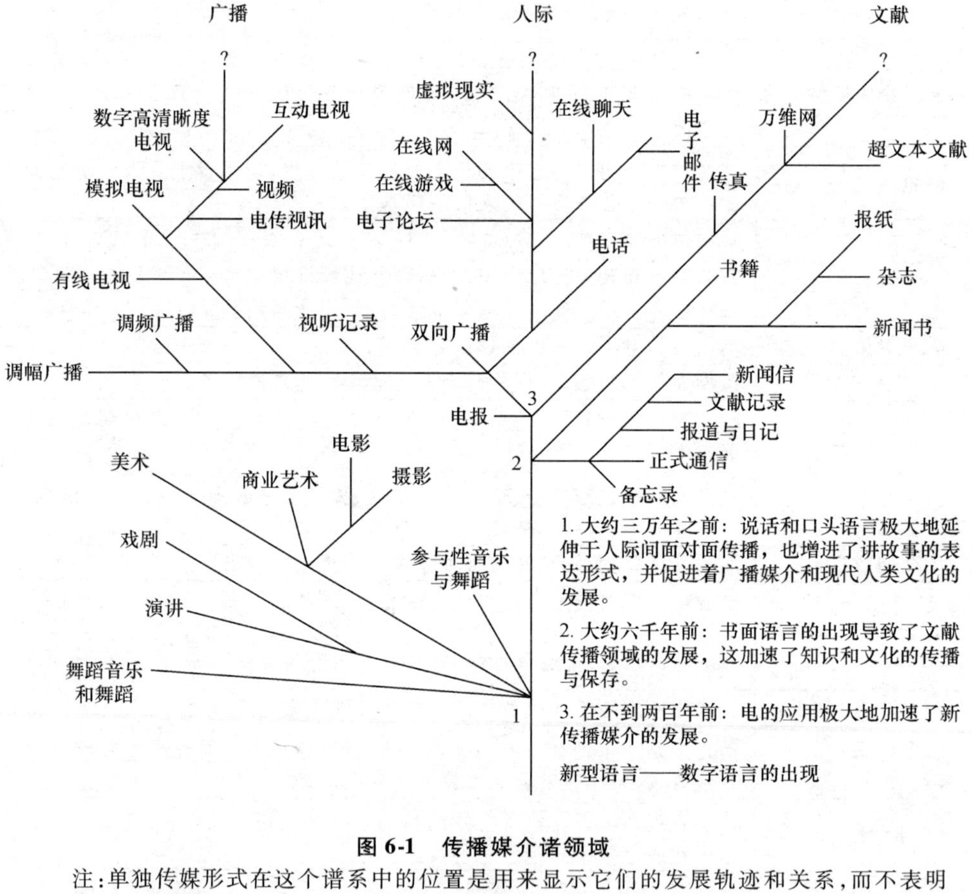

图6-1　传播媒介诸领域

注：单独传媒形式在这个谱系中的位置是用来显示它们的发展轨迹和关系，而不表明它们的相对重要性。

另一些负责任的研究者还提醒我们注意B2B/专业杂志。在许多国家的许

① 〔美〕罗杰·菲德勒：《媒介形态变化：认识新媒介》，明安香译，华夏出版社2000年版，第29页。

多地方，有许多这种杂志；一些行业甚至拥有大量不同的特有刊物，例如医学界或者计算机行业。这些媒介的特点是针对性极强、关注度较高，更重要的是浪费较少。

这些勾勒显然特别提醒我们应该考虑到传统媒体与新媒体同处的媒介现实性。但是，面对广告媒体世界蔚为壮观、勾连盘绕、无穷无尽、难以简单复写与还原的现实，这些勾勒显然无力打通我们理解媒介世界的“任督二脉”。这就需要我们用心关注媒体——广告媒体的内在关联及其灿烂的人类性景观问题。然而，“到目前为止，我们都是从媒介的技术角度、媒介技术与社会的关系、媒介技术的本体论特征等角度来谈论媒介问题”①。

有理由借鉴海德格尔的观点替我们进一步开放视阈，在他最锐敏地将“建筑”拉进“居住”的视阈里的时候，这种可能或者已经存在。因此，创造性地转换“建造从而就是独特地‘让定居’”②之类的思想与体验取向，并使之成为广告媒介灵魂的扎根之所，顺理成章。尤其是面向诸如“超媒体”——“即在原有信息总量不变的情况下，提供非线性的链接方式，生成新的信息组合。超媒体不属于呈现的、表现的或者机械的媒介这些被动的媒介，而属于主动的媒介。超媒介亦不属于冷的或者热的媒介，它的冷热即清晰程度依赖于受者的感知”③——的时候，这种转换更显迫切与必要。

简单地说，媒体就是让广告与人性共同居住的那些“屋居”，它们的复杂性绝非简单的“中间物”所能概括与限制。列斐伏尔的观点很适合作这个评判的注脚：“哪里有空间，哪里就有存在。”④

正如我们所经验的那样，媒体以让渡自己作为机制实现价值实践，在出售自己的那一刻，媒体实际上找到了让自己真实存在的一个寄生体。人们完全可以想象一个没有内容的“媒体”是否还能够被称为“媒体”！媒体天然地具有牺牲的勇毅，这是它的天赋与秉性。

人在选择媒体时所做的那些努力因而也不再是单纯的主体行为，实际上更像一种共同的约定行动：媒体给出位置，信息占领空间，互动穿梭其中，最后，“场所”真实存在了——“当人们充分熟悉和了解了一个地点和空间时，这个地

① 参考陈力丹等：《传播学关键词》，第113页。

② 〔德〕M. 海德格尔：《建·居·思》，陈伯冲译，载《建筑师》编辑部编：《从现代向后现代的路上》（Ⅱ），中国建筑工业出版社2007年版，第267页。

③ 费菁：《超媒介：当代艺术与建筑》，中国建筑工业出版社2005年版，第30页。

④ 转引自 Michael J. Deal：《后现代都市状况》，李小科等译，上海教育出版社2004年版，第57页。

方就成为场所”①。这就是媒体充满活力与生气的生产机制，在媒体的自我价值实现过程中，如此这般选择让渡方式完成自身呈现的大业的确显得很高明。而且，这几乎是一种必然的展开，因为事情很像诺伯格—舒尔茨在《定居的概念》里说的那样，当我们选定了一个场所时，我们就已经选定了自我存在于世的基本方式。②

从内在的意识去看，场所就是人、命运、魂灵、知识、思想、话语的聚集。就人的角度而言，人通过这样的过程，进入到实际的生产状态，了解语境并研判语境，设计资源整合路线，最后，完全地让场所成为发现并展示自己的故事。这一绽放充满了掌握性聚集特性，首先需要认同，其次需要经营。“定居中的认同意味着将整体的环境作为具有意义的世界来体验。认同由此识别事物的质量和特征，而定向则掌握空间关系，处理空间秩序。”③定居中的经营，则涉及知觉、时间性、原料性、乡土性、文化性等的纠集与转换。生产活动的中心力量，则是广告目标。换言之，在这种建设场所的活动里，人类必须将自身的欲望、资源、技术力量全面委托给广告本身，广告本身获取了中心的地位，广告本身成了“现象学中心”，但是它携带着人的希冀、困扰、智慧。在这样的场所里，人们得到全宇宙的缩影以及这个缩影颤抖着的诉说。

要想完成这一切，人类就需要努力地学会真实地面对媒体并“聆听媒体”，听取它们内在的心音和秘密，尤其在这个神圣性日渐隐匿的时代里，更是如此。

在这样的道路上，我们需要学习的最重要的代表是罗兰·巴尔特，他撰写了具有本真之思意味的《神话集》、《时装系统》、《S/Z》、《符号禅意东洋风》、《转绘仪》、《恋人絮语》；此外，马丁·海德格尔、齐美尔、本雅明、麦克卢汉等也都是一等一的参照人选。他们具有最成熟的现象学透视能力，在微小的物件中，每每看见了精微的人生的命意。他们的经验完全可以为我们参照与借用！

我们来阅读罗兰·巴尔特的文字，看他所做的这种努力最终引领我们走向何处：

筷子——“筷子除了把食物从盘子中送到嘴里，还有另外一些功用，这些功用是它们自身所独具的。首先，一只筷子——正如它的形状所足以说明的那样——有着一种指示功能：它指向食物，指明要吃的那小块东西，通过这种选择的动作使它获得存在，这种选择的动作具有一种引得作用……筷子的姿态由于

① 沈克宁：《建筑现象学》，中国建筑工业出版社2008年版，第24页。
② 同上。
③ 同上。

它自身的那种质料——木头或漆——而变得更为轻柔，这里面有着一种母性的气质，这种准确、细致、十分小心的动作正是用来抱孩子的那种细心劲儿……这种用具不用于扎、切或是割，从不去伤害什么，只是去选取，翻动，移动。为了把食物分开，两只筷子必须分离，叉开，合拢，而不是像我们的餐具那样切割和刺扎；它们从不蹂躏食物……"①

包装——"这种包装是一种思想"；"因此，盒子就具有这种符号作用：作为外皮、遮蔽物、面具，它和里面藏着的、保护着的、指示的东西价值相当；它从两种意义的角度，即金钱的与心理的，使人上当，用法语来说，就是 donner le change；但是它所装的、所表示的那件东西直到后来在很长一段时间里一直被人忽略了，似乎这种包装的功用不是用来做空间上的保护，而是用来做时间上的推移……"②

我们还可以简要地观看麦克卢汉关于服装是皮肤的延伸、唱机是萎缩国民胸腔的小玩意、广播电台是部落鼓的精彩还原。或者，再去跟随本雅明，寻找那些闪烁的人类性魅影，在每一个符号世界里驻足停歇。又或者，在"快餐"和"慢餐"中透析快速哲学、缓慢哲学的现实渗透与历史性互动；在饮食、味觉、聚餐中观察食物巨大的转身，"从神话时代到资本主义时代，随着记账方式的变化，饮食作为一种传媒也发生了变化：由宗教象征变成了商品"③。最后，我们还可以到新艺术的世界里去感受媒介作为"视阈场"的存在状态，"媒介不再是对象的垂直平面，而是变成了连接对象和观者的水平视阈场。视阈场是一个'事件'，由时空中观者的意向与艺术对象相遇的那一刻组成，艺术就在那种联系中产生。事件构成了在视阈场中起决定性作用的规范，其自身又由'周期波动的差异化条件'构成"④。如果这还不够的话，媒介还可以转化成"互动生成关系场域"状态，在那里，"观者处在一个不稳定的活跃的场域之中，向量因而波动"。作为创造生成的必要条件，观者通过游戏性的"浸入"与反应，成就了艺术的身形与状态，表现主题由此艺术呈现。⑤

他们给出的显然更像是杂糅了高度客观透视与人性欲望的"印象空间"或者说"太阳伦理资源"——"阳光普照，根本无需为自己的展示做出辩护：它只是

① 〔法〕罗兰·巴尔特：《符号帝国》，孙乃修译，商务印书馆 1994 年版，第 21—25 页。

② 同上书，第 70—72 页。

③ 奥斯卡·马奇西奥：《乔治·劳埃德及店铺的社会交往性》，载〔意〕奥斯卡·马奇西奥主编：《饮食也是媒体》，肖天佑译，社会科学文献出版社 2006 年版，第 17 页。

④ 转引自〔英〕斯科特·拉什等：《全球文化工业——物的媒介化》，要新乐译，社会科学文献出版社 2010 年版，第 102 页。

⑤ 同上书，第 105 页。

以自己的方式向外倾斜、自我表现,它得到了充分展示。”[①]不幸的是,这些具有穿透力的关于事物的感受、认知长期遭遇到了主流方法的压制,最终被遮蔽和忽视了。如今,我们需要重启这样的人类智慧并使这些宝贵的资源在广告传播世界里得到最大限度的发挥。

(二)作为广告生产构成的媒介策动

1. 面向并担承媒体世界新格局

一直以来,人们很乐意将媒体、战略、创意并称广告生产与传播的三大支柱。最新的广告形势则显示,媒体、战略、创意已经很难像从前那样分割成独立的构成,它们彼此关联,互动生成,最终形成整合力量,在全营销传播的路线上,相互提携,共构场域,达成效果。这些变化的结果就像整合营销专家马克·戈尔茨坦(Mark Goldstein)说的那样:“媒体不再停留在计划和购买的层次上,媒体是创意、组合和合作。”[②]

作为广告生产与传播巨链上的重要构成,媒体作业发生结构性变化。这当然包括媒体受众分化、媒体生态多样化发展、媒体作业技术提升、媒体定制呈现、媒体合作运营等新的媒体形势出现,也包括在这种新形势下的其他变革。例如,泛媒介化发展、四大传媒的式微与小众传媒的勃兴、网络媒体的迅猛发展、国际性传媒的大发展、媒介企业集团劲力冲击……[③]到了20世纪90年代,这种竞争更加激烈,尤其是客户开始对广告公司的服务采取“零点”政策,广告公司内部业务提升、降低成本等就成为必需的也是无奈的选择。于是乎,广告公司里占费用总额较大的媒介作业成为关注的焦点,广告媒介的创造性开掘与运用成为广告公司的命运行动,创意,创意,再创意,成为媒介作业的解放通路。“在这种背景下,媒介部突然得宠起来。”[④]

同时,麻烦也多了起来。就像研究显示的那样,广告主越来越挑剔,他们不但要求广告公司对效益负有责任和义务,而且要求广告公司对信息供给、形象建设负上责任,尤其是创造性的媒介信息供给、创造性的媒介开掘、创造性的媒介使用。不妙的是,媒介费用日渐提升,广告成本越来越难以承受,媒介作业更加不易。

比这还要麻烦的是媒介销售等活动也变得复杂起来。按照阿伦斯的介绍,主要表现为:

---

① 〔英〕唐·库比特:《太阳伦理学》,王志成译,浙江大学出版社2009年版,第4—5页。
② 〔美〕威廉·阿伦斯:《当代广告学》(第7版),第248页。
③ 王春泉:《晚近以来广告传播体系的历史性变革》,《西北大学学报》2003年第2期。
④ 〔美〕威廉·阿伦斯:《当代广告学》(第7版),第245页。

（1）媒体组织纷纷推出“附加值”计划。这些希望能够为客户提供额外利益的媒体计划，除了按照价目表或者低于价目表的价位销售版面、时间外，还提供预先印刷、推销、专栏、邮寄名录等服务。这些服务已经不再是少数的组合，它们更像是成系统的集群行动①：

表 6-3　最有魅力的附加值选择

对广告主	对广告公司
定向性促销信函	调研
调研	免费名录租赁
社论式广告	定向性促销信函
免费名录租赁	特别专栏
小组访谈	明信片邮寄
特别专栏	社论式广告
明信片邮寄	独家赞助活动
电话营销服务	会议、座谈或商展

（2）媒体纷纷整合资源走联合体道路。为了在广告主的预算中争取到更大的份额，较大的媒介机构将自己所属的电视、电台、报刊、出版社等捆绑起来，以联合体的形式提供最优的媒介资源。甚至许多客户预言在不久的将来，我们将不再会与独立的媒体打交道。通过家庭纤维光学设备的应用，所有的媒体将会合并成一种单一的多媒体资源。在这种多媒体资源中，电话、互动电脑、电影以及激光打印机将会使得传统的媒体形式消失。

（3）发展“伙伴关系”，丰富发展机遇。例如电视网与大型体育协会、专业团体共同发展整合营销“伙伴关系”，赞助体育和大型活动。这样做的目的不仅争取到了商业机遇，而且还争取到了营销主动权以及良好的社会形象。

（4）立体的“套装服务”。附加值套装往往采用一些超出传统媒介策划的传播手段，譬如公关活动、销售推广、直接营销等。立体的服务使得广告信息有了垒叠式传达的可能，宜于建立深入的心理关联。迈克尔·J. 沃尔夫曾经写道，20 世纪 90 年代的某个时候，媒体业的态度发生了变化，“公司不再满足于成为最大的广播电台或最成功的电视台。他们要的更多，主题乐园、有线电视网、广播、消费产品、书本、音乐，全都成为他们理想蓝图里的元素。媒体帝国被并购的风潮吞没。如果你不能让自己无所不在……那你就哪儿都不在了”②。

---

① 〔美〕威廉·阿伦斯：《当代广告学》（第 7 版），第 249 页。

② 〔加〕娜奥米·克莱恩：《No Logo：颠覆品牌全球统治》，徐诗思译，广西师范大学出版社 2009 年版，第 171 页。

“由于广告活动中的大部分资金是投向媒介的，因此，周密的媒介决策是整个营销传播计划的关键。”[①]新的传播语境，以及激烈的竞争形势，客观上刺激了新生代广告媒介人员的成长，他们懂市场、懂营销、懂媒介……“在当今这个过度传播的社会里，广告媒介策划人必须兼具高级财务官员和高级美术指导以及文案那样的分析才能。”[②]从前那种媒介作业内容简单、速度迟缓、没有明晰的责任的时代成为过去，“如今，媒介策划人也担起了同创意总监一样的职责：一位媒介策划人可能掌管着客户好几百万的广告经费，他的工作代表着公司为客户谈下最佳价格和高效利用现有媒介进行配置的战略能力”。李奥贝纳美国公司的媒介部主任杰克·克吕斯(Jack Klues)代表性地说：“我们的任务就是为我们的客户高效地购买和计划媒介，使我们的客户比其竞争对手更占优势。”[③]麦肯公司高级主管兼媒介总监乔治·海斯(George Hayes)说得好：如今，优秀的媒体专家实际上更是“一名真正的广告通才”[④]。

这样复杂的新媒介格局也在客观上刺激了独立媒介购买组织的出场和活跃。专业媒介购买公司(Media Buying Network)最早诞生于法国的卡特国际(Carat International)，它的出现引发了广告市场的一场革命。专业性购买组织拥有傲人的作业优势：(1) 拥有专业人才；(2) 拥有专业操作工具；(3) 拥有广泛的媒介关系；(4) 拥有系统的媒介资讯；(5) 拥有广泛的市场规模优势。专业媒介购买公司已经成为市场上最为活跃的一种力量，其规模优势来自国际客户和国际资本。专业媒介购买公司的出现，表明跨国广告公司已经在取得市场主导权方面找到一个突破口，也带来了一系列的新问题。到 1996 年，专业媒介购买公司掌握的欧洲市场媒介业务比例高达 70%，占了美国广告市场广告业务的 30%。

2. 根据媒介真理开始新生活

每一种媒体都能让传播文化发生戏剧化转向，改造并重构人类传媒文化剧场。现在的问题是，很多时候，很多地方，媒体已经超越了原有的那种气象，成了需要全新面向的剧场关系甚至新的生活方式。它们超越了既有的分类体系，把单纯的美学向度转移到了复合生产的路线，让媒体呈现出了一种感人至深的“竭尽全力”新风尚。事实上，媒体已经轻松地走向了超越名词与动词、本质与活动、理想与现实、内在与外在、道路和目的的界限，走向了全面满足人类需要并

① 〔美〕威廉·阿伦斯：《当代广告学》(第 7 版)，第 244 页。
② 同上。
③ 同上书，第 245 页。
④ 同上书，第 250 页。

积极供给需要的状态，媒体生动地演绎了适应性变形但却始终保持为人服务的这一秉性，最终，新的媒体关系成了一种既非简单真理性的也非简单商业性的文化建构，每一个媒介所要做的就是在人的需要市场中找到合适的“占位”，扮演适当的角色。简单地说，媒体世界已经从单纯的“载具时代”转向了“生活时代”。例如，ESPN 是一个电视网络，但它同时也是一本杂志、一个在线网站、一个手机网络以及其他什么。“它是一个媒体品牌。像《国家地理》以及许多其他类似的品牌一样，它提供了多种与消费者交流的方式。”①

我们当然得认真地投入热情并智慧地迎当这个新的媒介生活时代，让媒介的神性得到完全的倾斜与展呈，让人类的交往更加理想与美好。为此，我们需要尊崇、学习并开发“媒体生活”的媒体文化新路线。

因应这种新形势的需要之一，就是重新调适广告媒体观念，使之适应于新的作业形势需要。例如：充分理解媒体的角色就是以成本效率确定恰当收获的力量；充分理解媒体的费用是对品牌的一项投资，不能仅仅将它看作是一种成本；充分理解客户与广告代理商保持密切工作伙伴关系在共同找寻更有效率和效力的媒体方案中的重要性以及必要性；充分理解借助于学习的心态以及开放的意志，通过敏感吸纳智慧，对于持续地改良媒体计划至关重要；充分理解媒体和创意之间的密切关系，在联系与互动中追寻最佳的传播效绩；充分理解客户的消费者，留心并密切关注他们的每一个媒体市场现实。②

或者，充分理解并操心广告生产与传播中的媒体工作构成及其核心指向等。例如，在媒介行动中可能的角色扮演——媒体策划人员、媒体调研人员、媒体购买人员、媒体创意人员等。如果乐意，也不妨称为“媒体控制人员”。

或者，充分了解媒体基本的职能，包括整合、互动、创意、转接等。最新的意见认定，在未来的五年中最主要的媒介职能取向就是“媒体整合”，也就是那种在目标引领下对多个媒体公司的分销渠道、服务内容和硬件进行整合，从而创造一个新的、更加有效的传播系统。“互动”主要指向何以与消费者沟通协商的问题及其效果。这里所说的“创意”则指向借助巧妙的途径有效传播信息并达成积极展示的那些用心与实绩，在未来的岁月里，媒体专家在开发和评估娱乐性和体验市场机会方面将变得越来越重要。而所谓的“转接”，最基本的意思指一种媒体工具能够向可接受的受众传达广告的能力，亦即将受众的注意力从一个状

---

① 〔美〕鲍比·J. 卡德：《凯洛格谈广告营销与媒体》，第9页。

② 参考卢泰宏等：《蔚蓝智慧——解读十大跨国广告公司》，羊城晚报出版社2000年版，第313—314页。

态转向另一种状态的能力,例如将受众的注意力从一个媒体工具转移到广告中来的能力。事实上,广告客户十分关心的问题之一就是哪种媒体能够使得广告对于自己的品牌形塑产生最大化效应。

或者,用心体味媒体市场的灵动与神异以及那些新的机遇,就像凯洛格的专家们说的那样,在"媒体参与"的视阈里寻觅更加深入地投放的机会。

这项介入需要媒体真理意识,更需要专业读解的工具,以及丰富的媒介想象力。在现代人类学媒体研究视阈里,克里斯琴·布隆伯格注意到足球运动为球迷提供的开放性的文本,在这种伟大的文本里,人们可以根据需要和愿望自行补充其中意义,卷入其中的风云景象,甚至包括内在的思想、情感波动;另一些人则注意到了更多的戏剧性媒介,例如教皇约翰·保罗二世1979年的故乡之行就被维克多·特纳解释成一部"社会戏剧",它通过鼓励人们想象一个完全不同的合法政权模式,动摇了波兰共产主义政权的合法性。在这个经典的开放性文本中,这种公众展示借助"扩展仪式顺序"构建了政治行动的有机组成部分,并将曾经是静态的对峙变成了具有实质性结果的有力行动。[①]

历史学家罗伊·波特(Roy Porter)提出了"感官文化人类学"概念;阿兰·考宾(Alain Corbin)撰写了《臭与香:气味与法国社会想象力》;在克里特小镇和许多地方,一个家庭主妇则根据邻居厨房里散发出来的气味判断他们的家庭经济状况[②];"音响身份"借助于声音力量制造感情/认知,也使得许多乡村在钟声资源的开发上手法多样、思维活跃、意象纷呈。[③]

唐·汉特曼关注仪式实施社会影响重构社会秩序的生产性价值:"仪式通过创造临时微观世界而把一种存在或状态转化成另一种。""在仪式的临时微观世界内部,参与者重新找回了所有的感官,它们的形体成为存在方式转化的场所。视觉,即凝视,并不一定在仪式化身中起到重要作用,而在展演中其作用通常却相当重要。"[④]

在这些创造性体验空间里,"图画书"也是一种需要注意的传媒形式。按照解说,"图画书是用图画与文字共同叙述一个完整的故事,是图文合奏。说得抽象一点,它是透过图画与文字这两种媒介在两个不同的层面上交织、互动来讲述

① 参看〔美〕麦克尔·赫兹菲尔德:《什么是人类常识》,刘珩等译,华夏出版社2005年版,第339页。

② 同上书,第278页。

③ 参考〔法〕阿兰·科尔班:《大地的钟声——19世纪法国乡村的音响状况和感官文化》,王斌译,广西师范大学出版社2003年版,第170—215页。

④ 参看〔美〕麦克尔·赫兹菲尔德:《什么是人类常识》,第290—291页。

故事的一门艺术。在图画书里，图画不再是文字的附庸，而是图书的生命……”[①]图画书分作许多类型，包括婴儿书、字母书、数数书、概念书、玩具书等，是一种复合叙事的新媒介。关于这种媒体叙事的内在构成，培利·诺德曼借《阅读儿童文学的乐趣》指出：“一本图画书至少包含三种故事：文字讲的故事、图画暗示的故事，以及两者结合后所产生的故事。”[②]至于材料与技法，可以是水彩画、油画、铅笔画、拼贴的任何一类；叙事风格则任选写实或具象派艺术、印象派艺术、表现主义艺术、超现实主义艺术、稚拙和民间艺术、卡通艺术、文化习俗及个人风格中的任何一种。[③]

同样不可忽视的还有空间媒介、场域媒介、景观媒介。作为一种以场域为构成的传媒形态，它们拥有瞬间俘获消费者的能力，可以在真实的结构关系中使个体陷入被“占据”的心理状态，甚至唤起来自内心的神圣敬畏感。不论透过以某一中心为对象的构成，或者内部构成充满特殊取向，或者开阔的外部关联构成，或者动态的、综合的组合体验特性构成[④]，人们总能感觉到什么，总能感受到各种特殊的“空间性格”、“场所格调”、“景观美学”。传播者并没有忽略借助于整体的空间媒介实现他们信息诉求的可能性，优秀的都市摄影家、都市画家、都市文化“拾荒者”（本雅明语）的共通性就在于他们苦心经营了创造物世界里的场所与景观意涵。[⑤] 或者就像查特努加广场的设计者那样，将不同时期的历史巧妙地糅杂在其中：在步行桥面的混凝土中混含有捣碎的可口可乐瓶底，暗示1900年在此落成的可口可乐公司的玻璃瓶工厂；刻在行人道上的格伦·米勒的词“Chattanooga Choo Choo”，让人回想起从纽约到田纳西州的这段旅程。

典型的例证还包括现代艺术策展活动。它们是拿博物馆当媒介的艺术媒介行动。当代著名的瑞士籍自由策展人哈罗德·济曼就曾表白自己的工作机构是“国外精神性工作事务所”，他的理想就是“把博物馆变为某种创作中心”，对他而言，任何概念都可以拿来做成艺术展览的主题，艺术家只不过是被请来图解这些概念的参与者而已，布展人才是真正的艺术家。[⑥]

---

① 彭懿：《图画书：阅读与经典》，二十一世纪出版社 2006 年版，第 6 页。

② 转引自彭懿：《图画书：阅读与经典》，第 23 页。

③ 夏洛特·S. 赫克：《儿童文学在小学》，转引自彭懿：《图画书：阅读与经典》，第 49 页。

④ 〔美〕阿德诺·伯林特：《生活在景观中——走向一种环境美学》，陈盼译，湖南科学技术出版社 2006 年版，第 127—130 页。

⑤ 李晓洁：《摄影修辞与城市品牌文化自觉——摄影图像中的西安形象建构与文化身份书写》，西安出版社 2008 年版，第 103—118 页。

⑥ 河清：《艺术的阴谋——透视一种“当代艺术国际”》，广西师范大学出版社 2005 年版，第 228—233 页。

做到这些当然不易,因此,专家的建议是“学习写作空间剧本”[①]。就现实行动而言,亦即以利好性场域设计为导向,让广告信息伴着无所不在的“品牌接触点”而出场并在场,在定制的、灵活的广告剧本的支持下,有利、有力、有节地展开广告资讯的浪潮推动。

更现实的工作或者还是寻觅、开发媒体参与的真实路径与锐劲工具。美国广告研究基金会的看法是选择“参与路径”展开工作,因为“参与是通过媒体环境使品牌理念加强的途径”,凯洛格管理学院的理解是,“品牌理念和媒体环境的一致性是营销者们需要考虑的关键问题”[②]。

假如循着这样的路径看,我们就要努力寻觅能够使消费者产生愉悦、提升、转移的相关媒体条件,并努力使产品的设计与消费者的参与兴趣、审美愉悦、个性感受的获取产生微妙的联系。凯洛格的专家汇总了一些真实的消费者媒体体验[③]:

(1) 谈论与分享的体验(提升性体验)

阅读/观看这本杂志/报纸/电视节目/网站让我有谈论的话题。

我与许多人谈话时都会提到在这个杂志/报纸/电视节目/网站读过/看过的东西。

我用这个杂志/报纸/电视节目/网站里读过/看过的东西与认识的人们进行讨论或争论。

我读它的一个重要原因是想让自己对于他人来说显得更有趣。

我把这个杂志/报纸/电视节目/网站里的东西展示给家人。

(2) 实用性体验(提升性体验)

我从杂志/报纸/电视节目/网站知道了去做什么或者去哪儿玩。

这个杂志/报纸/电视节目/网站提供了好的小贴士和建议。

它告诉我如何正确地去做事情。

我从这个杂志/报纸/电视节目/网站中获得了好的思想。

我从这个杂志/报纸/电视节目/网站中学会如何改进自己。

它帮助我下定决心。

这个杂志/报纸/电视节目/网站提供了很多“如何做”的信息。

① 卢邵明:《建筑体验——空间中的情节》,中国建筑工业出版社 2007 年版,第 166 页。
② 〔美〕鲍比 · J. 卡德:《凯洛格谈广告营销与媒体》,第 12 页。
③ 同上书,第 21—45 页。

(3) 让人变得聪明的体验(深度提升性体验)

它处理了一些我特别关注的问题或话题。

它更新了我一直关注的东西。

记得读过/看过的东西会在以后很重要。

尽管我不认同杂志/报纸/电视节目/网站上的信息,但是我觉得我学到了一些有价值的东西。

我把它看作是教育性的,我从中学到了知识。

(4) 可信和安全的体验(预防性体验)

它们在覆盖信息方面做得很好,从不漏掉任何东西。

我相信它讲的是事实。

它从来不用耸人听闻的方式来报道新闻。

你不用担心这个杂志/报纸/电视节目/网站的准确性。

它在报道中不含偏见。

对于我提供的个人信息,我相信网站不会泄露。

我使用这个网站时觉得安全。

(5) 休息体验(迁移体验)

在享受阅读/观看杂志/报纸/电视节目/网站的过程中我感到很忘我。

这是一段安静的时光。

我喜欢享受其中。

它是一种逃避的方式。

这些杂志/报纸/电视节目/网站让我的心绪离开眼前正在发生的事情。

我喜欢在吃东西或者休息的时候阅读/观看这些杂志/报纸/电视节目/网站。

在阅读之后我觉得压力减小了。

这是对于我做其他事情的一种奖励。

这个杂志/报纸/电视节目/网站改善了我的情绪,让我更开心。

(6) 视觉图像体验(迁移性体验)

我看到里面的图像会想到“哇,好棒啊!”

大多数情况下我会先看到图像/视频。即使我不喜欢读那个故事,我也会喜欢看图像/视频。

有时候,我会把里面的一张图片展示给别人看。

我喜欢慢慢看图片一小段时间。

我喜欢这个演出里的摄影。

摄影是我观看这个演出的主要原因之一。

(7) 生活习惯体验(迁移性体验)

它是我生活中的惯例。

我把它当做了解当天新闻的重要部分。

我通常会在每天的同一时间来阅读/观看它。

只要我在上网,我总是要去这个网站。

每次我阅读的时候都会遵循一种常规的模式,以同样的顺序来阅读同样的版面。

它在早上帮助我开始新的一天。

(8) 超负荷体验(拒绝的体验)

阅读/观看这些杂志/报纸/电视节目/网站时,我觉得被淹没在信息洪流中。

它提供的东西太多。

很多文章的内容太长。

它有太多特殊版面。

我希望这份报纸能少一些页数。

很多这种报纸都没有读过就堆在一边了。

(9) 广告干扰的体验(愤怒的体验)

广告的数量使得去阅读/观看这些杂志/报纸/电视节目/网站变得更加困难。

我为了略过和避免看这些广告做了一些特别的努力。

我觉得很生气,因为这个网站上有太多的广告,而且它们的移动太频繁了。

我不喜欢这个网站上有这么多的弹出广告。

大多数时候这些广告都是枯燥或无聊的。

我讨厌它们放上去的那些插件。

有时候那些广告做得比较过分,甚至很怪异。

那些广告的形式太像了,感觉就是混在一起。

(10) 社会联系体验(加盟性体验)

我喜欢这个网站的一个重要原因是我从其他用户那里得到了很多信息。

我对于其他用户的输入信息一样感兴趣。

总的来说,这个网站上的访问者对网站的话题还是很有见识的。

这个网站在让访问者贡献自己的力量或提供反馈方面做得很好。

我想要见一见经常浏览这个网站的其他人。

因为这个网站，我对一些目标产生了兴趣，如果没有这个网站，可能我不会想到这些目标。

(11) 鼓舞性体验

它让我觉得我能在生命里做重要的事情。

阅读它让我想要做其他人做过的事情。

它在我的生活中鼓舞了我。

读过这本杂志让我自我感觉良好。

(12) 市民兴趣体验

读这个报纸/观看这个新闻让我觉得成为一个更好的公民。

我依靠这个报纸/网站来调查不道德的行为。

阅读/观看让自己是社会一部分的感觉更强烈。

如果没有报纸/电视新闻，我们的社会会变得弱很多。

我认为那些不阅读这份报纸或者类似报纸的人在生活中真正会处于不利的地位。

(13) 积极情绪体验

这本杂志/这个节目绝对在情绪上对我产生了影响。

一些文章/故事/情节触动了我的内心深处。

它让我看到这个世界上还是有好人。

它讲述了那些让你骄傲的人。

(14) 娱乐体验

它总是有一些东西让我吃惊。

它经常让我发笑。

它确实是很令人愉快的。

一旦你开始在这个网站上浏览，就很难离开。

我喜欢那些讲述怪异事件的故事。

浏览这个网站的过程中，我确实获得了很多乐趣。

(15) 关注广告的体验

我像喜欢里面的文章一样喜欢广告。

我把其中大部分广告都看了。

我喜欢看广告的五颜六色。

相比于其他网站来说，我对这个网站的广告点击率更高。

这个网站上有我真正关心的东西的广告。

我通过这个报纸上的广告来了解什么东西正在打折。

我觉得报纸上的优惠券很有价值。

(16) 参与和社交的体验

在这个网站中我能参与对话。

在这个网站中我进行了很多社交活动。

我经常会因为自己在这个网站上所投入的社交时间太多而感到有罪恶感。

我也许应该减少一些在这个网站上所投入的社交时间。

按照凯洛格的意见,广告运作者不仅应该考虑到媒体体验,而且应该将它视为一种营销管理工具,在许多程序与作业中关注这一核心指标的真实状况。"体验的分数可以作为衡量整体参与水平的研究因素。"①不仅如此,"也许关注媒体参与感的更大回报在于能够根据媒体的体验来调整广告本身",这被称为"一致性假设"②。这意味着未来的努力方向是尽力缩小两者的距离,例如努力使广告与媒体分享同一种情感基础,或者两者内容有所吻合,或者在视觉图像等方面有所共荣。

凯洛格总结了具体的评估路线,并提供了十个体验表述的检核建议,见表6-4③:

表6-4　媒体体验检核建议

体验	杂志	媒体网站	报纸	电视新闻	其他电视
谈论与分享的体验	1,2,3	1,2,3	1,2,3	1,2,3	1,2,3
实用性体验	1,2,3	1,2,3	1,2,3	1,2,3	1,2,3
让人变得更聪明的体验	1,2,3,4	1,2,3,4	1,2,3,4	1,2,3,4	1,2,3,4
可信和安全的体验	1,2,3	1,2,3,6,7	1,2,3	1,2,3	
休息体验	1,2,3,4	1,2,3,4	1,2,3,4	1,2,3,4	1,2,3,4
视觉图像体验	1,2,3	1,2,3	1,2,3	1,6,7	1,6,7
生活习惯体验		1,2,3,4	1,2,3	1,2,3	
超负荷体验	LA	LA	1,2,3	LA	

① 〔美〕鲍比·J.卡德:《凯洛格谈广告营销与媒体》,第30页。

② 同上书,第34页。

③ 同上书,第47页。

（续表）

体验	杂志	媒体网站	报纸	电视新闻	其他电视
广告干扰的体验	1,3,5,7	1,2,3,4	1,2,6	1,2,5	1,2,5
社会联系体验	LA	1,2,3,4	LA		
鼓舞性体验	1,2,3	1,2,3	LA		SA1,2,3
市民兴趣体验	SA	1,2,3,4	1,2,3,4	1,2,3	SA
积极情绪体验	SA1,2,3	SA	LA	1,2,3	SA1,2,3
娱乐体验	SA	1,2,4,6	1,2,3,5		1,2,3,5
关注广告的体验	1,2,3	1,2,4,5	2,6,7		
参与和社交的体验		1,2,3,4			

其中，数字编号代表了我们前面提到的检核项目，例如“1”代表“读这本杂志让我有一些话题可谈”；标注了“LA”的单元格意味着这种体验可能不适合，例如超负荷体验对于杂志来说就不适合；“SA”意味着选择性适用；空的单元格意味着暂时没有建议。

媒体能否为广告生产与传播提供最佳的、最适合的“居屋”，需要太多的努力，首先是尊重，其次是专业性卷入与展开，还有……

第二节　媒体作业行动：从策略到配置

按照科学程序和心灵震荡的可能性调适我们的一切并付诸行动。

一、整体性描述与路径设计

整合营销传播语境需要诸多的相关行动以整体的方式出场并在场。一般而言，它们以复合的、互动关联的内在构成以及全形态而存在并展现。尽管一再表示承认媒体计划的具体性和针对性，但是《克莱普纳广告教程》还是给出了“标准媒体计划”的样本①：

Ⅰ. 营销分析

A. 基本营销战略：销售、市场份额以及盈利目标

1. 人口统计学特征

2. 生活方式特征

① 〔美〕莱恩等：《克莱普纳广告教程》，第242—243页。

3. 地理分布

4. 产品使用水平

B. 产品优点和差异化特征

C. 定价战略

D. 竞争环境

1. 该产品类别中公司数量和竞争性市场份额

2. 该类产品所处的政治和经济环境

Ⅱ. 广告分析

A. 基本广告战略

1. 产品知名度目标

2. 目标受众的广告分量

B. 预算

1. 分配给营销传播组合的部分

2. 分配用于媒体类别的部分

3. 分配用于媒体工具的部分

Ⅲ. 媒体战略

A. 把媒体工具(如《时代周刊》、周一晚间足球专栏、乡村音乐广播等)和目标受众的媒体偏好相匹配

B. 创意和传播方面的考虑

1. 产品展示的需要

2. 综合信息的需要

3. 日间和/或季节性的需要

4. 媒体与信息主题和竞争考虑之间的协调

Ⅳ. 媒体进度

A. 印刷插页日期和生产要求

B. 播出的分布和有效性

C. 各种媒体(杂志)和媒体工具(如《体育画报》)的预算分配

D. CPM(千人成本)评估(针对整个受众和目标受众等)

Ⅴ. 证明和小结

A. 用可测量的结果来表示广告目标

B. 测量广告计划完成情况的研究计划

C. 媒体计划调整时的应急措施

同样的,《当代广告学》也推出了自己的“媒介策划活动大纲”[①](见图6-2)。

另一种描述将跨国公司的媒体运作分为五大步骤:(1) 准备媒体简报和举行简报会议;(2) 确认目标,发展和评估媒体计划;(3) 批准媒体计划;(4) 执行媒体计划;(5) 评估媒体和商业业绩。[②]

在发展媒体计划的过程中,准备一份合适的媒体简报是相当关键的工作起点,这项工作的核心目的在于理清思路、明确目标、设计行动方向。

通常,媒体简报有两种表现方式:简洁的、非正式的简报和完整的、正式的简报。第一种基本以口头方式表达,只是给广告代理商简短的说明,适合于小规模的作业需要。第二种则显得很正式、很严肃、很认真,这种媒体简报既可以梳理思路,也可以规避日后可能出现的麻烦。

媒体简报并没有固定格式,一般以能够包含媒介行动所需的基本讯息为主。以上海奥美公司的媒体简报为例:

上海奥美公司的媒体简报

目标受众

(对目标消费者的完整描述。写出消费者的媒体消费习惯、影响他们媒体选择的因素以及如何使用这个媒体。)

地理上的费用分配

(地理上的权重或费用分配的指导意见。)

季节与排期

(季节性的考虑,影响持续或间歇方式的因素。)

媒体权重,指标传达

(依据媒体目标建立。估计到我们知道的消费者媒体消费方式,以及那些无法测度的读者量和收视率,需要考虑确定哪些定性因素?)

创意考虑

(影响媒体使用或选择的机会、需要或限制。)

竞争的考虑

(出于对竞争活动的认识,需要做出什么必要的行动?)

限制因素

(有哪些法律的限制或客户的命令影响媒体计划?)

---

① 〔美〕威廉·阿伦斯:《当代广告学》(第7版),第253页。

② 本小节内容参考卢泰宏等:《蔚蓝智慧——解读十大跨国广告公司》,第314—337页。

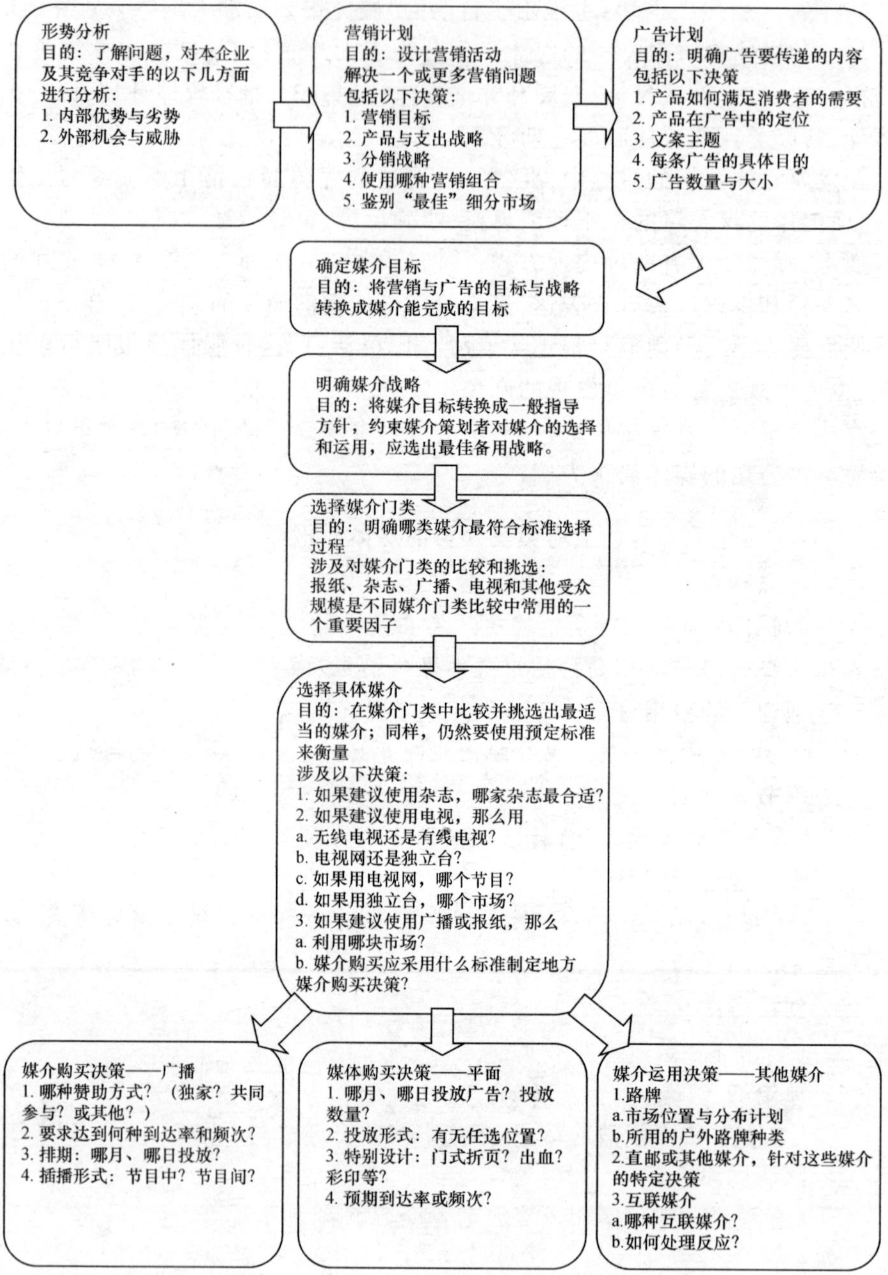

图 6-2　媒介策划活动大纲

媒体策略的议题与启示

（与媒体选择和使用相关的问题与启示。）

媒体选择

（一般来说根据这样的策略，大概要选择什么媒体，以及每种报纸或广播媒体的重要性。但这不是一份正式的计划。）

下一个重要的工作环节是确认目标、发展和评估媒体计划。这个环节的关键点包括：(1) 媒体小组撰写目标和策略以及可靠性认可，包括期望的到达率、广告频次、持续性目标。(2) 媒体小组撰写建议的媒体计划和适宜的替代性方案，包括目标和策略的评估以及计划的诸细节（年度活动概要、广告间歇和突发的细节、地理变数的细节、建议使用频道、建议的预算部署、建议时间、建议版面大小、广告位置和媒体环境要素、媒体测试机会、估计到达率、订购媒体空间的时间表）确立。(3) 媒体计划的评估，核心要点包括：它与认可的媒体目标匹配吗？预算对我们实现目标来说足够吗？与去年相比，媒体计划有何提高和进步？它提供了我们品牌的竞争性利益吗？对我们的品牌来说，它的专门定制性程度如何？它使创意执行的运作更强烈吗？

第三步，是批准媒体计划，主要包括认可确立以及产品/品牌经理签署媒体费用授权书。

第四步，是执行媒体计划。这个步骤主要包括：(1) 发展谈判策略；(2) 媒体小组与媒体谈判；(3) 使媒体排期发生最大的价值；(4) 鉴定广告运动的执行情况。

第五步，评估媒体和商业业绩。主要包括：(1) 收集需要的数据；(2) 举行评估会议；(3) 文件的认知学习；(4) 发布关键的认识结果。其中的核心评估指标有：(1) 媒体计划的过后评估，对比媒体传送与认可的计划。包括：GRP（毛评点）水平；到达率和广告频次；每周 GRP 的传达；节目安排情况/位置；一天中的时段/每周传达的日子；CPM（每千人成本）达到情况与已知的成本基点。(2) 竞争活动的最新报告，在竞争的背景中分析显示品牌的表现业绩。包括：竞争的媒体策略；竞争的 GRP 水平；竞争的购买策略（排期、位置等）；竞争的到达率和广告频次。(3) 与商业业绩相关的媒体表现，评估在广告运动期之前和之后的品牌业绩。包括：销售额；市场占有率；销售率。

二、运转媒介并使之生成力量

(一) 界定媒体目标与使命

媒体目标即在广告活动中媒体预设的实施目的及其构成。包括目标受众、分布目标、讯息力度、到达率等。

确立受众目标是最基本的媒体目标确立工作。根据前面的细分市场、目标市场确立政策,媒体受众目标可以通过地理区隔、教育程度、收入水准、价值观及生活方式分割等指标获得,也可以通过其他的路径取得,例如借助于非本产品的消费者、竞争品牌的消费者、本品牌的现有消费者的分类方式而获得。

媒体目标测定的第二个重要工作是媒体目标的具体勾勒。简单地说,就是确立何时、何地发布以及发布频率等事宜。一般而言,需要借助专业工具做出精确的描述。例如,"在开始的六个星期的广告中,使广告到达至少70%的主要目标受众,每人平均六次,到达50%的二级目标受众,每人平均四次"。

在这项具体而又复杂的工作中,经常使用一些专门的概念与专业工具,例如到达率、暴露频次、视听众暴露度、毛评点等。下面分别加以详细介绍。

到达率(Reach):指不同的个人(家庭)在给定的时间中暴露于某一媒体广告排期表下的人数。给定时间通常为四周或30天。一般均以百分数表示。每人只计算一次。可以借助两种方法获得基本情报:(1) 按一定时间内的同一媒介载体;(2) 将不同的媒介结合在一起。

暴露频次(Frequency):指个人(或家庭)暴露于广告讯息的"平均"次数。或者说一条广告讯息到达相同的人或家庭的平均次数。这个指标用来测度特定的媒体排期表的密度(或称媒体权重)。计算公式是平均频次 = 总接触次数 ÷ 受众到达率。

有效频次(Effective Frequency):某人在讯息产生效果之前必须听到或看到同一讯息的平均次数。自从迈克尔·纳普利斯(Michael Naples)的经典著作《有效频次》(1979)出版后,人们普遍认定在为期四周的时间内,平均频次达到三次即可获得有效频次。坎农(Cannon)和赖尔登(Riordan)的研究则证明广告反应呈凸弧线,第一轮暴露最有效,随后,广告回报逐渐减少,因此,广告的基本重心应该从扩大频次转向扩张目标市场到达率,他们提出"最佳频次"概念代替"有效频次"。最佳频次观念将媒体策划的重心从暴露效益转移到每一元投资的有效暴露率上来。

视听众暴露度(Impressions):指视听众被媒体计划传达到广告讯息的总次数。通常是通过收到讯息的人数乘以收到讯息次数进行累计而得到。

总收视率（毛评点）（Gross rating points，GRPs）：总的视听众的传达率或者特定媒体排期表的权重可以通过计算暴露频次的总数来表达。GRPs 由用百分数表示的到达率乘上暴露频次。

千人成本（Cost per thousand，简写为 CPM 或 CPT，选用“M”指称主要基于“M”乃是古罗马计量单位）：对一个特定的目标群体，达到 1000 个人或传达 1000 个 Impressions 的媒体成本。计算方法为成本除以受众千人数。

成本效益（Cost efficiency）：把讯息暴露给目标人群的成本而非总发行数。

单位成本（Cost per point，CPP）：单位成本的计算方法与千人成本一样，只是把总印象次数换成收视点。

（二）选择与制定媒体战略

媒体战略是指广告主为实现既定的媒介目标，针对使用哪个媒介、在何处使用、使用频率等问题的合意处理。人们常用 5Ms 来表示——市场（market）、资金（money）、媒介（media）、组合（mechanics）、方法（methodology）。

在 5Ms 模式中，“市场”主要指媒介计划中的各种对象；“资金”主要指如何分配资金、投向何处、媒介类型分配、地理分割等；“媒介”主要指广告主所能获得的所有传播载体；“组合”则主要涉及广告媒介与广告资讯的复杂组合，例如电子媒介的时间处理或者平面媒介的尺寸、风格选择等；“方法”指的是选择和编排媒介载体以达到预期到达率、频次和持续目标的整体战略，为媒介策划、谈判和购买中的创意表现提供了机会。

媒介战略的决定在很大程度上受到来自于媒介计划、市场潜力状态、竞争者处理路径、目标消费者的成熟度等因素影响。例如，CDI 和 BDI 开发状态就在很大程度上影响了基本走向。

CDI（category development index，品类开发指数）主要用来测定一个品类在特定人口阶层的销售表现。计算公式为：CDI = 该产品种类在某地区占该品种全国销售总量的百分数/该地区人口占全国人口的百分数。

BDI（brand development index，品牌开发指数）主要指某一特定品牌在某一具体市场区域内的销售潜力。计算方法为：BDI = 该品牌占全国总销售量的百分数/该地区人口占全国人口的百分数。

CDI 和 BDI 的结合有利于媒介策划人员针对该市场制定合适的媒介战略。具体关系如表 6-5 所示：

表 6-5　市场身处判定

	低 BDI	高 BDI
高 CDI	"问题"市场 市场占有率低,但潜力大	"明星"市场 市场占有率高,市场潜力大
低 CDI	"瘦狗"市场 市场占有率低,市场潜力小	"金牛"市场 市场占有率高,但需防销售下滑

除此之外,信息属性也会影响到媒体的选择。例如,较复杂的信息一般就需要相对较大的空间和时间单位支持传播,较简单的信息所需条件相对也少。诸如食品类的信息更需要彩色化实现,偏于理性诉求的信息可能更适合于平面媒介。

这就需要媒体作业者细心周全地考虑媒体的特殊性与各自禀赋。下面这个媒体优势表(表 6-6)①可供媒介作业者快速参考。

表 6-6　媒体优势表

媒介	优势
报纸	多种广告尺寸,快速发布,地方性
杂志	高质量图表,复制效果,突出优点,色彩
电视	综合视觉、听觉、动作,讯息单一,表现力强
广播	亲密,忠诚听众,迅速更改讯息的能力
直邮	可测定性,图表,色彩,立体,高度个人化
户外/交通	地方针对性,图表,色彩,讯息简单,大于实物的尺寸

消费者的购买方式、消费习性等也影响到媒体的选择与安排。有些商品需要集中时间、空间展开密度诉求,有些商品则没有这样的需求。忠诚度高的品牌通常采纳低水平的暴露频率展开诉求,相反,缺乏忠诚度支持的品牌就需要较高的暴露频率展开诉求。

竞争性策略和预算水平同样产生影响。一般选择有支配地位的强力媒体作替代性媒介。对竞争活动的分析,通常有两个评估指标:SOS 和 SOV。SOS(share of spending,媒体费用份额)指广告主与他的竞争者相比所占的广告费用支出比例;SOV(share of voice,媒体广告权重份额)指广告主与他的竞争者相比所占的广告权重(GRPs)比例。

另外,信息的特殊性以及有效处置这种特殊性所需要的空间单位、时间单位、方向方位等也都影响着广告媒介战略的确定。媒介本身的绝对价格和它的

① 〔美〕威廉·阿伦斯:《当代广告学》(第 7 版),第 268 页。

相对价格，也是影响具体决定的重要因素。另外，品类关心度、品类相关性、广告创意类型等同样如此，在根本上影响广告媒介的战略确立与实践运用。

按照惯常的做法，媒介战略需要相应的书面陈述，没有这个部分，作业者恐怕难以展开必需的条理性、一致性的检测。一般情况下，媒介战略提案需要从目标受众简介和目标受众的重要性排列开始，解释信息的特点，说明计划采纳的媒介，指出具体的传达目标如到达率、到达频次等。媒介战略还需要提出媒介的预算、信息单位的大小等战术选择，以利于实施和执行。

（三）媒介战术：媒介载体的选择与配置

总体媒介战略选择妥当后，媒体作业者需要进一步发展出可以支持其展开的相关战术，以使其各种愿望付诸实现。

1．媒体组织路径

广告媒介选择的常见策略主要有两种。采纳借助于经验或筛选的方式选取单一媒体的称之为单个媒体策略。这样做的好处是简单、清晰；不足之处在于管道单一，无法交织成网，无法立体构成。这种方法更多见于小型企业或者大型企业的临时性、短期性媒体需要。

另一种方式要好得多，也更适合当下的整合行销传播需要。这种方法叫组合媒介法，也叫媒介组合策略。当我们面对如下传播形式时，人们常常采纳组合媒介策略展开行动：(1) 到达仅靠一种媒介无法到达的人群；(2) 在获得最初的最佳到达率之后，以便宜的二级媒介维持重复暴露；(3) 利用附加媒介的天然价值扩大广告活动的创意效果（诸如在广播中运用音乐，而在印刷媒介中运用长文案）；(4) 如果主要媒介为广播，则用印刷媒介发送优惠券等；(5) 产生增效效应，综合效应大于部分效应的简单相加。这种方法的优点表现为：增加总的效果和到达率；弥补单一媒介的不足，形成合力优势；制造整合传播形势。使用这种媒体策略时，假如需要的话，作业者应该特别用心地、妥善地处理主打媒体和配合媒体的关系，使其组合媒介的内在张力得以适宜呈现。

2．媒介接触方式安排

俗称媒介排期法，它主要用来处理持续时间内广告与目标人群接触的结构关系。常见者有三种，即持续法（continuity schedule）、间歇法（flighting schedule）、脉动法（pulsing schedule）。

(1) 持续法排期：也叫稳定式排期，即广告在整个活动期间持续发布，没有什么变动。该方法有利于建设持续性的传播态势，适合于那些定期购买的商品传播。

(2) 间歇法排期：也叫起伏式排期，主要指称那种有广告期与无广告期交叉出现的结构现象,适合于那些需要波动的产品营销。很显然,这种方法容易得到客户认同,尤其是得到那些资金有所欠缺的客户的认同。这种方法不仅可以节约资金,而且还可以在调适中形成有趣味的现代广告节奏。现代理论证实,在使用这一策略前,作业者应该考虑竞争者的支出情况、起伏时间选择、高峰期间有费用支持等问题。

(3) 脉动法排期:属于起伏式的变种,主要指在一定时间内或高或低持续地使用广告展开营销的方法。

三种排期各有优缺点以及适宜的适用场合,见表 6-7:

表 6-7　三种排期的比较

排期方式	假设使用(共 240GRPs/三个月)			优点	缺点	适用场合
	第一个月	第二个月	第三个月			
持续	80GRPs	80GRPs	80GRPs	维持知名度; 减少机会遗忘; 继续加强沟通。	必须要有大量的预算支持,较无季节性。	扩大市场占有率; 适用经常购买的产品,如洗涤剂。
间歇	120GRPs	0	120GRPs	集中火力在主要季节; 媒体权重能比竞争品牌大。	当没有投放广告的时间过长时极有可能遗忘广告信息。	广告预算有限; 适用需求浮动大的产品,如电蚊香; 适用购买时间间隔较大的产品,如电视机。
脉动	100GRPs	40GRPs	100GRPs	维持知名度; 减少机会遗忘; 继续加强沟通; 集中火力在主要季节。	必须要有大量的预算支持。	适用全年都需要购买但有季节性差异的产品,如饮料。

另一些排期方法也值得介绍,如集中排期法、路障式排期、间歇式排期等。一般而言,对于需要仔细斟酌的产品,集中式排期,也就是那种在同一广播网的黄金时间段每隔半小时即插播一次广告,比较有效。其变种为路障式排期,即在三家电台同时买下相同时段播出广告。数字设备公司则采用间歇式排期,使得自己单薄的预算得到延伸,为了到达预设目标,广告集中安排在周日播出,往往是有线台与无线台同时播出,目的在于细密覆盖。

3. 集中型投放与分散型投放

在资金、预设数量确定的情形下,广告人还会面临集中投放抑或分散投放的不同选择。齐尔斯克(Zielske)将调研对象分割成两组,对集中型的一组在 13 周内分 13 次、每周邮寄一次广告,对分散型的对象人群则每四周邮寄一次,结果显示，以商品种类为提示的广告想起率大致如图 6-3[①] 所示。

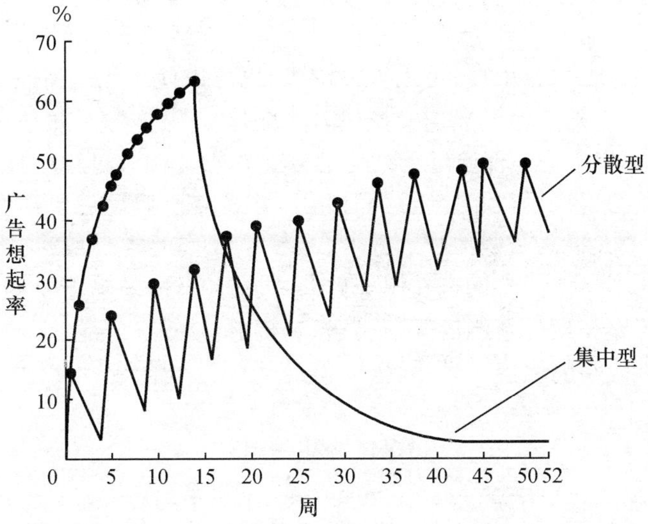

图 6-3　集中型投放与分散型投放的效果模式图

在图 6-3 中，集中型广告想起率提升快速，13 周即达 63%。但是，被遗忘的速度也很惊人，四周后，回想率跌至最高值的一半。相对而言，分散型在接触广告后想起率上升，其后反复出现想起率降低的情况，呈现锯齿形状态。此外，从一年来的回想率效应看，分散型为 29%，集中型为 21%。电通广告人的结论是：第一，与分散型相比，集中型使消费者对广告的记忆能快速进行；第二，如果不接触广告，则效应立即失去；第三，对广告的接触次数越多，忘记的比例越大；第四，即使是暂时的，如果广告目标是使想起广告的人数最大化，则集中型比较可取；第五，如果广告目标是打广告期间内平均记忆广告人数的最大化，则分散型广告比较适宜。[②]

4. 媒介进度表

媒体策划的最后一步是制定详细的媒体进度表，用于指导媒体购买人员等具体行动。这份进度表必须提供详细的细节，包括购买的媒体种类、购买时间，以及每一个广告使用该媒体的时段或版面；此外，还应该有一种称作“替代方案”的描述，交代假如情况发生变化应该如何处理的思路与技巧。

① 〔日〕仁科贞文等：《广告心理》，第 148 页。
② 同上书，第 149 页。

5. 媒介购买

与媒介计划等内部工作相比,媒介购买具有更多的市场性特征。计划与理论、想象有关系,而购买则更现实。

购买的形式可以自由些,可以直接购买,也可以使用代理商或者使用媒体购买公司。近年来,随着电子数据交换(EDI)的引入,媒体购买效率也得以有效提高。简单地说,EDI是一种通过无纸化的方式在媒体购买过程中连接广告公司、客户以及媒介的现代手段,它允许通过电子方式交换插播订单和发货单。这一手段的采用,大大提高了媒体计划效益,减少了真实的支付成本,降低了交互过程中的错误与不足。因特网也在媒介购买中扮演起越来越重要的角色,这些都是需要注意的媒介设计新制度与新机遇、新挑战。

媒介购买涉及的内容多种多样,一份最基本工作清单①可以说明问题:

媒体购买清单

你将使用哪些媒介?
发行量、读者、受众、达到范围的规模。
体育节目的传统观众规模,期望等级。
受众构成,以受众类型区分。
目标受众的覆盖率。
要购买的版面大小和时间长短。
其他版面大小的相对成本和价值。
位置。
安排时间,以月、周、日或小时计。
版面成本价格表。
实际版面或时间成本。
节省金额。
获得的折扣,存在的其他折扣。
投放数量或出现次数。
每千条信息的成本。
平均有效到达频次或可见机会。
颜色即单色/彩色。

① 〔英〕A. D. Farbey:《赢在简单——广告策划与运作速成读本》,戴冰等译,中国水利水电出版社2004年版,第80页。

付款条件和垫款条件。

记账凭证和监测系统。

所需的最佳版面、位置和时间。

实际发布情况。

取消日期和刊登日期。

广告媒介运作日趋复杂化的状态，除了上述表现外，专家还提醒我们注意那些在未来的岁月里极有可能成为主宰性的力量：(1) 在媒体控制传播的时代里，广告客户必须适应更多的受众反馈和控制，开动智慧从而推动媒体/创意战略最大限度地利用互动媒体；(2) 未来时代是由光纤、因特网和传统媒体的网上版本组成的，这就将要求媒体策划人员制定更有创意的、可以增效的媒体运作方案；(3) 控制媒体成本和可靠性将成为媒体进程中主要的驱动力；(4) 评价附加值在媒体决定中将日显重要，开发科学作业模型十分必要；(5) 不断尝试新的媒介作业方式将成为日常态势；(6) 人类性在媒介运作过程中更加显赫与伟大。

媒体作业已经步入了新时代，在“目标广告”语境里，人性与实存的真理引领着我们行走！通过媒介的力量——人性的力量和传达的力量，我们在广告的国度里寻觅那诗的故乡、精神的乡园！

第七章　广告写作：书写欲望与智慧论述

关于广告文案，宝洁公司前CEO约翰·佩帕如是说："我已经观察过25年，发现对于我们的品牌的盈利增长和好的广告文案之间的关系不是25%，不是50%，而是100%。我还没有见过哪个宝洁公司的品牌没有一个好的广告也能够在很多年里保持一个盈利性增长的。"①

人类需要认真面对、凝视广告文案，并使得这门修辞性艺术的生产性特征得到澄清与积极地张扬。

第一节　通过语言筑建乌托邦

——广告就是语言的乌托邦

一、通过字句资讯制作广告空间

（一）广告文案：描述与解读

广告文案并无确切的定义与命名，到现在为止，它仍然还是一个有待我们借助智慧开发和澄清的概念。

菲利普·沃德·博顿收集了相关的说辞②：

美工：文案就是那些支撑我所提供的艺术作品或图片的文字。

印刷广告者：文案就是一种书面讯息，它能够传达我的创意，并充分体现艺术作品的意义。

印刷工人：在我眼里，文案是一个概念，包括组成我们称之为"广告"的所有东西。所以，对我来讲，文案意味着文字和艺术作品，就是读者在看到广告时看见的所有材料。

广播广告作者：因为我们的思维有形象和/或声音，因此文案就是构成

① 转引自〔美〕莱恩等：《克莱普纳广告教程》，第501页。

② 〔美〕菲利普·沃德·博顿：《广告文案写作》（第7版），程坪等译，世界知识出版社2006年版，第12页。

广播电视广告的文字部分。我们的任务是利用音效、音乐、图像和人声给这些文字提供支持。

批评家：文案就是我每天被成百上千的广告讯息围攻时看到、听到的那些东西，它们有时很讨厌，有时又能给你带来信息，但时常给人强迫的感觉。我只希望这种东西不要那么多。

律师：虽然艺术作品有时也会参与进来，但通常说来，文案只是与我们相关的文字。有时，这些文字是准确而真实的；有时却不是如此，后者正是我们以及联邦贸易委员会、药品食品管理局和其他机构关注的问题。

如果乐意的话，我们可以称广告文案为广告讯息传达历程中，人们用来表情达意的"言"与"语"的"整合接触点"。简单地说，广告文案就是作业者通过言或语管理资讯的真实体现，其中最显赫的特征是它的"劝服性"。广告文案是人类语文智慧在广告讯息传播世界里的生动体现，目的在于有效推销所强调的讯息，既包括赤裸裸的商业资讯，也包括建构健全社会的理想主义诉求。

广告文案寄生在各种形式的传播媒体与其他人类文化资源身上，例如它与报纸的结合和它与电视的结合就不尽相同。因此，我们甚至可以说广告文案是包括媒体、言语、语言、修辞、美学、文化、人性"在一体"的最奇妙的结合体。所以，博顿以为"文案就是印刷形式的推销术"这种观念甚至不能表达文案丰富内涵的一半构成。他提醒我们注意："文案可以是广告主的声音，替他们吹嘘产品，用直白生硬的词汇叫卖产品的优点，依仗文字的分量、过度的承诺或声音的高度打击竞争对手，吸引受众的注意。""又或者，文案可以是朋友的声音，像一位值得信赖的顾问一样在消费者遇到购买问题时给他提供清楚、明确而又诚实的建议。""文案还可以是销售人员的热情，与销售人员的声音遥相呼应，体现他们对产品的自豪感，为他们敲开别人的家门，减轻他们的劳动强度；文案可以是你对商人们的贡献，因为这些人知道自己该说什么，但却不知道该如何去说；文案也可以为经销商、股票经纪人和分销商充当入门书，为他们的销售预先进行包装；文案还可以成为人们生活得更好、更轻松、更幸福的手段。文案激发了批量销售，从而使企业在某个领域内的整个经济状况得到提高。"①

文案因此成为一种"文本"样本，在结构、篇幅、媒介、现代性、美学、叙事等维度形成歧化烂漫的智慧景观。

（二）广告文案：功能与使命

休·麦凯针对人的描述有利于我们建立新的解读广告文案生产性价值的新

① 〔美〕菲利普·沃德·博顿：《广告文案写作》（第7版），第12—13页。

框架。麦凯说："我们终身都在从事一项工作——在我们的周围建造个人的'囚笼'。'囚笼'的栅栏是生活所教给我们的东西：我们的知识，我们的态度，我们的价值观，我们的信仰，我们的悔悟。随着囚笼的壮大复杂，身在其中的我们就越来越感到舒适，对囚笼外的缤纷事物处理的信心越来越强。""囚笼是沟通过程中最强有力的要素。它在理解过程中起过滤作用。我们透过囚笼的栅栏看待世界，栅栏会对我们所看到的事物施加自身形式的影响。"追求"卓越广告"的吉姆·艾奇逊(Jim Aitchison)接着表白了广告传播的目标与使命："广告所要起的作用，我们的创造力就在于必须发现能够穿透囚笼栅栏的通路。"①

当然，这种努力与追求分散到了不同的层面与角度上，形成结构层次纷呈杂繁的价值景观。

就现实的广告效能而言，广告文案可以产生的功用是：

(1) 传达广告信息。广告文案是传达广告信息最重要、最基本的传播手段。调查显示，广告效果的50%—75%来自广告文案。

(2) 表现广告创意。通过文案，广告创意设定的格调、气息、美学取向等均可得以立体呈现，并深度提升。

(3) 锁定广告信息指向。正如我们所知道的那样，图形传播具有可感等传播优势，但是，图像的天然不足却使得这种人们格外看重的传播语言失去准确性与明晰性，最终指向往往不易获取。相比较而言，广告文案具有确定信息真实指向的优异功能，确保广告传播有效实现。可以通过简单的实验获取那种基本的经验：把文字从广告中去掉，看看你能了解什么？

(4) 吸引阅读注意。优秀的广告文案可以实现吸纳注意力的效果。"实际上文字比图片更能打动人心，"尼尔·弗伦奇坚持说道，"而且把它们放在XO的广告中那种几乎看不清的德国式铅字面上也能达到很好的效果。因为在调查中，人们能够清楚地复述那些文字。只要看起来有趣，人们就会尽力去读懂它们。"②

(5) 建立适当的维度关联。广告文案完全拥有增加广告图形或视像意义关联的功能，作为主动的点火装置，它们可以使广告商品信息、图像指向刹那间与更为广博的社会资源建立关系并在博弈中生成新的意义世界。

(6) 展开品牌叙事。通过广告文案可以清晰地讲述品牌故事、品牌传奇、品牌情节、品牌文化，最终，建构传奇品牌印象。③

---

① 〔澳〕Jim Aitchison：《卓越广告》，第27页。

② 同上书，第329页。

③ 参考〔美〕劳伦斯·维森特：《传奇品牌——诠释叙事魅力，打造制胜市场战略》，钱勇等译，浙江人民出版社2004年版。

这些描述远不能够穷尽广告文案在传播中所生成的现实功能。就更为广阔的视阈而言，广告文案可以产生的功用是：

（1）完整地设计修辞形式，提供修辞展开的迫切情势，以及修辞行动的合理性、紧迫性。

（2）增加存在体验的可能性，借助于关键字词甚或特殊的语调、美学路径，刺激敞开消费者的生命体心胸。

（3）引领思想的光芒拂照，在人生、社会、存在的维度上展开适度的漫游，加强商品的思想性权重，规避既有的商品庸俗观念。

（4）打开存在物的褶子，使事物得以在复杂的人生、社会或者其他脉络中立体展开，最终，通过商品诉求，开启存在的秘密。

（5）设计并刻写学习、消费递进图，使得消费者的欲念与消费趋向逐渐显现并深度张扬，刺激后续活动展开。

综合地看，“广告文案就像某种神秘的咒语。在很多宗教仪式中，咒语被认为具有神奇的力量，轻念咒语，人与宇宙万物间沟通的开关一下子就打开了。好的广告文案也是如此，一句看似不经意的广告语，对消费者而言，仿佛是撬动心灵之门的按键。消费者被真实所触动，然后领悟、感悟，最终参与到消费的过程中。对广告活动而言，好的广告文案，是灵魂，是活力之源，具有咒语一样的魔力，它会触发广告效果的能量场，创造品牌与消费者的沟通”①。

（三）广告文案：元素与形式

广告文案以许多方式显示了它的丰富与多样。

1. 广告文案元素

如果有人要求你为一条广告制作文案，那就意味着你将面对一系列的具体工作，最后，你所提交的清单上可能包括广告标语、广告标题、广告正文、广告随文、图片说明、简介等。

通常情况下，广告文案只包含两三个文案元素，我们很少能够见到那种包含几乎所有元素的广告文案。当然，在另一些语境里，广告文案可能只是简简单单的标题、随文信息，或者还包括口号。

大多数广告文案是这样构成的：利益承诺（标题）；对承诺的说明（副标题，选择性的）；内容详述（如果需要）；对所提主张进行论证（如果需要）；采取行动（如果不明显）。

---

① 陈刚为李欣频的《诚品副作用》（电子工业出版社2007年版）所写的“推荐者序一‘咒语、通灵者与猫’”。

2. 广告文案形式

广告文案以许多形式存在并活跃地展开积极意义上的传播沟通。下面的描述应该看作它丰富形式的例证性显示：

从媒介角度看，可以分为报纸广告文案、杂志广告文案、电视广告文案、广播广告文案、招贴广告文案、车体广告文案、网络广告文案等。

从内容角度看，可以分为产品广告文案、服务广告文案、企业广告文案、公共事务广告文案等。

从结构篇幅角度看，可以分为长文案、短文案等。

从结构形态角度看，可以分为单个文案、系列文案等。

从结构关系角度看，可以分为纯文字文案和配图文案等。

从修辞关系角度看，可以分为事实处理式文案、想象处理式文案、情感处理式文案、比较处理式文案、论理处理式文案等。

从诉求方式角度看，可分为直白式文案、故事式文案、"我和你"式文案、想象丰富型文案、事实型文案、"事实 + 花样"型文案、坦白式文案、夸大式文案、"署名式"文案、题目式文案、"片头式"文案、"新闻版面式"文案、竞争性文案、卡片式文案、幽默式文案等。①

从文体角度看，可以分为散文体文案、诗歌体文案、小说体文案、民谣体文案、谜语体文案、消息体文案、通讯体文案、格式体文案、造型体文案、启事体文案等。

（四）广告文案：行动取向

什么样的文案是好文案？这是一种不会有终极结论的开放性问题，但却是广告文案生产与运作的基本理想与参照。人们不能离开这些"指路明灯"去生产广告文案，为此，常借各种可能努力回答这个挥之不去的"文案问题"。最常见的说辞应该是那些关于文案撰写准则之类的陈述，例如文案必须真实，不得欺罔、愚弄受众，文案应该符合创意概念，文案应该生动、简明，文案应该符合所用媒介的传播特性。② 又或者，文案应该做到符合策略、完美展现创意、真实、精准的信息传达、以诉求打动人心、人性化、有吸引力、简明、语言有魅力等。③

针对当代的社会现实，主要是后信息社会的"时间饥荒"现实，简明扼要、深入人性、真诚善良可以说是最普遍的广告文案呼声。

最好的广告位置就是消费者的头脑空间。要想争取到这一神圣空间，首先

---

① 〔美〕约翰·卡普斯：《增加 19 倍销售的广告创意法》，孟庆姝等译，内蒙古人民出版社 2000 年版，165—189 页。

② 国家工商行政管理局广告监管司编：《广告专业技术岗位基础知识》，第 416—417 页。

③ 高志宏等：《广告文案写作——成功广告文案的诞生》，中国物价出版社 2002 年版，第 20 页。

要做的就是从消费者立场出发——考虑你的消费者，仅此就构成技巧！美国广告人吉姆·芒乔伊以为这就是规律："规律的含义是要成为消费者的拥护者而不是客户的喉舌。这意味着要倾听并理解消费者的细微差异，有时，他们的情感和欲望并非很明显地表现在表面上，这意味着你要深入到产品和消费者当中，去发掘他们之间共同的东西。一旦你为自己找到了某种规律，你就可以尽情地根据自己的才智和目的来进行创作。你可以让纷繁的思绪涌现出来。你的头脑就像一面原本空白的墙，此时会贴满写着各种灵感的纸条。你将尝试着做更多事情而不仅仅是满足战略需要。你会尽力去超越它，会将它做得更好，甚至会有一点儿狂热。"①尽力简明化的主张显然同样地普遍——"信息传递得越快就越有力量。当你把信息简化为基本结构时，它的力量也就增强了。它深入头脑越快，在那里停留的时间就越长。"罗纳德·莱恩(W. Ronald Lane)的结论是："优秀的文案就是用极少的文字使之引人入胜。当你这样做的时候，你就会解放思想，变得更有力量，更加专注，也有望更加令人难忘。简明不仅使我们变得更有力量，它还会使我们变得更有吸引力。如果你变得更有吸引力，你就有可能变得更加相关。我们必须变化，因为我们的受众有这样的要求。"②修义伙伴公司的获奖创意总监罗恩·霍伊说："简明是创作卓越广告的关键。把你的产品或服务的最显著的特点找出来，用一种简练的、令人深思的、令人愉快的方式传递出去。好的文案是对大众说的。它应该活泼、令人愉快、采取对话的方式，而不是华而不实或者装腔作势。"③萨奇·莫利斯的说法最直接："简明就是一切。简明的逻辑，简明的论点，简明的视觉。如果你不能把你的论点减少到几个干净利落的字或者词，你的论点就有问题。"④

广告需要创造性，这并不复杂。约翰·赫加蒂这样说："(当给优秀广告下定义时，)人们总会想到一个词：不敬。因为你做的事情正在改变规则。你试图以抓住人们想象力的、令人难以置信的方式做事。"古德比和西尔弗斯坦伙伴广告公司的杰夫·顾德拜比进一步阐述道："优秀的广告让逻辑有点混乱，它越过逻辑，变得讨人喜欢、引人注意、令人着迷。它会令你感到惊奇。"⑤

于是乎就有人说："优秀的广告就是用简单的手法表达出色的创意。"⑥

---

① 转引自〔澳〕Jim Aitchison：《卓越广告》，第111页。
② 〔美〕莱恩等：《克莱普纳广告教程》，第505页。
③ 转引自上书，第506页。
④ 同上书，第505页。
⑤ 转引自上书，第507页。
⑥ 同上。

关键是文案通过什么样的管道实现这些伟大的思想？伟大的思想必须有相关的制度来支持！基于现实的考量和长远的需要，我们建议充分考虑锁定性、向心性、关联性、人性化、经济性、神话性、媒体性、耐压性等特点。[①]“锁定性”主要推崇对目标的绝对清晰、简洁的锁定，便于充分实现；“向心性”主要指文案的一切均围绕主题而展开和组织；“关联性”主要指文案必须实实在在地与那些广告诉求资源紧密地联系在一起；“人性化”主要指那些关联的核心指向应当是最混浊、最浩荡、最淋漓的人性世界；“经济性”强调不能够以长短篇幅来论成败，应该将我们的思维转向投入与产出的比例上去，追求那种以少胜多的境界；“神话性”主要指广告文案由于坚信所带来的对于犹豫、迟疑、游移的拒斥，如同武侠世界里的情形一样，充满了反理性的机制；“媒体性”主要指具体媒介语境里的文案作业要充分考虑到与之配合的媒介特性并作最充分之糅合处理，使之完全匹配，周延合拍；“耐压性”则指向文案何以增强“时间防腐剂”的机制问题与人性旨归。

（五）广告文案：评估路径举隅

广告文案的评估最终以效果理想程度而衡定。但在制作了一条文案之后，作业者总需要做出初步的检测，以备后续的修订和提高参考。

有些方法主张搁置处理，在一定的时间之后理性地发觉问题与不足；有些方法则主张大声读出来，念给自己和同事听，在阅读的过程中发现需要改进的地方。这些都还不足于保证文案恒定处在科学化的状态里。

在这一点上，斯塔奇文案测试原则就要灵活得多。这套测试标准的主张者菲利普·W.索利亚说：“下面这十条原则是我们认为广告客户无论何时坐下来创作广告时都要铭记在心的。”这些规则[②]是：

（1）保持简单、直白。

（2）你不是在卖产品，你是在卖产品利益。

（3）合适的时候，用性增添情趣。

（4）起用名人。

（5）开发色彩的潜力。

（6）跟着流畅的感觉走。

（7）避免模糊。

（8）强化对比。

（9）起用孩子和动物。

---

① 参考王春泉：《实用广告写作》，第149—166页。

② 〔美〕莱恩等：《克莱普纳广告教程》，第525—528页。

(10) 当广告有很多文案时，尽可能做到引人入胜。

请注意，菲利普·W.索利亚还有保留和辩证地说："在提供这些指导原则的时候，我们非常清楚地知道任何不遵守这些原则的广告仍然可以是成功的。这没什么。马克·吐温在写《哈克贝里·费恩历险记》的时候就打破了每一条语法规则。但他在有效打破这些规则之前必须知道它们。"

还有一种评估指向显然有强烈的中华文化特色。它主张将整体的考量放置到文眼、文理、文脉、文风四个维度上权衡，以此"界定目标品牌文案的基本风格特性取向，以此指导繁杂的文案撰写，并以此审核相关文案，使之保持与品牌定位、品牌形象和品牌风格的一致性"。具体而言，则要求考量"文眼宜显"、"文理宜通"、"文脉宜续"、"文风宜慎"呈现水准，研判文案书写水准与效绩可能。[①]

(六) 广告文案：文案与美工的二重唱

在许多时候，广告文案作者需要与美工共同完成文案制作这项神圣的工作。"世上没有哪种工作关系像美工与文案人员之间的关系：他们合作完成一条又一条广告，彼此给对方带来灵感，结果，创意的才华就幸福地结合在一起了。"[②]更有意思的比喻说："文案人员和美术设计人员的这种关系与婚姻非常相似。他们每天平均 8 个小时与伙伴一起度过，也就是说一周有 40 个小时，一年有 2080 个小时。事实上，干得比较好的小组中的成员互为依靠，取长补短。"[③]

假如你的合作美工智慧且乐意合作，那么，你可以得到许多重要的支持和帮助。譬如，来自视觉经验的一些启发、来自综合效果想象的一种建议，以及在"文—图"复合模式中制作文案的细节构思方案，就像"有"和"冇"的对比组合，或者像《广州日报》1997 年迎接香港回归所作的文字画面组织：

贰叁肆伍陆捌玖
毫厘分寸尺丈里
个十百千万亿兆
秒分时日月年纪
辛壬癸甲乙丙丁
未申酉戌亥子丑
百川入海　万宗归登
浩浩乾坤　壹玖玖柒

① 陈云岗：《品牌推广》，中国人民大学出版社 2004 年版，第 162—163 页。
② 〔美〕菲利普·沃德·博顿：《广告文案写作》（第 7 版），第 46 页。
③ 〔美〕莱恩等：《克莱普纳广告教程》，第 539 页。

或者,你的合作方式使你得到的更多。

二、回到那缄默的"广告语文学"世界

(一) 广告文案作为缄默知识的构成

广告文案写作还是一种神秘的工作,在某种程度上,它仍然是那种卡夫卡意义上的"城堡"——人们已然获取了入门证但却始终不得正式入城。因为,广告文案的内在构成在很大程度上属于"显在知识"之外的"缄默知识"——那种难以通过语言系统表达的知识。主张人类智力从三种途径获得的美国心理学家斯滕伯格(Robert. J. Sternberg)认为:"情境亚理论"将智力与个体的外部环境相联系;"成分亚理论"将智力与个体的内部环境相联系;"经验亚理论"则将智力同时与内外部环境联系起来。而"缄默知识"恰巧是"实践智力"的核心,这种在许多时刻、许多空间里沉默不语的力量,最无私地奉献了最混浊、最具穿透力的私人知识支援。

两类知识的差异可以从表 7-1[①] 中获得:

表 7-1 显性知识与缄默知识的差异

显性知识	缄默知识
规范、系统	尚未或难以规范、零星
背后已经建立科学和实证基础	背后的科学原理不甚明确
稳定、明确	非正式、难捉摸
经过编码、格式化、结构化	尚未编码、非格式化、非结构化
用公式、软件、编码程序、规律、法则、原则和说明书等方式表述	用诀窍、习惯、信念、个人特技等形式呈现
运用者对所用显性知识有明确认识	运用者对所用隐性知识可能不甚了解
易于储存、理解、沟通、分享、传递	不易保存、传递、掌握、分享

缄默知识以个人经验为基础,乃是一种有意味的私人知识,按照哲学家波兰尼的观点,它们以"指示"、"象征"、"隐喻"三种"内居"的方式而存在并实践。[②]在世界图景、准则、信念、思维方式、技巧、心理模型、应付问题的方法、组织常规等方面形成各自的生产力。

在实验的基础上,克莱蒙特(J. Clement)将缄默知识再行细分为"无意识的知识"、"能够意识到但不能通过言语表达的知识"和"能够意识到且能通过言语

① 张民选:《专业知识量化与教师专业发展》,《教育研究》2002 年第 1 期。

② 方明:《缄默知识论》,安徽教育出版社 2004 年版,第 68—69 页。

表达的知识”[1]，使人类相关认知工具更加多样化，使缄默知识与显性知识之间建立了联系。布什（Peter Anthony Bush）和理查德（Debbie Richard）将缄默知识分割成两类并以定性等方法贡献出了那份著名的“解释学单元”图表（见表7-2）[2]：

表 7-2 缄默知识分类

可明确表达的缄默知识	不可明确表达的缄默知识
知道怎样，文化，客观化，理解，历程，实践，行为，信念，面对面传授，目标达成，格言，知觉，程序性本质，常规，主观，任务，技术，价值，常识，决策生成，信息，判断，日常情景，互动，工作知识，骑自行车，游泳，图式，规则，智慧，抽象，方法约束，竞争优势，理念，意义，观察，操作，程序，经验教条，语义学，说服人，手艺，习惯，观察事实，期望，第六感觉，模仿，创新，筹划知识，商谈，洞察力，知道如何实践，仿造，故事，技能，诡计，类比，目的性规则系统，警句，艺术性眼光，假设，商业知识，类目理解，概念，结构，成分，矛盾，消费者态度，描述，讨论，可表述事例，语法规则，真实感觉，习惯，解释学，印象，为真实信念辩护，处理日常生活的知识，逻辑规则，意义情景中的信息（如口信），方法，多条件复杂规则，高水平概括性计划，政治信仰，约定俗成的知识，原则，私人知识，谚语，陋习，脚本，购物学问，任务管理，团队协调，理论，失误……	技巧，经验，直觉，行动，专家，识知，亚意识，心理模型，能力，管理，社会，推理，干中学（learning by doing），零意识（non-awareness），模式识别，内隐，暗示，无言意，无意识，知道的多于能告诉的，自然控制，触觉，意识，情绪，焦点意识，顿悟，运动技巧，实践智力，选择性比较，感知觉，才艺，任务定向的，知道怎样，适应，自动化，半意识（semiconscious），短期，世界观，偶然，动作失语，精心安排，后事实，分析，应用，注意，自动化知识，背景知识，身体语言，集中，协调，管理承诺，存在，力/张力，获得，取得晋升，得到尊重，手把手教，感觉到，此时此地，隐藏，高水平目标，如何找到，创造与享受挑战，信息化，鼓励，口惠，癖好，模糊的，根深蒂固的，本能的反应，难以言表的，亲密关系，不自觉的，知道为什么，学习习俗，关系管理，下属管理，心灵手巧，缄默成分，意义要求，调解，无认知理解，动机，从行动状态中推理，网络，无声，整体性质，非焦点部分，范式，人格，力量，实践智慧，潜意识，预设，原则，产生式，不确定知识，心理运动技巧，再认，动作反射，反射弧，相对性，转手，第二性，嗅觉，社会化，部分意识，自发性，实践思维，工具，肌肉标记再认，不可分析的，视觉，整体，逼真，入魔的，社会地位，两行业之间……

从现象来看，广告文案制作需要一些大卫·奥格威所说的“教条”，广告文案世界里也并不缺乏这样的“教条”。但是，正如我们感受到的那样，那些“教条”未必适合我们，没有什么人可以“直接地”教导我们“如何制作广告文案”，或者，唯独“直觉”、“感悟”甚至“模仿”才是真正地将我们引入堂室的好老师。

① 石中英：《知识转型与教育改革》，教育科学出版社 2001 年版，第 231 页。

② 方明：《缄默知识论》，第 117—118 页。

但是我们需要转化这些宝贵的个人知识，使它们转身成为可以给人启示的知识路径或者维度，并进而武装广告文案的世界。

（二）回到"语文学"世界

1. 形势、认同与开端

从"广告语文学"角度理解并获取智慧资源或许是一条有效的"逃逸线"，因为，换个角度看文案，"广告文案也是对语言的一种重新发现和定义，它把商品同消费者关系中不可感知的层面通过语言表达出来，像咒语一样激发消费者，形成其对商品的感应"①。那些有意思的文案实践甚至已经成为"一种诗与非诗之间的实验、拼剪，无关系联想的营造，或者就是各种断想的接枝与配交。……它多半不以具体的……作明言的诉求，而是在具体的外围浮绕，以想象来勾勒实体，用朦胧跳动出本质。有时营造炫酷，有时则推捉着乡愁，甚至有时候教唆叛逆。文案愈来愈成为一种表演，在这个谁也别想说服谁的时代，文案不再那么实用得像结构功能，而愈来愈接近文学创作……"乃至于文案制作的本身，都成为"一个刹那的故事、一次小小的事件……"②而那些拼心血希冀获得成功的文案作者，更是将心思捉置到了语文的天地，努力地捕捉他们的资源、灵感和关于文字人生的诸智慧，甚而将这种工作的岗位形容为"一个在广告与文学的夹缝中求生存的文字书写者"，其中的劳作，就如电影导演安哲罗普洛斯《永远的一天》描述的那个向路人、穷人、孩子买词汇的诗人的工作。更加自觉的是鲜明的态度和认同："与其坐困在复制、失格及自我迷失之中，不如去旅行，用旅费收买别人的生活语汇。新的字、新的收集形式，有可能新生的语文系统，我建议文字创作者的精神疗养院应设在市场、渔港、工厂或机场旁边，面对源源不绝的俚语、粗话及直言不讳的生动，这些情绪性的字眼只需精确而完美的场地调度，原创已足。"③

上述作者自觉地回到了语文的世界修炼制造，在"字恋"中寻觅文案制作的技巧与奥秘，更重要的是，作者通过最直白的发问让自我的路线与普世的文案制作路线联系了起来。作者的问题是："这是一种退化？抑或是进化的唯一方式呢？"④

当世最伟大的人文批评家之一爱德华 · W. 萨义德，则以"昂首进入"的姿态大声疾呼"回到语文学"，并在理性的层面上做了充分的"回应"。萨义德替我

① 陈刚为李欣频的《诚品副作用》所写的"推荐者序一'咒语、通灵者与猫'"。

② 南方朔为李欣频的《诚品副作用》所写的"推荐者序三'当文案变成一种文学'"。

③ 李欣频：《广告字恋后副作用》，载李欣频：《诚品副作用》，第 188—189 页。

④ 同上书，第 189 页。

们写道："从字面上说，语文学就是对言词（words）的热爱"，而且"作为一种训练，它在所有重要文化传统……的各个阶段，都获得了一种准科学的知性和精神的声望"。例如，在伊斯兰和世界其他地区的文化认知中，知识的前提就是对语言的一种语文学关注，人们认同语文承载世界的观念，并且承认我们的思想活动也从理解和体味语文的妙谛开始。[①]

萨义德承认语文的建构意涵及其完整把握的社会价值，他认为："一种真正的语文学阅读是积极的，它包括进入早已经发生在言词内部的语言的进程，并且使我们面前的任何文本可能隐藏着的、或不完整的、或被遮蔽的、或被歪曲的东西泄露出来。那么，从这种语言观看来，言词不是被动的标记和记号，谦逊地代替一种更高层次的现实；相反，它们是构成现实本身必不可少的一部分。"它们邀请我们展开人生的对话，精彩、生动、深刻、微妙，魅力无穷，直指人生的玄秘与诗性真实。不仅如此，作为最精彩的语言实践，语文学提供了无量的应用可能，这些都可以在技术上和思维的路线上帮助我们快速地进入人生的实质层，我们阅读得越是精细，这种收获就越加强烈。最好能够在深度的意义上展开语文学的活动，留心语文的语境意涵、人生意味、美学境界。"一部伟大的作品最有趣的地方在于，它产生了更多（而不是更少）的复杂性，随着时间的推移，就成了雷蒙·威廉姆斯所说的通常是相互矛盾的文化观念构成的整个网络。"[②]它们值得高度关注。

萨义德建议采纳斯皮策的方法，从作品的表面进入它，观察它的细节，并逐步分类把握，最后，观察它们是否在整体上建构了内在与外在关联的有机整体。萨义德反对那种事先包装好的语文行为，那是一种坏的行动与行为。相反，通过阅读，人类要进入到社会最内里的结构肌理上并与人、与政治、与文化展开对话。

这种关注恐怕还不足以真实地呈现语文学的魅力。事实上，语文学可以通过各种书写形式彰显语词的玄妙与这种玄妙在技术上、人文内涵上复杂的关联。法国哲学家德勒兹提出用"褶子"来描述这种现象，彼此连接，往复不断，自成系统，统一轮盘。

2. 广告文案作为修辞行动

作为人类对文字的一种偏爱实践，广告文案可以被称为最典型的语文修辞的艺术——通过语言控制受者的心灵与行动。就像我们了解的那样，广告文案

---

① 〔美〕爱德华·W. 萨义德：《回到语文学》，载〔美〕爱德华·W·萨义德：《人文主义与民主批评》，朱生坚译，新星出版社 2006 年版，第 67—69 页。

② 同上书，第 69—75 页。

的诉求基础是“事实性存在”，但是，与“事实胜于雄辩”那种简单的、老实的“宣认”不同，广告文案中的“事实”只是支持诉求的“确定性载体”以及“修辞责任分配器”，真正的意义还要等待修辞运作者根据修辞形势、修辞框架、修辞材料等“修辞掩护”发明产生。从这个角度出发，我们甚至可以说广告费用的价值其实很简单，那就是：购买修辞话语权。而广告文案的秘密就在于修辞形势诊断、修辞目标预设、修辞框架选择、修辞手法采纳、修辞周期展开等，我们所见的攻击对比就是“矮化”，我们所知的自我褒扬就是“饰以美名”，我们所熟悉的事实曝露就是“预构筑”，我们所深知的媒介等就是“修辞伙伴”，我们所许诺的利益就是“修辞承诺”……广告主、广告公司、广告媒介、广告研究组织或许都可看作“修辞团队”，而竞争对手则可以直接赋予“论辩对手”的角色身份。一些曾经以模糊形式呈现的构成变得更加细腻，譬如“利益”一词就可以再行细分为实际利益、道义利益、认知利益、美学利益、身份利益、族群利益等。

在这里，修辞更宜于以广义修辞的形态出场。譬如，改造修辞形势，或者像圣埃克絮佩里所说的那样：“如果你想造一艘船，不要抓一批人来搜集材料，不要指挥他们做这个做那个，你只要教他们如何渴望浩瀚的大海就行了。”①或者就像日本记者本多胜一将美国命名为“美利坚合众国”那样从命名自身或对方中改变修辞格局。

广义修辞的另一种重要的路径是发展适宜的关系脉络，也就是将所要推介的内容放置到一个合理的、脉络化的语义场中，使它与更加多样性的社会维度产生瞬间融合，强化它的意义密度与深度。例如，当人们把“舍得酒”与人生规律联系在一起的时候，当我们读到“人生舍得道，乾坤真酿中”的时候，这款酒就不再是简单的“酒”而转换成了真理的载具与代表。

或者，广告文案也能借助于长期形成的字句文化心理资源获取它的生产力。例如，尽管性别主义批评家反对人们将词语作后天的性别划分，但是事实上，语文词汇还是可以分成“男性词汇”和“女性词汇”。日本山梨大学的西井和夫就曾经给了我们这样一张由 279 个名词组成的“名词的词性分类结果表”（见表 7-3）②供我们参考：

① 转引自赖声川：《赖声川的创意学》，第 89 页。

② 〔日〕佐佐木纲：《女性心像 · 男性心像——城市建设与交通规划新探》，邵春福等译，陕西科学技术出版社 1994 年版，第 27 页。

表 7-3　名词的词性分类结果表

号码	分布型	词性	特征	主要名词(固有名词除外)	个数
1	U 字型	强两性	在 -3，+3 出现峰值	原始森林、太阳、大河、海、大地	5
2	矩形型	不定性	无峰值	娱乐街、商店街、市场、环状公路、宇宙	15
3	0 凸型	中性	在 0 处出现峰值	十字路口、火葬场、学校、墓地、点	5
4	0 凸型	弱中性	在 0 处出现峰值	谷、坡道、树木、森林、沼泽、轻型摩托、单轨列车	33
5	男女两立型	中两性	在 +、- 方向都出现峰值	火焰、山、高尔夫球场、山路	8
6	正态分布、指数分布或者在其中间	极强男性型	在 +3 处出现峰值	火箭、雷、海啸、火山、地震、台风	6
7		较强男性型	在 +3 处出现峰值	悬崖、警察所、高速公路、塔、摩天楼、工厂区	17
8		中男性型	在 +2 处出现峰值	瀑布、飞机、水坝、天桥、桥梁、隧道、半岛	27
9		弱男性型	在 +1 处出现峰值	车道、路面电车、污水处理厂、堤防、山涧、古坟	33
10		中性型	在 0 处出现峰值	天空、新交通系统、图书馆、神社、城市新区	31
11		弱女性型	在 -1 处出现峰值	路旁树木、人行道、盆地、住宅区、广场、公区汽车	60
12		中女性型	在 -2 处出现峰值且在 -3 处值较小	动物园、公园、丘陵、海湾、河川、林荫道	17
13		较强女性型	在 -2 处出现峰值且在 -3 处值较大	曲线、草原、超级市场、喷水	17
14		极强女性型	在接近 -3 处出现峰值	花、泉水、月亮	5

3. 广告文案作为诗性语文艺术

作为人类对文字的一种偏爱实践，广告文案同时也可以被称为最典型的诗性语文艺术——通过诗性语言布结局面、制作牵引并最终巧妙地控制受者的心灵与行动。我们甚至可以说，广告文案是当下实利主义时代里最重要的诗性话语形态。在人们不读诗歌的日子里，人们读广告文案。

我们可以将广告文案看作商业诗学按钮，或者受众身边的诗学、感官逻辑学的语文学、知性诗学商语，甚至可以说成“算计诗学”、“思想语文”、“情感语文”。因为广告文案是如此地优美和动人，它们形态万千，各具禀赋，天生灵韵，从骨子里投射出无法掩饰的大气与豪迈，直透过对象世界刺入了人生、人性的宇空，在根本上回应着因德拉·辛哈的那个著名的断言：“书面语言像一把锋利的匕首,能够深深刺痛人们的心灵。”[①]它们绽放了人类压抑的与无法获得的那些需要,在短小的体制里彰显了人生的玄秘,每每令人震颤不已。

这样说的依据并非那些诗歌体的广告文案,也非那些哲理性的广告文案,甚至不是那些叫人有所联想的广告文案,而是指称全体的文案,因为它们显现了生活的琐碎、仓促、缺失、补充、付出、贡献、孤寂、温暖,以及诸如爱恨情仇之类的广袤的人生社会的繁杂的构成,让生命世界里的生活诗意得到了最大限度的释放。“有点黏又不太会黏”(中兴米);“我不认识你,但我谢谢你!”(中华血液基金会);“关机是一种美德”(台湾易利信行动电话);“用你想要的方式道别”(万安生命);“便宜一样有好货”(全联福利中心);“整个城市就是我的咖啡馆”(统一超商 city cafe);“甘苦谁人知”(白兰氏五味子芝麻锭);“可怜旧情人,看不到我的新内衣”(思薇尔内衣);“行驶,在风中疾驰,不要问‘这是哪儿’……五十铃让你充满自由的能量”(五十铃汽车);“古典音乐是如何改变我人生的”(KFAC);“猜猜 Ranger Over 到底有多坚固”(Ranger Over 汽车);“穿 Levi’s 的码头工人”(Levi’s 服装)等等都是片断的人生诗学,尤其是那些日常生活的话语片断更是如此。吉尔·德勒兹这样解释片断:“片断既是权力又是领土:所以它们才能截获欲望,办法是让欲望取得领土,锁定它,给它照相,把它粘贴在照片或者紧身衣上头,让它肩负某种使命,从它身上提取一幅它所依附的超验性的意象,直至欲望本身跟这幅意象产生对立。”[②]

广告文案是促销性的写作,但它首先应该被当成写作来看待,这样一来,广告文案就成了语文的实验地,充满了人类对语文的操作性征候。其实质,或许就像法国思想家莫里斯·布朗肖说的那样:“写作,就是从魅力的角度来支配言语,并且通过言语,在言语之中同绝对领域保持接触,在这领域里,事物重新成为形象,在那里,形象,从对象的暗示成为对无形的暗示,并且,从对不在场描绘的形式变成这个不在场的不成形的在场,成为当不再有世界,当尚未有世界时对存在着的东西的不透明和空无的敞开。”[③]因此,使得“思想的话语——这寂静的运动由文学来担负”,“然而这个思想的话语终究还是‘日常的’话语:它总使我们重返世间,它向我们展示的世间有时像某个使命的无限和某种劳作的风险,有时像某种坚固的地位,在那里我们完全可以设想自己身处安全之中”[④]。就技术层面的展开而言,广告文案写作则要求考虑书写内容量的安排、选定并推敲字词

① 转引自〔澳〕Jim Aitchison:《卓越广告》,第 1 页。
② 〔法〕吉尔·德勒兹等:《什么是哲学》,第 189 页。
③ 〔法〕莫里斯·布朗肖:《文学空间》,顾嘉琛译,商务印书馆 2003 年版,第 17 页。
④ 同上书,第 23 页。

句、如何执行改写等事务性路径，并使最终的文案达到语文表意的基本要求。譬如通过语义学智慧，"削减"被称为"适当规模"，"军事入侵"被称为"警察行动"……"催眠语法"（通过独特路径与受众潜意识接触从而躲开意识过滤，让受众不知不觉地接受指令）的有效方案是"隐晦命令"、"否定之否定"、"插入问句"、"暧昧词句"、"隐喻"等等。①

"词语具有煽风点火之能"②，心理学以"心锚"（anchor）称之，并延伸指称那些能刺激产生特殊感觉的存在物。诗人安妮·塞克斯顿的忠告是："词语就像鸡蛋，必须小心侍弄；不然一旦破了，就无法修复了。"③

有意思的是，广告文案的词语组织，充满了自由的气质，无拘无束，甚至为所欲为，任意创造。只要稍加留意，我们就不难看出一般的语文法则在广告文案中未必全然适用，例如，广告文案就不对所谓的逻辑作丝毫让步，而将它的多数的谦逊给了语感和气度的渲染了。广告文案里的语词的确像是在自言自语，譬如，广告文案世界里到处可见的"陌生化"手法，即那种借用一般社会印象所形成的熟识感觉与适当的"改造"相结合的修辞手法，就将随便的语句手术（易字、减字或者嵌字）、单纯元素的重复、等式妙用等推到了话语市场上，制造了一种语文的乐趣。"从这个角度来看，我们会发现……就如一个浩瀚的词语天地，这些语词之间的关系、组合及能力，通过音、像和节拍的变动，在一个统一的和安全自主的空间里得以体现。"④

必须提到的另一个特征是基于广告文案的语文地方性特征而来的。换言之，语文的国家特性、民族特性、区域特性等，在广告文案中都是最可关注的生产性构成，制约着广告文案的生产与传播。"长长长长长长长，长长长长长长长"之类的书写可以作证证明每一种语文都可能被召唤制作文案，每一种文化都会创造性地转换成富含生产色彩的广告话语。它们是一些打而不倒的力量，基本的态度似乎可以是："这似是民族语言习惯形式中的一项特点，无所谓优劣。"⑤适宜的态度则可以转换成："这种汉语中的'血小板'，凝聚力又有多么强！"而"那些浩瀚的作品，实是一支庞大的队伍，它们蕴蓄着极大的潜力，发扬起来，并不减于……"⑥

---

① 黎泽潮等：《"勾魂摄心"的广告表现技巧——浅析催眠手法在广告中的体现》，《广告大观·广告研究》2009年12月，第46—47页。

② 〔美〕斯各特·卡特里普等：《公共关系教程》，第332页。

③ 同上书，第333页。

④ 〔法〕莫里斯·布朗肖：《文学空间》，第23页。

⑤ 启功：《汉语现象论丛》，中华书局1997年版，"前言"第5页。

⑥ 同上书，"前言"第10页。

重要的是熟知并真诚地把握这些文化资源。或者就像启功先生那样，看出“骈句这个模子、这个范型，大约是从歌唱而来的，整齐的节拍，反复的咏叹，在时间和空间上，都易于远行”①。而八股文的那些苛刻的技巧，如换字、对偶、相题（判断题目）、口气、磨勒、钓、渡、挽②等，也都是宝贵的生产性资源。或者就像张中行先生所主张的那样，分享文言文的简练、词汇丰富、炼字功夫、写情写景、委婉、句法整齐、声音和谐、风格多样的优点③，创造广告文案的灿烂与辉煌。或者就像台湾诗人余光中所主张的那样，参透并灵活地运用文言与白话的各自优势，使汉语的智慧打消时间的阻碍，共同地成为文案生产的生力军，“大致说来，白话的词汇较淡，文言的较浓；白话的距离短，语气亲切，文言的距离大，语气悠远；白话虽俗，但可以安排得恰到好处。文言虽雅，但陈词滥调仍不免恶俗。欧化过分，有翻译的‘文艺腔，但适度的欧化却富颠倒曲折’之趣，且使词句主客轻重之势分明。无论用白话、文言，或欧化句法，总要用到恰如其分”④。或者通过“迭宕术”这种修辞的手段，将语句构结成“包举四海之意，并吞八荒之心”这样的句子，击人心魄，造成心理节拍的效应。或者整合、挪用“神智体”、“回环诗”、“山形诗”、“酒令”、“谜语”、“测字术”、“字形分解”等，制造诸如“冻雨洒窗，东两点西三点；切瓜分客，横七刀竖八刀”（字形分解联）这样机智的广告联。或者在汉字的世界里做足文章，创意并制作“森→林→木→十”这样的稍带游戏旨趣的广告文案。

在“汉语的容器”里，还有诸多的语言修辞可以给我们的文案作业些许坚实的支持，使我们自身的感动达于受者的灵府。譬如比喻、回环、拆词、象征、摹状、对称、拟人、同字、假设反正、对比、换算、点化、排比、拟误、借典、叠字、反说、衬托、双关、婉转、借代、反问、换位、挑战、连珠、夸张、复义等就是其中常用的修辞利器，诸如“车到山前必有路，有路就有丰田车”（顶真）、“长城电扇，电扇长城”（回环）、“难言之隐，一洗了之”（婉转）、“不戒香烟，只戒烟油”（换位）、“今年二十，明年十八”（夸张）、“做女人‘挺’好”（复义）等广告文案的制作，就在很大程度上得益于这些修辞手段的资助和提携。

当然，“脆弱的容器并非总能盛下它们”，人类何以借文案的身形“承受神的

---

① 启功：《汉语现象论丛》，“前言”第5页。

② 同上书，第117—128页。

③ 张中行：《文言津逮》，福建教育出版社1984年版，第119—123页。

④ 余光中：《谈新诗的语言》，载余光中：《掌上雨》，台湾时报文化出版企业有限公司1986年版，第71页。

丰盈"①，仍然还是个问题；文案能否做到瓦尔特·本雅明所期待的那种状态，在那里，"语言的和谐如此深邃以至于语言触及感觉就好像风触及风琴一样"②，同样还是个问题。

第二节　广告文案写作：文字在行动

广告文案同样必须在文字行动中显示它的旖旎、豪迈、洒脱以及诸多的与人性勾搭连环、水乳交融、牵连至深的面容与景观。广告文案是行动派文字的代表，是"境遇美学"的口实，一不留心，还可能转身成为文学、流行话语的制造商。

但这些都需要坚定的行动意志，以及聪慧的行动谋略、精妙的行动技巧、真实的支持和无私的援助。需要心灵在那个微缩的世界里造出周延的空间。

一、广告文案书写的策划与筹谋

广告文案写作需要经历一个基本的生产性过程，在"全过程写作观"中，这个过程可以简单勾勒为：(1) 策划；(2) 执行；(3) 修订；(4) 定稿；(5) 提案。其中，"策划"乃首端事，需要慎重对待。

广告文案策划的主要目的是发展出适当的广告文案策略，简言之，参照创意蓝图所作的广告战略陈述，根据文案作业者从文案身份出发所收集的若干资讯，对后续文案活动中所需要明晰的品牌/商品描述、目标视听众陈述、基本创作目标、制作支持理由、文案篇幅、文案媒体属性、文案表现格调、文案叙事风格、文案关键字词、文案修辞取向等做出恰当地陈述和勾勒。许多时候，人们称这种工作为"文案平台"。

文案策略就是营销策略在文案环节的具体落实。因此，在根本上与营销策略保持一致，并通过文案的元素及其修辞化处理，支持与扩张营销策略的世界。就价值层面而言，文案策略可以给后续的文案操作提供一定的基础，例如它具体可感的勾勒就在实际的操作中产生"结构网"的作用，提示方位，聚拢资源，产生架构，具有强悍的生产性价值。

作为生产性力量，广告文案策略需要具体性，例如，它主张"一句话定义真问题"，使整体的运作从此有了精准的方向。"在寻求广告解决问题之前，你应该能够把营销问题萃取成一个句子。"（乔治·露易斯语）商品描述、目标视听众

① 改写荷尔德林的诗句，参见王家新：《汉语的容器》，《读书》2010年第3期，第140页。
② 参见上书，第140页。

描述、基本创作目标描述、支持理由描述、格调描述等环节都是如此，诸如“广告必须使崇尚日光浴者相信，经常使用 SPF15 将能有效地预防皮肤癌的发生”、“味道好极了”、“牙好，胃口就好，吃嘛嘛香”等便是基本的形态。

广告文案策略需要真实地面向消费者世界，面向他们灵府的秘密，并清晰地将盘绕着这一切的核心构成传神地、简洁地呈现出来，让它们内在的消费者意义成为证明人性与存在秘密闪烁的力量。譬如，“文案格调”的确立，就是文案究竟需要借助哪种美学资源与消费者沟通的深度问题。关于这一点，米歇尔·凯(Michael Kay)指出优先考虑三大问题之解决：(1) 广告到底应该是情感的还是理性的？有何限度？(2) 是否在广告中考虑竞争因素？如何考虑？(3) 应该如何掌握广告信息的分量？

当然，由于发展的关系，广告文案同时需要很好处理的问题还包括：(1) 如何在确保基本利益的前提下跳出模式化的惯习？(2) 如何有效地统筹公司美学与个人叙事风格为一体？(3) 如何使得叙事自然巧妙？最好的叙事就是看起来没有叙事。(4) 如何在框架上获得解放？就像欧内斯特·海明威说“散文”那样，“是一种体系结构，而不在于内部的装饰”①。

所以，广告文案策略在形式上所要求的目标视听众描述、目标描述、格调描述等，需要从广义和狭义复合的路径上给予整体性的重视与开发。其中，重要的不是形式上的描述，而是胸怀“人生大光学”的那种无影穿透，那种对人性的直觉与敏感，以及在适宜的框架里所展开的适宜的大整合。

二、广告文案的原形情报制作

策略确定之后续行动便是编制原形情报。“所谓的原形情报即指内容繁杂，尚未经过处理的情报资料。即广告表现之前的雏形。为了传达这些原形情报，就产生了广告。原形情报本身并非广告，必须经过广告制作者加以取舍、组织、加工以后才能称作广告。”②“原形情报就像刚采出来的矿石，广告便是磨炼后的宝石。”

原形情报是广告表现的重要步骤。作为继后文案修辞行动的现实基础，在思路、材料、资讯管理、修辞呈现之生产上扮演重要角色。因此，原形情报应该尽可能地准确、简练，并按照消费者价值程度排列出先后的顺序，便于随后的修辞化处理。例如：“学校网球俱乐部正在招收新会员。欢迎初学者。欢迎经验丰

① 转引自〔澳〕Jim Aitchison：《卓越广告》，第 331 页。

② 〔日〕多比罗孝：《广告文案》，庄慧琴译，朝阳堂文化事业股份有限公司 1995 年版，第 6—7 页。

富者。本俱乐部广受女同学的欢迎。每年举办一次比赛。互动形式多样。我们有优胜五连冠的好记录。俱乐部负责人是某某某。俱乐部位于学校操场侧旁的风景区。每天中午休息时接受报名。本年度预算××万元。"

很显然,这样的内容结构大体上显示了未来制作成型的文案的内容、形态,但是,还不是完型的广告文案,缺乏必要的审美穿透力和信息推广的有效机制,还需要进一步加工完成。

三、发掘广告文案的执行点子

当拥有了确切的营销概念、创意概念、原形情报等文案作业资源后,文案作业的下一步就是想办法使它们具体化并铺衍成文。就广告而言,重要的不仅是方向选择,还包括针对这些方向的技术性落实,亦即那种结实有力、对应准确的落实。事情就像奥美广告人理查·范乐尔所说:"大部分的广告创意都必须要有两个基本的点子:一个是像广告心脏般的核心创意点,另一个就是执行的想法,以便赋予核心创意在荧光屏上或者平面图页上的生命。"①

现在,假如我们需要从一些核心概念出发制作完成具体的广告文案的话,我们该从哪里切入?事实上,切入的方式、方法从来就不相同,"各家有各家的高招"。一些文案作者主张自由发想,任脑际成为思绪飘散的神圣密境。最高境界者,创设自我文案独门秘籍,自我地制作属于个我风格的文案——"我花了非常多的时间去了解并重新诠释每个字、每个词所传述的物件、事情及感觉。在与别人之间一次次沟通上的误差与挫败,让我不再相信既有的字汇,因为那已是别人以讹传讹的结果,而且开始严重失真,以至于非常容易地误用、失焦。于是我开始慢慢地建立一套自己的语汇及叙事系统,让自己可以精准地传达自己的想法,并运用自己迷恋的词汇,书写在每一份文件上……我无法运用既有的文字格式,因为那会让我中断成串式的思考。我用自己思考的节奏如实地书写自己的声音,而且不愿修改。"②

另一些作者则主张借助于资讯大运动、大勾连,使得创意资讯的"网结构"鲜明呈现,为现实的捕捉提供丰富的矿源与坚实的基础。"发想的要诀,如果要有规则可循的话,不妨参考一下方向,由点扩及面、直线、交叉,再做情景状况之模拟、扮演、体会等。"其中,"垂直发想"、"水平发想"、"坐标象限发想"、"情景

① 转引自高宏志等:《广告文案写作——成功广告文案的诞生》(第二版),中国物价出版社2002年版,第108页。

② 李欣频:《广告字恋后副作用》,载李欣频:《诚品副作用》,第186页。

描述的发想”、“非单点的交叉发想”、“想象的状况发想”[①]以及“禅式发想”是主要的代表。它们各具玄秘，可以凭着围拱的资源结构而形成一种可观的势力。例如“禅式发想”，就动员了非理性的、直觉的、顿悟的、含蓄的、自然的资源，使文案的创造与槛外的人性紧密地联系到了一起，在“相反相成”、“玄想比拼”、“自然平常”[②]的召唤里凝练资源，共铸话语，生产全新的文字意涵。

找到那些资源后，密度加大了，联系建立了，但还要努力地去建设和谐的文字语句，使之形成完美的语文实践的最好例证。例如，当我们把“西安”、“古城”、“历史行走”、“心灵远眺”等词语联系在一起的时候，下一步的工作恐怕就是要将它们缝合在严密的结构里，让它们充满充分地分享这“存在—物件”的皱褶意义与价值。最后，我们或许会得到“行走在一个民族的诞生地上，来古城西安作心灵远游”之类的语句。不管它们是否完美，但从素材走向“成品”，总算是一个大进步。

想要得到“长途电话是回家最短的路程”、“太阳下山，‘莱托里奥斯’该登场了”、“用你的意志去嚼它”之类的文案，就得经历这样的艰难历练。因为文案本来就是一场“字词秀”，包蕴差异、争议及其最根本的谐鸣。

四、发展广告文案的优良结构 1：广告口号制作

广告口号又称广告语或广告主题句，是广告文案世界里最具有传播价值的信息构成单位，是广告诉求文本的精华所在。广告语简短，急迫，使用广泛，更适宜于信息市场的博弈与竞争。

广告口号这个词起源于盖尔语“Gaelic slugh gairm”，意思是“战斗的呐喊”。现在，人们把那些成功的、具有一流传播效力的广告语称为“广告金句”，并以此来显现、分享广告文案的特性与光荣。

广告口号有相当可观的显性与隐性功能：(1) 为系列广告提供连贯性；(2) 将广告讯息战略压缩成精练的、便于重复、便于记忆的定位声明[③]；(3) 体现广告的整体战略；(4) 传达品牌或社会事业的益处与精神。[④] 甚至有些研究者认为，“一旦你得出了标语的主题，那么整个广告活动都要体现同一精神和理念”，简单地说，“标语决定一切”[⑤]。

---

① 杨梨鹤：《广告文案传真》，汕头大学出版社 2003 年版，第 83—111 页。

② 李世丁等：《沟通秘境：广告文案之道》，广东经济出版社 2001 年版，第 176—189 页。

③ 〔美〕威廉·阿伦斯：《当代广告学》(第 7 版)，第 390 页。

④ 〔美〕罗宾·蓝达：《美国广告设计实用教程》，第 195 页。

⑤ 同上。

广告口号同样有许多显现方式。例如，按照性质划分成：(1) 企业、团体的广告语；(2) 促销活动的广告语；(3) 商品的广告语。[1] 按照内容划分成：(1) 以商品的质量和便利为主的广告语；(2) 述说历史和传统的广告语；(3) 以企业的未来目标为题的广告语；(4) 表现企业的国际性及其规模的广告语；(5) 反映高超技术水平的广告语；(6) 树立企业理念的广告语；(7) 体现人的兴趣的广告语；(8) 培育大众感情的广告语；(9) 倡导公众行动的广告语；(10) 阐诉企业存在价值的广告语。[2] 或者，按照修辞形式分成：(1) 褒扬式；(2) 号召式；(3) 情感式；(4) 标题式；(5) 承诺式；(6) 幽默式；(7) 俗语式；(8) 比较式；(9) 综合式。[3] 最简洁的划分是：企业形象式和强行推销式。[4]

还有些划分是按照制式表现完成的。或者，选择简单短句、简单双句、企业与品牌名称加简单单句构成标语形态[5]；又或者，按照构成分为一字格（biáng，陕西方言，指称面条，见图 7-1）、二字格（两片）、三字格（小而冷）、四字格（快治人口）、五字格（真诚到永远）、六字格（专食人间烟火）、七字格（倡导优质新生活）、八字格（难言之隐，一洗了之；味道好，当然吃得开）、九字格（更青春更靓丽更开心；替您挡住下一个喷嚏）、十字格（钻石恒久远，一颗永流传）、十二字格（扬起生命风帆，享受生命辉煌）、十四字格（衣带渐宽终不悔，常忆宁红减肥茶）等形式。

图 7-1 𰻞字图

口诀："一点飞上天，黄河两道湾，八字大张口，言字往里走，你一扭，我一扭；你一长，我一长；当中夹个马大王，心字底月字旁，留个钩搭挂麻糖，推个车车逛咸阳。"

---

① 〔日〕植条则夫：《广告文稿策略——策划、创意与表现》，俞纯麟等译，复旦大学出版社 1999 年版，第 72 页。

② 同上书，第 77—78 页。

③ 王春泉：《实用广告写作》，第 332—335 页。

④ 〔美〕莱恩等：《克莱普纳广告教程》，第 522 页。

⑤ 高宏志等：《广告文案写作——成功广告文案的诞生》，第 233—234 页。

恰当地制作广告口号并非易事，需要心智与才华，需要灵韵神思的弥漫氤氲。简单的表述可能就是"五易"要求，即易读、易念、易记、易听、易反复。[①] 进一步的要求或者是：(1) 与品牌个性、牌格相吻合；(2) 口语化；(3) 生活化；(4) 关注社会流行语。[②]

五、发展广告文案的优良结构2：广告标题制作

在当下的语境里，一种最坦率的观点认为：除了那些主动寻找信息的人或者被画面与标题吸引的人，大多数人通常都不看正文。"所以，不要指望正文来传播主要信息，标题与画面应该传递很重要的信息，正文只是作为补充。"[③]实际上，有三种办法让目标对象关注广告文案：标题本身、插图本身以及两者的结合。[④] 最极端的说法是："标题是广告中唯一最重要的元素。"[⑤]

东·贝尔丁(Don Belding)的说法很细致，他说："询问反馈显示出大标题在整个广告中占有50%—75%的重要地位……它与新闻、评论文章及其他一些标题共同争夺读者。实际上，在一份拥有较大发行量的报纸上，你的大标题要与350篇新闻综述、21篇特别报道和其他85个广告同台竞争。而且它还要竞争得及时，因为一秒之内，它或者引起重视，或者被一带而过，读者不会费时再翻回去重读一篇广告……"[⑥]

标题的重要性与它在文案结构中所处的位置有关。一般情况下，"人们倾向于用下列的方式来浏览印刷广告：先看插图，接下来是标题，正文的第一行，然后是标识。如果他们还感兴趣，他们会回来看余下的正文"[⑦]。标题未必说服阅读者，但是标题首先要吸引人群的注意力，否则，后续活动无法展开。

为了有效地传播信息，人们设计了许许多多的标题类型共同承担吸引注意、诱读正文、表现产品价值、强化品牌名称、建立有效的顾客联系、刺激消费者行动、使图案增值等广告标题所需肩负的传播使命。[⑧] 这涉及视野、角度与方法问题，人们可以从任何自己愿意的出发点延展思维，组织资源，建构体系，生产

---

① 王春泉：《实用广告写作》，第336页。

② 李世丁等：《沟通秘境：广告文案之道》，广东经济出版社2001年版，第78页。

③ 〔美〕罗宾·蓝达：《美国广告设计实用教程》，戴佳敏等译，上海人民美术出版社2006年版，第195页。

④ 〔美〕菲利普·沃德·博顿：《广告文案写作》(第7版)，第66页。

⑤ 同上。

⑥ 转引自〔美〕约翰·卡普斯：《增加19倍销售的广告创意法》，孟庆姝等译，内蒙古人民出版社2000年版，第17页。

⑦ 〔美〕莱恩等：《克莱普纳广告教程》，第508页。

⑧ 〔美〕杰罗姆·朱勒等：《广告创新战略》，第104—105页。

意义。

多数标题的形式得自于诉求或内容性构成。例如，植条则夫提出的分类是：新闻/通告式、断定形式、实证形式、提议形式、暗示/警告形式、依赖/呼吁形式、提问形式、情绪形式、效用/利益形式。① 《克莱普纳广告教程》的建议简单些，但仍然遵循这一路线：提出新利益式标题、直接承诺现有利益式标题、引起好奇心和兴趣式的标题、选择式标题。② 菲利普·沃德·博顿先是把标题分解成"直接标题"和"间接标题"，指称那些直接影响销售的标题和主要目的是抓住读者产生信息注意的广告标题。接着，开出了一串广告标题类型单——新闻式、情感式、直接利益式、命令式、非正统式、好奇式、自吹自擂式、口号式、标志式。③ 倘如行走于此路径，或者我们还可以做出更加细密的划分，例如将广告标题分解成宣事式、新闻式、祈使式、颂扬式、号召式、悬疑式、提问式、比喻式、对比式、标语式、熟语式、并列式、情感式、排比式、承诺式、假设式、仿回目式、重复式、超常式、自拟式、歌名式等不同方式。④

这些分类似乎还没有完整地呈现广告标题的复杂性。事实上，我们还可以从其他出发点得到例外的收获。例如，从组织元素与结构关系的角度，将广告标题划分成纯文字型的标题、文图复合型的标题；从语义完整度的角度划分，将广告标题划分成语义完整的广告标题和语义非完整的广告标题；从形态的角度分割，将广告标题划分成单行体标题和多行体标题。

多行体标题构成相对复杂，它是主题、副题、眉题等标题形态根据需要所做的语境性组合，形态变化并无绝对规则。通常情形下，人们接受那种将标题分成"主标题"和"副标题"的做法。主标题发挥作者创造的心性，而"副标题乃是为主标题做'收心操'的工作，更是衔接主标题与文案内容的桥梁，故其词句通常简洁扼要，讲重点，重主题叙述"⑤。真实的情形就像下面的例子显现的那样：

主标题：加油，请给他无声的支持

副标题：歌林冷气十重无声设计，把声音收起来

主标题：为生活拥有健康的皮肤

副标题：Aveeno 每日保湿乳液临床证明能够改善干性皮肤的健康水平

---

① 〔日〕植条则夫：《广告文稿策略——策划、创意与表现》，第 56—63 页。

② 〔美〕莱恩等：《克莱普纳广告教程》，第 509—512 页。

③ 〔美〕菲利普·沃德·博顿：《广告文案写作》(第 7 版)，第 69 页。

④ 王春泉：《实用广告写作》，第 314—321 页。

⑤ 杨梨鹤：《广告文案传真》，第 35 页。

广告标题的积极运用需要相当的技巧与心智。例如,追寻冲击力、加入有销售力的词汇、避免使用否定式、不要以词害意、用语生活化或人性化、问题视觉化等。

约翰·卡普斯的总结显然更丰富。他的撰写广告标题的原则是:(1) 使标题充满吸引力;(2) 加入新的信息;(3) 避免过分强调引发读者好奇心;(4) 尽量避免灰暗、消极的色调;(5) 在标题里暗示一条便捷的途径使读者能够得到他们想要的东西。[①] 他提醒人们应该仔细探究科学的方法,充分地借助于效果想象的途径获取有效的广告标题。还有,不要把标题搞得太短,那样极有可能表达不充分;不要设计乏味的、刻板的标题;不要设计太张扬的标题。他奉献了 35 条经过经验证明是有效的标题撰写规则[②]:

在你的标题前加上"介绍"(Introducing);
在你的标题前加上"公告"(Announcing);
选用带有"公告"、"通告"类字眼的词语;
在标题前加上"新"(New);
在标题前加上"现在"(Now);
在标题前标明"最后"(At Last);
在标题里注明日期;
以新闻样式撰写标题;
在标题里着重强调价格;
突出减价;
突出特殊的商品设计服务;
突出一种便捷的付款方案;
突出免费服务;
提供有价值的信息;
讲故事;
在标题前加上"怎样才能"(How to);
在标题前加上"怎样"(How);
在标题前加上"为什么"(Why);
在标题前加上"哪一个"(Which);
在标题前加上"还有谁"(Who else);

① 〔美〕约翰·卡普斯:《增加 19 倍销售的广告创意法》,第 41—42 页。
② 同上书,第 97—99 页。

在标题前加上“征求”(Wanted)；
以“这”为标题的开头；
以“因为”作为标题的开头(Because)；
以“如果”开头(If)；
在标题前加“建议”(Advice)；
使用“证明书”式标题；
给读者提供一项测试服务；
使用一个词(One-Word)标题；
使用双词(Two-Word)标题；
使用三词(Three-Word)标题；
告诫读者不要去买；
使你的标题开诚布公地直接面向读者；
使你的标题针对具体对象或群体；
你的标题是否提出了一个问题；
通过实例和数字向读者展示利益。

菲利普·沃德·博顿则借《广告文案写作》强调了那个最基本的“赋予”——人性力量的赋予。他给了我们一个有意思的图示①，涉及贪心、舒适、方便、好奇心、自我、家庭亲情、团聚与幸福、家庭时光、恐惧、健康、英雄崇拜、慈善、大公无私、慷慨、爱与性、智力挑战、休闲、感观诉求等基本的人类诉求，按照他的解释，正是借助于这样的力量与资源，诸如“为心灵、肉体和灵魂而设计的香味”(香水)、“听听妈妈的声音”(电报电话公司电话)、“来一根，抵抗蛀牙”(无糖口香糖)、“新世界正在新旅游杂志等您”(旅游杂志)、“成为最好要付出什么努力?”(大学注册)等广告语才获得了深入灵府生产震颤的那种能量。

六、发展广告文案的优良结构3:广告正文制作

接着标题信息的广告文案单位就是广告正文。借助正文，人们介绍产品更丰富的资讯，解释何以兑现标题里所提出的种种承诺。业界的相关理解是，“针对那些必须详细加以说明的产品，正文现在是，而且将来仍然是最主要的一个销售力量”。人们的设计通常是：“用标题刺激他们，用正文说服他们。”“假设把标题看作令人胃口大开的辣椒酱，那么，它刺激的味道就会挑逗你的唾液腺，于是，你开始对随后的肉和土豆产生兴趣。正文便是文案大餐的主菜，而标题、插图、副标

① 〔美〕菲利普·沃德·博顿：《广告文案写作》(第7版)，第43—45页。

题、图片说明、口号以及标志则是这道大餐中的重要元素。不管怎样,你必须在正文中表明自己的销售主张,你所有的事实和购买理由都应该在这里进行陈述。"①

正文是广告文案作者可以善加整合的文案生产资源,尽管不是所有的文案都需要和允许正文出场,但是,作为一种有效的诉求体制,正文需要受到重视并被积极开发。因为正文世界同样复杂多样且充满了灵活的气息,只要语境许可,正文和它的出场方式可以灵活得让我们瞠目结舌。

正文有许多存在方式。一种描述尝试将正文分成六种类型,在这个有影响的正文类型清单②里,我们可以读到"直白式正文"、"叙述式正文"、"形象式正文"、"对话/独白式正文"、"图文解说式正文"、"另类式正文"的各自图景以及公共的气息。下面分别加以介绍:

(1)"直白式正文"——正文一开始就针对标题或者插图内容展开说明,直接进入到产品的销售,按照卖点的重要性安排卖点的轻重缓急。

(2)"叙述式正文"——讲述一段故事或者设立一种情景,自然而然地发展到对产品卖点的议论。

(3)"形象式正文"——正文不表现出任何销售特征,而是推广一种观念、想法、服务或者组织形象。

(4)"对话/独白式正文"——广告中的人物用自己的话语推广信息展开销售,体现为证言式、半证言式、诙谐式、连续式等不同的叙述路线。

(5)"图文解说式正文"——依靠一系列图画和说明文字而非纯粹的文字讲述故事。

(6)"另类式正文"——无法分类的类型,凭借广告文案的幽默、诗句、外文单词、夸张、噱头或其他手段创造销售力。

另一份清单提供了16种正文类型,其中后三种需要慎重对待③:

(1)直白式文案——直接将广告客户的意图用平实易懂的文字表达出来,缺少花样和修辞,仅用最简单的形式说清楚所要表达的意思。

(2)故事型文案——此种文案先营造一种气氛,而后讲述一段故事,主旨是"请买这种商品"。

(3)"你和我"式文案——生产制造商和顾客"面对面"直接对话,显示出友

① 〔美〕菲利普·沃德·博顿:《广告文案写作》(第7版),第91页。
② 同上书,第96—97页。
③ 〔美〕约翰·卡普斯:《增加19倍销售的广告创意法》,第165—185页。

好的闲聊式的特色，就像推销员正在向一位顾客推销产品那样。

(4)“想象丰富”型文案——通过一系列富有想象力的文字吸引读者注意力，诱发好奇心。

(5)事实型文案——指那些以产品的功能和特点为主，列举大量事实的广告文案。

(6)“事实+花样”型文案——罗列大量的事实，并在广告文案中加上某些“花样”(例如强说服力的语汇)进行加工的文案。

(7)坦白式文案——在宣传自身优势时，同时承认自身的某些缺陷。

(8)夸大式文案——在这类广告文案中，文案作者径直走出去并且把广告口号喊得越来越响亮。

(9)“署名式”文案——有时生产商在介绍他们的产品或者服务时往往要签署自己的名字，或者使用知名人士的名字展开诉求。比如某知名作家的公开信。

(10)题目式文案——直接将产品题目刊登出来赢得认同的广告文案形式。例如，图书广告中的书名《关于教授们的笑话》、《如何培养幽默感》等。

(11)“片头式”文案——这类广告的目的在于难为读者并由此吸引读者。例如，某培训学校的“片头式文案”的标题是：“本文不适合那些‘博古通今’的人”；正文是：“本文不适合那些自视清高，对自己的商业才能颇为赏识的年轻人。本文是针对那些负有责任感的人的一种私人信息。他们认为他们应该每天多赚几千美元，而他们又缺乏足够的在商场上拥有立足之地的信心。”

(12)“新闻版面”式文案——在这种广告文案中，广告客户购买整版空间，并将之设计成典型的评论文章的样式(标题、插图外加小广告)。唯　不同的是它们不是由记者撰写，而是出自撰文员之手，为的是推销产品或者传达某种信念。

(13)竞争性文案——针对竞争对手所作传播设计的信息诉求。例如，表7-4就竞争产品的结构和质量所作的对比。

表7-4　比较结构和质量

项目	我们的轮胎	专用品牌邮订轮胎
更多橡胶含量	172 cu. in.	161 cu. in.
更大重量	16.99 磅	15.73 磅
更大宽度	4.75 英寸	4.74 英寸
胎体更厚	0.627 英寸	0.578 英寸
胎面更多夹层	6 层	5 层
相同的价钱	(××)	(××)

(14) 卡片式文案——就像制作商业卡片那样操作广告文案。例如下面这则文案仅仅24个词,但是它们却占了杂志的一页篇幅:

布兰克有限公司

珠宝　　银器　　文具

钻石珠宝

最高品质　　经久不衰

来信查询便可迅速得到回复

纽约第5大街

(15)"小聪明式"文案——那些要小聪明的广告文案形式,稍有不慎就变成了让人讨厌的油滑之作了。下面这则广告之所以还能成立,关键是它的标题能吸引大量的读者:

【标题】这可能是有史以来投资最低的服装广告

【副标题】这套服装9.79美元——极合时令

【插图说明】画面上是一个穿着白色长床单的男人

【文案】"这套服装"实际上是一个白色棉床单。它覆盖了整个身体,洗熨方便,只需9.79美元,像其他价格低廉的服装一样;它也有自己的缺点:不太合身,款式也不流行,你绝对不能在领导开会时或酒吧里穿着它招摇过市,但它却可以保你不进监狱。反之,如果你希望仪表堂堂,衣着得体,赢得你的商业伙伴的尊敬,而且是看起来要比获得成功更加春风得意的话,那么就请破费去买更贵的服装。

(16) 幽默式文案——幽默式文案同样充满了风险。因为,人们对幽默的理解和态度存在很大的分歧。下面这则文案是成功的幽默式文案,但是,它们未必可以讨你喜欢:

【插图说明】一个牧师与一个站在门外的人在谈话

【文案】"帕森,当你的轮胎出毛病时,你常常诅咒吗?"

"可能会,但是为了尽量避免这种情况发生,我通常使用凯丽·斯普林弗尔德牌轮胎。"

应当学会通过智慧驾驭正文。例如,如果你不能在前50个字之内吸引读者,那么,广告人最不愿看到的"高弃读率"就会出现。因此,文案作者必须掌握有效开头并展开的技法,掌握悬念开头、描写开头、历史开头、总括开头等诸种方法,并使之与中间部分、结尾等文案组织相联系。除此之外,他还必须使它们

"像小说一样，从一个部分到另一个部分的过渡必须流畅"。使文案、标题、插图等互动有机，关联一体；他需要掌握不同文体资源，他最需要的是真实的感知力以及敏锐的自觉心。"撰稿人看产品用的透镜很可能就是技术人员用来查看每个螺母和螺栓并解释为什么每个都是重要的放大镜；或者它可能是浪漫主义者查看产品是如何影响个人生活的玫瑰色眼镜。"①

七、发展广告文案的优良结构4：广告随文制作

随文，又叫附文、尾文，是广告文案中用来交代广告主基本信息、促进消费行动展开的文案构成单位。随文是最容易受到忽视的文案单位，甚至有许多人否定随文的传播学价值。这与随文指向具体、构成简单有关。但是，正如我们在许多时候看到的那样，随文自成世界。

按照一般认识，随文包括：(1) 获得商品/服务的基本方法；(2) 联系所需要的基本信息；(3) 必要的图示；(4) 直接反应表格；(5) 权威机构的证明或专利证书等；(6) 企业/品牌名称与标志。

为了有效传达这些信息，随文形成了自己的存在方式与类型。从内容构成的角度看，有些随文显示信息相对全面，有些则选择重点信息展开诉求，还有些广告索性将那些基本的信息涵括在标题或其他部分，隐去了显在的随文构成。从表现风格而言，随文可以简单地分化成直接性随文和间接性随文。前者直接列明，不加修饰；后者则借助修辞，适当委婉传播。从随文的显示方式而言，有些随文以常规方式存在，有些则以附言方式、标签方式、表格方式存在并显示信息。

随文的"艺术"主要表现在它的选择性上。随文的语言相对平直，不事修饰，切勿玩绕口令式的字词游戏。

八、文案的叙事选择与多样化卓越路径

制作广告文案需要策略，需要创意，需要文字感悟力，需要针对媒体的思维自觉。简单地说，制作广告文案需要智慧，"撰写一篇精彩文案，绝非灵光乍现或午夜煎熬可得，必须按部就班把基本功夫练好，学会写主标、副标、文案内容、标语及醒题。不必套公式，只要……融会贯通，找出自己的写作方式，长短文案即可挥洒自如"②。

文案写作需要与多种多样的人类性资源打交道。换言之，借助广告文案实

① 〔美〕莱恩等：《克莱普纳广告教程》，第517页。
② 杨梨鹤：《广告文案传真》，第21页。

现人类解放"厥道非一"。在"新手指南"里,专家学者给出的建议是:确保文案体现创意;以自然对话的语气来写作;抓住品牌的精华;避免陈词滥调;合乎逻辑并清晰简洁;保持相关度;不要居高临下地对消费者说话;杜绝任何针对民族、人种、宗教、性别、年龄有关的成见和诽谤。①如果可能的话,我们还可以再加上聪明的风格选择、文体选择、话语方式选择、人性搅动技巧等路径。②

就现实的信息传播路径而言,如下方式更值得结合语境选择与使用,它们既是信息生产的手段与修辞,同时自身还是增加广告文化光荣的新的点火装置。

(一) 长文案、短文案与传奇性广告效果获得

在广告文案行走的印痕里,人们可以在常规体制之外见到包括许多种类的传奇性文案体格,如长文案、短文案。

尽管主流意见一直主张广告文案应该日趋短小化发展,但是,数据已经显示,如果长文案的内容名副其实且文字优美,人们仍然有可能将宝贵的注意力资源投向长文案。关键是,这则长文案是否充满了耀眼的光芒和迷人的魅力。③

安德鲁·J.伯恩借《提升广告效果的125种途径》一书报告了一项针对72家零售商店长达七年的调查跟踪。结果显示,零售广告提供的信息越多,获得成功的几率也就越高。这项调查将每条广告提到的事实数量与广告的成功率作了对比,表7-5就是结果的数据化呈现:

表7-5　事实提及数量与广告成功率表

商品事实数	成功率(%)
4(含4)以上	44.2
5(含5)以上	49.6
6(含6)以上	57.7
7(含7)以上	60.0
8(含8)以上	66.7

伯恩给了一份凭借长广告获得傲人实绩的文案名单,在那份名单里,一个叫美林的投资公司在《纽约时代》上刊登了6000字的广告文案,结果,在没有赠券刺激的情形下,它们得到了5000起查询。

当然,这并不意味着所有商品都适合于、都必须和应当使用长文案。"大体

① 〔美〕罗宾·蓝达:《美国广告设计实用教程》,第194页。
② 王春泉:《实用广告写作》,第478—579页。
③ 〔美〕菲利普·沃德·博顿:《广告文案写作》(第7版),第129页。

上讲，那些我们称之为‘下决心的’产品应该采用长文案。”“下决心的”产品的特点表现为：(1) 价格高昂；(2) 技术性强，如计算机、电子、机器人、照相器材以及高科技产品；(3) 要求进行展示的产品，如吉普车、ATV 以及某些烹饪设备；(4) 新上市、必须加以介绍和解释的产品；(5) 单纯通过插图难以传达其功能或价值的产品。①

在某种程度上，长文案“解放”了广告所受到的既有的封闭性制约，使自由的力量从形式的维度转向了心理的舞台，并大度地赋予一切载体传承广告精神的专业主义价值。这匹广告领域里的特洛伊木马，带来了新的创造性自觉，在一切的创构里都可能生产与传播广告信息。在长文案的世界里，人们可以讲述故事(故事型长文案)，可以提供丰富的资讯(产品剖析型长文案)，可以借途于鲜明观点的扩散(社论型长文案)，可以嫁接新闻通讯的形式作适度性表述(业务通讯型长文案)，可以借有用的知识资讯吸纳人群的注意力(知识型长文案)，可以像贝克啤酒那样，讲最糟糕的拳击手、最不成功的天气报告……幽默风趣地将贝克啤酒与阅读的乐趣联系在一起(趣味材料型长文案)。请记住，长文案通过繁多的文字直指信息与人心，乃是一种深得广告精髓的文案体制。

由此，长文案的制作显然是一种挑战，既有的惯例、既有的美学风格很容易遭遇解构与再结构。菲利普·沃德·博顿总结出来的“使长文案广告轻松易读的创作技巧”是：(1) 采用副标题分割文案；(2) 采用插图说明的形式；(3) 采用短词、短句和短段落；(4) 扩大行距；(5) 慷慨地运用空白，使广告显得舒适大方。②

短文案显然很容易被忽视，这与它们的体格有关系。但是，在传播的市场上，它们的确很有效果，值得关注与科学操作。

台湾“三味矿泉水”的广告文案标题是《四大皆空》，正文仅仅是大气简约的“无色、无味、无菌、无尘”四个词。马汀大夫鞋的广告文案标题是《不要告诉我什么才是对的》，它的内文仅有简单的几句自我表白：“我逛二手店，我吃棒棒糖，我看 NBA，我穿 Dr. Martens……”但是，它们却是空间性地勾勒与陈述，点火装置有效有力。

现在，人们主张通过努力进一步实现在简约的文字里结构大世界的愿望。例如，尝试着将所要传达的意思压缩成一句话或者一个经典的意象；又或者，通过画面与场景的转化性处理，有机地借鉴视觉美学生产路径资源，实现通过简约

① 〔美〕菲利普·沃德·博顿：《广告文案写作》(第 7 版)，第 129—130 页。
② 同上书，第 130 页。

让一切在场的人类大理想。

（二）系列文案与持续性诉求

系列文案是另一种文案生产体制，它是“迭宕术”、“螺旋式传播”在广告诉求中的智慧运用，典型地呈现了在主题的支配下、沿着一个方向、持续与变化同步的信息传播与扩散的特性，以及聪明的累积性传播特征。

广告文案1——生活灵药(题)

正文：水一杯，糖两三分，气泡随意，以欢喜心情喝之，不拘时候，老少咸宜。

广告语：用心让明天更新！

广告文案2——工作灵药（题）

正文：热心一片，谦虚两钱，努力三分，学习四味，沟通五两，以汽水送服，遇困境加倍用之。

广告语：用心让明天更新！

广告文案3——爱情灵药(题)

正文：温柔心一颗，倾听两钱，敬重三分，谅解四味，不生气五两，以汽水送服之，不分次数，多多益善。

广告语：用心让明天更新！

假如我们有机会与台湾黑松汽水平面文案密切接触的话，那么，我们一定会惊讶于这种被称为系列性文案的传播表演所含带的力度与气质，以及它们在相对一致的叙事风格、关联内容、统一规格、持续刊播的结构里蕴藏的人类传播的复杂与歧异，并由此充分理解“螺旋式传播”的机制与可能。

事实上，系列文案的构成还要复杂和多样。按照介绍，系列文案普遍表现为三种类型：(1) 信息一致型；(2) 信息并列型；(3) 连续式广告。[①] 作为一种福柯意义上的“环视艺术”，系列文案当然不会这样的单一与纯粹。例如，它还可以从主题系列、功效系列、心理系列等任何一个角度展开多样性的组织结构，只要能够将读者巧妙地放置到不同的视点、视阈并使他们对同一信息有了“立体”、“完整”的了解，都是被允许的和被鼓励的行为。

事实上，我们还可以在更加复杂的生产性结构关系上将系列文案再细分为“挤压式的系列文案”以及“延展式的系列文案”等群体类型。前者主要指横向性的展开方式，它们围拱着共同的主题并最终聚集在一起形成对主题的挤压式

① 高宏志等：《广告文案写作——成功广告文案的诞生》，第319—320页。

诉求效应；后者则是指线式展开并在层次等角度上形成宕开的那种传播效应。从这个角度看去，系列文案充满着“变异的诗学”特性，它们的用心就是让存在的共同体在各种力量的呼唤下恢复自身，使社会的他性蜕变成为传奇。

系列文案最大限度地在单位文案的实践中实现了立体整合的机制，它给我们最大的启示是：不论纵向的递进抑或是横向的累积，都可以成为对主题空间性建构的有效路径，聚集就是力量。

但是这种聚集需要技巧。例如那种“主题共和国”的思维，以及在词语的荒草里寻觅共同性的那种自觉。另一种建议是“换字游戏”，即在主题的指导下，以改变语汇与描述维度的做法求得传播的陌生化效应的那些作业手法。①

（三）有趣的文案制作：零碎性文案的描述与展开

通常情形里，人们所说的广告文案仅仅指那些所谓的“正规的文案”，而另一些很容易被视作缺乏创意空间与创意需要的零碎式文案构成及其行动，则被简单地排斥在“广告文案”世界之外。随着认识与观念的变化，人们开始觉悟到那些“被划归为‘零碎工作’的写作可以说是写作这块蛋糕上的精华”，供给了人们更加自由的创意可能与创意挑战②，因为它们没有更多的作业纪律与公共规范。

在这个“零碎工作”世界里，有的是才华流泻的阵地。例如，你需要为某份报纸制作一篇“软文”，或者为某个商品制作包装文案，为商店橱窗展示或店内展示撰写文案，为企业的告示牌撰写文案，为销售活动撰写销售发言、广告样品、陈列辅助等材料，为广告公司代表撰写评论或讲话，为营销活动准备适当的小册子，等等。

制作软文是最引人注目的一种“零碎广告文案”工作，通常情况下，人们以“付费文章”(Advertorial)直接指称，宣示软文的广告特性。在中国的语境里，软文更多的是指以新闻报道或专栏文章形式出现的商业性文章，这些文章可以帮助广告主介绍产品、发布信息、评述市场、制造商业事件。

作为广告宣传的有效延伸，软文呈现了典型的“广告”(Advertisement)与“专文”(Editorial)综合体的特性。它最根本的传播机制在于：制造隐形的信息生活并机智地替代显在的信息诉求。

也因此，软文的表现形式自由多样，与新闻、评论、综述、深度报道、短消息、专栏、小知识、散文等随机融合，借他者之身，说自身信息，成效果于无形之间。

---

① 杨梨鹤：《广告文案传真》，第183—189页。

② 〔美〕菲利普·沃德·博顿：《广告文案写作》（第7版），第131页。

甚至那些高明的软文作业还可以制造事件,诱发更加深入的社会资源卷入,制作更为广阔的认同景观。

软文肩负着借助公共性特质制造认同的使命,因此,软文是一种充满风险性的工作,稍有不慎,不但不会产生积极和欲求的效应,反而会激起反感,破坏社会接受机制,产生消极的影响。所以,软文之造,非常强调一些应有品质[①]:

(1) 立意高远。诸如某公司为"艾琳防晒露"所作广告的广告语:"为什么澳大利亚人的皮肤癌发病率高于中国三四倍?""为什么中国人的皮肤癌发病率逐年上升?"

(2) 标题诱人。主要指文章标题充满可读性,能够刺激人心,产生注意等效果。为此,可充分借鉴文章制造中常用的悬疑性标题、对比式标题、恐怖性标题等形式制作软文标题。

(3) 内容丰沛。主要指在内容的铺排中有区别性地针对新闻披露型、竞争回应型、信息深化型、运作总结型、服务咨询型、消费体验型等不同软文内容构成,围绕主题展开多棱镜式的描述或者其他样态的勾勒,使软文内容结构条理化,有序传达欲传达之信息。

(4) 形式恰当。主要指软文写作制作中的写作风格和发布时的版式风格。

软文制造关系信息传播成败,应该慎重谋划,科学制作,在传播纪律许可的情况下,巧妙地包裹信息于无形之中,达成理想之传播效果。

根据介绍,尽管"人们的性格、收入、品味各异,但都抵御不了直接反应商品的魅力。这种特有的魅力使直接反应广告成了广告和营销业中发展最迅猛的一个分支"[②]。因此,直接反应广告文案制作成了"零碎的文案"世界显赫的构成。

通常情形里,人们会把"直邮"与"直接反应"等同起来。显而易见的是,"直邮"只是一种形式,有些"直邮"的目的在于当下促销,而另一些"直邮"则可能是基于其他目的的一种销售配合,譬如告知等。所以,人们开始将当下的反应视作区隔的重要指标。"这些文字必须挑起人们的兴趣,激起他们的购买欲,让他们心甘情愿地掏腰包。在这种销售方式中,你没有后路可退,没有其他销售人员来分担你的包袱。你一个人就是整个销售作战军团。如果不能创造销售业绩,你就会玩完,你的公司就会玩完;如果你在给别人打工,那么你的老板就会完蛋。"这种对后果的直接责任的广告就是直接反应广告。[③]

---

① 陈云岗:《品牌推广》,第169—170页。
② 〔美〕菲利普·沃德·博顿:《广告文案写作》(第7版),第172页。
③ 同上书,第173页。

直接反应文案制作同样需要策划与思考，例如，了解情形、了解媒体、了解广告结构（长度、布局、插图、标题、大小）并积极地选择文案风格等。因为，“直接反应广告”已经覆盖到了电视、电话、商品目录、报纸、杂志等广泛的媒体世界，成了另一种复杂的广告构成。

针对“这种”广告形式而产生的制作建议可以立体地呈现它们的复杂性。人们通常建议：(1) 像零售商一样思考；(2) 标题就是窗口；(3) 用价格招徕潜在的消费者；(4) 注意读者的兴趣所在；(5) 注意联系细节；(6) 刺激直接反应。

第八章　广告设计与制作:想象秩序与制造秩序

按照普遍的看法,“后创意”环节中广告生产最重要的程序与努力就是何以有效“实施”广告创意的那些“神的丰盈”的广告行动。那些绚烂的创意,如果还没有获得有效的容器来盛装并加以有机融合的话,人类所能得到的广告生产现实或者就只能是文论家所说的那种意沛词前、气馁于后、无力达成的状态了。关于这一点,当下最基本的公共认同是:“广告依赖于创意,而创意要靠设计与文案共同传达。”①

广告设计就是策划;广告设计就是空间管理性作业;广告设计就是从混乱和随意中找出条理;广告设计是一种现代广告制度;广告设计是一种现代广告文化;广告设计是一种日趋总体性艺术的现代人类创意性活动……假如我们借助于欧文·戈夫曼的剧场理论,那么,我们还可以说广告设计是一种充满趣味的智力运动。广告设计不单单要处理认知美学的现实资源,例如认知图式、建构规则等,它同时还要考量那些难以复述的“隐形资源”,使“台前”表现与“台后”支配性力量最紧密地融合在一起。例如,赛斯东的相关想象是:语文理解、语文流畅、数字、空间想象(视觉想象)、记忆、推理、知觉速度;而加纳的同题理解则是语言、音乐、数学逻辑、空间几何感、身体运动感、人格特质 a(对他人敏感)、人格特质 b(对自我敏感)。人们思考得越多,设计丰富性增值的可能性也就越大。为此,广告设计者应当努力扩张各自的“生命空间”并使之与广告设计的维度产生深入的联系。当人们向埃德加·德加引述阿米埃尔的那句浪漫的话“风景就是一种心灵状态”时,这位法国画家反驳道:“不,这是一种眼睛的状态!”②在“灰色生态学”的时代里,我们需要视觉的、色彩的、立体的,总之一切感人至深、触及灵府的表达性支持,例如视觉与触觉等的支持,或者空间建构维度上的热切、微妙的支援。我们通过视觉、听觉、触觉、味觉、空间感知的图景表达我们的广告心得,使这世界增添了一份精神的嫩绿,使我们感受到温暖与感情。或者我们应

① 〔美〕罗宾·蓝达:《美国广告设计实用教程》,“前言”第Ⅺ页。

② 转引自〔法〕保罗·维利里奥:《解放的速度》,陆元昶译,江苏人民出版社 2004 年版,第 55 页。

该注意“30—3—30”公式。这个公式由已故学者克莱·舍恩菲尔德提出。第一个数字表示一些受众不管你的陈述多么吸引人，多么趣味横生，他们给你的时间不会多于30秒钟。假如你希望在30秒内被受众所接受，那么，你的主要观点则应该有力、积极和引人注目。第二个数字表示一些受众会给你3分钟以上的时间，这就意味着你可以用粗体字、小标题、插图、照片说明甚至画龙点睛的总结性叙述来传达信息。第三个数字意味着有人将花费30分钟时间来琢磨你的信息，即使你的信息是用小字号刊登的。甚至我们还应该注意到，这个关于消费者时间资源分配的公式后来被改造成了另一种表示——“3—30—3”。[①]

从广告设计的立场出发，设计主体还要注意的另一个问题是：广告设计与制作同样涉及成本控制问题。在这里，何以借助最小化的投入获得最大的利益化回报同样是最基本的主体性问题。

在广告设计与制作的秘密世界里，还有许许多多的道学构成值得我们认真思考并借鉴，只要我们愿意将广告设计放置到广告设计历史的脉络里解读，广告设计以及它对自身现状的“超克”就不仅仅是设计现象抑或文化现象，更是一种发展与变革的命运象征。当然，最根本的解读前提还是围绕品牌愿景操作，并使广告设计拥有较为充分的“消费者洞察”与驱动力，兼顾到品牌名声、意义与区别，关联传播计划，呈现出典型的创意表达特性，彰显现代空间与思维管理取向，实现多义层的组合与突破。

第一节　卓越广告设计的生产行动：路径、修辞与美学选择

从任何地方都有可能走向广告信息有效传达的“阿莱夫”。

一、平面广告设计制作：视觉修辞与文本生产

按照现有的调查意见，平面媒体仍然是最重要和比例最高的广告媒体，接下来的顺序是：电视、网络、直邮、名录、户外与交通、广播、电影、电话销售等。[②] 按照现实的设计生产情形来看，平面广告设计，即那些以长、宽两维形态传达视觉信息的各种广告信息形态，同样是较为显在的广告设计样态，影响广泛，且多元呈现。按照制式方式界定，平面广告分为印刷类、非印刷类、光电类三种基本形

① 〔美〕斯各特·卡特里普等：《公共关系教程》，第331页。

② 〔英〕A. D. Farber：《赢在简单——广告策划与运作速成读本》，戴冰等译，中国水利水电出版社2004年版，第46页。

态；以使用场合来论，则可以分为户外平面广告、户内平面广告以及可携带式平面广告几种。平面广告是最活泼、最灵便的广告设计构成，一直占据着中心地位并最迅猛地形成视觉中心主义取向。晚近以来，“平面设计已经成为我们后现代视觉语言的一个核心组成部分，并且发展成为一种至少和它所表现的文字和意象一样重要的意义载体”①。

（一）平面广告构成元素

平面设计的基本元素包括图形、色彩、文字、编排等，它们共同构成了平面广告的繁华与灿烂。

1. 图形

图形是平面广告最重要的生产手段与利器，它能够在充满感性美学的图像里，巧妙地渗透人生的秘密，指称某一种意义、欲望与意志，传播某一种信息，刺激、暗示某一主题或情绪。保罗·梅萨里的意见是：(1) 经由模拟真人实物引发情绪波动；(2) 经由照片证明事情确实发生过；(3) 在欲销售之物和另一图像之间建立暗示性的连接。② 美学家鲁道夫·阿恩海姆干脆说：“图片是一种关于视觉质量的表达，而且这种表达可以在任何一个抽象的层面上实现。”③

为了与这种“防不胜防的物”展开有效的协商④，许许多多的生产者参与其中。在平面广告生产中，负责绘制插图广告的人一般被称为插图画家；而用摄影手段供给图像的人则被称为广告摄影师。他们共同负责产品图像、表意图像、表格信息、卡通图像、广告摄影等视觉图像的设计与制作。他们通常借助各种生产工具、照相设备、设计软件等创作生产，或者，他们直接从图片库中自主挑选甚至加工改造那些既有的图像，他们是无穷无尽的视觉魅力创造人。

事实上，图形图像制作者可以凭借着各种途径获得所需要的图像，“图像的本质取决于你想要传达的创意”。一个简要的总结显现了其中的丰富与自由⑤：

① 凯思·罗伯斯坦：《论平面设计》，转引自〔美〕阿历克斯·伍·怀特：《平面设计原理》，黄文丽等译，上海人民美术出版社 2005 年版，衬页文字。

② 〔美〕保罗·梅萨里：《视觉说服：形象在广告中的作用》，王波译，新华出版社 2004 年版。

③ 转引自〔美〕查尔斯·科斯特尼克等：《视觉语言设计——职业传播者策略》，周勇译，中国人民大学出版社 2005 年版，第 313 页。

④ 〔日〕岩城见一：《感性论——为了被开放的经验理论》，王琢译，商务印书馆 2008 年版，第 1 页。

⑤ 〔美〕罗宾·蓝达：《美国广告设计实用教程》，第 156 页。

表 8-1　创造、选择和运用图像

主画面可以是：	图像可以是：
插图	创作作品
图示说明	现存图像直接使用
照片	现存图像经处理后使用
照片集锦	蒙太奇剪接
组合作品	编辑后的照片

显然，"印刷广告常用许多标准主题制作广告的图形"，例如：(1) 含有产品的包装；(2) 单独的产品；(3) 使用中的产品；(4) 产品的使用方法；(5) 产品特征；(6) 产品比较；(7) 用户利益；(8) 幽默；(9) 证言；(10) 反面诉求。① 或者，采用装饰法、光点法、比喻法、夸张法、线割法、特写法、叠影法、空间法、幻觉法、光束法②、摩擦法、贴标法、纸雕法、誊印法、"自动"法、线描法、黑白画法、刮纸法、复印再创作法、产品结构剖面法等获取相应画面与视像。③ 或者，就像保罗·梅萨里总结的那样，在"吸纳注意力"目标的支配下，走"违背现实"、"超现实主义与视觉象征"、"滑稽视觉模仿"、"直接的目光对视"、"背面景象"、"视距"、"主体摄像机"的行动路线；在"引发感情"目标的支配下，选择"垂直拍摄角"、"高人一等的外表"、"俯视/关爱/屈从"、"认同"、"性外表"、"环境意象"的做法。④ 如果联系到后现代图像文化的构成，情形会更加复杂，最起码，我们还可以再加上许许多多我们既知和未知的图像形态。在一个边界缺失的语境里，图像世界同样无边无界。

因为这是一个随时都在更新的话语领域，任何一个美学、社会、心理变量的介入都可以引发系统的变革与深化。

例如，阿历克斯·伍·怀特总结了"字体"的若干变化，以及"符号"的开发历史、招贴画的迅猛发展，例如萨格梅斯特的宣言就主张在人体上绘画、杂志设计的革命性历史，包括从维多利亚风格（1840—1900）、手工艺风格（1850—1900）、新艺术（1890—1905）、表现主义（1905—1925）、立体主义（1910—1925）、未来主义（1910—1945）、达达主义/风格主义（1915—1925）、构成主义（1915—1930）、包豪斯学派（1920—1935）、装饰派艺术（1925—1940）、超现实主义（1925—1945）、现代派（1930—1970）、纽约学派（1945—1970）、国际风格（1950—）、波普艺术/迷幻式（1960—1970）、巴塞尔（1976—）、朋克（1975—

① ［美］威廉·阿伦斯：《当代广告学》（第 7 版），第 378—379 页。
② 钱旭涛：《广告设计 10 法》，浙江人民美术出版社 1994 年版。
③ 李苗、王春泉：《新广告学》，暨南大学出版社 2002 年版，第 201—203 页。
④ ［美］保罗·梅萨里：《视觉说服：形象在广告中的作用》，第 5—52 页。

1990)、后现代派(1975—1990)到全球主义(1990—)的设计风格、设计流派、设计范式的转移与跌宕。[①]

2. 色彩

色彩是另一种人类话语形态。或者,色彩可以被视为包蕴复杂的人类性的“存在的皱褶”。

在色彩的世界,人们既可以发现创造性赋予的魅力,同时也能轻易地注意到知识局限以及色彩的神秘,诸如黑白与彩色之间存在意义上的差异,就是最重要的证据。稍加罗列,人们还可以看出色彩的构成复杂多样,感受到色彩难以简单标示和化约式勾勒的特性。例如,人类最早命名的那个色彩——红色,就被勾勒成复杂难解的世界,“不仅仅代表爱情——还代表仇恨;从贵族的特权到共产主义的象征色;代表法律和道德禁区的色彩”[②]。同时被“文本化”为旧红色、深红色、砖红、孟加拉红、血红色、波尔多酒红、火烧红、褐红色、樱桃红、中国红、仙客来红、英国红、草莓红、欧石南红、费拉里红、火红、火烈鸟的红色、焰红色、肉红色、佛罗伦萨漆、倒挂金钟的红色、狐红色、老鹳草红、灼红、石榴红、鸡冠红、浅红、散沫花红、覆盆子红、通红、螯虾红、印第安红、碧玉红、镉红、卡里普索红、红衣主教的红色、朱红、绯红、胡萝卜红、鲜红、刚果红、珊瑚红、茜素红、像熟虾一样红、赤铜色、熏鲑鱼红、漆红色、熔岩红、发光红、品红、玛尔斯红、红木的红色、无光洋红、红丹色、罂粟红、氖红色、牛血红、橙红、东方红、氧化红、辣椒红、帕尔玛粉红、粉画红、不退色红、波斯红、胡椒红、桃红、粉红色、庞培红、高级教士的红色、普紫红、雄吐绶鸡红、花梨木红、玫瑰红、锈红色、红橙色、红灰色、红紫色、红宝石红、砂岩红、猩红、黑红色、烧成红褐色、信号红、赤陶、金红色、番茄红、土耳其红、原红色、荡妇红、威尼斯红、交通中的红色、辰砂、葡萄酒红、朱砂[③]等现实形态。

到了这样的时代,甚至“随着如今商业和设计环境的国际化,色彩也正跨越国界”[④]。

色彩受到特别重视的原因源于它的生产性特征。

色彩具有独特的联想意义。简单的表述如表 8-2[⑤] 所示:

---

① 〔美〕阿历克斯·伍·怀特:《平面设计原理》,黄文丽等译,上海人民美术出版社 2005 年版,第 117—119 页。文字略有加工。

② 〔德〕爱娃·海勒:《色彩的文化》,吴彤译,中央编译出版社 2004 年版,第 29 页。

③ 同上。

④ 〔美〕莱恩等:《克莱普纳广告教程》,第 550 页。

⑤ 〔美〕阿历克斯·伍·怀特:《平面设计原理》,第 67 页。

表 8-2　色彩的联想意义

蓝色	绿色	红色	黄色	褐色	紫罗兰	黑色	灰色
高贵	执著	有冲动	乐观	消极	沉思	放弃	障碍

就技术维度而言，或者是：

帮助完善结构。通过连贯、和谐的色彩运用，建立特色，形成一套独特的色彩运用方法。就像限制使用活字一样，限制色彩的运用，以表现出真正的不同。一开始就要策划如何运用色彩。如果只是在最后再加上，那么色彩就最有可能是装饰性的。色彩使用要和谐。和排印、空间分隔特点一样，独特的色彩组合也能成为与众不同、便于区别的特色。

突出重点。把要素按主次顺序排列……

提供方向。把各个部分相互连接起来。暖色调的颜色使要素突出，而冷色调的颜色使之不显眼。因此，图像前的特排字体必须使用暖色调，以促进空间上的错觉。

就广告信息传达而言，或者是：

色彩是获得注意力的办法。大多数情况下，彩色广告比黑白广告更能吸引人们的注意力。罗伯斯塔奇研究所的研究表明，彩色报纸广告比黑白广告提高了61%的阅读率。

事实上，有些产品的广告只能做成彩色的。如果采用黑白广告，家庭装修、食品、很多服装和辅料以及化妆品将会失去它们的大部分诉求……

色彩可以在广告中强调某些具体要素……①

抽象地考量又或者是：通过色彩，人们可以获取适当的心理效果、象征效果、文化效果、政治效果、传统效果、创造性的效果。② 例如，长期使用的某些色彩会逐渐成为商品的标志性符号，或者，“使用颜色可以建立一个完善的识别”，形成完善的视觉营销体系③；另外，通过色彩实现抽象质量形象化——就像用红色传达辛辣的味道那样——的传播目标；更或者，就像美国色彩协会主任玛格丽特·沃什所说的那样：通过柔和、五颜六色的色彩话语拯救这样一个时代的焦虑感。④

① 〔美〕莱恩等：《克莱普纳广告教程》，第547页。
② 〔德〕爱娃·海勒：《色彩的文化》，第1—3页“引言”。
③ 〔美〕贝恩特·施密特等：《视觉与感受——营销美学》，第86—89页。
④ 〔美〕莱恩等：《克莱普纳广告教程》，第550页。

作为表现我们人类语言、对话、梦幻、想象、思想的意图、思想的遮蔽的利器，“颜色（色彩）的效果产生于它们的组合，产生于它们的系统……”①

然而，复杂的问题却是：“没有普遍有效的颜色假说”，“每一种颜色的规律更依靠心理状态，而不是物理的原则”。面对现实，那些聪明的色彩探索者开拓的建设路径是：“从对颜色的质量和效果的探索而出发。常常像一个炼丹士，使用颜料好像一个破译仪式。”②例如，在通常情况下，时装广告采用彩色展开诉求，但是，卡文·克莱恩（Calvin Klein）的内衣广告却因展示出的红褐色格调避免了彩色的凌乱，取得了较之于四色广告更为有效的传播效果。

通常情形里，刊载媒体（例如报纸/杂志/招贴）规定了颜色的使用。在一本花里胡哨的时装杂志上，你的广告一般就得是彩色的，而给报纸设计的广告通常都是黑白的。另外，广告主题也是决定广告色彩的重要力量，比如在彩色杂志上刊登黑白广告有助于突出信息，传达一种特殊的格调，就像纪录片所表现出来的现实主义风格一样充满魅力。按照专业总结，色彩的运用同时与图像设计本身的风格、广告预算也都密切相关，例如在预算较少的情形里，一般选择黑色画或者点色（spot color）。③ 最重要的还是针对色彩的美学感觉，它们才是决定色彩选择与组织的根本力量。在这里，人类可以找到色彩穿越表象进入灵魂世界的力量所在，其中魅力，或者就像帕尔特海姆展示的那样，他深入到了黑色的现象学世界——

> 沉重的黑色显示形状、轮廓、面积，它是物体颜色……作为缺少光明的颜色，它发出暗淡的光泽。它无边无际的深度像一个平面，反射自己的黑度。它无声音地暗藏着沉默。异质的，它好像雌雄同体。它的心理状态乞求死亡和哀伤，也乞求南方的母系社会，表示激动的刺耳声音。黑色是古代埃及及半犬半人阿努比斯和魔鬼的颜色，是混乱和黯淡的颜色，这是一个能够陷落并且能够产生万物的地方。有黑色毛皮的黑豹，它的温柔光泽取消了自身的形状，它是步伐轻盈优美的野兽。巫术和蔑视世界的颜色，谦卑的衣服。
>
> 这个颜色的对立特征意味着它的不同的气氛，它的平衡只是在它能被理解的可能的范围之内，通过同时发觉邻接的颜色也许被加强，也许被遏

---

① 〔德〕帕尔特海姆：《论颜色——重复的破译仪式》，载孙周兴编：《世界之轴——帕尔特海姆艺术》，中国美术学院出版社2003年版，第26页。

② 同上书，第27页。

③ 〔美〕莱斯·屈特：《广告创意》，第154—155页。

制。彩色的黑色仍然是莫测的、神秘的，它把其他颜色的广度吸收并且睡眠般、梦幻般地保留之。黑色轮廓的硬度像一个刀口，锋利、坚挺、尖锐。[①]

按照解释，我们要遵循那些"创造性色彩构思原则"。"在广告中创造性的色彩可以制造出引人注目的效果，有效的广告需要这种效果。这里允许使用任何色彩，因为广告中的一切都是五彩缤纷的，色彩只有让人感到意外才会起到应有的作用。"但是，这个原则并非平常理解的天马行空、任意操作，而是"合乎理解，合乎材料和合乎使用"[②]。

3. 字体

"字体可能是你最有价值的资产，也是最难管理的"资源。[③] 一方面，"在多数情况下，把字体运用好并不会引起对其本身的注意，因为文字的作用主要是实用性的：传递信息"；另一方面，"字体也有审美作用，字体选择能对信息的冲击力和情绪产生微妙的影响"[④]。事实上，"在广告中，字体本身……是一门艺术，有效地选择符合广告格调、符合产品、符合广告画面和文字的字体是有助于负载和传播信息的"[⑤]。因此，"倾听字体的声音"[⑥]并妥加利用，非常重要。艾伦·赫伯特的意思是："词汇的运用——它们的声音、含义和字体——从字母发明以来就一直是设计中令人感兴趣的一部分。"[⑦]广告设计师吉思·费德里科则直接说："你必须选择一种有声音的，与你正试图传达的想法和图像不冲突的字体。当然，出于某种原因，除非你引入的是一种令人恼怒的声音，一种令人烦恼的字体。"[⑧]

在广告信息的生产与传播中，字体不仅不可或缺，而且是制造节奏、美学效应最简便的利器。比如，借助字体的变化形成节奏，借助于分组编辑形成节奏，都是常用的手法。例如，"排印中这样的节奏停顿是以出人意料地改变单个要素和符合逻辑地打断特排字体行的末尾来表现的，而不是碰巧用文字来填满一行。如果字行随意或在错误的地方被打断，阅读和理解的速度就会慢下来。如

① 〔德〕帕尔特海姆：《论颜色——重复的破译仪式》，载孙周兴编：《世界之轴——帕尔特海姆艺术》，第 34 页。

② 〔德〕爱娃·海勒：《色彩的文化》，"引言"第 22—23 页。

③ 〔美〕莱恩等：《克莱普纳广告教程》，第 552 页。

④ 〔美〕威廉·维尔斯等：《广告学：原理与实务》（第 7 版），桂世河等译，中国人民大学出版社 2009 年版，第 320 页。

⑤ 〔美〕莱斯·屈特：《广告创意》，第 151 页。

⑥ 〔美〕阿历克斯·伍·怀特：《平面设计原理》，黄文丽等译，上海人民美术出版社 2005 年版，第 103 页。

⑦ 转引自上书，第 109 页。

⑧ 同上。

果字行的自然分割在视觉上的效果并不令人满意，就有必要改变字体”①。

广告设计者需要进一步了解并熟悉字体武库里的储备。例如，在西方设计体系里，单一开放字体系统就存在许多非标准化的字母：手绘大写式、延伸绷带式、溢出式、线状、符号等具体构成。或者像有些教科书罗列的那样，将字体分成衬线字体、无衬线字体、装饰和特排字体、象形文字体、单空格体、书写体和手工压印体的无衬线字体、表示象征和花饰用的字体、黑花字体。② 在中文世界里，我们可以发现扁体、长体、斜体、圆体、宋体（细宋体、中宋体、粗宋体）、黑体、楷书、隶书、新魏体等字体形式，“利用 24 种镜头（7 级—100 级）和三种变形镜头，能打出长体、扁体、斜体等字体变化，所以一个字可打出 600 多种不同的字体。”③

为了适应新形势和人性的审美需求，设计者需要掌控字体资源并善加整合。例如，格外关注且深思熟虑地开发那些“富于表现力的字体”：小巧不引人注目的、端庄的、富丽堂皇的、大胆的、可怕的、呼应版面的、与画面融为一体的、隐含深意的等等；或者，就像纽约施德明有限公司的施德明主张的那样：“（1）把它做得非常大，要么就非常小；（2）让内容来决定形式；（3）让内容和形式相互冲突；（4）创造字形，然后拍照；（5）只使用 Helvetica 字体。”或者从以下六个方面追求字体设计的清楚易读性和可读性：（1）字体内在的清晰性；（2）字体的大小；（3）字间隔空；（4）词间距；（5）行距；（6）样式。④

（二）组织与生产

现代图形理论同时希望注意并借助于图像的组织与形式获取更真实的视觉说服力量，亦即在获取基本元素的基础上通过结构化方式产生积极的信息生产与传播能量。

1. 基本设计原则

在“基本设计原则”这一标题下，人们可以找到不同的说法，准确地说是找到不同的思维意识及其自觉。

通常的说法可以是：

> **统一**。所有富于创意的广告都有统一的设计。布局必须考虑到整体性，所有的构成部分（文案、美术、标题、标志）要相辅相成，以营造一种整

① 〔美〕阿历克斯·伍·怀特：《平面设计原理》，第 109 页。

② 同上书，第 117—119 页。

③ 樊志育：《广告制作》，上海人民出版社 1997 年版，第 55 页。

④ 〔美〕阿历克斯·伍·怀特：《平面设计原理》，第 111—115 页。

体、统一的效果。如果一个广告没有统一，它就会显得散乱并且画面变得混乱。也许统一是最重要的广告设计原则，它对于一个有效的广告来说十分必要。

协调。与统一紧密相连的概念是布局图的所有要素必须协调。美术设计人员通过选取相互配合的要素来达到协调，字体、字号、插图等不应有太多的变化。

顺序。广告应该布局有序以便使得人们阅读时能从左读到右、从上读到下。各要素的顺序有助于从结构和凝视动作上指引视线。合理安排各要素，以便读者的目光能如你所愿的那样来阅读广告。普遍的排列为"Z"字形和"S"字形。

强调。强调是将重点集中到某一要素（或者一组要素）上使之突出。确定是否需要强调插图、标题或文案。如果你给所有这些要素同等的强调，那么到头来你就什么也没有强调。

对比。尺寸、形状和风格需要有所不同以增加活力，从而使广告在视觉上显得不沉闷。将字体改为黑体、斜体或使用拉长的字体会将人们的注意力吸引到某个字或词上来，在字体之间形成对比。对比使版式显得更为有趣。

平衡。所谓平衡，我们指的是控制各要素在广告中的尺寸、风格、重要性和位置。达到平衡的各要素在人们眼中显得可靠而且自然。你可以通过检查广告的左半部和右半部之间的关系来测试平衡。主要有两种形式的平衡：形式化和非形式化。①

另一些设计思路显得更灵活与本质，它们强调设计通过互动实现生产与提升思想感情的目标。"广告设计的主要冲击力在于，通过与文字的结合来刺激感觉，从而推销品牌、服务与思想。"故而，平衡、积极的轮廓与空间、视觉顺序、统一性与多样性、节奏感、文字与图像的无缝合奏、视觉惊喜、视觉冲击、独创性、为品牌形象而设计……②在那个著名的"设计七个组成部分"的描述中，协调性、格式塔、空间、优势地位、等级、平衡、色彩得到了深入的分析，分析者的观点是："掌握这些将产生极好的设计效果，不管设计中遇到的问题多复杂。"③

---

① 〔美〕莱恩等：《克莱普纳广告教程》，第545—546页。

② 〔美〕罗宾·蓝达：《美国广告设计实用教程》，第125—185页。

③ 〔美〕阿历克斯·伍·怀特：《平面设计原理》，第57—68页。

2. 有效设计路径

设计是一种想象性的工作。在那段关于设计的形象、生动的描述里，"设计的七个组成部分，协调性、格式塔、空间、优势地位、等级、平衡和色彩就是滑动的开关，就像灯的调光器，帮助创造出引人注目、有效的设计……它们就像一个团体一样捆在一起"①。

问题是何以才能有效地整合行动？

平面广告设计流程如表8-3所示。

平面广告设计方式多样、方法无穷。"好的设计的定义……就是在单一性和设计师的随心所欲中找到平衡点。"②这里所可以介绍的仅仅是那些普遍的规则和美学共性，至于具体语境中的美学呈现，则要结合真实的场域来协商和建构了。

关于"设计原则"，一般认定的主要有：

视线引导。设计人员通常会为眼睛浏览信息元素设定一条视觉路线。在西方国家，多数读者是从上向下、从左到右进行阅读。尽管一个布局可以设计方向性的信息线索，以使眼睛按未预料到的路线进行浏览，但大多数布局遵循眼睛自然移动的方式进行布局。

视觉中心。在一般情形下，尽管作为重点或焦点的视觉重心是视觉性的，但当字体粗大到能够统帅其他要素时，视觉重心也可以是标题。根据这种界定，视觉重心只有一个，焦点只有一个，任何其他东西都是次要的。

统一性。通过统一性，一则广告的所有要素都融合成一个一致的形象……相邻元素的接触和并置，可以增强统一性和方向感。"让应该匹配的东西匹配起来"，这句古老的格言说明了事物集群的重要性。

留白。……留白自身就是一种设计元素——要么作为单独的设计元素出现，要么将关系不很密切的设计要素分开。

反衬。反衬可以使一个元素从其他元素中凸现出来，从而彰显其重要性。反衬可以通过尺寸(大与小)、色彩(深与浅)来实现。

平衡。……平衡包括两种类型：正式平衡和非正式平衡。正式平衡是对称的，并且是从左向右集中。正式平衡比较保守、稳重，更多地用于高档产品广告之中。非正式平衡是不对称的，创造了一种视觉性的动态布局，该方法围绕一个想象的光学中心来平衡视觉的影响力。

---

① 〔美〕阿历克斯·伍·怀特：《平面设计原理》，第69页。

② 同上书，"前言"第ix页。

表 8-3　平面广告设计流程

	制作前	制作	印前制作	印刷与投放
代理人	广告公司	广告公司	广告公司、复制服务社、印刷公司	
活动	1. 收到信息 文案 布局图 2. 组织/排期 后勤 设备 交通运输 物资 人工 雇用临时人员 美术指导 制作美工 插图画家 摄影师 模特 下游公司 3. 文案安排 选择字体 配合空间大小 为排字工制定字体 4. 挑选 插图或照片 电脑或人工拼版 油墨编号 颜色 印刷形式 纸张	5. 准备印刷制作 选择软件或涂料纸板 记号栅 6. 文案布置 选择字体(从外购进) 选择电脑字体(内部) 7. 版面制作 在涂料纸板或电脑上安装、调试 字体 图形 标志 边框 线条、箭头等 裁切标记 定位标志 制出初步清样 重新调整 8. 创作图形 插图 决定技法 艺术处理 安装/发送 拍照 确定方法 准备模特与道具 准备布景 拍摄 冲印/发送 9. 照相排版 排放图形 数字扫描 经美工标注的清样 制作拼版透明软片 制作清样 检查插图排列 校对字体、字号 校对外观 校对语法或标点符号 订正/修改 定稿 确定电脑文件 10. 归档保存 备份电脑文件 包装与图形存档	11. 拍照/出片子 电脑文件处理 阳图输出负片 印相纸阳图输出 准备拍照 检查拼版 从原拼版上分离透明软片 拍照工作 拍成高反差负片的印相纸阳图 拍成高反差负片的软片 12. 剥膜 晒版台纸(不透光纸) 定位销套准 在晒版纸上开窗口 上负片于窗口中 固定在正确位置 留出不透光处 蓝线图清样 色度清样 13. 制版 将负片上在真空显影盘内的金属版上 金属版曝光 紫外线曝光金属版感光层 曝光制作着墨部分 感光层定影 漂洗、晒干 14. 印刷机上纸 推纸 轻轻上纸 大型纸张适于4色彩印 标准纸型规格 8.5×11″(小型印刷机) 24×30″(中型印刷机) 轮转印刷机:150×16.000英尺 15. 挂版 将印版装上印刷机 16. 上油墨 用墨铲将油墨上至墨斗中 小量印刷在版上直接调匀油墨 准备开机	17. 开印 操作工控制片子 检查油墨分布 检查走纸情况 停机换纸 大批印刷时展平印版 印刷之间清洗油墨 18. 油墨干燥 化学方式热凝固油墨 快速干燥 需要烘干 冷凝固 自然干燥 快速，无干燥时间 单张纸平版印刷 需4—8小时干燥 19. 裁切 卷筒纸印刷机在印刷时裁切 单页纸待干燥后裁切 20. 装订 纸张折叠、装订成最终形状 装订种类 骑马钉 铁丝平钉 硬封面/锁线装订 塑料夹装订 螺旋装订 螺柱装订 无线胶订 21. 发运 印刷品装箱 发送 国内 国际

比例。在印刷广告中,具有相同比例的要素在视觉上都不可能激起人们的兴趣,因为它们单调乏味。两个尺寸比例相同的图片在相互争夺注意力时,都不能成为视觉中心。文字与插图可以不成比例,一般来说插图要占2/3—3/5的页面(如果这则广告不是以文案为主的)。

简化、简化、再简化。……一般来说,一个布局中挤入的元素越多,冲击力就越容易分散。元素越少,冲击力也就越强。信息的拥堵与简洁正好相反,其元素太多而统一性不够。但像其他准则一样,也可破除成规。艺术总监知道,为了在一家非线性布局的折扣店中达到他们想要的效果,就不得不牺牲布局的简洁。①

关于"设计注意点",一种意见提出了下列建议与规训:

大画面,小文字;
大文字,小画面;
根据自然的说话方式断句;
不要把标题文案分成两行,除非你有很好的理由,比如分两行可以延长与消费者沟通的时间过程;
不要做得像一张广告——避免画面有很强的销售感;
拒绝平凡;
平衡组合;
建立视觉等级;
避免画面拥堵;
创造有趣的画面;
画面要养眼。②

还有一些建议注意到了设计中的模板化问题——"三胞胎"现象——画面在变、文案在变,但是构图模板不变。同时保持不变的还有色调、风格、同一摄影师或者插图画家的作品、字体系列等。结果,每一个作品的构图都很相似。

另一些设计者注意到了"空间"资源开发。例如,在"空白空间"组成中,"受限空间"(被其他要素包围的空间、"副形态")指字母内的空间,"实用空间"指起某种作用并构成设计中一个部分的空间,"多余的空间"指潜力还未实现的空间。它们盘旋生风,结成不同的美学形态。或者将空白空间与更多的关联性结

① 〔美〕威廉·维尔斯等:《广告学:原理与实务》(第7版),第323—325页。
② 〔美〕罗宾·蓝达:《美国广告设计实用教程》,第152页。

合在一起，争取它们积极的生产意义。例如，我们可以将那些追求平和、静止美学效应的“消极的空间”以及追求不对称、动态、活力的“积极的空间”辩证地捉置到生产的维度观看，并假灵活关联之手，生产意料之中的突然性效应。专家的建议还包括通过努力获得空白空间的象征意涵，表 8-4 呈现了它们的可能空间。①

表 8-4　空白空间的象征意涵

质量	奢侈、时髦、财富、豪华、漂亮
荒凉	抛弃、寂寞
缺失	丢失、被偷、错放
干净	漂白的、洗过的
纯洁	无暇的、无杂质的、处女般的、未修建的
天堂	赦罪、神圣
丰富	充足
开阔	遥远、无限、面积、户外的
平静	宁静、未受干扰的、不活动
冰	雪、天空、牛奶、大理石、河、陆地、水

设计者还可以借助布局争取注意力资源。一般说来，回忆率最高的广告通常采纳的是那种被称为标准的“招贴式格式”，行业人士又称之为“方框图片式布局”和“艾耶 1 号式”。在这种布局形式中，独立的、占主导地位的图形占整个广告空间的 60%—70%。除此之外，其余布局的可能性显得非常关键。按照现有描述，艺术总监们常用的几种布局路径②是：

(1) 画窗式布局。亦即“方框式布局”。是最常见的布局方式。

(2) 全插图式布局。插图占据整个广告区域，且把文本信息嵌入图片中。

(3) 分格或格式布局。这一布局方式通常采用许多尺寸相匹配的图片，整体上看，很像窗格或者连环漫画。

(4) 文字为主的布局。这种布局强调文字信息而非图片。一个以文字为主的广告可能也有插图，但插图一般嵌入文字之中，或者放置到一个次要的位置，比如底部。

(5) 熙熙攘攘式布局。这是一种将插图、字体、色彩等许多要素混合为一体的布局形式。总体上显示出明显的拥挤、混乱效果。

(6) 非线性布局。这是一种较现代的布局方式，看这种布局的广告可以从

① 〔美〕阿历克斯·伍·怀特：《平面设计原理》，第 39 页。

② 〔美〕威廉·维尔斯等：《广告学：原理与实务》（第 7 版），第 321—323 页。

任何一个地方展开。换言之,这种广告具有观看视点不确定的特点。

(7) 适合"邋遢一族"式布局。这种布局方式反映了"X 一代"所喜好的不落俗套的艺术形式、设计、字体和易读性。

还有些总结提到另外一些布局方式:

(1) 蒙德里安式。这种布局运用一系列水平线、垂直线、长方形、四方形,将广告分成几何构图。

(2) 边框式。文案四周围绕图形;或者图形四周围绕文案。

(3) 剪影式。广告主要元素的四周围绕不规则的空白,制造出一种剪影效果。

(4) 长文案式。倘若传递的信息较多,而图形部分不能完成该项使命,可以再运用正文。但是,标题和副标题必须赋予正文趣味性。

(5) 花哨式。用多种图案、大号字体、反书、斜体或其他噱头使广告充满活力和情趣。

(6) 整齐式。几个元素整齐地排列在同一栏中,通常,主要元素要突出一些。

(7) 底色式。这种形式通常占用两页纸,彩色底,设计一种形象作为主要注意点。这种设计中包含大量文字,但是,色彩和形象在整体上扮演主要诉求角色。

(8) 条带式。"条带"这个概念暗示了有一些要素排在一个"条带状结构"中,但只有一个要素放在段落外。这种设计简洁、有条理,适合展示时间性变化。

(9) 中心式。如果你期望各要素从一个中心图案中引申出来,那么,你所做的努力就是中心式的版图构成。事实上,这些要素看起来很像是由中心要素那棵"树干"上长出来的枝叶。这些枝叶可以是与图像无关的其他概念或大块文字。

在布局中,不可忽视的还有文字的布局。它们同样是争取广告美学效应的生力军,设计者常常选择他们认为合适的配方安置他们的文字:正常的中文书写格式、右齐左不齐、左齐右不齐、左右对称、左齐右齐混合、每行开头加图像、图文结合、方形排列、造型排列等。

事实上,平面广告设计至为重要的一个空间建构来自于视觉创意与修辞。例如,视觉类比、视觉暗喻、生活经验、比较、夸张、首创性、幻想、冒险、幽默、激情、色欲、希望、成功、尊重、价值、哀婉与同情、错觉[①]等都能在视觉广告的实践

---

① 〔美〕罗宾·蓝达:《美国广告设计实用教程》,第67—141页。

中发挥意想不到的作用，生产出让人惊讶的传播效果。例如，从不同的角度观照事物，无论是表象抑或是内在，都是绝佳的视觉建构之路，表 8-5 展示了最基本的观察可能。①

表 8-5　观察事物的路径

用不同角度观察事物	换位观察事物	透过不同物体观察事物	观察事物时好像你
仰视；俯视；由里向外；非正常角度；昆虫视角；长颈鹿视角	用有复眼的苍蝇的眼光；用外星人的眼光；用孩子的眼光；用古代人的眼光	水；雾；结霜或染色的玻璃；烟	有一个观点偏颇的看法；从吊扇上往下看；同时拥有很多个优秀的观点

二、立体广告设计与制作：从物质构成到场域建构

（一）立体广告设计与制作：从基础出发

广告表演舞台上，除了点、线、面的用心组织与巧妙结合可以为人类赢得强悍的传播效力之外，还有另一种格外得到垂青的设计语言——立体话语，它已备受关注，并得到积极开发。在这个以语境为传播单位的时代里，立体设计很重要而且普遍，例如随处可见的霓虹灯塔、橱窗、展示、商品陈列、包装等现代广告设计，就是立体话语曼妙光辉完整照拂的广告生产性单位与形态。“实际上在设计要素的纯粹形态中，立体是点、线、面的一系列关系理念，也是从事美术设计者不可不知的设计基础要素。”②

根据几何学的介绍，“立体是面移动的轨迹”，“立体是面的三次元移动”；又或者，数个形体的叠加，或者一个形体中挖切出另一个形体，都可以产生新的形体。或者，若干小的形体相集聚，线群框架所包围的封闭空间，以及平面、曲面经过切割、折屈、压屈、拉伸或对空间的围绕封闭，也都可以生成具有三度空间的立体造型。③

与在二次元平面上作三次元空间表现的“立体感”不同，“立体”在空间上占据着实际的位置，不但可以在视觉上诸角度地观看，而且可以借助于触觉抚摸，享受触碰的感受。更有趣味的是，这种人类美学感受的获取得到了许许多多的支持，形成了丰硕异常的立体美学生产路径。例如，单就“立体”构成种类而言，

---

① 〔美〕罗宾·蓝达：《美国广告设计实用教程》，第 73 页。

② 何耀宗编：《商业设计入门——传达与平面艺术》，台湾雄狮图书股份有限公司 1982 年版，第 66 页。

③ 赵殿泽编著：《立体构成》，辽宁美术出版社 1990 年版，第 2 页。

即有平面与立体之间的“半立体构成”、线材组合空间的“线立体构成”、面与面组合而成的“面立体构成”、固体的“块立体构成”、线材与面材构成活动空间的“动立体构成”等不同类型。

1. 立体构成要素①

按照介绍，点材、线材、面材、块材是构成形体的基本要素，亦是构成立体形象的材料和空间特征，“所有形态都是上述要素加工组合而成”②。它们丰硕的美学资本转而成为有效传达信息的利器与良途。我们需要认识立体构成的要素与特性。

（1）形态材料的心理特征

点材：活泼多变，具有较强的视觉引导作用。

线材：空间感、轻快、紧张感，较强的表现力，有如人的骨骼支架。

面材：延伸感、充实感，侧面具有线材特征。

块材：重量感、充实感，较强的视觉效果。

（2）形态要素类别

形态要素——主要涉及形态色彩与肌理三要素，形态长度、宽度与深度三度空间，形态的平面，立面与侧面三视面，形态的表面，边缘与棱角三构成要素等真实构成。

关系要素——涉及方向、位置、空间、数量及重心等配合行动问题。

功能要素——其中，心理精神要素通过形象及形式实现；生理精神要素通过结构与构造直接产生。

2. 面空间变动方式

根据需要，设计者可以通过诸多方式的空间变动创造新的立体构成。常见的面空间变动形式包括：

（1）弯曲，包括扭曲、卷曲、螺旋曲等。几何弯曲得到几何曲线形体，自由弯曲得到自由曲线形体。

（2）褶曲，包括直线折叠/曲线折叠、正折叠/反折叠等。

（3）切割，包括直线切割/曲线切割、完全切割/不完全切割/象征性切割、垂直切割/水平切割/倾斜切割/水平垂直交叉切割等。

（4）切割弯曲、褶曲、弯扭、交错、接触、拉引等。

---

① 以下立体设计内容主要借鉴了陈钦、陈赞蔚编著的《立体·材料构成》一书的相关内容，辽宁美术出版社2000年版，第15—67页。个别地方做了适当处理与重新编制。

② 陈钦等：《立体·材料构成》，第15页。

3．半立体构成

半立体是平面和立体之间的造型，是在平面材料上施以适当的“加工”，使其部分立体化的技法。

半立体的形式主要包括以下两种：

（1）独立形体——利用直线形或曲线形的变化；利用直、曲线形的对比形成主次关系。

（2）联合结构——利用形态之重复、错位、变异构成连续单元；利用形态渐变连续形式。

半立体的材料主要有纸张、塑胶板、石膏、水泥、石材等，生产技法则包括摺、弯曲、捻卷、槌打、切割、粘贴、撕裂等。所求目标，则既有信息之达成，又及生动、韵律之美学效应。例如，印刷加工术中的浮雕（embossing）技法，亦即那种铁模加压使画面呈现凹凸效果的技法，就是贺年片、请柬、招待券印刷设计中常用的方法。

半立体构成当然追求卓越的视觉效应，为此，就需要注意单位形之间的相互关系，以及伴随视线位移时的视路和单位形的彼此呼应。

4．线立体构成

线立体构成是线材的三次元集积，是一种基于人类社会实践得来的立体设计方式。随着当代审美意识的自觉，线立体构成商业传播价值日渐提升。例如，纤维艺术设计的形态就涉及壁挂型、空间三维形态、景观装置形态多种构成，以及融合视觉、听觉、触觉甚至嗅觉为一体的复合传播态势。①

线立体的材料有直线/曲线、硬线/软线、粗线/细线，以及金属线、木条、竹材、绳索、玻璃棒、塑胶管等，它们的天然特性，使之格外地与人类的美学感受联系在一起，成为生产性的力量。例如，多向度自由曲线在曲面形中自由快速穿插，就能产生鱼贯、循环激荡、富于生命意志的感觉。

当然，要充分地实现这些线材的内在品质，还需要妥善处理物理的与心理的配置问题。例如，支架设计就关系到这些材料的实现与升华可能，人们需要在掌握结构力学的基础上，适当地处置并呈现合意支架，使之成为转换线材资源的重要平台。按照现实需要，这些支架可以是任何一种形状的，只要它们能够完全地展示意义，它们就不应该受到限制。

线材立体设计手段无法限制，可以采纳任意一种你所熟悉的方式，例如编、结、缠、绕、贴、扎、缝、染等，就是常见的路径。如纤维艺术的设计，就涉及编织

① 朱尽艳等：《现代纤维艺术设计》，陕西人民美术出版社 2002 年版，第 81—90 页。

(斜纹编织法、珠纹编织法、品字纹编织法、人字纹编织法)、栽绒(手工与枪刺两种,手工法分成“8”字扣结、倒“8”字扣结、马蹄扣结;枪刺法则包括破头与圈绒等可能)、编结(排压法、缠绕法、绞编法、收边法、加边法、盘制法、基本结、多样结、吉祥结、钩针编织)等。[①] 基于审美的要求,它们同时涉及色彩选择与处理、光线选择与处理等问题。如果它们以景观艺术的方式出场,那么,它们还需要考量与环境、语境的内在外在关系。

5. 单体构成

单体构成是一种立体出场方式。它可以是实体,也可以是虚体;可以是直面体,也可以是曲面体……倘若追求高度或上下衔接,则可以选择直立形态;倘若需要强调动感、动向与冲击力,则可以选择倾斜形态;倘若追求多层次、多变性的美学效应,则优先考虑选择变异形态。

直面体乃是以界直平面所构成的形体或以直面、直线为主所构成的形体。具有明显的转折面、挺拔的棱角,显现明晰、单纯有力、理性化的视觉与心理特征。在外形上,可以呈现运动状态(静态/动态)、平衡状态(对称状态/非对称状态)、结构形式(联合/交错/套叠/分离/构形)的不同状态。

曲面体则是以曲面或曲线所构成的形体。具有活泼流动感、自然、多变、优美、个性、优雅、糅合等视觉与心理特征。形态特征主要呈现为线状、面状、体状、带状、壳状、环状、螺旋状等。基本形式包括几何曲面体、自由曲面体两大类。常用造型思维方法有:(1) 选择弹性适度的曲率,如抛物线、椭圆曲线、流线型、人体瓜果曲线形;(2) 不断改变曲面的方向与位置,产生节律变换,强化曲线流动感,显示生命活力;(3) 端点连续性,增加交叉面和转折面,增强空间层次和视觉效果;(4) 强化主方向,外形单纯化;(5) 软硬线角处理,增强力感美和视觉效果。

6. 多面体构成

多面体由若干界直平面表面合成,是一种特殊的空间体系。一般而言,多面体空间既可以加工形成,也可以组合群化而成。

多面体类型多样,包括正多面体、半多面体和变异多面体几种主要类型。

正多面体又称为柏拉图正多体,细分为正四面体、正六面体、正八面体、正十二面体、正二十面体等五个立体结构。古希腊人曾经将这五种正多面体分别比拟为构成宇宙世界的基本元素——火(正四面体)、土(正六面体)、气(正八面体)、水(正十二面体)、宇宙天体(正二十面体)。正多面体表现出的特点是:

① 朱尽艳等:《现代纤维艺术设计》,第 54—60 页。

(1) 各个面绝对重复;(2) 每个面都是正多边形;(3) 所有夹角相同。

半多面体又称阿基米德半多面体,系从上述五种正多面体分别切去顶角变为多变的十三个半多面体所得。主要特征有:(1) 各面均为正方形、三角形或者正多边形;(2) 表面由两个以上的基本形重复构成;(3) 所有半多面体都接近球体。

变异多面体是用正多面体或半多面体再加工变化派生出来的新形体。

多面体的三种代表性形式锥体、球体、柱体,以及以旋转方式加工而成的多面体的特殊形式——旋转体,需要创造性地加工实现创意性转换。通常用来处理的方式方法包括:

(1) 消减法:在形体上切去不同线形(直线形或曲线形),包括切孔在内的形体,也称凹加工。

(2) 添加法:在形体上附加不同线形的形体,也称凸加工。

(3) 组合法:用单元形式进行组合成形。

(4) 分离法:用分割形式创造新形体。

根据介绍,强调视觉效果,采纳添加法;弱化视觉效果,采纳消减法;强调秩序感,则选择组合法;强调空间配合,则采用分离法。至于加工方式,或者面加工,或者边加工,或者角加工。

7. 单元体组合构成

按照需要,单元体可以组合成更大的语义单元,形成更加复杂和多样性的语义脉络。从真实的情形看,组合的空间形式一般分为两种:单体组合与群体组合;组合的结构形式则分成固定不变的组合与可变性组合。

组合是一种追求新语义的建构手段。例如,在单体组合中,由于形架的不同,就可以造成相当悬殊的空间差异。这就需要进一步了解那些可以用来"说话/表意"的立体组合手段。了解轴向形架/非轴向形架、平面形架/立体形架的不同取向与结构特征——轴向形架呈现出典型的对称状态;相反,非轴向形架灵活多变。或者像研究者所建议的那样,在形架选取上,既考虑到长宽深立体状态,也考虑到方向、空间密度、秩序等建设性可能。

群体组合显得更复杂和有趣。这种组合的主要取向是将实体和空间有机组合成适合传达信息的新空间、新脉络。基于现实的生产与传播情形,群体组合形式多样,主要有以下几种:

(1) 集中式:将所有要素集中在一个中心的那种组合取向。

(2) 线条式:在空间中形成一条清晰的直线或曲线、折线,强化主线条的方向感与节奏感。

（3）旋转、辐射式：在平面空间带有运动感的辐射状态。

（4）组团式：密集型式，自由多变。

（5）网格式：运用坐标形式，形成一定的网格特征，规整严谨。

一般来说，群体组合要求围绕主题展开形塑与发展，主次分明，平面、立面、侧面有机结合，在空间流向上达成整体统一之效应。故此，根据需要与语境情势，选择有效对比、重复、衔接等视觉修辞，十分必要且迫切。例如，设计者可以通过努力实现深远的空间感、起伏律动的空间感、凹凸不平的空间感、投影空间等空间美学效益。

（二）立体广告设计与制作：走向景观与场域叙事

在艺术、平面广告设计日渐走向"任意的时代"[①]/多媒介融合时代，在现代传播诉求快速走出"基座"并融入真实生活潮流的语境里，立体广告步入了一个新的身处关系——空间整合时代或者说整合场域建构时代。在这里，立体广告迎来了它的景观主义岁月，建构主义观念武装下的"DIY"行动主义伴随着无以限量的立体呈现奔来眼底，成为一种语境真实。举凡视觉政治、视觉意识形态、个体性视觉想象与书写等都在立体设计的新美学体制中得到释放，也返身武装了立体设计与制作的世界。最起码，推广美学与艺术建构灵活结盟。1936年，特拉法尔加广场上，一个脑袋"长满"鲜花的女人在喂和平鸽；在城市的街道上，阿伦·卡普罗在融化冰块筑成的宫殿；艺术家克里斯托在包裹澳大利亚海岸的那一部分；克拉斯·奥登堡主张用一个巨大的铁板覆盖曼哈顿；一个巨大的螺旋形防波堤深入湖泊内，由于防波堤内生长着水藻，水变成红色……不仅如此，新的结盟和力量互动制造了新的生产关系，就像城市理论家凯文·罗宾斯所说的那样，"随着城市面貌变得越来越雷同，都市身份趋于'单薄'……现在变得有必要雇用广告和市场代理人来打造这种特色了"[②]。

适应于"表演时代"的那种充满灵活性力量的立体设计美学宣告出场。它们可以被简单地总结为：

（1）"游客凝视"。将立体广告设计视为"旅游性设计"，并以此为基础对待接触人群的特性与身份，使之充分地分享那种分离、差异、沉浸的美学感受。具体言之，通过立体设计接触收获轻松感、差别感、停留感、短暂回家感、幻想与期

① 参看〔美〕拉斐尔·鲁宾斯坦：《任意的绘画》，梁舒涵译，《世界美术》2010年第2期，第16—28页。

② 转引自〔美〕权美媛：《连绵不绝的地点——论现场性》，何积惠译，载佐亚·科库尔和梁硕恩编：《1985年以来的当代艺术理论》，王春辰等译，上海人民美术出版社2010年版，第46页。

待感、风光与景观感、发现与收集标志的乐趣。①

（2）“景观美学”。“景观”最初始的意思仅仅是被展示的可视的客观景色、景象，到了居伊·德波提出的“景观社会”理论语境，“景观”被视为主导性的社会统治力量。弗尔茨和贝斯特给出了明确的关于“景观”的定义族。首先，景观指的是“少数人演出，多数人默默观赏的某种表演”；其次，景观并非一种外在的强制性力量，它既不是暴力性的政治意识形态，也非看得见的强买强卖，而是通过魅力（催眠行为或刺激力量）生成影响力的不干预性隐形控制；最后，在景观深入的“娱乐性”本质支配下，多数人都将被轻松地控制从而沦为景观的奴隶。②事实上，广告设计一直就是成就景观社会的重要力量，立体广告更是如此有力地支持了消费者的“超现实主义游”。例如，空旷的野外，上百米长的“劳斯莱斯”“电影胶片”横向展开于立交桥上，无论是朝阳初升时分，抑或是晚霞映照之下，一幕一幕穿越展现，都是景观的典范。

（3）“实验艺术美学”。很显然，这种场域叙事采纳了“情境伦理”以及实验艺术生产原则，凡适合者皆可挪用。新的立体广告美学体系充分显示了诸如混合性、相关性、开放性、多样性、非中心性、泛媒介性等设计美学特性，在这个我们还不是很在意的世界里，到处都游走着无节制、无边界的非纪律性的灵魂。例如“博物馆性设计”中，“‘活’的博物馆取代了‘死’的博物馆，野外博物馆取代了有遮盖的博物馆，声音取代了寂静……”③例如，1958 年时，德国艺术家沃尔夫·沃斯泰尔就借巴黎百货商店橱窗实验他的影像装置“TV De—collaqes”——一组电视机组成符合意志的图案，电视机里播放着变了形的图像。沃尔夫将艺术看作一个整体的感情，包括噪音、物体、运动、色彩，甚至心理反应等等。④ 例如，艺术家白南准用 60 台电视机建构了一个机器人的造型，每个电视机里都在播放着两种不同的近乎抽象的节目内容。

这与实验电影、录像、表演实践、装置艺术等密切相关，事实上，新的立体设计已经成为实验艺术家最可爱的实验平台，他们的实验性创意与现代技术结盟正适合于创建商业主义的美学格局，“电子图像技术使艺术家得以无所不能”。他们甚至可以采用人们耳熟能详的材料做出真实而重大的发现。⑤

---

① 参考〔英〕John Urry：《游客凝视》，杨慧等译，广西师范大学出版社 2009 年版，第 4—5 页。

② 〔法〕居伊·德波：《景观社会》，王昭凤译，南京大学出版社 2006 年版，“代译序”第 10—12 页。

③ 〔英〕John Urry：《游客凝视》，第 162 页。

④ 王秋凡：《西方当代新媒体艺术》，辽宁画报出版社 2002 年版，第 69—70 页。

⑤ 〔美〕利茨·科茨：《视频投影——屏幕之间的空间》，何积惠译，载佐亚·科库尔和梁硕恩编：《1985 年以来的当代艺术理论》，第 107 页。

第二节 卓越广告的生产实践:歧路纷呈与媒体广告制造

广告设计与制作是才华、智慧的飞翔地,也是媒材、工艺、操作流程现实而又具体可感的互动场域。在浪漫的遐思与灵智奔涌之外,广告设计与制作是现实主义的工场。在这里,各种工艺与它们将要寄托自身的材料/媒体水乳交融,呈现了歧花烂漫的景象。

一、四大传媒广告制作

报纸、杂志、广播、电视俗称"四大传媒",与网络等新生媒介在许多方面形成差异,但却是广告市场上勇猛的力量,到目前为止,仍然宝刀不老,值得重视并积极开发。

(一) 报纸广告设计制作

报纸媒介的重要特点表现在:(1) 广告形式和受众覆盖具有较大的灵活性,客户购买的可以是整版的四色广告,也可以是一个小小的分类广告;(2) 报纸在覆盖高消费阶层的家庭和舆论领袖方面相对有效;(3) 报纸可以提供给广告客户一些创新性选择,包括事先印刷好的插图等;(4) 可以提供可信的和及时的传播环境。[①]

报纸广告设计者的使命就是充分实现并升华这些属于报纸广告的诸特点。为此,了解并体悟报纸广告的各种媒材与可能非常重要。

报纸广告的分类。报纸广告包含多种类型,从简单的构成上主要分为陈列式和分类式两种。分类式广告安排在特殊的部分,内容五花八门。那些非分类式报纸广告则被称为陈列式广告,它可以是全国性的,也可以是地方性的。就设计与制作而言,不同类型的报纸广告形成各自的要求与主张,需要慎重对待。

报纸媒介的特性。报纸媒介具有这样几个特性:报纸的马赛克式特性、报纸刊播的信息之间关系的复杂性、报纸容量大的特性等等。例如,报纸设计与制作要考虑到报纸的"新闻纸特性"。报纸所用的新闻纸是一种特殊的纸张,廉价、粗糙、能够快速吸收水渍,这种纸张不适合实现色彩语言的性能,难以真实和充分地传达色彩的魅力与智慧;它不适合于处理精微的细节,那些复杂的、体型较小的字体和图案难以得到适当的照料。

报纸广告形式。可以选择黑白印刷/彩色印刷、纯文字式/文图式、常规式/

---

① 〔美〕莱恩等:《克莱普纳广告教程》,第312页。

非常规式、感性式/理性式、写实式/漫画式等任何一种方式设计、制作你的广告，你可以采用“补丁式”、“倒置印刷”、“超级豪华处理”（例如大尺幅跨版设计、连版设计、外加封面式设计）任何一种方式显示你的报纸广告个性，争取最大限度的视觉注意值。

报纸广告的空间处理。例如所占版面大小、所占版面位置、所占版面周边关系、所占版面注意值权重等，同样需要注意。就大小而言，可以在豪华跨版、全版广告、半版广告、半版以内广告、小广告等格式中选取合意类型；就位置而言，可以考虑上版、下版、左部版位、右部版位、中心版位等选择；就周边关系而言，可以考虑“补丁式”安排——求取小而独立的空间关系，或者考虑在类型广告关系中加以处理。当然，最好的处理是新闻情境与广告信息在内在与外在上存在联系的设计处理；就注意值权重而言，可以在左上部版位、版面顺序中考量体会，适当选择。

其他注意事项。假如广告处在一个复杂的语境里，那么，还需要考虑在线条隔离、空白隔离、色彩隔离、美学隔离等方式中选取合意的隔离方式处理单位广告之间的关系。如果是那种模线的产品广告，制版时还需要考虑产品体积适当等问题，否则容易产生“撞网”的网纹效应——生成的波纹效应影响传达效果。如果情况许可的时候，也可以考虑采纳手势、箭头等指示方式，诱发注意。如果整体上需要或者允许的话，可以考虑空白、纯色处理等视觉生产手段与路径。

（二）杂志广告设计制作

期刊种类繁多，期刊广告设计制作当然也不能够一概而论，人们应当琢磨杂志广告的禀赋与特性精妙。比如，与报纸相比，杂志的纸张更适合于实现诸如色彩语言的特性，刊印精美的画面和文字，达成优良的视觉创意。比如，杂志广告的保留时间也会更长，应该有应对反复阅读的准备。另外，由于杂志本身的对应性的特点，杂志可以方便地提供赠券、回单等附加服务。相比于报纸，杂志广告设计制作也容易展开创意实践，当下的杂志广告市场上已经出现了许多创新的手段，例如弹出视窗、带香味的连载漫画、画面中含有电子芯片、翻开页面时可以发出悦耳动听之声音等。到目前为止，“读者、编辑、美编接受‘什么都可以’的设计方法”①。

仅此尚且不够，我们还得了解所计划投放的杂志的秉性、气息、偏好，以及最现实的栏目结构，一般来说，保持广告信息与杂志本身的有机统一也很关键。比如，从杂志经营角度来讲，“零碎、分散，而过分拥挤的广告业抹杀了板块之间的

① 〔美〕萨梅尔·约翰逊等：《杂志产业》，王海主译，中国人民大学出版社2006年版，第366页。

关系,使完整的阅读变得痛苦起来”①。或者,女性时尚杂志“在视觉上永远要给读者一种安详、舒适、完美的感觉,即便在生活上她们难以达到”;而男性杂志则可能在视觉上追求充分的冲击力,打破新闻碎版的做法,采用跨页刊播形式。②

注意那些实验性的设计。例如,由于其中参考标准的缺乏所导致的“越多越好”的设计思路,已经在客观上取代了传统的那种“少即是多”的思维:杂志的华丽封面上有许多标题、颜色(多到用六种不同的颜色强调重点信息);甚至内页也是如此,每页的专题和特写也都使用四五种不同的颜色,使用不规则的装饰图片、饰边、几种风格不同的字体,以及放荡的标题。人们称之为“印刷时代的MTV化”③。

但是,多元设计使用的仍然是基本的设计原理。下面这些建议更具体:

必须重视阅读者的需要,例如,针对女性消费者采用婴儿、动物图形,针对男性消费者采用美女图形等。

必须使读者随时可以感受到杂志的气质与特色。

每一页广告的设计都应该注意到阅读的间断感,这就需要巧妙地处理标题、副标题、插图、字体等元素。

一般而言,阅读者的浏览轨迹呈“Z”字形状态,读者习惯于将一页的左上角的象限看做阅读起点,设计者通常会特别重视这一点。

注意阅读的其他问题。例如力避黑底白字这种方式;或者,注意到每行文字的长短,规避“双重阅读”——当读者的视线重新回到页面左侧的时候,由于迷失方位导致再次阅读同一行内容。

适当地使用Logo、插图、表格、照片、色彩,以及加框等手段,并巧妙地形成显著的自我意识。

巧妙使用“Adjacency”,亦即被放置在有相似主题文章相邻版位上的广告。

开发单井结构、多井结构、外插页广告等组织方式。“单井结构”即把编辑内容集中编排,通常放在刊物中间,而把所有广告集中在刊物的前面或后面;“多井结构”指的是整个编辑内容按照多个井状结构编排,在井状结构之间插入广告;“外插页广告”指的是含有广告或编辑内容的事先印好的出版物,它不是夹在杂志之中,而是与杂志捆在一起邮寄给阅读人群。

尝试各种形式创新。例如,恰当地使用“出血版”(Bleed)——内容铺满整

① 瘦马:《时尚:幕后的策动——时尚编辑职业入门》,旅游教育出版社2006年版,第43页。

② 同上书,第44—45页。

③ 〔美〕萨梅尔·约翰逊等:《杂志产业》,王海主译,中国人民大学出版社2006年版,第375页。

个页面、不留页边的处理；或者开发“宾果游戏牌”（Bingo card）——一种列出杂志所有广告主的卡片，如果读者对某一个广告主感兴趣，可在其名称之前的方框内画钩；或者倒置印刷，即将广告印刷与正章文字上下颠倒，诱发人群注意；或者使用纸雕、粘贴等方式形成半立体结构和游戏色彩；或者巧妙利用骑马钉等，就像某丝袜那样，巧妙地将勾连丝袜的图钉与装帧钉等同共用。

（三）广播广告设计制作

传统意义上的广播多指调幅/调频广播。发展到现在，广播谱系已经广泛地包揽了公共广播、有线广播、卫星广播、小功率调频广播、交通广播、网络广播、HD 广播等新广播方式。

广播属于电波媒介，对于人类而言，广播是一种仅为耳朵而设计的媒体，代表了听觉文化的传播与实践。广播的一维性质，决定了它在接受上被动、瞬间消失、无法保存与事后查询不易的局限；从另一方面讲，广播只能听不能看，缺少视觉构成；广播信息传播受时间性约束，从结构到接触和记忆都是如此；随着 MP3 用户的扩张，广播失去了一定数量的青年听众。

但是，这也为广播带来了一种独有的创造性优势——视听联觉。广播之所以能够被称为“脑海中的剧院”的重要原因就在于它通过调动想象力产生心理学中讲的联觉作用——通过触动生成视觉感受、嗅觉感受、触觉感受、运动感受等。在独自接听、想象力充分张扬的语境里，广播首先给听众一个私密的空间与关系，同时又使这种个人的行为与外部紧密相连。故而有人认为：“如果你真用心去做，广播甚至可以成为一种可视的媒体，使听众看到你想让他们看到的一切。”①

广播是锁定小的目标市场的主要媒体；广播具有很大的移动性，它可以陪伴听众进入市场，使客户有接近销售行为的可能性；因为成本低的缘故，广播可以对市场做出调整与反应；广播可以与听众建立私人联系；广播接收条件要求较低。

这种复杂的特性给广播广告创作带来挑战。文案写手汤姆·莫纳罕说：“广播中没有任何地方可以藏东西。没有地方可以隐藏错误、不当的判断和弱点。在这 30 秒或 60 秒的时间里，一切都呈现在观众面前。为了创作最佳的广告，一切都必须完美无缺。这包括概念、文案、演员、表演、制作。一件事情做不好，那么对不起，节目的时间已经到了。”②人们必须研究和分析广播广告的诸多

---

① 〔美〕杰罗姆·朱勒等：《广告创新战略》，第 172 页。
② 转引自〔美〕莱恩等：《克莱普纳广告教程》，第 624 页。

可能性。

注意流程。包括确定广告脚本;选择制作公司或直接使用广播台;选择制片人;挑选配音演员;委托作曲,制作试音带,尔后,租用录音棚进行录音;向客户展示作品并获得认同;将录音带送至发布单位。

注意广告形式。具体的广播广告操作必须现实地面对并选择合意的形式展开它的信息生产。它们各禀意志,律求不同,须分别对待。

从性质划分,广播广告可以分为普通广告、特约广告、专题广告、赞助广告、专栏广告、公共广告等具体的传达形式。

注意发挥广播广告举重若轻的特性。这主要指整体广播广告气度、空灵性等实现路径的诸般可能性。也涉及广播广告借助声音在听众的头脑中勾连出合意图景并制造令人激动、给人美感的人生景观的充分性问题。涉及对广播广告元素意义的呈现与借用:(1) 较为充分地把握声音的传播生产可能,使之成为一种标志、一种美学呈现、一种气质勾勒、一种心灵沟通的有效管道。通常的建议是规避播音腔,或者,打动人心,造成震荡,又或者,有效地整合诸种修辞手段;假如是名人的声音,就要特别地使之具有清晰的辨别性。(2) 有效地发挥语文、音乐、音响的传播生产功能,在诸如手工音响、录制音响、电子音响等元素类型中慎加选择并使之形成相当的单位隔离、解除紧张、标志商品、美学宣示等现实功能。例如,音乐这种"通用语言"的旋律采选、节奏选择(小音阶奏出的音乐比大音阶奏出的音乐显得更悲伤)、广告歌曲编制等方面是如何完整呈现所要推广的信息,见表 8-6。

表 8-6　音乐在唤起情感中的作用①

音乐元素	严肃	悲伤	伤感	宁静	幽默	欢快	兴奋	庄严	恐怖
调式	大调	小调	小调	大调	大调	大调	大调	大调	小调
节奏	慢	慢	慢	慢	快	快	快	中等	慢
音调	低	低	中	中	高	高	中	中	低
旋律	坚定	坚定	流畅	流畅	流畅	流畅	起伏	坚定	起伏
和声	一致	不一致	一致	一致	一致	一致	不一致	不一致	不一致
音量	中	柔和	柔和	柔和	中	中	响亮	响亮	高低变化

关于音乐的情感表现力②,具体阐述如下:

(1) 时间相关的表现力:二重奏产生一种坚硬的、控制的表现力,三重奏则

① 〔美〕杰拉德·J.泰利斯:《广告效果评估——广告何时、如何和为什么有效》,李洋等译,中国劳动社会保障出版社 2005 年版,第 177 页。

② 同上书,第 177—178 页。

更加轻快和奔放；节奏越快，音乐的表现越生气勃勃和欢快；流畅的旋律可以表现某种情感无障碍的流淌，而断续的、突然地停顿，起伏的旋律产生复杂的表现力；坚定的旋律表现一种严肃的心境，平缓的旋律则表现出活泼的心境；断奏比连奏更加突显了乐曲的某个细节。

(2) 音调相关的表现力：音调的上升和下降不仅与现实世界中的上和下相呼应，而且还可以暗示"进和出""远离和回归"；逐步上升的和下降的音调可以表现出某一特定情感强度的增长和消失；音调高昂的歌曲一般比低沉的歌曲要欢快；大调音乐能表现出比小调音乐更活泼、更积极的感觉；复杂的和声比简单和声显得更焦躁和悲伤，后者则表现得安详愉快。

(3) 结构相关的表现力：响亮表现出一种快乐的紧密的情绪，而低音量则表现平静和距离；渐强表现一股增强的力量，渐弱表现力量的减弱；铜管乐的音色传递了一种冷峻、坚硬的力量，而簧片乐器表现出孤独、忧郁的情调。

注意广播广告的结构。结构当然由需要所决定。但是，你可以考虑下面建议：

> 由播音员播出。嗓音应该是有趣和贴切的。广播员的播音可以伴以背景音乐和音响。
>
> 对话。两个声音在交谈……
>
> 多人在交谈。许多声音在交谈，不是互相的，而是对着听众说，这是给稿件增添说服力的一条途径。
>
> 戏剧化。运用戏剧的结构，有开头、冲突和结局。
>
> 音响。一种声音或多种声音，重复或间歇性地运用来突出要点。
>
> 短节目。由播音员的开场白、音乐过门、音响效果等等联系起来。第一个小点题之后，接下来的各段就不必那么长了。播音员通常在接近节目末尾时抖开包袱，紧接着一个结束段。
>
> 采访。某人在访问某一个人或一群人，在某地——在繁华的街市、在北极、在室外，或者是在一间房子里，在那里采访者与两只啃咬木地板的小白蚁交谈。①

注意广播广告脚本制作。脚本是进一步展开广播广告制作的基础，是对未来生产性工作的基本性安排。脚本组成包括客户信息、时长等。"脚本(script)类似于一个两列目录，客户名称及所有音响效果和音乐描述垂直排列在左边，右

① 〔美〕杰罗姆·朱勒等：《广告创新战略》，第178—179页。

边一列是对白，行话称为声频。”[①]现实的操作并不一定如此教条，但是，清晰地呈现并适用于后续的生产性作业，则是广播广告脚本制作的基本原则与解放之道。

注意时间性问题。广播广告生产中的一大困难问题就是时间处置。例如如何处理时长？如何处理播出速度？一般而言，广播广告最佳播出速度为每秒钟2—3个字，因此，大多数广播电台接受的直播广告脚本最长文字为：10秒/20—25个字、20秒/40—45个字、30秒/60—70个字、60秒/130—150个字。

注意有效的技巧。例如广播广告中那些行之有效的创意方法：

产品演示——广告向消费者演示产品的使用方法，或产品的用途。

噪音魅力——独特的噪音会赋予产品更强的魅力。

电子音响——合成音响制作系统能产生令人难忘的产品/音响联系。

顾客访谈——主持人和顾客共同探讨产品的优点。

幽默即席采访——以一种轻松的格调采访顾客。

夸张陈述——夸张可以使平常易被人忽略的常规性产品承诺引起人们的兴趣，通常采用幽默讽刺的形式。

第四维空间——将时间和事件压缩进一个简要场景中，使之反映听众未来的活动。

抢手货——采用流行轰动的事物，如热门节目、表演、歌曲等。

喜剧演员的魅力——著名喜剧演员自有一套独特的风格表演广告，相当于名人推荐。

历史遗迹——利用复苏的历史人物背景传递产品讯息。

音响画面——易于识别的音响会启发听众的想象力，促使他们参与广告活动。

人口因素——特定的音乐或参照物会打动某一特定人口细分群，如某一年龄或兴趣的人群。

影像移植——利用音乐标志或其他音响巩固人们对电视广告的印象。

名人采访——著名人物以轻松悠闲的姿态推荐产品。

产品歌曲——利用音乐与文字的组合创作音乐标志，以流行音乐的风格推销产品。

剪辑特点——用一连串快速切换将众多不同的场景、人声、各类音乐和音效组合在一起。

---

① 〔美〕威廉·阿伦斯：《当代广告学》（第7版），第391页。

即兴发挥——表演者按照规定的情景进行即兴创作，在后期剪辑中进行处理。①

或者，通过另一些可行的实践，最终获取富有成效的广播广告：

让大创意清晰透明。
尽早并且不断提及广告主的名字。
舍得花时间营造情景和依据。
运用大家熟悉的音效。
用词汇描绘画面。
让每个字都发挥作用。
出语惊人。
引发行动。
牢记广播是地方性媒体。
表演作用甚大。②

或者巧妙地利用好“间隙”等修辞手段。“间隙如同音乐中的休止符，它虽然不发声，但却能起到意想不到的作用，我们决不能轻视。间隙是沉默，而‘沉默是金’，有时意喻紧张，有时表示松弛，任你想象。”③

或者充分地整合与灵活地运用广播广告要素组合形态：(1) 只有语言，没有音响和音乐；(2) 音乐和语言相互配合；(3) 音响和语言相互配合。或者根据创造的需要，选择并创造性地发展告知型、对话型、小品型、现身说法型、歌曲型、新闻型、现场直播型、诗歌型、民谣型、谜语型等文体的智能，在不同形态的支持下，延展广播广告的人间魅力。

（四）电视广告设计制作

“尽管存在硬盘数字录像机(TiVo)、受众细分、新媒体、新荧屏和传统网络减少的影响，电视广告仍然是一个强有力的媒体。”④电视广告仍未远离我们而去，只是它的生息环境发生变化，例如，数字化革命所带来的一系列变革，或者，在高度竞争的社会里受众发生的内在变化，都是引人注目的挑战。所有的电视广告设计必须从这里出发。

电视广告设计制作显然属于团体作业性工作，需要精良的作业团队共同投

① 〔美〕威廉·阿伦斯：《当代广告学》(第7版)，第395页。
② 同上书，第392页。
③ 〔美〕莱斯·屈特：《广告创意》，第179页。
④ 〔美〕莱恩等：《克莱普纳广告教程》，第589页。

入并不懈努力。一般而言这个团队包括业务负责人、文案人员、艺术总监、制片人、导演、作曲家、音效师、剪辑师等。他们分工协作,共同对业务成果负有责任。

电视广告设计制作的流程较为复杂。按照介绍,它们分为前期准备、广告拍摄和后期制作三大阶段,并由一列具体环节所组成:

(1) 确定广告脚本。

(2) 选择制作公司,通常以相对成本为依据。

(3) 就制作费用达成协议。

(4) 试装挑选演员。

(5) 由专业作曲人员创作音乐。包括以下工序:谱曲;制作试音带;在录音棚里制作正式带,包括租用录音棚,请音乐人或乐队,请一名或数名歌手。

(6) 拍摄前的最后准备工作,包括请导演、订服装和场景等。

(7) 拍摄,主要包括以下工序:租用摄影棚,或找到合适的外景拍摄地;将不同专业的电影人员集中起来。拍摄可能需要几天的时间。

(8) 后期制作。主要包括配音、添加音效或特殊效果。

(9) 如需配音,还得单独进行录制。包括以下工序:

在可供选择的配音人员中寻找合适的声音;

有时需要试音;

租用录音棚,进行录音合成。

(10) 合成。将所有的元素编辑在一起。

(11) 广告主审查编辑后的广告作品。

(12) 可在剪辑和配音等方面进行修改。

(13) 广告制作完毕并获得广告主认可后,将录像带送至各个电视台(它们会收取手续费)。①

如果说广播广告使用声音来说话并创造的话,电视广告就是用画面来讲故事。为此,在操作之前,需要再次审视主要观点与核心意图,并在策划的指导下选择将利益点视像转化的可能性,进一步撰写脚本,然后大声阅读并检查其中的持续时间、清晰性、连续性等表现。

在操作的过程前后,熟悉摄像技术非常必要,这是完成镜头思考与视像生产的必要条件。例如摄像机的镜头性能、处理方式、摄像机移动、镜头转换、编辑剪

① 〔英〕A. D. Farber:《赢在简单——广告策划与运作速成读本》,第106—107页。

辑的技巧与技法、拍摄视角等，都是至为重要的生产性因素与重要环节。

在技术显得日益重要和突出的语境里，“意象仍然被普遍认为是电视广告最有效的沟通途径，有人认为，此领域内仅有15%的沟通是直接通过口头表达，剩下的85%则是通过如动作、颜色、情绪等非口头机制传达的，此类意象提供了理解编码经历和涉及全部感觉的流程的途径”①。对于电视广告设计制作而言，一个重要的工作就是像艺术批评家潘诺夫斯基那样，充分地留心图像艺术的三层意义并最根本地整合与调动它们形成生产性关系：第一层涉及首要主题，亦即光线、形态、色彩和动作的意涵；第二层是次要主题，与更广博的社会文化相关联；第三层牵涉到内在意义，揭开前两层意义之后自然见分晓。当然，优先的工作或者还是广泛地收集与获取更加多样性的图像资源。例如，证言、老电影、代言人、示范、特写、故事、对比、静态照片、艺术作品、生活片段、顾客访问、幽默、动画、逐格拍摄、重复动画、情绪意象、组合加工、导购广告、混合技术广告、视觉变换等。

图像、意象之外，电视广告元素还包括声音、时间等创新手段。例如，声音系统包括人声、音乐、音响三种构成。其中人声包括笑声、哭声、惊讶声、呼吸声、喘息声、噪声等，以及对话、旁白、播音等形式构成；音乐包括不同音乐流派、不同手段的杰出成果；音响包括动作音响、自然音响、环境音响、机械音响、特殊音响等富于表现力、象征价值的声音构成。它们足以支撑起电视广告的生产与创意革命实践。

除此而外，掌握并自觉地运用电视广告类型也是一种积极生产的有效途径。问题是，电视广告的类型并非容易把握的事项，需要想象力，需要创新意识与能力。开特奇广告公司原主席汉克·赛登开发出了他那套著名的实施频谱，包括24种基本格式和可能（见图8-1）。

《当代广告学》的作者阿伦斯则特别地向读者们介绍了八种“常用格式”：直截了当式、主持人式、证言式、演示式、音乐式、生活片段式、生活方式式、动画式。它们肯定不是电视广告的全部形态，随着科学技术、思维精进、学科互动等现代知识生产模式的革命，电视广告将更多地与人类文化资源交融互动从而赢得更多的身存之所，甚或成为可与其他媒体共享天下资源的大同态势也未尝不可。我们的任务是了解它们并充分地实现它们——它们的机制与思维、秉性。

仅仅如此尚不足以完整地面对电视广告设计制作。另有一些建议值得注意。例如处理好时间单位，在5秒、15秒、30秒、45秒、60秒之中选择合适的单

① 〔英〕约翰·威廉姆斯赫尔斯特等：《当代广告运作》，第298页。

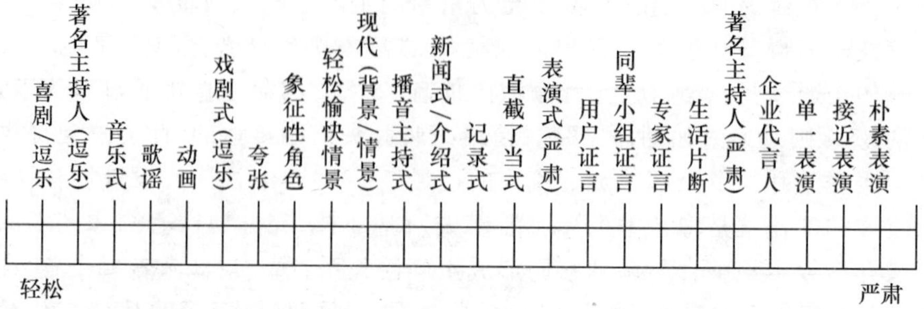

图 8-1　汉克·赛登的实施频谱——24 种印刷广告和电子广告实施格式

位加以利用。例如妥善地处理电视广告诸元素,使影像、声音、动作、气息、格局、语文等完美地结合在一起。如果画面中某些信息是显而易见的,那么,就不要再调动声音资源重复它。镜头的数量应该有计划和安排,太多或者太少都会造成传播不当的尴尬。按照介绍,每个镜头不得多于 6 秒钟不得少于 3 秒钟。长镜头对于展示场景很有效,但不利于展示产品的特点。在撰写视频方案时,尽可能完整地描述镜头和动作。

注意脚本的写作。首先,操作者需要使用简明的语言勾勒一切,假如是 30 秒广告,你就得在 28 秒内写完你的内容。同时,还需要考虑语文与画面、声音等多种因素的配合问题。一般而言,脚本可能是左右两栏式的,左半边描述视频部分,右半边则交代音频内容,包括声音效果和音乐等。

为了便利,大部分公司都采用故事板方式完整地交代作业细节、轮廓及要求。故事板是用来展示广告的一系列图画。包括主要情节的解释(视频),以及音频部分。主要用于获得广告客户的支持并作为广告制作的指导。假如没有故事板的话,每个人的理解都有可能完全个体和不同。从形式上讲,故事板一般就是一张预先印好的纸,上面有 8—20 个电视屏幕状的空白框,每个框下面留有空间填写广告正文、音效、镜头角度等。故事板的效果就像卡通片。就制作而言,最新的趋势是采用故事板软件加以生产,这个软件预先内置了人物、道具和背景元素,这些元素可以嵌进故事板。软件的画面合成功能使得用户可以迅速有效地创作故事板方框并分别按照它们的顺序进行安排。其他故事板软件提供一系列影像、图形、音响、正文、受众交互、色彩和字体大小等创作素材。Adobe Premiere 之类的软件不但可以提供合成功能,还可以帮助客户在电脑上预览广告的播出效果。

基于现实的考虑,故事板的形式五花八门。可以是虚拟的杆形画,可以是全彩的草图,也可以是照片。只要实用,一切皆可。在结构上看,故事板的每个场景都由两幅图画组成：上面的图画代表电视屏幕(图像)，下面的图画是这个场景的视频(如同每个剧本)和音频的描述(一些故事板只有音频部分)。从数量上来看，每则广告所需要的图画数量有所不同，而且并非由广告的长度所决定。根据广告的性质和客户对细节描述的要求，可能有4—12组或者更多组画面。

故事板是介于脚本草稿和实际制作之间的重要环节。从这个真实的视觉起点出发，广告运作进入到制作阶段。

电视广告必须在前2—3秒之间吸引阅听人，否则，后续效果将不可能如愿产生。因此，特殊的视觉效果、诡异的气息、另类的风格、线性/非线性结构、动画/写实之采撷与展呈显得格外重要。新的技术条件支持了这种电视广告的生产，数码特技在画面修补、二维/三维特技制作等方面的实践已经达到了出神入化的地步。

另一些可行的路径涉及电视广告受众参与建构，例如：(1) 可定址性；(2) 互动性；(3) 用户定制化；(4) 动态化。或者，让电视和周边环境互动起来，开启一种由周边环境内容加强的品牌理念，充分实现现代广告"感性的流畅"、"概念的流畅"、"处理的流畅"、"制定目标的流畅性"、"回想流畅性"①等信息流畅战略目标。

二、其他广告的设计与制作

(一) 网络媒体广告制作

网络广告诞生于1994年的美国。是年10月14日，美国*Wired*杂志推出了网络版的Hotwired(http://www.hotwired.com)，其主页上出现有AT&T等14个客户的横幅广告(Banner)。从此，网络广告宣告诞生。中国第一个商业性的网络广告出现于1997年3月，乃是Intel联合IBM在ChinaByte.com所投放，广告格式为468×60像素的动画旗帜广告。

网络广告因应科技形势变革，构成复杂且随时增进，难以简单分类。从目的与效果的角度划分，一般分为品牌广告、产品广告、活动信息广告、促销广告；按照表现形式分类，则有品牌图形广告、富媒体广告、分类广告、电子邮件广告、文字链接广告、付费搜索广告、网络视频广告、迷你网站等。每一种形式中又有若干种类加盟与支持。例如，品牌图形广告就可再细分为横幅广告、按钮广告、浮动标识/流媒体广告、"画中画"广告、摩天楼广告、通栏广告、全屏广告、对联广告、视窗广告、导航条广告、焦点幻灯广告、弹出式广告、背投广告等；而在横幅广

① 〔美〕鲍比·J.卡德：《凯洛格谈广告营销与媒体》，第150—156页。

告中,人们同样可以发现尺寸上 468 × 60、468 × 80、605 × 80、728 × 90、775 × 75 等分别,以及静画格式和动画格式之间的区分;在按钮广告中,则可发现 125 × 125(方形按钮)、120 × 90、120 × 60、88 × 31 四种尺寸形态,以及 jpg、gif、flash 三种格式。

网络广告面对的最重要挑战之一来自于不同层次的、技术高明的受众群。借助于现代技术支持,许多用户拥有了适合的软件、高速的调制解调器和宽带线路,富媒体图像的下载日趋简单,富媒体广告成为新的发展态势,在许多场合促动广告文化的迅猛发展。

这是因为 Rich Media(富媒体)并非一种具体的网络广告形式,也不是任何一种独立广告形式的专属品,富媒体广告是一种不需要用户安装任何插件就能够播放,具有整合视频、音频、动画图像、双向信息通信与用户交互功能的新一代网络广告解决方案。在富媒体的家族里生息着以矢量为基础的技术广告形式,如 Flash、VRML、Hotmedia、Onflow;以编程为基础的技术实现或者控制的广告形式,如 JavaScript、HTML、CGI、DHTML、Java 小程序;以流媒体为基础的技术制作的广告,客户端观看流媒体可以采用两种形式:插件和 Java,如 Realplayer、WMP、QuickTime;富媒体邮件广告,这种广告包括网页正文式和附件式两种类型;以及其他诸种类型,例如微型站点、插播广告、鼠标指针广告等。富媒体具有相对于传统媒体更加丰富的特性以及对感官接触的机会性,在技术创新与创意实现等方面也有许多值得关注的优势与特性,再加上可以实现互动、传达精准、直接营销等特性,最值得我们用心开掘与创意发挥。①

网络广告引发了广告形式的大爆炸。诸如网络视频营销、搜索引擎营销、企业对企业广告网络(B2B ad networks)、聊天室营销、博客、病毒式营销等网络广告在贡献新手段、新路径、新的空间的同时,也提出了设置上的挑战。为此,积极迎遇很有必要且值得思考。

充分地实现网络媒介特性。尤其重视网络的互动性、多样性、灵活性特性。充分地实现各种类型网络广告的特性,例如制作旗帜广告时:

> 旗帜广告实际上就是一张迷你海报。它包含一个主标题,有限的正文(通常只是一两行)和广告主的网址。其内容应该简单明了,有一条醒目的广告语或对产品进行简单描述,再加上一个网址链接。
>
> 背景颜色可以从软件的色谱中选择。
>
> 正文可以用标准的字体和型号。

① 刘东明:《网络整合营销兵器谱》,辽宁科学技术出版社 2009 年版,第 19—23 页。

还可以从软件中选择动画图案(如跳跃的标题等)。

设计好的旗帜广告需要上传至主网站或广告承包商。[①]

努力追求并获取“圣杯”——用户体验。在体验主义时代里，那种打猎式的“围攻”策略显然不合适，相反，创造新的使消费者可以清晰地感知美学经验、产生愉悦享受的网络广告不仅必需而且成为解放的有效大道。众多的视频广告新形式就是有益的尝试[②]，下面分别加以介绍：

VideoEgg 公司指示器(Ticker)。这是一种重叠式广告选择模块，这些广告往往出现在屏幕底部，如同电视新闻广播中的头条指示器。它们一般在整个视频中都会保留，同时有更多有关产品讯息的超链接，也可以在视频短片的最后部分提供一些可点击的选择菜单。菜单会直接引导至视频广告或其他的视频内容，甚或是一个游戏。如果受者点击了屏幕下方的指示器，视频就会自动停止，然后弹出一个新屏幕，受者会看到公司的宣传片。如果受者不点击广告，可以通过短片最后的终端页面选择预览即将播出的新视频片段。

YouTube 20—10—80 原则。为了减少扰民可能，YouTube 内部有一个“20—10—80”原则，意思是广告提示出现在屏幕的底端，不超过视频的 20%；在广告提示出现后 10 秒内，如果用户没有点击，即可认为该用户对该广告无兴趣，广告提示自动消失；出现的广告提示 80% 是透明的，只有用户对广告感兴趣且点击时才播放，同时视频自动停止。用户关掉广告后，视频又会继续。

活动重叠广告(Overlay)。半透明的活动重叠广告出现于 YouTube 网站上。这种广告是活动的，一般出现于视频底端的 1/5 处。如果你有兴趣可直接点击观看视频广告，获得一个更深入的互动。这个广告会让你觉得更加相关而且有趣。此时，你正在观看的视频暂时停止。如果你只是想忽略掉这个重叠广告，它就会在保持 10 秒钟之后自动消失，不会给你带来任何骚扰感。

爬虫式广告(Bugs)。美国网站 Break. com 开始尝试爬虫式广告。它与指示器较为相似，但是，这种广告不会一直在视频内容的播放过程中出现。当你在 Break. com 上欣赏视频短片时，一个小图标就像一只小虫逛街似的爬过你的当前画面，最后驻足于画面的最下方。

播放器桌面式广告(Player Skins)。这种广告会把一个正在播放的视频包围在中间，假如你经受不了诱惑，也许你会点击画面上悦目的广告片。

角标等广告形式。大多数用于频道、栏目冠名。一般是视频上出现广告上

---

① 〔英〕A. D. Farber:《赢在简单——广告策划与运作速成读本》，第 131 页。

② 刘东明：《网络整合营销兵器谱》，第 83—86 页。

的 Logo。

视频内互动。微软研发的一种视频广告新模式:对视频内容中出现的物体进行标注和索引,一旦用户在观看视频时对画面中的某物感兴趣,则可通过点击该物体来激发相应的视频广告。

努力发掘网络广告效绩的路径还有很多,例如有些路径建议使用“网站离线广告”进行诉求——广告出现在常规媒介上,以吸引人们浏览网站信息。例如,交代网络网址或重要的、刺激的信息,都可以实现这样的目标。借用一些现成的说法,“条条道路通罗马”,种种网络广告兵器皆可采用。

(二) 户外广告设计与制作

关于“户外广告”(Outdoor Advertising)的一个历史性解说是:

> 户外广告可能是人类有史以来使用的第一种广告媒介,可以追溯到5000多年前刻在方尖塔上指引行人的象形文字……
>
> ……正因为如此,不少广告专家现在认为招贴是大众媒介的最后堡垒。①

美国户外广告协会的说法是:

> 户外广告就是视觉故事。要表达一个观念,可以用语言,也可以用图画使观众惊叹……户外媒介的设计是一项富有挑战性的任务,因为它要求清晰、准确地表达一个概念。②

正如图8-2所显示的那样,户外广告类型繁多。按照OAAA(美国户外广告协会)的估计,大约超过30余种。

交通广告是户外广告的特例,这种流动性媒介的生产与信息扩散富于相当的特殊性,它的空间建构、信息脉络,随机变化,步移景换,充满传奇色彩。假如是车内广告的话,它所形塑的那个空间几乎就是受众相当长时间里的家。假如是机场或者火车站的广告,它就是旅客醒目的第一眼。假如它是路障广告的话,它可能就是更加广泛的公共环境的一部分。

还有一些属于备选性的户外广告,例如汽车停放计时器、垃圾箱、购物袋、路边标识、公共露天电视、临时气球等。关于它们的制作,更是需要花费心血经营的工作。

户外广告的设计和制作相对艰难,这是一项应对3—5秒、7—12米(甚至更

① 〔美〕威廉·阿伦斯:《当代广告学》(第7版),第536—537页。

② 〔美〕莱恩等:《克莱普纳广告教程》,第395页。

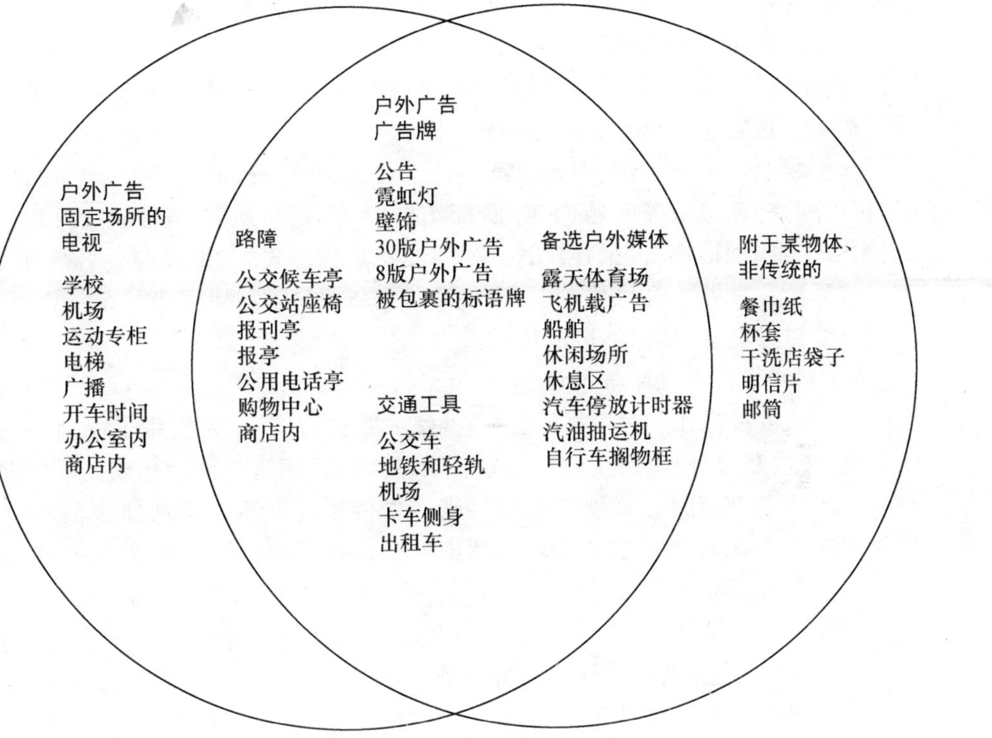

图 8-2 户外广告的种类

远）距离挑战的空间媒介。因此，以下几点值得注意：

（1）以相当的创意吸纳足够多的注意力资源。就像在日本东京，李岱尔国际广告利用广告牌的特点为阿迪达斯制作的广告那样，一个球和两名运动员被90度悬挂在一个巨大的垂直足球场上，他们每天有5次10—15分钟的比赛表演，吸引了大批观众。

（2）力争成为空间的主宰与美学气象制作者。就像劳斯莱斯那样，延展空间，或者借助技巧，形成一个被特殊气息所决定和再生产的广告空间。这样做的另一好处是与周边环境易于融合，对空间美学统一管制大有益处。

（3）努力使文稿户外广告化。户外广告的所有设计、制作都要满足它迎当远距离审视的要求，因此，户外广告只允许有一条广告标题，通常不超过七个字。简洁、明了是必需的条件。那种“牙膏会磨损牙齿吗？”之类的广告语，尽管具有相当的吸引力，但是，却因为语义方面的麻烦而远离户外广告的规制，必须淘汰。

（4）处理好颜色与阅读性的关系。颜色是户外广告的重要构成部分，但是，户外广告颜色的选择必须保证它的可读性、易读性和快速阅读性条件。

(5) 注意阅读指数问题。例如,户外广告刊用的环境、方位、周边关系、高度指数、大小指数等问题,充分实现信息高度生产与传达的传播目标。其中位置选择最重要,“位置是户外广告的生命线”①。

(6) 假如是车身广告,则要注意设计个性、尺寸相符、流动性因素考虑,以及车内车外的配合组织等问题,充分发挥车前广告、车后广告、车侧广告、车顶广告、车内广告(额面广告、吊挂广告、坐椅广告、地面广告)的互动与整合效能。

(7) 注意户外广告的技术创新,积极开发新的科学技术手段。

(8) 注意安全,确保不造成任何人身、财产伤害。

(三) 促销广告设计与制作

促销通常被视作一种“线下业务”。就一般意义而言,人们赋予促销的主要作用是:通过努力,使源自于硬广告宣传所带来的好感有效地转化成实际的购买行动。20 世纪 90 年代后,硬广告与促销广告传播的预算比例从原来的 6:4 翻转为现在的 4:6,促销广告成为增长幅度最迅猛的广告业服务领域之一。

促销广告通常包含众多的具体行动路径,例如事件行销、赠品与奖励、卖场广告、赞助、特许经营、抽奖和竞赛、产品展示、店内促销、合作广告、展览与展销、电话簿和黄页、营业额奖励等。高端营销人员克雷格·麦克安认为,经验表明促销广告可以简单地划分成交易型和关系型两种。“交易型促销广告”指的是围绕对某一产品的服务或事实购买进行的促销行动;“关系型促销广告”则是指关注顾客与产品、服务或者分销商/零售商的关系而展开的促销行动。而另一种划分则直接分为消费者促销、贸易促销、跨界促销三大类。其中,消费者促销最为常见的类型包括削价、优惠券、返现和返款、派样、有奖竞赛和抽奖、附赠礼品、特制品;贸易促销常见的类型包括售点展示(point-of-purchase display, POP)、零售商工具、贸易激励的折扣、有奖竞赛、商展和展览;跨界促销包括赞助、事件营销、埋伏营销、互联网促销、捆绑营销、品牌联合等。可以看出,设计与制作在每一种促销广告事务中所占的比例并不相同。相对而言,POP 类广告更强调精妙的设计与细致的制作。

POP 类广告即一切在销售现场出现的广告单位构成及其整体性美学营造。最通俗的理解就是从商店门口向外延伸 3—5 米以内的空间里出现的所有宣示性信息构成。例如:包装盒展示、地上安置架、专用支架、计数装置、促销箱陈列、广告亭、目录展示架、霓虹灯、菜单和菜谱牌、桌面展示、货架卡、招牌、横幅、充气

① 〔美〕威廉·阿伦斯:《当代广告学》(第 7 版),第 544 页。

球、自动售货机、黑板、镜子和时钟、灯箱、海报、转印图案、CD 试音台、录像制品、运动器材。[1] 这还不够,应该再加上店铺外观设计与美学取向、店铺招牌、橱窗、入口、店内声音管理系统、店内光线管理、服务人员表现、整体构成与认同取向等。

从设计与制作的角度而言,要注意整体美学风格与商业路线取向,以实用有效为最基本的行动原则,以创意独立为最基本的取向,充分满足体验空间的设计要求,充分实现"商场就是消费者的教堂"[2]的社会建构效应,在"消费空间可视化"、"消费空间情感化"、"消费空间剧场化"、"消费空间结构化"、"消费空间重心化"[3]的实践中努力创新,借条条路径张扬空间美学之生产力量。或者就像一种建议说的那样:"让时尚与艺术交叉、戏剧与经济交叉、文学与政治交叉、建筑与音乐交叉。"[4]

全面考量,现实作业。掌握并考量成本、安全、便利、环保、实践可能、时间周期等问题。考虑到当下最新的 POP 设计趋势——生活化设计、舞台化设计、公园化设计、复合化设计,发挥创意,争取最根本的吸纳力。考虑 POP 的诸种类型与可能,在立体展示、悬挂展示、柜台展示、壁面展示以及纸质材料、塑胶材料、金属材料、布类材料、木质材料等选择空间里全面考量,合理选择。

实现每一种 POP 的性能与禀赋。尝试在古典、现代、后现代等美学风格中确定自身 POP 风格。尝试在人物命名、地点命名、商品属性命名、服务精神命名、美好愿望命名等命名方式中确立最好的名称。尝试在文字型、文图型、形象型、照明型等类型中选择合意的招牌形式。尝试在橱窗形式中根据需要选择妥帖的橱窗展示可能——店面橱窗/商场橱窗/街头橱窗(地点分类)、敞开式橱窗/半敞开式橱窗/隔绝式橱窗/通透式橱窗(结构分类)、环境型橱窗/想象型橱窗/抽象型橱窗/功能型橱窗/综合型橱窗(修辞分类)。尝试利用声音管理资源;利用光线管理美学;利用服务支撑与扩张营销路线。尝试在落地式、悬挂式、移动式等创意方式中获得解放与更加强悍的支持。尝试合理处置文字、图形、商标、色彩等包装要素;在便利模式(标志型/易启型/规格型/便携型/成组型/配套型/喷射型)、陈列模式(透明型/天窗型/堆砌型/座架型/吊挂型/系列型)、价值模式(等级型/华贵型/复用型/馈赠型)、心理模式(性别型/年龄型/错觉型)

---

① 〔美〕威廉·维尔斯等:《广告学:原理与实务》(第7版),第 386 页。

② 王宁:《消费社会学——一个分析的视角》,社会科学文献出版社 2001 年版,第 161 页。

③ 同上书,第 245—256 页。

④ 杰曼诺·切兰:《视觉机器——艺术装置及其现代原型》,杜宇译,载王逢振主编:《视觉潜意识》,天津社会科学出版社 2002 年版,第 134 页。

等包装存在状态中科学选择，合意表达。

展览会是一种特殊的POP形式，或者可以说展览会是整合形态的POP与互动形态的POP。展览会可以宣示信息，可以现场刺激，可以比较分析，可以有限度地尝试使用。关于展览会的设计制作，最重要的几点建议是：鲜明主题、美学个性、和谐统一、随机体验。

在当下广告的整合体系里，直接营销实务是一种重要的生产与传播业务。它主要由四种战略工具支持：目录、直接邮件、电话营销和直接反应广告。其中，“目录”号称“把零售店搬回家”的方式，凭借多页直接邮件出版物展示各种商品性能与优势，具有可以直接指向特定市场、借高质量设计引人注意、提供信息较为全面、提供选择商品的便利等优越性，以及遭人拒绝、成本较高、回复率相对较低（一般在3%—4%）、数据库需要随时更新等不足。针对目录设计的主要取向应该是信息准确、设计精美、优惠到位。“电话营销”顾名思义是通过电话传送广告信息。这种方式具有一定的人际交往性特征，针对性和说服力相对较强，回报率较为理想。针对这种方式的设计要求很多，究其要者，了解对方，亲切到位，简短扼要且不生硬。“直接反应广告”即那些通过广告诱发直接反应的广告。它的重要特征是“行动”。与直接邮件等方式相比较，直接反应广告的千人成本偏高，但是，这种广告的绝对优势是：拥有较强的目标导向性。直接反应广告可以是印刷媒介，可以是电波媒介，也可以是网络媒介。在《极大化营销》一书中，直接营销专家斯坦·莱普（Stan Rapp）和汤姆·克林斯（Tom Collins）讨论了双义务广告的威力，这种广告通过附赠礼品、样品或优惠券将品牌强化讯息与直接营销反应广告活动结合起来。这适合于印刷媒体的直接反应广告设计，同时被强调利用的还有回函卡，它可以是插入式明信片，也可以是装订在一起的装订式明信片。电波式直接反应广告应该清晰地提供诸如地址、电话等直接反应信息，方便视听众的进一步行动。互联网给直接反应广告提供了最好的平台，甚至可以利用虚拟的试衣间来加速信任推广。

在直接反应广告中，“直接邮件”是通过邮件传递产品或服务的印刷广告，它可以像单页信函那样简单，也可以像信件、小册子、传单那样复杂。通常情况下，它被看做可以完整地讲述一个故事的广告媒体，也可以凭借美好的设计、个性化的信息、良好的反馈机制等取得较好的广告传播成绩。要取得这些成绩并规避成本高、易被人拒绝、回复率低等不足，直接邮件设计者就应该在外观、形式、美学风格上分外用心，争取理想的传播效果。一般的建议包括：

（1）当目标顾客从邮箱中取出信件时，要能引起他的注意。

（2）为产品创造需要，展示其外观，并演示其使用方法。

(3) 像优秀的销售人员那样回答问题,坚定购买者对产品的信心。

(4) 提供关于产品使用的关键信息。

(5) 激发信任,将风险最小化,建立该公司的声誉。

(6) 说明怎样购买、如何购买、往哪里打电话和如何付款等信息,从而实现销售。

(7) 使用某种激励措施来鼓励顾客做出快速的反应。①

如果涉及信件设计,国际知名的直接反应广告文案撰稿人、设计者、顾问迪安·里克(Dean Rieck)的建议是:

(1) 注意力。用图片或标题宣传购买商品的益处,以引起读者注意或产生好奇心。

(2) 人性化。使用人性化称呼。即使无法得到个人姓名,称呼也应人性化,比如"亲爱的养猫爱好者"。

(3) 引导性。信的开头最好有一个简洁但引人注目、让人意外的表述。例如:"亲爱的朋友,我真的要埋怨我自己了!"

(4) 提议。在信的正文中尽可能早地提议。

(5) 正文。信的正文应该使用证言或其他特别的东西,以便详述顾客利益。

(6) 结尾。信的结尾应重复提议,有额外的激励或保证措施,唤起行动要明确。②

---

① 〔美〕威廉·维尔斯等:《广告学:原理与实务》(第7版),第363页。
② 同上书,第363—364页。

第九章　投入与产出:广告成本、广告投入与效果检测

"传务求通"。作为一项有主观意图的信息生产、场域建构、市场扩张行动,广告始终追求积极的意义和理想的效果,这是广告自天的特性与使命。

吊诡的是,在"交换理论已经成为定义市场营销行为的一个重要框架"[①]的语境里,关于广告预算与效果检讨的论述不但嫌少,而且多少有些羞羞答答。这与预算、投入、产出这些"算计性概念"在人文批判中的"地位"有关系,与人们一直渴望的替广告找回神圣的普世性存在意义有关系,与现代广告知识学的基本结构有关系,甚至与当代犬儒主义的泛滥有关系。

第一节　广告生产与广告行动中的费用、机会支付

一、广告支付:何以更加现代、多元地理解广告投入

在日常生活世界里,人们更多地倾向于认定广告预算就是广告投入,广告费用就是广告运作的成本。假如花点时间去了解广告主一方的预算意识和活动规律,下面的现象恐怕也不在少数:

> 财会人员和内部收益部把广告当作一种现行经营支出,因此在销售状况特别好或特别差时,不少主管把广告当作一种和其他支出项目一样可以随意压缩或取消的预算项目。[②]

正如有的学者所说的那样,"这种做法可以理解,但却很短视"[③]。当下最基本的工作之一就是回归关于预算、投入等社会生产意志的基本共识。

---

① 〔美〕理查德·P.巴哥蔡:《市场营销学的交换问题》,载〔美〕本·M.恩尼斯等编:《营销学经典权威论文集》,郑琦等译,东北财经大学出版社2000年版,第39页。

② 〔美〕威廉·阿伦斯:《当代广告学》(第7版),第236页。

③ 同上。

社会交换理论可以借鉴。该理论最基本的预设是：人类借助于经济学概念思考并处置他们的行为，最基本的表现是在投入与相应的回报间作比较。最基本的公式可以简单表述为：价值 = 回报 - 投入。

在交换理论世界里，从交换主体关系的角度，“交换”可以分成三类：严格的交换、广泛的交换和复杂的交换。“严格的交换”指的是双方互利共赢；而在“广泛的交换”中，各参与者构成一个系统，在这个系统中每方均给予另一方，而另一方是从给予方之外的人那里获益的；“复杂的交换”是指发生在至少三方之间的互利关系系统——在这个系统中每一方至少与另一方有直接的交换，从而构成了一个内部相互联系的关系网络。这种关系与卷入交换的任何一个变量都有关系。它显现了交换互动的复杂性、辩证性与普遍性。它们呈现出来的真理是：交换只是一个机会问题。

就效果角度来说，市场营销交换分成三成类型：功利交换、象征性交换和复合型交换。功利交换是指利益对应性的交换，其动机取决于对要交换物用途的期望及其实质特点。象征性交换是指在交换主体之间心理上的、社会关系的无形物之间的交换，就像最早承认这种交换的市场营销学专家列维所说的那样：“……象征是那些经过思考而不是直接获得的东西的总称。在这种情况下一件物品、一个行动、一句话、一张照片或一些复杂行为通常不止意味着它们本身，这其中往往会存在一些另外的含义或感情。”①复合交换建立在另一种新的假设之上，这种假设认定真实的交换既是功利的也是象征性的，因此，所谓交换具有复合性特质。这种强调复合交换特质的主张提出了“市场营销人”的概念：(1) 市场营销有时是理性的，有时是非理性的；(2) 市场营销人的动机来自于有形或无形利益的双重吸引，以及既来自于自身也来自于外部力量；(3) 市场营销人既参与功利交换也参与社会和心理方面的象征性交换；(4) 尽管信息不完全，他仍在社会交换中尽力做到最佳，并且至少是进行最基本的有时候是无意识的成本收益计算；(5) 尽管有时候会追求利润最大化，但市场营销人经常会在交换中不以此为目标；(6) 交换本身并非独立的，而是受许多个体、社会条件限制，如法律、道德等等。②

最终，社会交换理论启示我们关于广告投入问题理解性的解放可以简单地表述为：

---

① 〔美〕理查德 · P. 巴哥蔡：《市场营销学的交换问题》，载〔美〕本 · M. 恩尼斯等编：《营销学经典权威论文集》，第 45 页。

② 同上书，第 45—46 页。

（1）人类是在更加多元性的维度上展开交换的，尽管广告在我们的描述对象中扮演核心的角色，但是，在每一个卑微的身处后面都有神圣的人类性本身的辽阔与博大。小小的广告投入本身以及这种投入的现实构成都可能夹裹着无量的人性因素、文化因素、政治因素、经济因素。所有人都是经营性的动物。

（2）当我们承认所有人都是“市场经营人”的时候，我们已经将人生作为交换的基本市场看待，那些具体的、商业的物品交换只是其中一种显现的形式而已。思维不会只将它的光辉撒照在商业的考量上而放弃针对其他生存构成的智性关照。

（3）除了金钱外，时机、心智、情感、碰撞意志、接受质疑、诱发风险等都是一种付出，也都是关于广告的不同路径的投资。如果这项广告行动失败了，行动主体的损失单上应该包括：浪费了“好”时机，浪费了好心智，浪费了美好的情感与想象，浪费了当时那种意气风发接受历史性拷问的勇毅与果敢，带来了质疑与麻烦，带来了甚至从前无法预想到的风险与挑战……在交换理论脉络里，广告的成本意识应该包括广告行动中的费用与机会支付等“全成本构成”。

（4）基于不同的选择语境，广告投入呈现出不同的身形状态。例如，广告市场中扩张型战略（提高市场份额为基本目标的作业战略）、持有型战略（维持现有市场规模的作业战略）、收获型战略（依靠允许市场份额下降来完成高额短期利润和现金流量）的不同选择，就在根本上制造了相关的广告投入格局与特别的结构。假如我们能具体地检视不同的广告行动所形成的投入图景，当不难发觉各种差异所形成的结构其实正显示了人类社会的复杂性和多样性。但这却是广告生产者必须面对的现实。

（5）投资者的投资行为受到市场关系的影响。“每个竞争者为了估计其竞争对手的市场空间，以赶上其竞争对手，都要观察其同位体所处的市场位置。具体来说，每个生产商都观察其他生产商的产品数量与价格，以便通过适当的投入为自己找到一个较好的立足点。这个投入反过来又向其他生产商提供了这一竞争者在这个市场四度空间中的定位这一信息。这样，通过持续不断地调整上个月或者上个季度的投入模式，生产商就在一起彼此共同建构。”①

（6）不同的行业、产品身处所唤起的广告支付并不相同。按照里基（W. Duncan Reekie）的发现，广告主对新产品的宣传要强于对同一广告主的“老”产品的宣传。特别是那些难以用其他方式描述其技术特征的产品，广告宣传强度

① 〔美〕哈里森·C. 怀特：《市场与厂商：通往经济社会学未来的解释》，载莫洛·F. 纪廉等编：《新经济社会学——一门新兴学科的发展》，姚伟译，社会科学文献出版社 2006 年版，第 181—182 页。

往往更高。多伊尔(Doyle)的发现则说明:低价位商品的广告宣传强度更甚;频繁购买的商品广告宣传投入一般较少;耐用生活消费品广告投入要低于非耐用生活消费品投入。

(7) 广告支付决策市场中存在着诸多模型的互动与博弈。例如"张伯伦模型"、"布坎南广告—价格模型"、"多尔夫曼—斯坦纳条件"、"鲍莫尔—霍金斯—布什内尔—凯夫格里斯静态广告决策模型"①。

(8) 简要地勾勒广告投入结构图将是一件有趣味的事情。例如,独立行动支付与联合行动支付、硬性货币支付与软性资源支付、主动支付与被动支付、创意性支付与跟进式支付、偏向性支付与全立体支付、临时性支付与计划性支付、活动性支付与运动性支付、营销性支付与品牌性支付、高强度支付与中强度/弱强度支付等等。广告行动中的费用与机会支付的表达方式可以相当灵活与多样,事实上,它们就是一个独立的值得格外研究与开拓的营销世界。

(9) 广告支付以适当、合理为基本取向,并非以单纯的数量大小、投入规模、投入频次而论英雄。最重要的考量标准是:小投入,大回报! 也就是通常意义所说的:"最低可能成本。"有时候,为了应对临时性的机遇,广告支付会增加额外的赋予,这些都将成为广告生产与传播复杂性的证据和条件。

(10) 从基本的社会行动表象来看,广告支付并不一定就能如愿以偿。在一些广告成功的同时,另一些广告无可奈何地走向失败的命运。广告支付后面紧跟着的未必都是成功,或者就是人们最不乐意看到的那个结论:投资失败! 因此,广告投资决策者常常检讨这项投资的基本问题或者就是:这些投入合理吗?这些投入足够吗? 我们有必要这么做吗? 我们有必要现在做吗? 我们能够得到理想的回报吗? 这些理想的回报除了经济性收益之外还包括什么? 这些非经济性回报具有竞争性吗?

二、广告支付:费用预算的方法与路径

(一) 理解与想象广告预算

合理的预算是保证广告生产与传播合意性展开的重要条件与基础。就责任意识来说,也是对广告作业者的一种约束和压力。相应地,广告预算同时折射了许多内在的、外在的信息,例如:广告主的资金管理体系是否健全? 广告公司的费用预算体系是否到位并且易于操作、效果显著? 广告人的费用意识是否健康?广告预算在许多地方都是标尺,例如人们总是希望预算多于自己表述的那个数

① 参考张纪康:《广告经济学实用教程》,上海远东出版社 1998 年版,第 61—74 页。

字这种现象，就比较典型地显示了广告生产与传播领域针对预算工作的职业准备略有不足。

广告预算通常要服从于总体预案的基调，也要与营销预算相吻合，它不可能天马行空般地独立自由。例如，尽管我们掌握了许多的科学方法进行广告预算，但是，大多数预算还是包含了四种最基础的社会性资源——一般常识、经验、判断和统计学评价。广告预算应该在清明的意识、科学的方法支持下产生并得到核定，但是，广告所在的生产场域却并不那么简单地允许它们自主行动。它们通常受制于许多因素与条件，包括五色斑斓的广告媒介、千姿百态的广告诉求、名目繁多的广告技术、风云变化的市场结构、难以掌控的竞争状态，以及政治经济等宏观环境的变更转移。而且，看似最直白的广告费用也还可以划分成不同的类型，例如美国的《印刷者油墨》(*Printer'Ink*)就将广告费用分成不同单系供作业者参考(见表 9-1)。①

表 9-1　广告费用分类表

<table>
<tr><th colspan="2">分类</th><th colspan="2">主要费用</th></tr>
<tr><td rowspan="4">白色单</td><td rowspan="4">当然列入广告费用者</td><td>时间・空间媒体费用及其他广告费</td><td>一般报纸，一般杂志，专业报纸，专业杂志，戏院广告，户外广告，POP，珍惜品，宣传册，人名录，DM，卡通及标签(用作橱窗展示品)，型录，对经销商、消费者之专门杂志，电影，幻灯，输出广告，援助经销商，被用作通信或展示广告之复制，电台，电视，其他用作广告目的之印刷品</td></tr>
<tr><td>管理费</td><td>广告部门薪金，广告部门事务用消耗品，备用费，广告代理业，制作者，顾问费，为广告部门工作之推销员各种费用，广告部门人员所用之旅费(有的公司列为特别管理费)</td></tr>
<tr><td>制作费</td><td>美术，印刷，制版，纸型，锌版，照相，电台、电视关系制作费，包装设计(限广告关系)，其他</td></tr>
<tr><td>杂费</td><td>广告材料运费(邮税及其他分发费)，橱窗展示安装服务费，有关白色单各项杂费</td></tr>
<tr><td>灰色单</td><td>列入或不列入广告费两可者</td><td colspan="2">样本费，示范费，样品市场费，户别访问费，房租，水电费，广告部门备品折旧费，电话费，其他部门各种经费，推销员用内部杂志费，宣传卡费，赠品，广告关系协会团体费，推销员广告用公事包费，工厂、办公室号志费，推销员用型录费，研究及调查费，对经销商援助所能支付的广告贴现费</td></tr>
<tr><td>黑色单</td><td>不得列为广告费者</td><td colspan="2">分发赠品费，郊游，慈善事业的节目费，对慈善、宗教团体之奉献费，卡通费，标签费，商品说明书费，包装费，印刷代理商费用，广告部门以外所用消耗品费，同业公会费，顾客、潜在顾客招待费，年度报告书费，展示室费，销售会议费，销售用样本费，从业人员福利费，娱乐费</td></tr>
</table>

还有更多的分类值得我们关注。它们涉及不同的分类指标的征用与开发。例如，按照广告费用涉及内容划分，可以分为广告调查费、广告策划费、广告设计

① 引自樊志育:《最新实用广告》，第 305—306 页。

费、广告制作费、媒体购买费、机动费用等。按照费用与广告活动的关系划分,则可分为直接支付广告活动的“直接广告费”和支付那些并非直接推动广告展开但却与广告展开有一定关联的“间接广告费用”。按照广告费使用者角度划分可以分成自营广告费和他营广告费。按照广告费用的确定程度可以分成固定广告费和变动广告费。

基于此,广告预算很少是一个人的事情,理想的广告预算通常是由预算组织做出来的,凝结了许多人的心血和智慧。

而且,预算一旦通过,就应该进一步成为广告生产与传播舞台上的管理工具,对元素征唤、形式整合、人力统筹、责任确认等,均有积极的影响、干预作用。而且,被确认的预算也是广告代理业与广告主日常协商的工作内容,以及重要的交往平台。

(二) 广告预算的常用方法

广告预算的方法有很多,这同样构成挑战,“任何一种技巧都不能适用于所有场合”①。

甚至这些方法的称谓都不统一与确定。例如,“确定广告费的 17 种预算方法”介绍了经验法或直观法、上年营业额比例法或历史法、上年盈余法、边际收益法、预计营业额比例法、计件/个案/销售比率/销售总数或标准成本法、竞争对手和竞争广告法、总产品分组广告对照法、弹性原则、日算总额/风险成本/工作道德/目标法、公司评估法、理想广告活动法、推销模式或业务调研法、人均成本法、新产品投资或补偿计划法、集中法、折中法或综合法。② 尝试着给出更积极建议的另一种意见则分别就“广告费预算的主要四种方法”即销售百分比法、尽其所能法、竞争对等法、目标任务法,以及“广告费预算的其他方法”即经验法或直观法、上年盈余法、边际收益法、单位比例法、总产品分组广告对照法、弹性原则法、公司评估法等展开分类。③ 英国广告学人的简便归纳则是:任务法、销售收入比例法、与竞争对手相比法、日常开支与利润比率法、按次计数法、支出模型法。④

《当代广告学》所做的方法推荐显得简洁、清晰,并且与当下国内的介绍接近。它们分别是⑤:

---

① 〔美〕威廉·阿伦斯:《当代广告学》(第 7 版),第 238 页。
② 王瑜等编译:《广告艺术》,四川美术出版社 1988 年版,第 122—123 页。
③ 参考张纪康:《广告经济学实用教程》,第 74—79 页。
④ 〔英〕A. D. Farbey:《赢在简单——广告策划与运作速成读本》,第 138—140 页。
⑤ 〔美〕威廉·阿伦斯:《当代广告学》(第 7 版),第 238 页。

销售百分比法——按照头一年销售额、来年预定销售额或者二者结合拨出一个百分比的方法来确定广告预算。百分比的大小一般按照行业平均数或企业经验或任意方式来确定。

利润百分比法——依照头年或来年的利润划出一定的百分比。

销售单位法——又叫分摊率法。按每箱、每盒、每件、每桶等计量单位分摊一定数量的广告费用。可用于横向联合广告或贸易协会广告成员之间分摊费用。

竞争对抗法——又叫自卫法。根据主要竞争对手的广告费用数量来确定自己的广告费。

市场份额法/广告份额法——按广告在整个行业中占有的与市场份额相对应或超出此量的一定的百分比划拨广告经费。常用于新产品上市阶段。

目标/任务法——又叫预算累进法。分为三步:确定目标,明确战略,预计实施该战略的成本。

试验调查法——企业在广告预算各不相同的市场进行经验性试验,然后确定一个最佳预算限度。

精准定量模型法——一般大型广告主和广告公司采用此法,依靠计算机,采用精确的数据、史料和假设。

任意法——一种走着瞧的方式,一般资金有限又准备推出新产品或服务的小公司会用此法。

除了相重叠的那些方法之外,还有一些在国内市场上经常被介绍的广告费用预算方法[①]:

经验法或直观法——广告主的预算并非建立在精确的计算基础上,而是依靠主观"判断"或者凭经验做出预设。

上年盈余法——这种方法多为并不看重广告的商家所采用。其费用预算是在扣除了上年营业额利润中所剩余额数目的基础上确定,即用盈余与否与盈余幅度来决定是否进行广告宣传,以及开支额度等问题。

边际收益法——一种在生产成本已被从收益中扣除后而剩余的"盈余总额"中进行预算的广告费用预算方法。作业时,广告预算以结余盈余的一定比例来确定。

总产品分组广告对照法——借助这种对照法,广告主可以在产品分组中去测量在这一组中所有公司的总费用支出。把每年产品分组广告费用的总额数目

① 参考张纪康:《广告经济学实用教程》,第77—79页。

同制造商在市场上的占有情况相比较，所得数字就是每一家公司应该花费的金额数字。尽管两个比较数字有出入，但是，因为测量的数据是从公司的实际经营中直接测得，所以较为客观。使用这种方法，每一组——尤其是新来者的那一组——可以找到它为了实现市场占有率或是扩大市场占有率而花费的数目。另外，这种方法可以揭示是否需要再追加广告费刺激增加销售量问题。

弹性原则法——这种方法受销售频率和供求曲线的影响，用利润同预期广告费相对照，就可在利润和广告费之间得出一个比率。广告费附加单位平均成本的比率，再同上升利润的平均收益相对照。这种计算结果显示一个极限，超出这一极限，广告费用就是非经济的投入。

公司评估法——这种方法与目标任务法相同，是评论市场调查和企业与广告费用计划等问题的企业评价方法，也称法人评价法。该方法导源于边际效用理论。如果企业的销售目标实现了，那么，企业的所有目标也就实现了，在广告费用中多加一元钱的边际费用也就会由于利润的变化而表现出来。

计量设定法——用数学模型作为广告预算是一种预算作业趋势。例如金（W. R. King）用静态、动态两种模式设定广告预算。亦即以广告费用之有关因素做成模式作为决定广告预算的方式。例如，销售额与市场占有率之相关分析，以计量分析来设定最适当的广告预算为静态模式；在企业的行销上，加以时间因素来决定最适当的广告预算，则为动态模式。

（三）广告费用预算其他事项

截至目前，广告费用预算还无法完全科学化操作，“就某种程度而言，它还是一个蛮‘艺术’的黑箱作业”[①]，需要运营心智，并整合性作业，以求得理想的广告传播效果。

广告预算的立体考量与系统检讨。因为广告的系统工程特性，广告预算自然要考量多种存在力量和资源可能，从周全立场考量与行销组合有关联的一切构成。例如，市场结构、政治美学、文化习俗、传播关系、推广商品的生活角色扮演、市场空间与结构品质、媒体等，以及广告目标的挑战性等。许多现代组织尝试着“营销投资回报率”（ROI）并视之为“一个哲学”。布瑞格斯和斯图拉特针对 30 家“财富 200 强”公司所作的研究显示：“他们认为 70/20/10 方法可以在一个新的营销世界秩序中加以运用，以指导企业更好地管理他们的投资。”他们的建议是：70% 的预算应当用于那些被证明有效的营销战略和策略；20% 的预算应当用于支持创新，以提供基本框架，促进创新，以及了解如何在一定的媒体类

① 萧富峰：《广告行销读本》，中国城市出版社 1998 年版，第 127 页。

型中达到最优化;10%的预算应当是投机性的,尝试广告的新模型,并从实验中进行系统化的学习。①

广告预算应该提出相当细致的投入方向与结构。例如,媒体间分配方面,考虑针对电视、广播、报纸等媒体各占多少比例,或者是否向某种媒体倾斜等;针对媒体的时间分配,如淡旺季分配、季节性分配、节假日分配、持续性分配,是否有核心考虑与特殊安排;针对媒体的出现方式与频度,考虑采纳密集式、连续式、间歇式的哪一种。

广告预算要有控制意识及其反映。这项工作涉及广告主、广告代理业、广告作业人等主体成分。每个主体都有控制的义务。对广告主来说,两个工作同样重要:(1) 同意预算并分别拨付;(2) 通过审核等手段控制开支项目。对于广告代理业和实际作业者来说,强调程序(提出并通过预算、交付工作、提供服务清单、清单确认、完成工作)很重要;同时,分清楚什么是急迫的问题、什么是最需优先处理的、什么是可以适当减弱的也非常之重要。当然,科学的操作、精明的管控同样关键且见效。

广告预算可以采纳图表处理的方式。以表格方式梳理广告支付项目与费用数值是一种比较适宜的预算工作制度。这种方式不但可以清晰地呈现各项目所在,而且还可以看出项目之间的频度趋向与结构图像,对于整体预算工作十分重要。

"预算是非常复杂的,可能不是一门精确的科学"②,为此,广告预算应该有相对周全的程序,并作最终之检查。预算程序需要建立在广告策划的相关基础和历程中,例如收集情报、决定企业行销目标、决定行销战略、决定行销中的广告角色、广告费用之计划与决定等。当广告预算细节确定之后,应该有一套检测程序来最后把关。

英国广告界的"预算清单"③则显示为:

预 算 清 单

是否有一套预测体系?

谁负责制作数据?

谁批准预算?

---

① 〔美〕莱恩等:《克莱普纳广告教程》,第204页。

② 同上书,第205页。

③ 〔英〕A. D. Farbey:《赢在简单——广告策划与运作速成读本》,第149—150页。

谁授权开支？使用的是什么系统？
谁检查发票、批准付款？
预算是怎么细分的？
——以类别分类
——以项目分类
——以月份或时期分类
预算的控制系统是什么？
——广告预算概要
——承担义务概要
——月份开支清单
——清单核准系统
——供应商评估系统
你怎样选择供应商？
——按类别
——按大小
他们的市场价格比较起来怎样？

供应商评估

在媒体方面，成果是什么？
——收费表比实际支出
——观众人数对比估计值
你采用的是什么时间表系统？

第二节　广告效果：呈现维度及其多路向评估

最普通的广告学问题之一可能就是："广告的效果怎样？"与此相联系的问题或者是：广告客户的投资可否得到理想的回报？我们应该如何公正地评价这项广告？

事实上，这个广告学难题一直存在。费城一家百货商场的建立者约翰·万纳梅克几十年前就曾说："我确信我有一半花在广告上的费用是浪费了的。但问题是我不知道到底是哪一半。"广告学界承认："这个很难解决的问题成为一个谜，并一直存在于现在营销领域的发展中。”①

然而，广告效果评估却是一个艰难的工作，“这种困难源于广告运营的高度复杂性”②。为此，我们需要深入了解这项重要的工作，了解它的复杂构成与时代趋向，以及科学评估研究的可能与现实。

一、广告效果评估：想象核心与边界

在积极地介入这项重要的广告活动之前，我们最基本的任务是尽我们所能了解并周全地体味广告效果的相关构成，澄清我们的认同与想象上的误区，进而使我们成为知识共同体、评估共同体的有效成分。

（一）广告效果的含义及其他

关于“广告效果”，最简单的一个解释就是：由广告所诱发而生成的一切变化。对任何一个广告效果的测定而言，“广告效果”都将是一个文本性质的社会存在，随着我们评估指标的不同产生五花八门、意象纷呈的组合。事实上，“广告效果”一直是一个态度问题，乃至框架问题、方法问题、世界观问题。就像罗伯特·J.拉维奇和他的合作研究者指出的那样：“很显然，广告的最终目的就是促成产品销售。但是，广告不是，不应该是，也不能是被设计出来以使那些接触广告的消费者立即进行购买。立即销售的结果（即便是可以测量的），充其量也只是测量广告效果的一个不完全的尺度。”③广告效果是一种文本关系。

广告效果分类关涉建构主义实践，故有不同取向与最后结果。例如，传播学家艾利休·凯茨（Elihu Katz）就提及传媒效果探讨所包含的五个维度：“（1）效果的特性——变化还是固化；（2）影响的对象——意见或社会结构；（3）受影响之单元——个人、组群或民族等；（4）效果反映的时间单位——短期还是长期；（5）产生效果的媒介因素——内容、技术、拥有权，以及接触的场景。”④作为人类知识聚集的场所，广告效果分析研究与多种知识取向、框架思维、路径修辞关系密切，且演绎成颇可见出知识学复杂性的多种脉络。

最常见的广告效果分类源自于那些基本的评估角度。例如，从宏大的层次分解，广告效果可以分成传播效果、经济效果、心理效果、社会效果。从时间效应

---

① 〔美〕莱恩等：《克莱普纳广告教程》，第204页。

② 〔美〕杰拉德·J.泰利斯：《广告效果评估——广告何时、如何和为什么有效》，第5页。

③ 〔美〕罗伯特·J.拉维奇等：《一种广告效果的评估模型》，载〔美〕本·M.恩尼斯等编：《营销学经典权威论文集》，第618页。

④ 转引自潘忠党：《导读：媒介效果实证研究的话语》，载〔美〕简宁斯·布莱恩特等：《媒介效果：理论与研究前沿》（第二版），石义彬等译，华夏出版社2009年版，“导读”第5页。

看，可以分成即时效果、近期效果和远期效果。从意涵角度分解，可以分成立体、多元、结构复杂的社会效果，以及可计量的、针对购买产生影响的市场效果（经济效果）。从消费者影响角度讲，可以分为认识效果、态度效果、行动效果。从媒介生成效果而言，可以分作印刷媒介效果、电子媒介效果、户外媒介效果、促销媒介效果等。从效果的正负面相而言，可以分成产生积极作用的正效果和产生非议、否定效应的负效果。从效果的显现程度划分，则可以分为成就明显的显效果和有待时日逐渐显现的隐效果。从微观与宏观的角度划分，则可以分作影响个人心理或行为的微观效果与影响更高层次的社会单位的宏观效果。从效果生产的取向来划分，则可以分成稳定性的效果与改变性效果。从生成来源看，可以分作离散一般型效果和内容具体型效果。前者指由于媒体自身性质或者诉求空间场域作用带来的晕轮效应等；后者指的是某一具体广告作品产生真实的影响和效力。从效果产生的依赖状态看，可以分作直接效果与条件性效果两种。

细密的分类涉及深入的学理援用。"涉入"的概念是克鲁格曼研究所得。理论上，消费者心理涉入被看做一种个人差异的变数，也代表了一种行为动机并伴随着一连串的消费者行为。如果从消费者涉入对象划分的话，则可以将涉入分化为产品涉入、广告涉入与购买决策涉入。"产品涉入"即消费者将产品与持续或特定情景目标相关联的程度，亦即整个产品涉入的观念可因不同的构成要素、态度与行为的关联、持续时间来区分成二种形态：情景涉入和持续涉入。"广告涉入"是指受众对于广告讯息所给予的关心程度或接触广告时的心理状态，而且在不同的广告涉入水准时，受众对讯息的认知处理并不一样。"购买决策涉入"主要探讨消费者购买或消费的情境里所考虑的个人关联性或重要性对购买决策的行为改变。①

或者从边界渗透（指的是有多少信息能够穿越边界）来判读广告效果的关系所属。比如当获取隐私的大门被关上时，我们所有的这个边界是厚边界，相反，大门打开时则得到薄边界。

如果从社会资本获取的角度来划分，则可划分为结构位置优势/结构位置劣势、社会关系优势/社会关系劣势、信用再生优势/信用再生劣势等效果差异图景。

广告界众多的关于广告分量研究、广告弹性研究、广告频率研究、广告延迟性效果研究的成果，以及几乎覆盖了所有专业技术层面的分析，都是极好的证据

① 参看林建煌等：《比较性广告之比较方式对广告效果之影响》，《广告学研究》（台湾）第1期，1993年，第43—44页。

与最重要的延伸性问题。它们的结论已经成为加强广告科学性的重要支持。例如：

关于广告的延迟效果的发现：

广告的效果不是瞬时的，或者说广告存在着延迟效果。

广告延迟效果持续时间的测算必须使用适当的数据和小心地建立模型。当数据的综合性提高时，测算到的广告效果延迟期会加长。

两个相互矛盾的研究结果如下：

在一个为期一年的广告宣传中，广告的延迟可以保持到广告结束后两年。

在一个个体广告分析中，以一个很小的时间单位如一小时来测算，广告的延迟仅仅保持 8 小时。

下面一些发现也是很重要的，尽管它们被一次研究所支持：

广告可能存在某种减弱消费者对价格和促销的敏感性的、间接的和长期的正面效果。

在某种情况下，广告表现出迟滞效应，即可以产生某种长久的提高销售的作用。

对于某些产品的类型，同一广告的延迟效果在不同城市和不同时段上的效果不一样。

关于早期效果递增效应的发现：

早期效果递增效应或者根本不出现或者是在很早就出现。

在下列情况下早期效果递增效应出现得比较晚：当发布的频率间隔比较大时；当受众不是被强制集中注意力时；使用情感式诉求方式而非说理式诉求时；当消费者购买愿望不强或不是积极地关注广告信息时；在实地实验中而非实验室研究中。

具有较强说服力的广告的早期效果递增效应比较明显。

有关后期效果递减效应的发现：

所有广告的效果最终都会耗损殆尽。

后期效果在下列情况中可以发生得很晚：在使用复杂的创意、情感式诉求或含义模糊的创意时；广告的效果不佳时；耐用品广告；广告发布的间隔比较大时；电视收视较低人群；当广告中使用了多种创意设计时。

当一个创意的效果已经耗损时，暂停这则广告的播出，再次修改强化它的创意后播出，它可能再一次发挥效果。但是在第二次使用这个改进的创意时，后期效果递减效应发生得很快。

有关内容的发现：

改变广告的创意、媒体、目标细分市场和产品会提高销售效果，而仅仅依靠加大广告的分量达不到这种效果。[①]

（二）广告效果评估

1. 广告效果研究的类型

广告效果研究类型同样可以从许多角度来认识和分解。例如，按照广告效果分析所处广告运作程序来讲，人们将广告效果研究分成四种基本形式：

事前评估研究——指广告执行之前测试广告创意等效果评估活动。

事中评估研究——指利用跟踪调查和市场测试来监控广告活动展开情况以及讯息/媒介效果的效果检测活动。

事后测试研究——指在广告活动结束后所作的诸多效果评估、分析。为了确保广告效果分析的有效性，有必要作基准或基线分析，以评估广告活动效果。

诊断研究——指通过解析广告了解发挥积极效益的元素、结构或生产性力量，以及那些让人遗憾的、没有发挥作用的构成力量。

按照效果分析所及对象/内容的角度分类则有：

广告讯息分析——包括广告主题、广告构想、广告表现反应等效果测试。

广告媒体效果研究——包括媒体的量与质、到达率等效果分析。

广告活动效果研究——包括销售效果、传播效果等广告实施效果的检测与研究。

按照广告效果生成段落分解，则可以分为企业广告输入阶段效果、消费者思维处理效果和市场输出效果（见表9-2）。[②]

表9-2　广告效果生成

沟通阶段	变量类型	测量数据
企业广告输入	强度	广告开支、开支比重、发布次数、收视率、收视范围、平均频率、毛收视点、广告发布比重
	媒体	电视、广播、报纸、杂志、电话、因特网、户外广告牌、信件、黄页
	广告内容：创意	说理和口头提示，图片、声音、其他情绪上的提示，代言和其他推论性提示

① 〔美〕杰拉德·J. 泰利斯：《广告效果评估——广告何时、如何和为什么有效》，第113—114页。

② 同上书，第49页。

（续表）

沟通阶段	变量类型	测量数据
消费者思维处理	认知	想法、识别、回忆
	感受	温暖、喜欢、态度
	意向	信服、购买意图
市场输出	品牌选择	试买、再购买、转向
	购买强度	发生、频率、数量
	合计	销售量（相对的和绝对的）

有学者建议对广告效果的测定作如下的划分①：

（1）总体或“全面”测定，涉及有关广告结果的测试——消费者在整个购买步骤中所处的位置和移动的情况。

（2）细部或局部的测定，测定那些将消费者在购买阶梯中向上推进的不同方法的相对有效性——消费者在购买阶梯中处于“亚阶梯”或辅助阶梯的位置，以及这些辅助性阶梯的相对重要性。

另一些分类涉及方法类型。这种分类最终将广告效果分析打包分别放置到“定量研究”与“定性分析”的世界。前者主要动员了量化研究的思维、框架、方法，借助于问卷等手段获得重要的效果情报，感觉上中立、客观、公平，是一种科学主义的结晶。后者则借助于更加开放的质性研究的路径与武库，在感性的旗帜下面向人性的诸多诡异与特殊，收获最难以简单、理性概括的曼妙的事实。

2. 广告效果研究的内容构成

假如我们将广告效果研究看做一种广告管理工作，甚至一种后现代主义的创意生产与扩散的工作的话，广告效果研究的内容构成就将陷入复杂、多元、无法简单概括的地步。或者从这里出发，人们将重新审视广告效果研究工作的立体意义与价值。

罗伯特·J. 拉维奇的意见值得重视：

> （1）对广告效果现实的评估必须与对广告功能的理解联系在一起。使用一种模型将有助于人们对广告效果的思考。在这种模型中，广告被比喻为一种力量，如果成功，这种力量将把消费者在购买阶梯上朝向最终购买推进。

① 〔美〕罗伯特·J. 拉维奇等：《一种广告效果的评估模型》，载〔美〕本·M. 恩尼斯等编：《营销学经典权威论文集》，第 622—623 页。

(2) 对广告效果的评估应该包括对消费者在全部购买过程的各步骤中态度变化的测定,而不仅仅是对产品的开发、产品特色的认知和刺激实际购买阶段消费者态度的变化的测定。

(3) 消费者对产品特定的形象要素的态度的变化应该与消费者对产品的整体形象态度的变化一起进行测定,以确定消费者对这些形象要素的态度的变化在多大程度上与消费者在主要购买步骤上的移动有关。①

这意味着广告效果评估分析并非那么独立与自主,它需要充分的知识、框架、路径、方法脉络关系,需要将整体性把握与微观处穿透相结合。这同时意味着广告效果分析研究涉及的内容构成复杂多样。例如,美国最大的专业预测机构 Ipsos-ASI 的研究专家就主张通过消费者复述来考量广告的传播效应,"当广告可以引起观众的兴趣,让消费者喜欢观看它们,能够形成共鸣,以及将它们的故事用一种独特而有趣的方式讲述出来时,广告就达到最好的效果"②。

广告效果评估研究市场的现象告诉我们,由于评估研究所预设的目标以及基于各种原因所呈现出来的广告效果评估研究不可能达到周全和理想的程度。每一种选择都属于语境的产物。试着看看下面这张"效果调查的问题类型表"(表 9-3)③折射出怎样的目标理解与评估设计。

表 9-3　效果调查的问题类型表

效果	需调查的问题
感知 知晓/察觉 注意/兴趣	您记得看过什么广告？什么广告值得关注？ 您觉得什么广告可以让您觉得有趣？您有没有读过或看过它们中的大多数？ 这则广告是什么品牌做的广告？
品牌联系 认知(独立认知) 相关性	您有没有见过这则广告/广告活动？您记得/不记得其中哪些元素？ 对您来说,产品讯息有多么重要？它与您期望的一致吗？

① 〔美〕罗伯特·J. 拉维奇等:《一种广告效果的评估模型》,载〔美〕本·M. 恩尼斯等编:《营销学经典权威论文集》,第 624 页。

② 〔美〕威廉·维尔斯等:《广告学:原理与实务》(第 7 版),第 458 页。

③ 同上书,第 458 页。

（续表）

效果	需调查的问题
认知 清晰 理解 混淆 回忆（独立回忆）与品牌记忆 区隔	在您的心目中会产生哪些想法？ 在广告中发生了什么？ 广告说辞、产品属性、产品利益被理解了吗？ 您认为广告中的主要讯息是什么？广告的要点是什么？广告中有内容让您不理解吗？ 您记得在广告中看到了什么？什么品牌做的广告？（在自由回答中，回答了品牌名称吗？） 品牌 X 与品牌 Y 之间有什么区别？
情绪 好感度	这则广告让您感觉如何？它激发了您的哪些情感？ 您喜欢这个品牌吗？喜欢广告讯息吗？广告中有哪些讯息是您喜欢的或不喜欢的？
说服 态度转变 偏好 意向 论证 可信度	 在特定的产品类别（或产品套装）中您会选择哪种品牌？（通常用在事前或事后评估中） 您更喜欢什么品牌？ 您有试用或购买它的打算吗？ 顾客购买它的原因是什么？ 您相信广告中的理由、广告说辞和论据陈述吗？
联想	您认为这个品牌的个性是什么？ 当您想到这个品牌时，脑海中呈现的是什么（产品、品质、属性、人群、生活方式以及其他）？
行动	有多少人做出了反应？（电话、回复卡片、使用优惠券、点击及访问网站、走访经销商、走访摊位等）

事实上，这些关于广告效果研究的说明“忽略”了另一个重要的广告效果研究问题域——广告效果的模式研究。例如，埃尔莫·路易斯（E. St. Elmo Lewis）1898年提出的 AIDA［注意（attention）—兴趣（interest）—欲望（desire）—行动（action）］模型、科利（Colley）的 DAGMAR（defining advertising goals for measured advertising）模型、麦肯尼兹（Macknezie）的 DMMAR（dual mediation model of advertising response）模型、德尔顿（Delghton）的二阶段说服模型、针对网络时代特点日本电通公司提出的新 AIDAS 行销模式［awareness（认知）—interest（兴趣）—search（搜寻资料）—action（行动）—share（分享）］等。它们不但显示了广告效果研究的学术成就，显示了广告效果研究实践的现实路径，更重要的是，它们提供了人类动员各种智力资源诠释一个核心问题——广告效果的可能与机遇，显现了真实作业领域的反

应敏感区所在。在广告学研究与实践的历史上，继 AIDA 模型之后的广告效果结构模式就被学者们简化成三种类型：(1)“学习结构”描述了消费者只有在经过学习之后才能进入消费行动的消费现象，它的基本结构图式是认知—感受—意向。(2)“反因/归因结构”建立在归因理论基础上，这种理论认为消费者会为他们的行为寻找理由，甚至有时候这些原因并非真实的行动诱因，只是个幌子而已。它的结构图式是购买—喜欢—解释—品牌再购买。(3)“低介入结构”适用于牙膏之类价格低廉、风险程度较低的产品作业，消费者宁愿买回家试试而非事先研究琢磨。其基本顺序是试购—识别—记忆—喜欢。如果再加上具体的语境特性以及众多的复杂诱因，这个世界会显得格外丰富和纠葛——知识、智慧和社会资本的纠葛缠绕。

广告效果研究当然是复杂的社会系统，因此，它们可以在具体的语境中与相关资讯产生微妙的结合，形成不同的路向，随着整合化进程的加剧，愈加明显。例如，在评估专家的工具库里，还有相当多的“模式”、“类型”供给开发借用。《评估模型》的作者们就一口气列举出了 22 种“21 世纪方案评估的基本模式”及其构成（见表 9-4）。①

表 9-4　21 世纪方案评估的基本模式

假评估模式	问题/方法取向模式	改善/绩效问责取向模式	社会议题导向（倡议）之模式
启发公共关系研究、政治控制的研究	目标本位研究、绩效问责、可观的测验方案、结果评估作为附加值的评价、绩效测验、实验研究、管理信息系统、成本效益分析模式、澄清听证、个案研究评估、批判与鉴赏、方案理论本位评估、综合方法研究	决策/绩效问责取向研究、消费者导向研究、认可/检定模式	委托人中心的研究或响应式评估、建构主义者评估、民主审议评估、实际利用为焦点的评估

按照斯塔弗尔比姆（Daniel L. Stufflebeam）等人的意见，每一种模式都可以从十个描述点加以观照：(1) 前导概念，即评估者用来建立一项研究的主要线索；(2) 主要目的；(3) 欲陈述的问题来源；(4) 每一种研究类型特有的问题；(5) 典型采用的方法；(6) 概念化每一种研究类型的人物；(7) 扩大发展及采用每一种研

① 〔美〕Daniel L. Stufflebeam 等：《评估模型》，苏锦丽等译，北京大学出版社 2007 年版，第 45—98 页。

究类型的其他人物;(8) 决定何时采用每一种模式的主要考虑事项;(9) 每一种模式的优点;(10) 每一种模式的缺点。关键看我们怎么看待一种方法以及何以动员这种方法。

二、广告效果评估:方法、路径与分类作业

广告效果研究包括测试、监控和测量、批评等真实的批评开掘式工作。通过"测试"预测结果;通过"监控"随时跟踪广告效果;通过"测量"显现最终效应;通过"批评"开掘广告性显现的可能与不足。这些充满了生产性价值与意义的广告工作需要勇毅与责任,同时,它们更需要锐利方法、科学路径的坚定支持,以及针对具体业务目标的整合性实战操作。它们需要充分地显示它们的真实性、具体性与施行性。

(一) 广告效果评估研究的方法与路径:定性研究及其他

1. 定性研究

如果我们了解广告文化史实,我们就可以真实地面向广告效果评估路径、方法丰富多样且无可限量的学科事实。换言之,广告效果评估没有固定的路径与确定的方法,"定量研究"并非整全广告效果研究体系的一切,在这种理性活动的语义生产场域的现实构成里,人们还可以轻易地发现"定性分析"的秘密与魅力。下面这些文字来自于传播学家对标致 605 汽车广告画所产生的语境的效果性分析[①],可以看作定性分析的示例:

> 这页广告还以其深厚的、金属感的颜色,给读者一个醒目的印象。这种广告采取不同风格的做法,意味着它是相对于杂志中其他内容的"不同的信息"。它所"出售"的仅仅是思想、观点、分析,等等。
>
> 于是,周刊中刊载文章的页面被"切断"了——其特征是大篇幅充满了不同字体的印刷文字。相反,正如我们所说,标致 605 广告页面主要呈现出一张颜色深暗的图片。这表明它是以完全不同于文字的另一种模式面对我们。不仅主题不同,连表现的方式也大不一样。

评论者进一步提醒我们注意这则广告何以巧妙地让我们成为"消费者"从

---

① 〔法〕阿莱克斯·穆奇艾利:《传通影响力——操控、说服机制研究》,宋嘉宁译,中国传媒大学出版社 2009 年版,第 116—121 页。

而微妙地发生了身份的转化。“我们在充当了广告的评审者和产品的评估者之后，这则广告还让我们变成了一个‘具有与生俱来的商务气质’的聪明人。”事实上，“这一建议操控着我们与向我们推荐这款汽车者的关系。他们将我们视作具有商务感觉的人。他们将自己置于一个被懂行者评价的位置。而且，他们还暗示他们没有隐藏任何东西（面对一个懂行的人，还能隐藏什么呢？）”。

效果还在深化。“谁如果将这则广告从头看到尾，就更是一个‘懂行的人’，标致愿让他‘体验驾驭的乐趣’（广告下方的白色字）。就这样，与读者之间共同将驾驭变为乐趣的关系被建立起来。”

标致605广告读者的语境还由多个规范共同构成：

——现代化规范；

——美学规范（漂亮、快乐）；

——科技规范；

——奢华规范。

这些规范以隐含的方式发出了一些指令来对汽车产品进行定义。这些指令由图片、构图和色彩表现出来。不妨回头再看一看。

图片的上部由一些玻璃幕墙的建筑构成（在我们的文化中代表着现代化，与过去的石头或者水泥质地有所不同）。另外，这些建筑呈现弓形或圆弧形（这些建筑形状也令人感觉很现代，而“方形”的建筑则属于过去的年代）。于是，读者便体会到了现代化的规范。这一“客体”出现在它的世界里。广告利用这一点来传递它的第一条“信息”。

在这样一种地方，汽车“目前是”现代的，并将被感受到它的“现代化”。为什么？原因很简单，因为它从色彩上并未显得不协调。实际上，它融入画面的中间，并且显得“十分和谐”。所使用的色彩（协调性）向我们显示出汽车与现代化建筑之间的协调性。这一信号（“汽车与现代化建筑之间的和谐”）得到了传递，因为它唤起了我们文化美学的经验。这一经验教会了我们关于色彩“和谐度”的规范。我们知道有些色彩能协调共处，而另一些色彩则相互冲突。“现代化”的品质便通过对文化惯习的召唤传递到汽车身上。

建筑被安排成“圆形剧场”的形状。这一布局对于我们文化中的所有人来说,都会强烈地联想到剧院、表演、同台演出等概念。将建筑安排成“圆形剧场”的布局是对空间的一种操控,它所引发的是大家共有的一种文化及社会情境,即“观看剧场上发生的情节”。汽车被放置于剧场中央的位置,毫无疑问,它也被或者将要被观赏。这样的一个明星,如果成为它的主人,则会和它一起置身于这个舞台中央。车的主人和他的汽车将像演艺明星般受到瞩目。

……

图片的上部使用的是金属蓝的主导颜色。这一颜色引发了一个规范。实际上,在我们这个时代,“金属蓝”已经变成高科技的色彩,这仅仅是因为这种颜色已经被所有“高科技”企业(阿尔卡特、航空航天、法国电信等)采用。这些企业使用这一色彩制作了它们的广告,从而在金属蓝和高科技之间建立起了一种关系。于是,现在这种颜色唤起了一个规范,它令在普通文化环境中成长的读者联想到汽车的高科技特征,这是一种我们此前看到过的“语言”,是色彩协调的语言(这本身也是对文化规范的一种操控)。于是,汽车被赋予了一种额外的品质:它是高科技的产品。

最后,我们应该注意到,广告的整个下部是黑色的。这个颜色也召唤起一个文化规范。我们知道,实际上,在我们的文化中,黑色是一种奢华的颜色(比如首饰总是被放置在黑色、红色或者深蓝色的首饰盒里,睡袍和无尾礼服一样,大都是黑色的……)。汽车的空间表现,如同“处在一个首饰盒的中央”,活生生地象征着文化中珠宝的呈现。黑色令人联想起的是“奢华”规范。这一规范令读者将汽车视作一个奢华的物件。于是,一个额外的品质又被赋予标致605:奢华。

广告的图像使用空间的布局,使得观赏它的读者有了参与的感觉。汽车的上部和后左方都被建筑物所包围。它似乎奔驰在黑色的公路上,向右边上坡。

另外,建筑物的环形似乎向着右侧敞开。这一空间的语境又为宣传的汽车添加了一层意义。这款汽车将朝着右侧“奔驰”,在文化的空间上,对于我们西方的企业来说,或者对于我们从左至右的书写习惯而言,右边象征着未来。它于是便拥有了一个冉冉上升的未来,因为路线是向上爬升的。

评论者给出的“总结陈词”是：

总而言之，这则广告让读者用同谋者的语气作证，并让他们站在评判者的立场欣赏一辆技术先进、美观豪华、前景光明的现代汽车，而这是一件真正的业务。这就是这则广告赋予汽车的整体意义。读者作为潜在的购买者，便被置于这些意义面前，并且作为汽车的欣赏者领悟到传通出来的总体意义。

评论者给出了“通过意义的叠加构建出最终的意义”的图示(见图 9-1)。

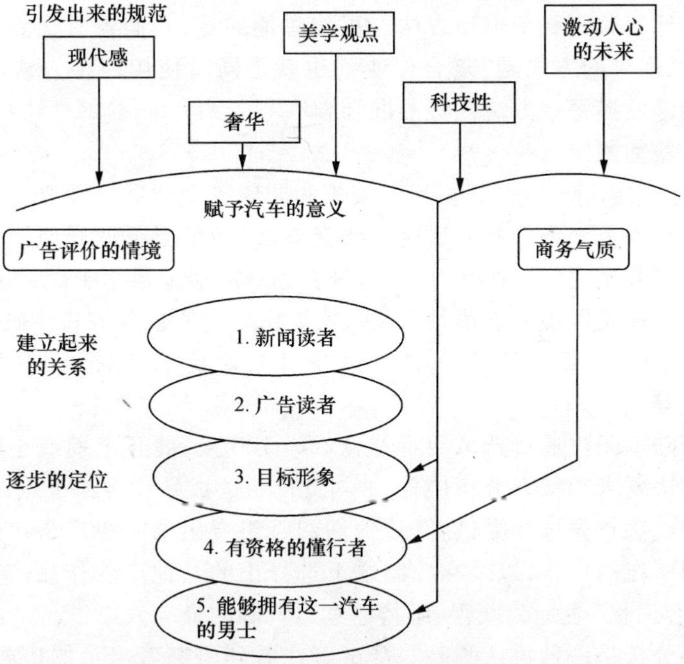

图 9-1　通过意义的叠加构建出最终的意义

这种具有审美穿透、文化穿透、历史穿透、政治穿透等力量的感性的阅读没有太多的理性痕迹及支持，全然是感性的膨胀与心灵震荡后的收获。但是，它们却代表了数目字分析之外的另一种路径，在人类文化的早期阶段，这种分析曾经主宰了分析解读的观念与市场。

定性研究横跨不同的学科、领域和主题，它的主要特点是对生命本身复杂性的尊重和资源性对待。定性研究让人类有了太多的面向与遭遇，不仅在方式方法上如此，而且在援引各种新生的“点火装置”——思考性概念与范式——上同样如此。例如,当我们在某一则广告分析中启动了意识提升、戏剧性放松、自我重估、助人关系、对抗性条件作用、权变管理、社会解放、健全性社会、社会性嵌入等概念时,我们的思想、情感、思维、想象就不可限量地进入到新的飞跃的轨道。

2. 定性研究之外

"定性研究"和"定量研究"可以"完整地"勾勒一种解读广告效果研究的图景。然而,广告效果研究方法谱系中还有更加多样性的研究方法和实施路径。例如,教科书中普遍承认并推广的"两种传统的方法"——实验室研究和实地测试。按照一般解释,这两种方法源自不同的学术专业领域,侧重研究不同的变量,服务于不同的目标。简单地说,实验室研究方法属于行为学领域,而那个真实世界的实地测试则属于模型方法。更加有趣的是,它们各有优点、缺点,都非最优选择,最理想的方式是"复合作业",也就是同时使用两种方法,或者是"发展出一种能够发挥每一方法优势的混合方法"①。

(1) 实验室测定

"实验室测定"是一种通过设计、安排和调整一个或数个独立变量去观察与之相关的一个或数个条件变量反应的研究方法,乃是当下展开原因研究和效果研究的最有力方法之一。按照介绍,这种方法被广泛地运用于广告研究,特别是用于确定广告在说服中的价值与意义。实验室研究所包含的具体研究方法主要有消费者陪审团法、组合测试、阅读率分析、生理衡量、剧院测试、手推车测试、实验商店测试等。

消费者陪审团法通过选取目标受众 50—100 人,展开个别或小团体式的访谈。这种方法要求消费者分析广告,并对此广告的成败优劣给予点评。

组合测试法首先选择受试者,让他们阅听组合出的一组广告。这个组合包括测试意图所在的广告,以及在控制之下选择出的其他广告作品。其中能够生成最高"内容回忆"者即为获得、维持注意力资源的最有效广告。

阅读率分析是一种再认测验。受试者在看到研究者出示的广告时,要回答是否看过/听过。影响阅读率的要素主要有"受试者感兴趣的诉求"、"对句子的理解度"、"对文字的熟悉度"等。

生理衡量法借助于仪器测试受试者的广告刺激反应,包括眼球运动、瞳孔变化、皮肤电阻变化等。

剧院测试主要测试受试者接触广告后产品偏好的变化。一般选取 250—600 人做样本,在播放节目之前,请受试者观看产品的平面广告,选取他们喜爱

① 〔美〕杰拉德·J. 泰利斯:《广告效果评估——广告何时、如何和为什么有效》,第 61 页。

的产品作为赠品，然后让受试者观看电视广告，之后请他们二度选取赠品，研究者同时对整个品牌偏好改变情形做记录。

手推车测试则要请受试者模拟实际购买者情形推着手推车购物，此时，让他们看读各种产品的广告文案，最后请他们选出他们认为最好的文案。

实验商店测试法与剧院测试法较为接近。受试者在实验商店中可以依照不同的广告暴露到各专卖店购买商品，并且可以兑换实际商品的兑换券。研究者从受试者所得兑换券的情形判断广告效果。

（2）实地测试

"真实世界实地测试"借助于真实世界的语境资源检测受众在接触和接受广告时的反应，以此来判断广告的效绩状况。这种测试主要有认知测试、回忆测试、联结测试、控制实验法、市场实验法等。

认知测试法主要向受试者询问这样的问题："你看过或读过广告中的任何一部分吗？"倘若回答是肯定的，再询问真正看到哪些版面设计及文案。测试结果主要用来发现如下资讯：记得看过哪一个特别的广告？记得哪个广告的品牌？记得哪个广告内容的一半或更多？

回忆测试是在不提供（广告）的情况下获得受试者对广告的印象反应。在无辅助回忆的测试中，提出类似的问题有：最近看过什么广告？在辅助性回忆测试中主要提出这样的问题：回想一下昨天的报纸，你看过什么洗衣粉广告？

联结测试中，受试者会被问及这样的问题：强调"每公升汽油可跑得更远"是哪种汽油品牌广告？在这样的问题中，有两个联结的因素：基本的产品（汽油），以及广告主题（每公升可跑得更远）。第三个因素需要受试者提供。广告效果由受试者回答的正确性程度来判断。

控制实验法将受试者分成测试组和控制组。测试组的成员将暴露于广告下接受广告刺激，控制组则不受广告刺激。然后比较两组成员在消费行为上的差异与变化，即可求得"暴露于广告"的变化值。

"市场实验法"乃是一种混合的效果评估研究方法。它努力地规避实验室研究方法强于内部可靠性而弱于外部可靠性的弊端以及实地研究法的不足，希望获得最充分有效的广告效果情报。按照介绍，市场实验是一种在实地进行的实验。研究者在一定时间段或一系列市场上人为地设定一些独立变量去观察它们对条件变量的作用。这种测试的重要特点是基于真实的市场语境而展开，因此，绝大多数影响条件变量的变量都是未经人为设定或改变的。在这种检测方法中，人们通过改变针对代表不同市场或时间段落的条件的加载实现因果关系检验。这些市场或时间段落一般是经过挑选的，这就可以保证所有其他可能影响条件变量的变量大致不变,或者可以表现为一个协变量。独立变量可以是广告输入指标中的任意几个,或者是其他一些被认为可能与广告互动的营销变量。而协变值可以是某些营销变量,例如竞争品牌、价格或促销。

这些方法同定性研究包含的众多方法一道组成了广告效果研究分析的有机世界,是广告文化建构中重要的论述资源。

(二)广告效果评估研究的方法与路径:分类研究

广告效果评估研究以真实的、可感的分类性操作而显现并完善广告文化的相关论述。

1. 广告作品效果测定

通常,人们还会使用广告传播效果测定、广告讯息效果测定、广告表现效果测定等说法来指称这种关于广告文本生产效力的检测性工作。简单地说,这种测试主要面对的是广告文本(作品、活动)本身所拥有的生产、扩散效力的真实可能。主要涉及讯息战略研究、概念测试、广告创意表现、可读性测试等讯息质量构成的技术性测试、研究。

(1) 可读性测试

可读性测试经常用来客观评估讯息质量现实。当然,它并没有更多地涉及格式选择、组织模式、美学取向等其他因素的生产性关系,但却是最基本的一种讯息文本质量测试路径。

弗莱西公式、冈宁公式、弗赖伊公式是三种最常见的可读性测试方法。

“弗莱西公式”是鲁道夫·弗莱西(Rudolph Flesch)博士的重要创举,它关注的重要问题是阅读活动中表现出来的难易度以及相应的教育程度要求。弗莱西公式尝试着研究100个字文本中句子的平均长度、音节的平均数、个性化词语的百分比、个性化句子的百分比呈现出来的表现。具体是:计算句子、单词和音节(数字、缩写、符号以及连字符等都作为单词计算)。用句子的数量除单词的数量,算出平均句子的长度。用单词数量除音节数求出平均单词长度。

在可读性评分公式中应用这些平均数。用1.015乘以平均句子长度,用84.6乘以平均单词长度,从206.835的基线值中减去前两个数字之和。计算公式为:

可读性分数 = 206.835 - [(平均句子长度 × 1.015) + (平均单词长度 × 84.6)]

弗莱西认为,“简洁明了的英语”的得分至少要达到60分,而对话式英语则至少达到80分。其参考评估路径如表9-5所示:

表 9-5　弗莱西可读性测试表

分数	可读性	年级水平
90—100	十分容易	五年级
80—90	容易	六年级
70—80	还算容易	七年级
60—70	简明英语	八年级和九年级
50—60	有些困难	十年级至十二年级
30—50	困难	大学
0—30	十分困难	大学研究生

“冈宁公式”是罗伯特·冈宁的模糊指数研究表述。乃是基于平均句子长度和有三个或三个以上音节的单词百分比来测定阅读难度。该指数是以至少两篇包括 100 个单词的文本中完整句子的数目来计算。做法是:用整句的数量去除句子中的单词数。接下来计算三音节或多音节单词的数量,将计算结果代入下面的公式:

模糊指数 =0.04×(每句中的平均单词数量 + 每 100 个单词中长单词的数量)

冈宁也提供了它们相应的阅读年龄,见表 9-6:

表 9-6　冈宁模糊指数适应表

模糊指数	年级水平
17	大学研究生
16	大四学生
15	大三学生
14	大二学生
13	大一学生
	“危险界限”
12	高四学生
11	高三学生
10	高二学生　“容易阅读范围”
9	高一学生　“容易阅读范围”
8	八年级学生　“容易阅读范围”
7	七年级学生　“容易阅读范围”
6	六年级学生　“容易阅读范围”

“弗赖伊公式”是爱德华·B. 弗赖伊所发明的可读性测量方式。与弗莱西公式相似的是,同样以句子长度和音节数量来进行计算。具体做法是:第一步,由随机选取的三篇段落中的每一篇句首开始。从每个样本段落中数整整 100 个单词。第二步,计算这三篇有 100 个单词样本中的每一篇的句子数目,估计一下

最后几句到倒数第十句这一部分的情况。第三步，计算每一个 100 个单词样本中的音节数目。第四步，分别以平均句子长度和平均音节数目代入专用表格，在两个数值相交处描出一点，该点所在区域就代表了需要找到易于阅读的材料的大致级别水准。

（2）广告作品效果测试内容

广告作品检测包括了针对广告作品构成的许多方面生产能力的估量与分析。美国 4A 的总结包括九项核心内容：广告认知；理解；记忆；印象、评价、意见；广告评价；相信；接受、说服；购买意图；购买行动。英国广告学者的描述如下：

评 估 清 单①

你要解决什么问题？

做广告的目的是什么？

广告对完成预期目的的效果如何？

具 体 对 照

——从策略方面？

——从概念方面？

——从所要提供的服务和承诺方面？

——从语气和广告风格方面？

广告最基本的传播形式是什么？

工作的具体情况：

具 体 对 照

——主题的易懂性

——辅助信息的易懂性

——主要部分给观众所留印象深浅

——标题的可读性

——广告内文的可读性

——在电视节目中的视觉表现

——故事情节的清晰度

——音效如何

——印刷品的视觉表现

广告使产品达到了多大的知名度？

① 〔英〕A. D. Farbey：《赢在简单——广告策划与运作速成读本》，第 166 页。

广告的重复次数？
目前消费者对产品的印象如何？
经销商对广告的印象如何？
销售人员对广告的印象如何？
谁来对广告进行评估？
何时对广告进行评估？
采用何种方法对广告进行评估？
评估的成本？

另一种按照“广告表现反应”所作的设计则将整个工作分解成八个不同的侧面。表9-7[①] 相关内容可以说明问题。

表 9-7　广告表现反应测试

<table>
<tr><th></th><th>（对广告）
田野调查（对商品）</th><th>（对广告）
案头调查（对商品）</th></tr>
<tr><td>知觉的侧面</td><td>注目率
（认为看过的比率）</td><td>诱目点、凝视点、轨迹测定（eye camera）
认知度、认知阈测定（tachistoscope）
外观大小之测定（distance-rater）
要素的相对强度测定（stereo-rater）
一种注意度（脑波测定机）</td></tr>
<tr><td rowspan="2">感情的侧面</td><td colspan="2">“感觉”的测定（尺度法：SD 法、一对比较法、顺位法、系列范畴法）（联想法）（配合法）</td></tr>
<tr><td></td><td>好嫌度之时间系列变化测定（program analyzer）</td></tr>
<tr><td>情绪的侧面</td><td></td><td>自律神经系反射测定
（瞳孔反射计；GSR 测定机，其他）</td></tr>
<tr><td rowspan="2">态度的侧面</td><td colspan="2">有关意图、意见、评价等的测定（态度尺度法、李嘉图尺度法）</td></tr>
<tr><td></td><td>露出，非露出之差测定（schwerin 等方法）</td></tr>
<tr><td rowspan="2">学习、记忆的侧面</td><td colspan="2">再认率、再生率、再学习率、忘却率（再认法、再生法、再学习法）测定</td></tr>
<tr><td></td><td>易于记忆程度之测定（完全学习法）</td></tr>
</table>

① 樊志育：《广告效果研究》，第 33 页。

（续表）

	（对广告） 田野调查（对商品）	（对广告） 案头调查（对商品）
思考的侧面	精读率测定（认为读过的比率） 正解率测定（achievement test 法的应用）	
		理解阈测定（速度测定） 复元率测定（closed 法）
行动的侧面		行动观察（行动观察法） Coupon 回收率测定（利用 keyed ad）
其他		Group interview 法 投射法

最通俗的说法是：广告主题测试、广告创意测试、广告完成稿测试。

(3) 广告作品效果测试常用方法

广告作品效果测试方法多样，例如事前测试方法包括小组访谈、对照表、查询或直接反映测试、双胞胎测试、易读性测试、生理测试、动机测试；事后测试常见方法包括阅读率调查（包括认知、识别、回忆）、影响方法、传播和反应测试等。

从现实出发，广告作品效果测试中常见的主要方法有：

直接评价法。即那种由专家针对广告作品所做出的直观评价。这种评价方法的局限是较为感性，但是，由于感性的缘故也更加接近目标市场可能的反应。

对照表法。这是一种快捷、廉价的广告作品评价方法，尽管充满争议，但仍然是市场作业中常见方法之一。它主要根据表格项目来测定作品效能，见表 9-8。①

表 9-8　广告作品效果测试对照表

标题				
标题总感觉	10—8 强	6—5 一般	4—0 弱	得分
1. 标题是否与产品相关 2. 标题是否包含利益 3. 标题是否生动，充满感动 4. 标题是否与开场白关系密切 5. 标题是否与插图关系密切 6. 标题是否瞄准了刊物的潜在读者 综合评价	密切 强 生动 非常密切 非常密切 非常直接	一般 一般 比较生动 有点关系 有点关系 还可以	不密切 弱 呆板 毫无关系 毫无关系 没有	

① 〔美〕菲利普·沃德·博顿：《广告文案写作》（第 7 版），第 371—376 页。

（续表）

正文				
总体看来正文是强还是一般	10—8 强	6—5 一般	4—0 弱	得分
1. 正文是否编写精巧，从头至尾逻辑发展如何	精巧	一般	很差	
2. 正文展开是否迅速有趣	非常好	比较好	进展慢、死板	
3. 正文是否表明了企业或产品的身份	强	一般	没有	
4. 正文是否突出了主要利益	强	中	差	
5. 正文是否强调附加利益	强	一般	差	
6. 正文是否按照潜在读者的语言习惯编写	绝对	一般	不是	
7. 正文是否有帮助	很有帮助	一般	没有帮助	
8. 正文提出的许诺是否可信	非常可信	可信	不可信	
9. 正文结尾是否提出行动号召或其他积极方式	强	一般	弱	
综合评价				

构图布局、插图、排版				
总体来看，广告的整体版面组合效果对实现销售目标、广告战役目标或其他目标是否发挥了作用	10—8 很有作用	7—5 有作用	4—0 没有作用	得分
1. 标题组合是否形成了冲击力	非常强烈	一般	很少	
2. 主插图组合是否形成了冲击力	非常强烈	一般	很少	
3. 主插图是否引起潜在读者的兴趣	非常有趣	比较有趣	无趣	
4. 止文的排版是否容易辨认	非常好认	比较好认	很难辨认	
5. 广告大小是否适合实现广告目标	非常适合	差不多	不适合	
6. 构图布局技巧（绘图或图片）是否与广告目的相吻合	非常吻合	差不多	不吻合	
7. 标志是否突出醒目	很醒目	比较醒目	不醒目	
8. 布局安排是否能恰到好处地引导读者按照照片的广告逻辑看完整个广告	很好	一般	差	
综合评价				

多胞胎测试。这种方法的特点是在测试的过程中，把同一广告的两个以上不同版本在同一家出版社的报刊上发布出来，如广告 A 和广告 B。它们唯一的不同是标题有差异。从获取的回馈可以看出哪个广告版本更好。

再确认法。系丹尼尔·斯塔奇开发的一种印刷媒介广告测试方法。主要测试包括注目率测试、阅读率测试和精度率测试。展开方法是先随机抽取对象,再由调查员访问。

回想法。包括辅助回想法和无辅助回想法等具体形式。

商品联想法。主要测试广告在联想特定品牌方面发挥何种作用的问题。

消费者审查法。又称统制意见法。主要考察消费者代表组成的小团体意见。

判定法。又称价值序列法。主要针对相关的系列广告的优劣做出顺序排列。

意见及态度评价法。包括直接意见法、尺度法、间接意见法几种具体构成。直接意见法指的是向专家或可能购买产品的消费者询问针对某一广告的意见。可以是小组讨论式的小组讨论法;也可以是针对广告可能的组合所做的一对比较法。尺度法指的是选择相应尺度对一个最好广告和其他广告相比较的方法。间接意见法指的是调查者不把调查意图直接告诉受试者而收集间接意见与态度的方法。

影射法。包括自由联想法、文句完成法、图画测试法、主题统觉测试法等,主要指那些希望通过手段规避受试者主观性求得客观真实信息的调查方法。例如,在自由联想法测试中,被测试者会看到若干张单词列表,每次出示一张,然后回答首先映入脑海的是什么这样的问题。这种测试的结论建立在受试者提及的某个词语的频次以及提及这个单词所花费的时间等信息上。

生理反应测试。这是一系列测试方法的简单概括,包括瞳孔扩张测试、皮肤湿度测试、心跳测试、声调变化测试、脑电波分析测试等。这些测试的重要特点是依托于测试仪器,诸如心理电流计、眼球照相机等,这种测试表现出相当强烈的针对无意识反应的客观主义特性。当然,这种测试随着科学技术条件、人类对生理诸认知的变革而提升与转向。

2. 媒介效果测定

(1) 关于媒体效果评估问题

广告效果测定同样涉及作为广告整体构成的媒体效果达成情形的检测与分析、评估。简单地说,分析媒体计划的有效性是广告效果测定的另一个重要内容。

这项工作的特殊性在于它的前因后果关联性特质。简单地说,策划者在操作广告策划方案时,需要借助于各种渠道的资讯确立合适的、理想的媒体承载这些预设精妙的信息。彼时,它们的多方面内容与大量的数据纠结在一起,这些来源多样的数据在根本上支持了它们成为被选载体的历史性行动。然而,“当工作变得更加复杂后,媒介策划人员被要求证明其推荐是合理的”①。

这种“秋后算账”的现实给广告媒体行动带来了相当的麻烦。因为广告媒体生产与制作受制于许多因素,并非简单的分析判断可以了解。而且,广告效果的多种表现也使得这项测定模糊不明,诸如冲击力效果和购买行动效果之间复杂的关系就是例证。

还有,广告媒介效果测试同样需要科学的程序,以及相当数量的人力物力投入,需要现代广告精神的整全性支持与灵活的呼应。

(2) 广告媒体效果测试的内容构成

按照最基本的人类想象,广告媒体效果测试的核心问题或者应该是:计划是否实现了当初的预设？报纸和杂志的配合是否如原计划般美妙和谐？那个特殊的广告刊播的位置是否理想？能否达到计划的毛评点和千人成本？

究竟这项工作包括些什么同样是认识与想象的问题。例如,媒体在广告活动展开的过程中可否得到根本性的提升或者思维上的更新,媒体的组合由此获得了何种原则上的进步等问题可否上升为最基本的广告效果分析问题,就不是简单的教科书政治所能解决的,更需要广博的人文语境的纠葛互动与大气养成。

很显然,广告媒体的接触效果测评是其中的构成。如果媒体不能将预设的广告信息传布于理想的广告市场,一切都将成为泡影。基于此,广告媒体的组合测评成为重要选择。这种构成的基本内容包括:

媒体接触率调查
- 对各媒体之接触率分析
- 对各媒体之接触动机分析
- 对各媒体之接触时间分析
- 对各媒体之接触阶层分析
- 对各媒体之接触内容分析
- 对各媒体之接触信任程度分析

电视收视率调查
- 各台各节目开机率分析
- 家庭收入、成员开机率分析
- 籍贯及地区开机率分析
- 各台各节目收视率分析

① 〔美〕威廉·维尔斯等:《广告学:原理与实务》(第7版),第466页。

性别、年龄之收视率分析

职业、教育之收视率分析

报纸、杂志阅读率调查

阅读之注意率分析

阅读之联想率分析

阅读之精读率分析

产品、厂牌了解程度

标题、引句了解程度

文句、图案了解程度①

最负盛名的日本视听率研究公司 Video Research 介绍的业务则包括：

日报部分：节目平均视听率；时间别平均视听率。

电视插播效果测定（事前评价）：视听率一览表；GRP 图表；reach 图表。

电视插播发稿计划：发稿时间一览表；GRP 一览表。

电视插播广告统计（月报）。

电视节目视听率：单元节目（家庭）；单元节目（个人）；连续节目（家庭）；连续节目（个人）。

ACR 资料分析：泛用交叉统计分析；四大媒体到达率及频度分析（实例）；目标索引分析。

VSES（电视）插播效果测定（事后评价）：视听率一览表；GRP 一览表；发稿一览表；reach 图表。

电视广播广告统计：发稿一览表；发稿时间表（日别）；发稿时间表（月别）；发稿形态；发稿月别统计；提供节目分析。②

观念决定一切。假如我们乐意将媒体的体验性问题视为广告媒体效果的重要构成的话，似乎还可以再补充一些诸如媒体体验性建构权重分析以及最终美学效应建设的测定内容。这完全看我们的媒体认知与媒体想象而定。

（3）广告媒体效果测试的方法构成

这里可以包括的内容很多，除了我们已经有所接触的“千人成本”、“注目率”、“阅读率”等方法之外，下面简单地介绍几种特别的调查方法。

记忆式调查法。即在广告刊播后相隔不久的时间关系中针对广告记忆受试

① 樊志育：《广告效果研究》，第 131 页。

② 同上书，第 135 页。

者所作的相关调查。

日记式调查法。即经过抽样选定受试对象，由他们将每天所视听的广告情况填入设计好的调查问卷里，然后进行统计分析的方法。

电话调查法。通过打电话向调查样户（通常是十户）询问相关讯息的调查方法。需要事先准备好设计优良的问卷，以利于在有限时间之内完成电话交流。

机械调查法。即在选妥的受试样户家中安装自动记录装置，装置一般用电话线与专业机构的计算机相连，按照预定时间自动记录电视节目等收视情况，而后由计算机总汇的效果研究方法。

3. 心理效果测定

广告心理效果是指广告呈现之后对受众产生的各种心理效应，包括知觉、记忆、理解、情感情绪、行为欲求等方面，涵盖广告兴奋、广告融合、广告行动、广告疲劳诸多影响。按照介绍，"这是广告效果最核心的部分"①，影响深远，意义重大。

广告心理效果测定针对这个神圣的广告生产环节而行动。"广告心理效果的测量，是以对广告的兴趣与欲望、产品知名度等间接促进销售的因素为依据，测量受众对广告的印象，以及引起的心理效果。"②这种测量涉及太多的构成，包括具体的心理变化以及整全形象的变化，乃至场域建构上的变革。

在心理效果测试这个庞大的研究领域中，让人们感觉惊奇的那些心理性构成得到科学的对待。也因此，通过广告的心理效果分析既显示了广告研究的维度，也显示了心理学研究的新维度。

具体性的显现测试被概括为人类行为的三向度测定。"广告效果测定的模式"（见表 9-9）③可以作证。

表 9-9　广告效果测定模式

人类行为的三向度	消费者的购买行为过程	不同阶段的广告方式	不同阶段的广告效果测定方法
动机的向度 压迫力的状态 广告能刺激欲望并决定购买的方向	行动 ↑ 决心	证明型的广告 （testimonial advertising）	销售市场法（sales market test） 回单法（coupon test） 投射法（projective test）

① 王沛主编：《广告心理效果与评价》，科学出版社 2008 年版，第 7 页。

② 同上书，第 25 页。

③ 引自余明阳等：《广告策划与创意学》，第 557 页。

（续表）

人类行为的三向度	消费者的购买行为过程	不同阶段的广告方式	不同阶段的广告效果测定方法
情动的向度 情绪的状态 广告能变更消费者的态度与感情	偏好 ↑ 喜爱	竞争型的广告 （competitive advertising）	意见法（包括消费者陪审法，consumer jury test） 优劣次序法（order of merit method） 态度法（包括语义差异法，semantic differentiate test）
认知的向度 理性的状态 广告能提供资料与消息	了解 ↑ 意识	开拓型的广告 （pioneering advertising）	认知法（recognition test） 回忆法（recall test）

与之相关联的是另一个方向也就是宏观的评估维度上的那个叫形象测定的路径。这种测试主要关注企业、组织或产品在消费者心目中的总体印象。一般借助知名度和美誉度两项指标来衡度。简单的办法是：收集原始情报，将所形成的综合印象用百分比计算相对数，画出形象地图（见图 9-2）。

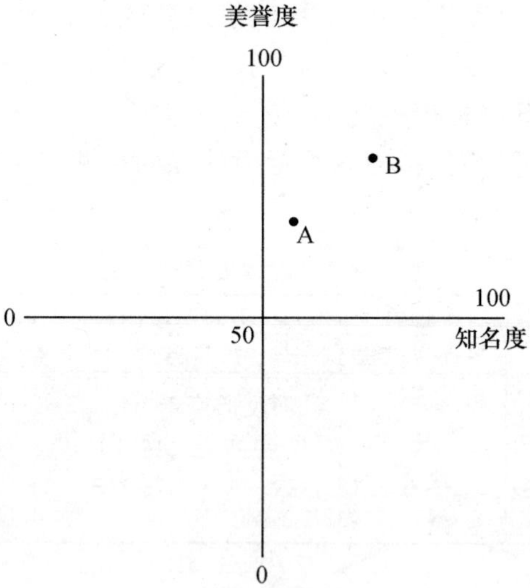

图 9-2　企业形象地图

其余评估方法，大体类似于前述的专家意见法、消费者评定法、仪器测试法（眼动仪、记忆鼓、皮肤反射测试器）、节目综合法（以上属于事前评估法）；市场实验法、调查问卷法(以上属事中测试法)；以及回忆测量法、态度量表测量法、投射法(以上属于事后测定)等。其中最常用的是“态度量表法”，它借助五个量度检测人们态度状态(见表9-10)。

表9-10 态度量表

非常赞成	赞成	无所谓	不赞成	非常不赞成
5	4	3	2	1
……	……	……	……	……

还有一些评估显得较为复杂。例如，斯图尔特(Stewart)和弗斯(Furse)第一个发展出来的“有效长度”测试，希望能找出从广告进入人们注意的瞬间到观众意识到所广告的品牌的时间长度，事实上，人们发现广告的有效长度并非简单的物理时间长度，其中关系复杂，难以简要总结。还有那个据说测试具有很高精确性①的 COMMAP 模型(COMmunication-styleMAP)，就将可以用来测试广告喜好的32个问题归纳为七个维度，从娱乐、相关、信息、移情、品牌强化、疑惑、熟悉、疏远的路向展开具体的评估分析②：

娱乐构成项——(1) 看广告、听广告很有趣；(2) 我认为广告的构想很巧妙，也很有意思；(3) 广告所激发的热情很有感染力，它让你的精神为之一振；(4) 广告不只是销售产品，它还令我愉快，我很欣赏它；(5) 广告中的人物吸引了你的注意力；(6) 这是那种即使你看过，也依然会在你的头脑中保持很久的广告；(7) 我只是哈哈大笑——它太有趣了。

相关信息构成项——(12) 广告使我产生新的想法；(13) 广告提醒我：我对目前使用的产品不满意，正在寻找更好的；(14) 我从广告中学到了一些从前不知道的东西；(15) 广告展示了这个产品，我想尝试一下；(16) 看广告时，我在想这个产品对我有多大用处。

移情构成项——(19) 广告很真实，这就意味着在生活中它也是如此；(20) 广告将我时常感觉到的付诸行动；(21) 我好像正在体验广告中的事情；(22) 广告中的这种生活正是我想要的；(23) 我喜欢这条广告，因为它感觉像是针对我的，而且是亲密的。

品牌强化构成项——(17) 公司(品牌)是个好公司(品牌)，我毫不犹豫地将它推荐给其他人；(18) 我觉得打广告的公司(品牌)是值得信赖的。

① 〔南非〕埃里克·杜·普莱希斯：《新广告思维》，第203页。
② 同上书，第202—208页。

疑惑构成项——(8) 在看和听的同时,感到困惑;(9) 需要很大的努力才能理解这个广告;(10) 它是如此复杂,以致我不能肯定它到底在说什么;(11) 屏幕上的画面已经让我招架不住了,根本没空儿去听它在说什么。

熟悉构成项——(24) 这种广告以前已经播出很多次了——它和之前的那些没有什么两样;(25) 我已经看过这条广告很多次了,对它感到厌烦;(26) 我觉得这是一条与众不同的广告——我好像从来没有看过这样的广告。

疏远构成项——(27) 他们所展示的与他们所声称产品能做到的不相符;(28) 广告与我或者我的需要一点儿关系都没有;(29) 广告并没有向我展示任何吸引我使用该产品的信息;(30) 广告的陈述过于夸大,产品根本做不到它所说的或所暗示的;(31) 广告很不真实——它过于牵强;(32) 广告激怒了我——它很讨厌。

4. 销售效果测定

销售效果又被称为广告的经济效果,指通过广告传播所引发的销售关系与结构的改变,包括购买行动频度、销售额度、利润额度方面的变化等。

广告销售效果测定是一个充满趣味的社会互动空间。一方面,由于广告仅仅是促进销售力量中的一种而非全部,以及销售市场诡异的秉性,故而许多人反对以销售量作为衡量广告成败的指标;另一方面,人们又渴望着借助于销售量的增加证明广告预设的成功,甚至找出来可以较为充分地满足"广告与销售量正关系"的几个条件:(1) 广告是唯一的变数;(2) 广告对行销组合具有支配力量;(3) 广告的效果可以马上统计出来,借以证明在销售市场变化的评估中可以得出广告效绩的状况。这种纠葛最有意思的是给我们传达了一个普遍真理的信息:广告充满了难以简单估量的复杂性,任何简单的"因果对应"都可能是不科学与不现实的。但是,基于辩证的思想意识,任何广告的显量都可能成为显示广告秘密的"皱褶",打开这个"皱褶",可以一层层地拨开遮蔽,寻找出品质性的玄机与秘密。

事实上,广告销售效果测试一直没有退出历史舞台,相反,有日趋火热之势。可贵的是,这些用心与勇毅已经转换成了许多有价值的考量及建设性意见。例如,"测定广告的销售效果,如果从大处(macro)而言,有追求广告费支出与销售额之关系;如果从小处(micro)而言,有追求广告与每一消费者之行为关系"[①]。更可贵的是,人们寻找出了一系列有效且实用的测试方法:

① 樊志育:《广告效果研究》,第172页。

（1）历史比较法。也称历史销售效果测定法、事前事后法。这种最简便、最受广告主欢迎的广告销售效果测试法操作起来实在简单。用广告后的销售量减去广告前的销售量，成绩就是广告的销售实绩。

（2）店头调查法。选择适当的零售商店，对其特定时期内广告商品的销售量、上架陈列状况、价格、POP 广告以及推销的实际情形进行调查研究，以此估量广告的销售效果。可以采纳的方式有：散发传单或者赠送试用品，考察销售量的变化及广告的优劣；将同类商品的包装和商标写出，在每一种商品中放置一则广告或宣传卡片，观察每一种商品的销售状态，倘若哪一种商品销售量明显增加，则说明其广告具有显在的力量；播放录制好的广告片，观察由此引发的销售量变化。

（3）区域比较法。选择两个条件相似的地区检测广告的销售效果。其中一个地区进行相关的广告活动，故称之为"测验区"；另一个地区则不进行广告传播活动，称之为"比较区"。测验期结束后，比较两地区销售量的变化，从而检测广告的销售效果。

（4）广告效果比率法。这种方法表示销售额（量）的增加与广告费的增加的比率关系。在销售额（量）不变的情形下，广告费用增加率越小，广告的经济效果越好。公式为：

$$广告效果比率=(销售量增加率/广告费增加率)\times 100\%$$

（5）广告费比率法。计算每百元销售额支出的广告费用。广告费比率越小，则广告效果越好。公式为：

$$广告费比率=(广告费/销售量)\times 100\%$$

（6）广告效益法。又称每元钱广告费促销法。主要通过每元广告费与广告之后销售增加额之间的关系而得。一般而言，广告效益得数越大，则其广告效益越理想。其运算公式是：

$$R=(S2-S1)/P$$

其中，R = 每元广告效益，S2 = 本期广告后的平均销售量，S1 = 未做广告前的平均销售量，P = 广告费用。

（7）广告效果指数法。本方法以类型比较法作调查，实施广告后，将消费者分成对广告有无认知、有无购买商品两类。然后，按照 2 × 2 分割表进行计算。其计算公式为：

$$广告效果=\frac{1}{n}\left[a-(a+c)\times\frac{b}{b+d}\right]\times 100\%$$

具体构成如表 9-11 所示：

表 9-11　广告效果指数计算表

		广告认知		合计人数
		有	无	
购买	有	a 人	b 人	(a+b)人
	无	c 人	d 人	(c+d)人
合计人数		(a+c)人	(b+d)人	N

其中,a=看广告购买的人;b=没有看广告购买的人;c=看了广告,但是没有购买的人;d=没有看广告,也没有购买的人。

(8) 相关系数公式。公式为:

$$\text{相关系数} = \frac{ad - bc}{(a+b)(c+d)(a+c)(b+d)}$$

公式中,a、b、c、d 的含义与广告指数相同。一般情形下,相关系数如在 0.2 以下,称为低效果;在 0.2—0.4 之间,属于中等效果;在 0.4—0.7 之间称为较高效果;倘若在 0.7 以上者,则属于高效果。

第十章　专业广告的生产性主体
——广告组织、广告人与广告剧场互动

人类可以从相当多的角度观照广阔而丰富的“广告场”构成，借用相关说法，在此前展开的功能主义、历史主义路径之外，体制主义路径乃是其中同样重要的选择与历史轨迹。[①] 借用艺术体制研究倡导者乔治·迪基的理论，我们应当注意到前此知识之外关于广告界认知的新的结构关系：

> 艺术家是在创作艺术品过程中参与理解的人。
>
> 艺术品是某种为了向艺术界公众呈现的被创作出来的人工制品。
>
> 公众是这样一批人：其成员对向他们呈现的某对象已经有了一定的理解准备。
>
> 艺术界是所有艺术界系统的总和。
>
> 艺术界系统是艺术家得以向艺术界公众呈现艺术品的一个框架。[②]

当然，我们需要将这里的“艺术”直接看成“广告”，将广告人、广告文本、广告公众以及广告组织都看作广告界普遍的代言人，将广告界看作所有广告界构成的总和。从此出发，我们的理解可能就是：

> 艺术界是一种文化建构——是随着时间的流逝，社会中的一些成员所共同构成的事物。[③]

我们现在的认知性使命是：缩小这个关于“广告界”的研究结构，在更加具体的广告人和广告工作场的互动关联中，透析广告界的建构及其现实，清晰地还原他们的“工作条件、法律地位、组织体制、社会等级、社会分类、财产、生活方式、成名的几率、评价标准——这些都是他们自己以及其他人认为所组成他们社

---

① 参看贝伊斯·高特：《作为簇概念的“艺术”》，载〔美〕诺埃尔·卡罗尔编：《今日艺术理论》，尹曼椁等译，南京大学出版社 2010 年版，第 30 页。

② 引自〔美〕乔治·迪基：《艺术的体制理论》，载上书，第 119 页。

③ 同上书，第 125 页。

会地位的要素，此外还有他们的性格以及外形……”[①]简单地说，就是寻觅那个我们称之为“广告共同体”的构成，还原它们的结构与互动机制，广告市场里的繁华与荣耀是他们合力打造出来的。

第一节　广告组织：专业主义广告的制作同盟

一、广告生产的专业剧班——专业公司组织

根据美国广告公司协会的定义，广告公司是一种独立的公司，这种公司由创意人员和商业人员组成，他们的日常工作就是在适当的广告媒体中开发、准备并发布广告，从而帮助他们的顾客出售产品或服务。

美国学者格林沃德的《现代经济词典》所给的界定是：广告公司是以替委托人设计和制作广告方案为主要职能的服务性商行。广告公司协助各企业设计、制作和部署其广告。广告公司帮助制定短期和长期的广告战略，并且提供诸如市场和产品概况的调查性服务，它还向委托人推荐最有效的宣传媒介（如报纸、电视、杂志等）。许多大的广告公司还为委托人的经营活动提供通盘性的战略意见。广告公司还常负责广告的机械操作，并负责制作广播电视广告和商业节目。

事实上，广告公司还要复杂得多，需要进一步理解。关于广告公司的理解同样需要丰富的知识和想象力。

（一）广告公司的机制与秘密

广告公司在现代广告行业中扮演决定性角色。从社会制度层面而言，广告公司担负着社会委托责任，作为广告代理制度的全权代表，替社会开发广告潜能、实现广告生产、达成广告传播并借此解放人类的远大理想。也因此，广告公司被简单地称作“广告代理业”。

与广告研究机构、广告行业团体、广告媒体组织不同，在整体性的广告生产链中，广告公司负责替客户创造构想、制作广告并购买媒体、安排传播。广告公司是广告生产与传播中至为核心的广告后台，也就是欧文·戈夫曼“戏剧社会学”中所称的拟定脚本的生产性场域，以及协商互动最终操作文本出场的那个充满趣味的场域。

由于这种特殊的角色赋予，广告公司对广告文化的模式更新、修辞发展、形

---

① 〔法〕纳塔斯·埃尼施：《作为艺术家》，吴启雯等译，文化艺术出版社2005年版，“前言”第1页。

态锻造，不但视为无可推诿的职业使命，更能自觉创新，时刻求变，成为专业知识资本获取上的生力军。正如广告史家屡屡分析所显示的那样：

20 世纪 30 年代，广告客户内部期刊就经常讨论“将电影戏剧融入摄影照片中”的前景，并建议人们使用摄影艺术，因为它能够“将你的广告信息升华到现实戏剧那激动人心的高度”。

早在 1931 年，一名叫詹姆斯·叶茨(James Yates)的艺术总监就在一次智威汤逊职工会议上建议大家多学习好莱坞：人们需要浪漫的冒险传奇。

1937 年，弗兰克公司召开了一次国际现代广告海报展览，艺术批评家克里斯汀·布林顿(Christian Brinton)极力赞美展出品“鲜活的设计理念”，以及“欧几里得式的直白风格”，建议参观者“对这些大胆的魔法魅力……进行有条件的屈服”。

在业界为广告加入高雅艺术氛围的过程中，爱雅公司一直充当着领头羊的角色。其艺术总监查尔斯·柯因纳回顾道：“我们那时试图用(艺术)来使客户的广告能够拥有自己的个性”；艺术史家米歇尔·伯加特(Michele Bogart)指出，这种行为将高雅艺术和商业艺术之间的区别转换成为一种市场营销策略。这种做法的受益人，既包括艺术家，也包括广告客户和广告人。①

经过高雅艺术与广告艺术的交融和混合生产，广告获取了“艺术”的声望，重要的标志就是艺术论述者克莱兹·奥尔登伯格表示的那样：“我赞成酷儿艺术，七喜艺术，阳光艺术，39 美分艺术，15 美分艺术，范特罗诺(Vatronol)艺术，扔炸弹(Dro-bomb)艺术，Vam 艺术，薄荷香烟艺术，L&M 艺术，前大马哈鱼(Ex-lax)艺术，维尼达(Venida)艺术，圣山(Heaven Hill)艺术，帕姆赖尔(Pamryl)艺术，圣—欧—梅德(San-o-med)艺术，RX 艺术，9.99 艺术，现在(Now)艺术，新(New)艺术，如何(How)艺术，火灾中受损物品大拍卖艺术，末次机会(Last chance)艺术，唯一(Only)艺术，钻石艺术，明日艺术，法兰克福香肠艺术，鸭子艺术，大型的肉(Meat-o-rama)艺术。”②

（二）广告公司的剧班性及其描述

广告公司可能是很难简单描述的工作空间和机构。在那里，许多人聚集起来，围绕一个一个的广告业务而努力，最终，无数的广告信息传播出去，无量的广告生产模式得以创立，不计其数的广告概念与作业工具像长了翅膀似的飞向远方。这种情形很像当年造巴比伦塔时的状况，无数人默默地来到共同的目标之

---

① 参看〔美〕杰克逊·李尔斯：《丰裕的寓言——美国广告文化史》，第 242—256 页。

② 〔美〕詹姆斯·特威切尔：《美国的广告》，屈晓丽译，江苏人民出版社 2006 年版，第 272 页。

前，希望创造出一个能够完全沟通的新世界。

广告公司可以从许多视点得到观照。例如，广告公司是一个围绕广告而设置的“广告学园”，借用人们描述“柏拉图学园”的话语，“正是那种无拘无束的、非正式的聚会方式，那种宜于交往的讨论研究问题的方式，显得那么引人入胜，那么轻松愉快，与大学的学究式单调乏味的方式形成对比”[①]。在这样一个具有雄才大略的广告组织机构里，当年的“学园学员”称号似乎还能够找到存在的理由：“燃烧”(Accesi)、“动荡”(Agitati)、“勇敢”(Animosi)、“炽热”(Ardenti)、“协调”(Concordi)、“恒常”(Costanti)、“需求”(Desiosi)、“激动”(Eccitati)、“高尚”(Elevati)、“隐蔽”(Occulti)、“黑暗”(Oscuri)、“更新”(Rinovati)、“酣睡”(Addomentati)、“荒芜”(Incolti)……佛罗伦萨学院的精神也可以得到现实的对应：“在我们的引导下，从另一种语言，另一种美的科学去解释、组合。”[②]

这是一个极为特殊的地方与机构，在这里，话语修辞变得无限重要与辉煌；控制与制作变得无限重要且急迫；在这里，张扬与隐匿以及关于它们共同行动的可能变得日益显赫和受到重视；理性算计与感性的呈现得到了难以理解的融合与周全……从这里出发，广告公司获得了“剧班”(“‘表演剧班’或简称‘剧班’这个术语，表示在表演同一常规程序时相互配合的任何一组人”[③])的特性与色彩。

例如各种身份的组成与互动：

> 如果要使剧班的总体印象令人满意，就要求剧班或演员阵容的每一成员以不同的身份出现。[④]
>
> 当我们研究一种需要若干表演者组成的剧班来进行表演的常规程序时，我们有时会发现，剧班的一个成员被推为主角、领衔或人们关注的中心。[⑤]

它们目标明确，从不浪费与盲目：

> 任一剧班都有一个总体目标，那就是维持它的表演所建立的情境定义。这一目标将会涉及对有些事实的渲染，以及对另一些事实的掩饰……因而，对许多表演而言，一个基本问题就是信息控制的问题；绝不能让观众获得任

① 〔德〕N. 佩夫斯纳：《美术学院的历史》，陈平译，湖南科学技术出版社 2003 年版，第 7 页。
② 同上书，第 18 页。
③ 〔美〕欧文·戈夫曼：《日常生活中的自我呈现》，冯钢译，北京大学出版社 2008 年版，第 70 页。
④ 同上书，第 69 页。
⑤ 同上书，第 85 页。

何有关正在被定义的情境的破坏性信息。①

相应的工具库里还有许多可以拿来操弄的工具：

> 有一个后台区域，里面存有装饰打扮躯体的工具；有一个前台区域，那里有它的固定的道具。有一个由许多人组成的剧班，他们在舞台上的表演连同可以利用的道具，构成了一种场景，这种场景产生出了表演出来的自我……②

除此而外，其他诸种设计也都在强化着这些剧班的品质。例如资格获取，不论是考试录取，抑或是他人推荐等方式，都可以看成是获得加入剧班"被引入学园资本"的路径。公司的剧班精神领袖，可以被视作"学园监护人"；剧班的那些精英，则可以等同于当年马尔西利奥·菲奇诺所称赞的"学园之光"。公司的模式与路径依赖，大可称作怡情悦心的骨干脚本；公司部门的建制，仿佛就是一个个更小的剧班。而广告生产所依赖的资讯管制，更是主导框架下的彰显与遮蔽。广告公司的自我想象与期许，同样是充满了关于社会、人性、市场、责任、智慧等方面何以纠结互动的剧班行动想象。下面这句话出于克莱斯纳：

> 我们相信当一些人聚在一起并决定建立一家广告公司的时候，这一决定中间包含了相当丰富的责任感。③

还有广告剧班的类型，它们以广告剧班的姿势分享着广告的秘密。这种说法的主要依据是广告剧班的差异隐秘地显现着广告行动向可知觉世界开放的"身体意向"，例如一个广告公司的身体空间、行动经验、感觉习性等，都因为广告公司的"身体"悬殊而造成不同的广告文化景观。借用梅洛—庞蒂描述人的身体的话："活的身体的指向是由于组织者的思想。"④

现代广告学分类习惯于两个角度的阐述——广告公司面向的综合性以及广告公司的业务构成。从综合程度划分，广告公司的剧班分为全功能广告公司、部分功能广告公司；从经营业务的视点划分，则可以分成全服务型公司、独立媒介公司、设计代理公司、其他型公司（独立广告社）等。事实上，广告公司的剧班类型更丰富，比如招聘广告代理商、B2B 代理商、高技术产品代理商、直邮代理商、旅游与休闲专家、金融代理商、擅长地方政府工作的代理商、擅长新媒体和信息

① 〔美〕欧文·戈夫曼：《日常生活中的自我呈现》，第 121 页。
② 同上书，第 215 页。
③ 〔美〕莱恩等：《克莱普纳广告教程》，第 164 页。
④ 转引自杨大春：《感性的诗学：梅洛—庞蒂与法国哲学主流》，人民出版社 2005 年版，第 225 页。

技术的代理商,或者其他更多的分类。

理想的广告公司最可被人关注的就是全服务公司,它们向客户提供所有在广告业务中可能出现的服务,从策划、创意、设计、制作、媒体确定、发布投放,到后期的效果评估,乃至于更大的服务内容和范围,包括公关、促销、直销、企业文化建构、客户问题诊断在内的一切"全广告"服务项目。为了做到这些,全服务公司可能会有庞大的身躯(人员众多、机构健全、关联广泛、辐射力强悍)以及相对成熟的公司文化。当然,在那些特例里,人们也会发现仅仅有1—2人的全功能代理商。世界上没有完全相同的组织结构,但是大体来说,创意部门、业务部门、营销部门、管理和财务部门是常见的广告公司核心结构(见图10-1)。

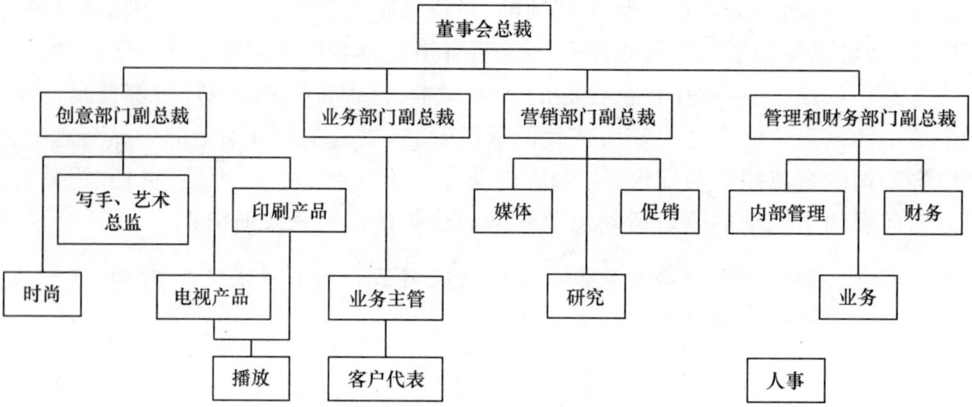

图10-1 典型全服务代理商的组织结构

还有一些广告公司属意于专门的广告服务。与那些巨型服务公司相比,这些公司所从事的业务服务相对"单一",但是,却具有更加明显的针对性。这种类型的广告公司包括负责创意的专业人才和制作代理公司、独立创意服务机构等。下面分别加以介绍。

负责创意的专业人才和制作代理公司。一种新的服务资源,由各种人才资源联合而成的广告组织。例如,创意艺术家代理公司(CAA)就是一家由演艺明星、作家、导演和其他人员组成的广告代理公司,这家公司专门从事广告制作和演播人员服务。

独立创意服务机构。一些广告客户聘用一些高级创意人员以兼职或单个项目合作的方式展开广告服务,许多创意人员借机开办自己的创意工作室从事相关业务活动。一般而言,这种机构不设媒体部门,没有市场调查人员和客户服务人员。主要目的就是提供富有创意的想法和点子。

按服务项目收费的广告公司。假如客户仅仅需要全服务中的一部分，广告公司也可以按照一定的收费标准提供相应服务。一般而言，这种服务多见于创意服务公司和媒体策划/发布公司。为了满足这方面的需要，一些广告公司开始将自身的媒体部门独立出来，以便吸引那些只对媒体服务感兴趣的客户。

专署广告公司。当广告客户发现广告公司提供的所有服务都可以分开来一项项购买时，他们就会创立自己内部的广告公司，此即谓专署广告公司。专署广告公司可以通过聘用创意服务机构来完成广告制作的初始工作，而仅仅需要支付一定数量的手续费或差价。他们可以自己购买媒体时间和版面，或者利用媒体购买服务来购买广告播出所需的时段与版面。通常，专署广告公司是一个管理中心，它需要搜集不同的外部服务并对公司进行管理。

罗乐德斯广告公司。罗乐德斯(Rolodex)广告公司是指由几位广告专家经营，通常只有业务或创新成员，没有基本员工的广告公司。这种公司通常聘用的都是营销、媒体计划、创意战略、文案、艺术指导方面的并以项目为基础的专家。这种广告公司的经营理念与雇用自由创意人员进行广告创作的理念相差不多，不同之处在于专家只有在需要时才被公司所雇用。相对而言，这类广告公司具有人才资源优势。

媒体购买服务公司。专门从事媒体购买、市场调控、媒体创意的服务公司。假如，由大型公司媒体部门剥离而成，有可能成为新的盈利中心，但也有可能降低原广告公司的互相配合与运转效率。据说已经有公司将它们的媒体部门重新并回原来的公司。

广告行业中极富意义的新变化是巨型控股广告公司的出现。巨型控股公司拥有一个巨型的公司网，它们通过这些公司在全球范围内为顾客服务。它们是真正的广告业巨无霸，WWP 集团(伦敦)、宏盟集团(纽约)、公共集团(巴黎)、电通公司(东京)是最重要的代表。巨型公司声称它们更有优势，它们可以提供巨大的人才库，并且能够顺利地将业务从一个公司转到另一个公司。

还有广告剧班的不同表演者。这与广告公司的组织结构实际上结合在一起。广告公司如果足够大的话，通常会有一名首席执行官，可能还有 1—2 名副总裁，再加上各个部门的很多角色，比如客户总监、管理主管、客户主管、客户经理(客户部)；创意总监、制片、艺术指导、撰文(创意部)；媒体总监、助理媒体总监、广播电视副理、媒体副理、媒体购买、媒体策划、资浅购买、助理策划人员(媒体部)；市场调查总监、市场调查副总监、研究助理、专案指导(市场部)；制管经理、制管督导、制管助理、流程经理、流程协调员、流程助理(流程与平面制管)等等。他们是广告剧的真正操作者，对生产与传播效果负有直接责任与义务。

二、广告界的"协商任务群"

从合作生产的角度来看,广告生产与传播界还存在着另一些十分重要并且担负着显性工作任务的"任务群"(bundle of tasks)①,作为广告界体制的重要构成部分,他们被赋予了参与广告生产与传播的资格,他们共同对广告文化的健全发展负有神圣的责任,并对彼此担负着相当的义务。他们的合作与斗争、配合与牵制,最终使他们彼此之间构成了广告文化的结构性框架。

但是,这些重要的广告生产与传播参与者、协商者却未能过多地显示他们的一线生产者身份,以至于很多人索性不承认他们是一线生产与传播者,仅仅承认他们在广告文化制造现实中的背景作用,或者说语境作用。这与当前世界范围内普遍推广的广告代理制有关系。按照分工协作的人类性原则,广告生产与传播的核心工作专由广告公司操作,这也就是"狭义的'广告代理',指代理客户与媒体或制作公司等第三方洽谈与执行广告活动"。"而广义的'广告代理',是指客户将某一品牌的部分或全部广告业务交由一家广告公司全权负责,同时,客户不再将广告业务交给其他广告公司处理。"②

结果是,广告公司得到了专业锻炼的基本业务数量条件,积累了经验,养成了人才。而广告事业则得到了最核心的提升与名声验证。与此同时,在双方进入蜜月般合作的时候,其他的生产性力量则被"遗忘"。

(一)广告的媒体共谋——媒介广告组织

媒介广告组织主要指以经营为主要特色的传播媒介为经营广告而专设的广告组织。现实媒体组织中人们常见的那些"××报社广告部"、"××电台广告部"、"××电视广告中心"就是这样的广告组织。"在媒体公司的广告部门或业务部门工作,是广告工作中另一个令人兴奋的机会。"③

从现实的情形来看,媒体广告组织担负着许多有意义的功能建设任务,例如:根据需要,实施发布广告;根据需要,设计制作相关广告;协调广告公司、广告媒体等关系;收集相关广告反应,回馈广告反应。

媒体广告组织存在的最直接理由来自于媒体本身,许多相关的工作基于此

---

① 这一概念出自艺术理论家贝克之手,贝克把艺术界从事艺术活动的行动者称为"任务群",包括出版商、编辑人员、读者、摄影师、艺术家以及批评家等等相关人员。参见殷曼楟:《"艺术界"理论建构及其现代意义》,社会科学文献出版社2009年版,第103页。

② 杨宇时:《知变:广告公司管理新思路》,机械工业出版社2005年版,第55—56页。

③ 〔美〕威廉·派帝士:《进入广告业——21世纪新生涯规划》,冉龙华译,中国友谊出版公司1998年版,第173页。

而出现。例如,“媒体公司需要销售他们拥有的版面和时段。因此媒体公司使用各种有想象力、有创意和创新的方法,来吸引广告圈的注意。这些方法包括在广告界刊物上刊登广告、开销售说明会、深入的调查、送赠品以及各种引人注目的直接信函”①。简单地说,“媒体公司业务部的功能,是将公司所拥有的刊物版面或电视台及电视网的时段,销售给广告公司和广告主”②。为了更好地实现目标,通常,“媒体销售是以一对一的方式或通过向广告公司人员和客户做提案说明的方式来达成的。这种提案说明通常会使用复杂的视听设备”③。

也因为这种关系和需要,“这些业务代表要不时拜访广告主及他们的广告代理商。他们其实已经完全融入广告的日常操作中——直接与客户公司的广告专员交涉,并拜访客户代理商的媒体和业务人员”④。

这样的表述仍然不足以充分地彰显广告媒体组织的职能与自我期许。这个广阔的行业的一个重要的工作还包括:在媒体、广告代理商和广告主之间建构适当的共同体场域。例如:

> PPA营销学不是关于强行推销杂志,而是事关如下内容的根本:
>
> ——为杂志(媒体)的效力/与客户生意的关联/广告代理公司的思维方式提供洞察。
>
> ——提供最容易达到的通路。
>
> ——提供一支知识面更渊博的销售团队并提供更好的服务。
>
> ——在杂志(媒体)消费者相关部分和我们的合作伙伴之间保持持续的、建设性的、咨询性的对话。⑤

在这样新的理念与想象世界,“他们更着眼于如何将消费者与广告联系在一起以及如何消费主要的媒体形式,而不是单纯地将注意力放在杂志的成功上”⑥。

从这种思想路径出发,媒介广告组织将不再是一个事务性的机构,而是一跃提升为框架性机构,这些提升带给广告从业者的不仅仅是光荣和骄傲,更多的还是挑战。他们处在一个矛盾与夹缝的位置,既要面向市场与广告公司媒体专员,

① 〔美〕威廉·派帝士:《进入广告业——21世纪新生涯规划》,第172页。
② 同上书,第173页。
③ 同上。
④ 同上。
⑤ 瘦马:《时尚:幕后的策动——时尚编辑职业入门》,第139页。
⑥ 同上。

同时还要面对媒体编辑部成员以及他们身后强悍的社会力量。“调查的证据也表明，广告商经常成功地直接影响新闻，尽管一些新闻编导坚称，他们没有屈服于广告商的压力；即使广告商以撤出赞助为威胁，管理层仍支持一个坚守原则的新闻部。”①这几乎成了媒体广告成员的一个共同难题。他们同样需要学会科学有效地处理来自新闻社会责任感与广告商经济压力之间矛盾的技巧。

除了正当的参与态度与自觉调适矛盾的意识之外，他们还需要深度地理解媒体，从媒体的愿景到媒体品牌轮盘的任何一种构成。就像某位杂志主编所说的那样：“作为杂志的广告销售人员，如果你在拜访客户的路上，还没有考虑清楚你杂志的广告优势的话，如果你还只是在抱怨自己的媒介无法与电视相提并论，或者说自己的杂志还比较年轻的话，我要提醒你一个事实，你的优势就在于你定位的人群是广告商们所感兴趣的。”②

他们还需要知道：封面拉页广告出现问题之后，媒体可能做出的让步会是什么？界限在哪里？它们是否会触及媒体的伦理底线？简单地说，他们需要了解媒介的灵活度以及媒体领导人的个人理解在中间所扮演的角色等文字上难以出现的东西。

他们的创意可能在许多方面增强了广告媒体的魅力以及他们个人的影响力。在西方媒体市场上，例如杂志广告中，媒体广告部成员的重要工作之一就是发现并实践诸如中缝巧用、折页巧用等广告新创意。还有像宾果游戏牌那样的广告延宕方式，这种方式通常出现在杂志的封底，这种牌列出了本期杂志所有的广告主信息，也给予读者自主的选择机会，让他们自行做出判断，在感兴趣的广告主前面画出一个方块。广告主一般按照水管器械、纸制品、会计审核等大类排序，然后在大的类别下面编号。每一个广告主都有一个小方块对应，每一个小方块都有字母和数字编码，譬如 A1、B2 等，而这些编码正是宾果游戏牌的名字。这种方式的积极意义是，它可以清楚地显示广告主的哪些信息已经被读者所知晓，读者对哪些商品更感兴趣。这种游戏牌为建设记录用户信息的数据库打下良好的基础，媒体可以将这些消费者调查信息出售给广告主，产生多种意涵的生产性意义。

对广告人来说，媒体广告组织同样是一个具有挑战的、可发挥才智、赢得成就的工作环境。无论就现实还是未来而言，这里都有许多角色需要认真扮演。比如在平面媒体广告组织里，有兴趣的广告人可以考虑用心演绎业务经理、地区

① 〔美〕迈克尔·舒德森：《新闻社会学》，徐桂权译，华夏出版社 2010 年版，第 150 页。
② 瘦马：《时尚：幕后的策动——时尚编辑职业入门》，第 133 页。

经理、广告总监等剧班角色。在广播电视广告媒体组织里，则可以考虑业务策划、业务助理、业务执行或业务代表、业务总监等职业角色，充分占有该角色所需要的专业资本，实现广告人的梦想。

（二）广告主的自觉——企业广告组织

在整体广告生产与传播系统中，广告主扮演至为重要的角色，是广告行动得以开展的发起者，也是继后最重要的意见持有者和效果评估者；在广告传播结束后，广告主又自动地获得广告创意的著作权。也因此，作为广告主的企业通常会成立相应的广告组织机构，配合“买家驱动网络”的有效展开并应对诸多的广告性挑战。

人们尝试着解释这种组织的广告生产性功能：

> 广告主的主要作用（因此也就是广告经理、品牌经理或负责此事的任何人的主要作用）是确保提供给代理商一份明确的简要说明书；其中还牵涉到选择一家适宜的代理。广告主应监督指导该代理的工作，从而保证代理对简要说明书作出恰如其分的响应，提出的创意和选择的媒体达到预定目标。同时，广告主也有必要检测代理的这些计划的成果，确保他们：(1) 依照简要说明书实施；(2) 以合理的成本执行。[①]

这样一来，在这种“企业体”组织中工作的广告人，就将产生远离广告业务、更趋向于成为企业广告事务行政管理者的感觉。“事实就是这么简单，而且你越往上走，离广告就越远。”[②]显然，这种工作不适合那些抱定广告生活的人，它们或者更适合于那些有心从事经营的人。

受“市场关系形势”的影响，企业广告组织的任务似乎很明确：(1) 代表企业了解广告市场信心与相关知识；(2) 代表企业梳理广告形势；(3) 代表企业提出广告需要并制定广告政策，包括广告预算；(4) 代表企业选择广告代理商；(5) 代表企业提供相关配合；(6) 代表企业参与或独立操作自主广告；(7) 代表企业监督广告执行；(8) 代表企业进行广告总结；(9) 替企业建立比较完备的资讯库；(10) 负责组织企业员工的广告营销培训与企业文化教育。

但是，当我们将可能在这里获得的广告工作分成广告部门与品牌管理两部分时，这种判断就略显仓促与不足，尤其是面对后现代广告语境的时候，更是如此。在广告部门工作时，一般情形下，主要的角色可能是广告经理，或者广告助理；假如是较大的企业广告部门，则有可能是广告总裁或广告总监总领其事，而

① 〔英〕约翰·威廉姆斯赫尔斯特等：《当代广告运作》，第 109 页。

② 〔美〕威廉·派帝士：《进入广告业——21 世纪新生涯规划》，第 147 页。

由广告经理来负责每一个部门的广告事务。在有些情况中,广告部门内部还会设立自己的研究调查单位;而在另一些情形中,也可能会由那些专业程度较高的业务组织配合广告事务发展扩张。假如从事的广告事务属于品牌管理岗位工作,情形会有所不同。当他还得端茶倒水做杂事的时候,人们称他为产品主管助理;当他开始负责一种产品或一个小品牌的时候,人们开始称呼他产品主管;当他开始监督其他几个产品主管时,他就变成了集团的产品主管。品牌管理者应该是多面手,研究、传播、分销、产品发展、产品投放和再投放,样样精通;他们没有最终的决策权,但是却必须提出建议;他们对广告充满了兴奋,然而却无权选择广告公司。

(三)广告的社团扮演——广告社团组织

1. 广告社团的存在价值与想象

在现代广告文化生产与扩张的舞台上,广告社团扮演着相当重要的生产者角色,在随意的角度上,广告社团都可能是一种历史、一种文化、一种广告机构、一种代理、一种关系网和一种任意的人类性构成。

在社团这一单元观念的理解文献史上,彼得·霍尔提出了六种社会组织理解框架——"集体活动,网络,惯例活动,资源,时间性—过程性,基础"①供我们展开针对社会组织的理解。贝克尔建议将社会组织看作"反复出现的集体活动网络"②。他们格外地放大了社会团体互动协商的机制,强调社会组织通过其成员的积极参与共同生产的重要特性,他们反对将社会团体看作静态的构成与概念。他们想象的社会协商秩序是"这样一种东西,在其中,任何社会、任何组织的成员都必然有所作用。因为共享的共识……并不具有永远的约束力……需要重新进行评价……协调行动(社会秩序)的基础必然是持续不断地被构成或者说产生出来"。这种关于秩序的根植性与情境性、特定权力关系的普在性、社会秩序的分割与分裂的持续过程的认知使他们踏上了独立的社团关注之路。③

另一种关注针对社团的惯例生产。例如,艺术社会学研究将艺术机构、社会团体视为生产与互动的机制,为惯例的产生提供了行动者争论的场所与土壤。通过相互的协商和妥协,相对稳定的惯例逐步产生并得到不断地调整。按照哈贝马斯的说法,"某个内行圈子一直拥有专业水平,并且享有社会特权"④。并

---

① 转引自 K. 普鲁默:《20 世纪的符号互动论》,载〔英〕布莱恩·特纳编:《Blackwell 社会理论指南》,李康译,上海人民出版社 2003 年版,第 249 页。

② 同上。

③ 同上书,第 250 页。

④ 〔德〕尤尔根·哈贝马斯:《公共领域的结构转型》,曹卫东译,学林出版社 1999 年版,第 44 页。

且,那些“艺术评论员”值得注意,“他们事实上承担着双重使命:他们既把自己看做是公众的代言人,同时又把自己当作公众的教育者”[①]。事实上,他们成了裁判与中介,对塑造公共观念、制造审美偏好等产生控制的作用。甚至有时候,一部新作品的成功与否,都要看是否与这样的组织和人达成何种意见,是否取得这个场域认可的合法性与合理性。

塞缪尔·韦伯(Samuel Weber)的研究揭开了“专家主义”与机构、社团关系的互动秘密。他援引伯顿·布莱斯坦(Burton Bledstein)对“专家主义文化”的定义——“一系列的习得的价值和惯习性反应”来解释这一情况。所谓“文化专家主义”的区分性特征有:(1) 专家是他所在的那一工作领域的行家,为此,他在公认的教育机构中经过了漫长的训练,并且其专业能力获得了相关机构的认可;(2) 专家所拥有的能力是特殊的能力,拥有深奥的知识;(3) 基于上述两点,专家被认为是“作出贡献”的人,他所提供的产品并非普通的商品,而是只有他或是他这样的专家才能创造出来的。专家是占有某些垄断能力的人。[②] 有意思的是,这种象征性资本的获得,经常与社团的赋予有关,资格审核、奖励、发言与表态,都是如此。

知识社会学的相关研究,更是涉及社团成员如何彼此互动乃至于形成隐形学群(invisible colleges)、知识的传播与声望的交换以及学术社群的阶层化等内容,例如琳恩·史密斯—洛温(Lynn Smith-Lovin)指出一个学门是否有清楚的核心概念与学门成员彼此是否有经常的互动、内部的分工以及与其他领域的联结有很密切的关联。库尔特·兰研究的结论是:不仅声誉的确立是各方因素(机构、专家协会、非正式联系)合作的产物,而且声誉的维持也与保留、延续、再记忆等社会性行为关系密切。

事实上,“广告主、广告公司与媒介之间的关系,以及对各自利益的保护,都与行业组织有关”[③]。

除了上述社团的功能与意义外,广告社团还是一个典型的保护机制,一种聚集专业力量与国家政治博弈互动的可能。例如在争取行业权益或者在重要问题上表态等,就是如此。这些社团组织希望能“利用国家权威或者政府行政网络来实现自己的组织目标”[④],故而,这种“协调”更带有行业申述的意味和特点。

---

① 〔德〕尤尔根·哈贝马斯:《公共领域的结构转型》,第46页。

② 引自殷曼椁:《“艺术界”理论建构及其现代意义》,社会科学文献出版社2009年版,第128—129页。

③ 〔法〕雅克·朗德维等:《广告金典》,綦玉宁译,中国人民大学出版社2006年版,第556页。

④ 赵秀梅:《中国NGO对政府的策略:一个初步考察》,《开放时代》2004年第6期,第12页。

广告社团还将产生的一个重要的广告专业品牌贡献是学术资本的积累与激发。总体研究证明:"构成学术社群核心的,是一系列超越了特定机构边界的传播机制,既包括专业协会、学术会议与学术期刊这种制度化的传播渠道,也包括论文手稿在正式发布之前的分发和传阅,以及从书信往来与文献引证之中建立起来的正式的与非正式的交流网络。"①就具体的专业知识开发而言,"知识生产主要集中在广告行业和高校,广告协会则是促使行业知识传播、流动的核心组织力量"②。其中方式可以很灵活,例如美国广告代理商协会从1973年开始执行的"多元文化广告实习计划实行"项目,每年约有一百名左右来自各种文化背景的学习者,借助于该渠道,走向4A公司。另外,广告社团也可以通过组织会议、设立基金等促进隐性知识向显性知识的转换。还有吸纳高等学院的力量卷入:

> 广告协会不仅促使产业界的知识在整个广告业传播,也促使广告业或者广告生态组织中的另一个重要的知识生产主体——高等学校,将其研究成果及时地在行业中传播。高等学校广告专业的功能就是有关广告的研究和教育,前者是知识的生产,后者则是知识的传播。绝大多数广告协会都吸纳高校广告专业的教师或学生作为会员,在高校建立广告协会的分会比如美国广告联盟,在215所大学拥有分支机构,吸纳6500名本科和250名学校的老师作为会员。通过让教师加入广告协会,促进产业界与院校的知识流动,同时通过一些研究基金的设立,让高校的教师直接对广告产业的现实状况进行研究,从而促使业界的隐性知识转化、升华为显性知识。③

与此相联系但又有一定悬殊的是广告社团展开的各种各样的专业赛事。简单地说,诸如戛纳广告奖、中国广告节之类的专业比赛,不仅仅是一种广告专业热情的呼唤与搅动,它们直接面对的是广告的社会形象以及作为独立专业的资本获得。按照研究的结论,这种制度设置最重要的生产性价值是:让清明的自省意识广泛地弥散于我们身边,成为广告文化与人性水乳交融的制度象征。

2. 广告社团的图景描述

广告组织是各种各样围绕广告发展而创设的群众性组织的统称。广告组织包括众多,随着分析框架的不同,呈现出不同的风貌:

---

① 转引自李红涛等:《有形的知识积累与无形的社群互动——由知识社会学角度反思新闻传播领域之引证研究》,《国际新闻界》2010年第5期,第7页。

② 薛敏芝:《知识传播与广告教育的多重架构——西方广告社会组织及其作用的考察》,《广告大观·广告研究》2010年第3期,第73页。

③ 同上书,第74页。

空间分类——包括国际性广告组织,如国际广告协会;地区性广告组织,如亚洲广告协会联盟;全国性广告组织,如中国广告协会;地方性广告组织,如陕西省广告协会。

性质分类——包括代表性机构,如广告主联盟;调查与研究机构;自律机构,如广告审查局;学生广告社团。

产业链分类——按照横向的产业链分类,广告组织可以分为广告代理商协会、广告主协会、媒体及其运作协会、广告下游服务协会(例如发行量审核机构、广告研究基金会、独立的创意制作者协会)等。按照纵向的产业链分类,广告组织可以分为直复营销协会、黄页广告营销协会、互动营销协会、户外广告协会、交通广告协会等。

作为重要的现象,几乎每个国家都有全国广告联盟这样的组织,代表国内广告代理商、广告主、广告媒体的联合组织(例如广告公司联合会、广播电视联合会、报纸杂志联合会等)的共同利益。这种组织通常下辖一些分支机构,主要任务是代表广告业与政府打交道,对政府的相关广告法律法规作出反应。典型者如美国广告联盟(简称 AAF)、英国广告协会(简称 AA)、全日本广告联盟、中国广告协会等。

另外,在西方发达国家,通常还有广告理事会(Advertising Council)这样的公共机构,主要由广告公司、媒体和广告主组成,经常针对社会问题,运用广告手段向社会公众广泛传播。公共广告/公益广告的制作刊播费用由会员负担或者社会赞助。

广告组织的组织维度多种多样,主要以四种方式存在——广告产业维度、道德责任维度、教育与研究维度及国际化与全球化维度。[①] 复杂的是,这些维度随历史语境的变化同步更新,发展变形,生成些许交叉性的新组织。例如美国的商业综合促销协会,即系从前的广告促销联盟、美国营销协会等专业协会组织联合而成。但不论如何变化,每种组织形态都在涉及专门领域问题之外,旁通整个行业乃至于普世的广告学发展问题。

我们需要与广告社团组织中的代表性组织作必要的照面,通过它们,深入而真切地了解广告组织在广告文化生活中的身形与价值网络之所在。下面择其要者加以介绍。

国际广告协会(International Advertising Association,IAA)。最重要和最有影

① 薛敏芝:《知识传播与广告教育的多重架构——西方广告社会组织及其作用的考察》,《广告大观·广告研究》2010 年第 3 期,第 74—76 页。

响力的国际广告组织。IAA 原名“出口广告协会”，成立于 1938 年 4 月 8 日，系美国出口贸易与运输杂志出版人托马斯·阿斯威尔等人发起成立，以研究国际广告发展新趋势、新技术、新方法，提高国际广告业务水平等为宗旨。1953 年 12 月 5 日，该组织更名为“国际广告协会”，并发展成为国际性组织。1984 年，被联合国经济及社会理事会、教科文组织分别吸收为非政府组织成员。1987 年 5 月 12 日，国际广告协会中国分会在北京成立。

国际广告协会总部在纽约，每一年或两年召开一次会议，定期出版《国际广告协会通讯》等刊物，出版各种类型的研究报告。拥有会员 4000 余名，遍及全球 70 多个国家和地区。

亚洲广告协会联盟(Asia Federation Advertising Association)。亚洲地区的广告公司协会、与广告有关的贸易协会、国际广告协会分会组合而成的亚洲地区重要广告组织。首届会议于 1958 年在日本东京召开。1987 年 6 月 14 日，中国以亚洲广告协会联盟中国国家委员会的名义加入该组织。按照介绍，亚洲广告协会联盟的基本宗旨是团结亚洲地区从事广告的专业协会，提高会员单位的业务水准，促进各国对广告的认识与觉悟，收集广告信息，制定和实施广告教育计划，开发亚洲广告人才。

发行量审计局国际联合会(International Federation of Audit Bureau of Circulations)。它是各国发行量审计局(Audit Bureau of Circulations, ABC)的联合组织。总部在伦敦。

发行量审计局属于非营利性行业组织。成员主要有报刊、广告主和广告公司。发行局给自己的会员单位所发行的报刊颁发经过核实的发行量证书，以免广告主及广告公司受虚假发行量的蒙蔽。

最早建立发行量审计局的是美国，时间是 1914 年。英国的发行量审计局创设于 1931 年。主要做法是：审计局将表格发给会员单位，会员如实填写后返回，理事会执行委员会审核并提出报告。经理事会认可后，即由审计局给该报刊颁发发行量审核证书。与此同时，审计局将审核的数字刊印在审计局的定期刊物上，公开对外出售。收入成为审计局重要的经费来源。

美国广告商代理协会。美国全国性行业协会。成立于 1917 年，总部在纽约。成员业务量占有美国本土大约 80% 的广告代理业务份额。出版《AAAA 通讯》(月刊)。主要职能是：为会员提供专业技术支持以及广告代理信息，维护、强化和改善广告代理业，促进美国国家广告事业发展。

全国广告评估委员会(The National Advertising Review Board, NARB)。美国广告界自律组织。成立于 1971 年，系由美国广告代理商协会、美国广告联合会、美国广告主协会和商业改进局理事会联合建设的全国广告评估理事会设立而成,以行业身份审理涉及消费者利益的广告投诉。

全国广告评估委员会由广告主代表30人、广告公司代表十人、社会公众代表十人组成。审理申诉首先从商业改进局的全国广告处开始。如果纠纷不能解决,则申诉移交全国广告评估委员会审理。倘若依然不能解决,则由全国广告评估委员会送交政府处理。

中国广告协会(China Association of National Advertisers,CANA)。中国最大和最有权威的广告行业组织。成立于1983年12月27日。有团体会员和个人会员两种。下设报纸委员会(1985年11月18日成立)、广播委员会(1984年6月成立)、电视委员会(1984年6月成立)、广告公司委员会(1984年11月成立)、学术委员会(1987年8月6日成立,前身是1982年2月成立的中国广告学会)。基本任务有:调查相关广告信息,制定中国广告发展规划,向政府提出正当性建议;协调广告单位关系;组织交流;展开学术活动;加强国际联系等。

第二节　广告剧场运转

——专业互动与修辞文化管理

为了维持广告剧场的正常运转,所有的参与者都需要持续地增加与发展自身的参与资本,正如人们常常感觉到的那样,资本就是一种位置和可能,发生在实体与实体之间的战争或者就是资本竞争性的较量。

按照社会学家汉斯·戈特(Hans H. Gerth)和赖特·米尔斯(C. Wright Mills)的"人员选择"理论:"每一个社会结构都要挑选维持其运转所需要的人,而且要以这样那样的方式淘汰不适合的人。倘若没有合适的人可供挑选,社会就不得不'发明'这样的人选——更加准确地说,社会要根据具体的需要去生产这样的人选。就这样,通过社会化和'养成'的机制,社会'制造'出维持其运行的人。一般人认为,因为有了什么人,所以才产生什么样的制度。社会学家把这个观点颠倒过来。事实正好相反,勇士之所以出现,那是因为军队出征;虔诚的教徒之所以出现,那是因为修建了教堂;学者之所以出现,那是因为大学需要学者;杀人犯之所以出现,那是因为有杀戮需要他去完成。每一个社会都得到了它应该得到的人员——这样的说法是不正确的。恰当的说法是,每一个社会都生产它需要的人员。”①

就广告剧场的持续发展与优良运转而言,这种分享并独自获得竞争身份正当性的参与者之间的互动,看起来更加丰富和多样,为了能够获取“被更好地联系”的资本,下面所要讨论的内容更像那种“企业组织”的性格表现。“这‘企业组织’不只是基于共同目标之结合,也必须安排‘政策’(policy)与‘管理’(management)的实践机制。除此之外,它必然要求其成员职业上的技艺与工作上的忠诚……所有的法规与实践机制都表现‘思量定计’的手段与目的之考量,它们被用来当作是‘结社成员彼此可了解的工具,以促进彼此交易的活动。它们也构成一套语言,用来引导那追求愿望之满足的交易活动与约定。’”②

一、广告公司的自我武装与发展

广告公司是封闭与开放并存的网络结构。就广告剧场的持续发展而言,它是人们需要用心经营的表演参与者。作为广告生产主体,广告公司应该得到更多的现代意识与专业文化的照拂,成长为可以从任意一个“皱褶”打开生产通道的共同体组织,以及整全的组织“品牌轮盘”。

(一) 好的老板与杰出的领袖人才

作为剧班领袖,好的老板创设剧场,更重要的是,他还需要为广告公司的运转考虑合适的CEO,选择采纳恰当的运转模式,并努力使之形成完整的制度文化——制度精神、制度原则与相应的制度安排。在某种程度上,他们就是广告公司的象征与人格代表。

公司的执行运作者具体操心运作这个需要照看的生产机构。他们应该是一流的企业管理者和懂行的广告工作者,视野辽阔,能管理,善用人,充满了参与竞争的热情与勇毅。大卫·奥格威认定的理想人选是:“(1) 崇高的个人道德标准;(2) 心胸宽大,而不小气琐碎;(3) 有胆识承受压力,遇到挫折不气馁;(4) 才智过人,绝非步步为营的守成者;(5) 有过人的精力,努力工作,焚膏继晷;(6) 具领袖魅力和说服力;(7) 喜欢突破传统,尝试新事物改变现状;(8) 有勇气作棘手的决定;(9) 兴致勃勃,冲劲十足,热心激励别人;(10) 有幽默感。”③

---

① 〔美〕彼得·伯格:《与社会学同游——人文主义的视角》,何道宽译,北京大学出版社2008年版,第119—120页。

② 转引自蔡英文:《迈克尔·奥克肖特的市民社会理论——公民结社与政治社群》,载许纪霖主编:《共和、社群与公民》,江苏人民出版社2004年版,第192页。

③ 〔美〕大卫·奥格威:《广告大师奥格威——未公诸于世的选集》,庄淑芬译,机械工业出版社2003年版,第63页。

（二）恰当的公司愿景与企业文化

制作公司愿景并加以清晰描述，是广告公司管理的重要工作。通过愿景制作，广告公司可以实现它们所需要的语境控制，将所有与公司相关联的能量精神性地团结起来。

公司愿景形象而质感地勾勒了公司的目标、核心价值和使命观，研究证实，"愿景可以团结人"，"愿景可以激励人"，"愿景是困难时期或不断变化时代的方向舵"，"愿景是可用于竞争的有力武器"，"愿景能够建立起一个共同体"①，最终，愿景成为强悍的管理制度与力量。当然，这个愿景必须是清晰、持久、独特、服务的愿景。

例如，麦肯的"共同愿景"是：

全球范围内的世界级的营销传播商；
一个无论做什么都成为最好的共同梦想；
一个作为赢取佳绩基础的专有战略工具的共同承诺；
一个领导者地位的共同原则；
一个对客户提供同等服务和资源的共同集合。

最终，那些优良的广告公司发展出属于自身的公司文化，以此来统筹它们的价值观念、符号、仪式、组织英雄、客户态度等资源构成，使它们周流转化，发挥力量。例如，大卫·奥格威关于奥美公司文化的公开表示："一个工作的好地方"、"我们把客户的公司看成是自己的"、"我们对自己的表现养成一种'永不满足'的习惯"。奥美被看做"练达、充满想象力、有纪律、客观而且令人振奋"的广告公司②，奥美有自己的企业文化——"十大信条"：

（1）奥美公司是一家不可分离的广告公司。

（2）我们做广告是为了销售产品，否则就不是做广告。

（3）你不能让人因为对你感到不胜其烦而买你的产品；你要让他对你的产品感到有兴趣才买。

（4）提升视野、开拓新局，要争千秋万世之不朽。

（5）我喜欢知识所显示的纪律，不喜欢无知所造成的混乱。我们追求知识，就跟动物寻求爱吃的饲料一样。

---

① 〔美〕加里·胡佛：《愿景——企业成功的真正原因》，薛源等译，中信出版社 2003 年版，第 226—228 页。

② 转引自〔美〕大卫·奥格威：《广告大师奥格威——未公诸于世的选集》，第 149 页。

(6) 我们雇用有大脑的绅士。

(7) 消费者不是低能儿,她是你的妻子,不可侮辱她的智慧。

(8) 除非你的广告活动源自一个大创意,否则就会像夜晚航行的船只一样无人知晓。

(9) 只做一流的业务,因此要用一流的方法。

(10) 凡是不想让你家人看到的广告,就不要刊播。

与此同时,奥美有自己的生产仪式、公司英雄以及全套的企业文化构成,通过它们,奥美张扬认知与想象,凝聚着内部与外部的力量。

(三) 合意的公司架构

广告公司必须建立适合于自身高效率运转的组织架构,例如它的层次建设可以是专门主题广告公司、中等规模广告公司、大型广告公司、广告公司集团体系,或者,也可以是世界性的整合传播集团。相应的,它的组织架构也就随之而来。例如,麦肯世界集团公司是一个包括关系营销、活动和促销、公共关系、品牌资产、在线营销传播等专业领域的企业实体,为了科学匹配,麦肯组织了它的执行委员会,由集团的最高层分派领导控制每个专门领域,以贯彻集团"一个领导者地位"的共同目标。麦肯世界集团包括七个专业通道:麦肯全球广告、麦肯全球关系营销、Momentum 经验营销集团、Diefenbach Elkins 品牌产权集团、Weber 全球公共关系、Thunder House 在线营销传播、麦肯全球医疗保健。

至于具体设计,则要涉及权力分割、结构关系、部门职能、人员配备、流程管理等问题,可因应形势需要,灵活处置,但"高效业务单位"的建设,则是基本的选择。例如德国汉堡的 Springer&Jacoby 将它的公司分成六个完全独立的作业部门,每个部门之间保持在半径为 500 米的距离以内。每个部门都能从媒体、研究、计划和其他部门得到帮助和支持。每个部门都有自己独立的创作方式,拥有不同的工作流程,这个公司由此获得了多种文化的同时支持。这听起来很像是针对无政府主义的处方,但是,它们有非常实用的控制方法来解决问题。每个部门都不断地受到监控,它们的绩效通过 4K(客户、收入、创造性、文化)衡量,它们必须相互协调。客户与这个被称为"六合一"的公司合作显得愈发简单,他们只需要与广告公司的一小部分员工打交道,如果乐意的话,客户可以选择和几个部门一起合作,新的创意源源不断,新的竞争态势随时形成。而另一些认知则考虑到诸如人数等问题。"首先它必须是一个能够及时做出几乎所有与客户有关的决定,并能随时随地为客户提供高效服务的业务单位,它的规模应基本控制在 40—60 人。同时该业务单位的经理应该非常了解单位中每个人的工作状况,并亲自参与大量日常业务。”①

（四）丰富的人力资源及其队伍

这里面涉及人力资源的品质及结构等内容。简单地说，建立适用的人力资源结构是广告公司获得解放的重要途径。

广告公司首先要明确自己的天才定义、人才定义，这是人力资源建设的出发点。

正确的态度之外需要有正确的结构。广告业是天才的行业，每一个广告公司都需要它们的天才，但是当然，单一的天才满足不了丰富的广告实践的需要，所以，广告公司需要各种类型的广告人，从总经理到职业会计师、办公室主任等，都需要。尽管奥美公司寻觅的是“号角鹄”，但是，奥格威所说的那些锐意天才各有自身的价值：

（1）天才型的创意人，但往往不是最出色的经理人。

（2）优秀的经理人，能使工作顺利完成——既准时又称职。不会出差错，但也不会创造炙手可热的广告代理商。

（3）锐不可当的策略能力，对若干客户极有助益，但易于产出平淡无奇的作品。

（4）号角鹄（Trumpeter Swans，北美产的一种鹄，叫声非常洪亮），非常罕见，具有天赋异禀的创意才华以及振奋人心的领导能力。

（5）无药可救的一群。②

这还不够，我们还需要再补上那些辅助天才的“运水人”。在古希腊，“运水人”被标榜为创意的象征，这并不是因为他自己做了什么，而是因为他具有激励及支持他人创意的能力。最原始的运水人，就是那些将杯子拿给神明的人。

（五）优良的支援系统

广告公司的运转与良好发展需要充满灵性与独具气质的发展理念，但同时，这些理念的实现则需要更加优良的支援系统真实的支持与帮助，需要相当理想的结构洞资本的获取与积累。例如，在占有结构洞之后，广告公司需要进一步落实的是：何以通过“密网”建设加强接触？何以通过封闭重申约束？何以通过结构洞桥接争取更加多样的资源？何以让每一个人和每一可能联系在一起？

这些问题一直是广告公司经营中必须面临的“问题”现实。通常的回应是：（1）建设独立的适用的作业模型，发现并完善相关作业工具，武装公司的工具

① 杨宇时：《知变——广告公司管理新思路》，机械工业出版社 2005 年版，第 42 页。

② 〔美〕大卫·奥格威：《广告大师奥格威——未公诸于世的选集》，第 71 页。

箱;(2) 建立适度的服务客户结构,改变数量型客户经营路线,通过品质建设实现广告公司必需的客户与利润目标;(3) 科学化管理,通过制度调适与完善,实现目标管理,严格预算控制,在成本控制、现金流量、资本利用等方面争取最可能的成绩;(4) 处理好广告公司内部成长策略与外部扩张之间的关系,有效地整合各种可能的社会资源;(5) 注重宏观、中观、微观等层面的竞争力提升,通过协调和整体性提升建设理想广告公司品牌;(6) 养成广告公司研究的愿望与能力,在制度支持上实践性学习组织建设目标实现,尤其注重隐性知识生产与延宕支持;(7) 确保公司运营过程中激情与理性并存的文化取向,推动广告公司"第三空间"——所有的人与所有地方的整全代表性——持续性发展;(8) 以准备之身、心、灵及其制度性现实迎遇难得的运气或机遇。

二、客户与广告公司的关系互动

广告剧场的显特征之一是主体间的互动关联,留存轨迹,可看作现代广告生活有趣的剧场性行动写真。

(一) 互动原则与合作出发

广告公司与客户互动建立在一定的基础上,例如,专业分工的承认、理性审议的自信等。其基本出发可以简单勾勒为:

广告客户与广告公司是独立的市场参与主体,双方互动完全是各自趋利避害的选择性行动。

互动行动的基本预设是行动者面临选择契机,需要做出抉择。

承认广告客户将专业作业委托给广告公司或一个广告网络比独立操作效果更显著和理想,而且投入更少。

这种选择遵守公平公正原则,围绕利益最大化做理性考量。因此,遵守匿名性原则(对所有参与者一视同仁)、非专制性原则(绝对不允许任何人对该项选择实行专制)。

这种选择受理性原则指导,规避感性化、情绪化、自由主义趋势,所有行动受策略化原则支配。

这种选择承认普遍原则的重要性,但是更强调对具体作业语境的审慎对待与积极面向,尊重并强调针对性原则。

双方承认品牌战略和创意手段的和谐比严格的统一感觉更有价值和生产意义。

双方承认广告生产与传播是一个艰苦的过程,需要付出,需要时间,需要心智,需要各种支持与匹配。

双方尊重市场交往多样性的现实，承认各种作业路线的合理性与应用价值。

双方承认广告的效果可以在一定的周期与条件下有所反应，并且这种反应同时可以做出适当的测量和评估。

（二）选择广告代理公司

选择广告代理公司是一件严肃的事情，因为选择同时意味着淘汰以及由此而来的风险。

但是，情势所迫，选择一家或几家广告公司组织一个共同体以求得自我解放，已经是现代市场上最常见的现象之一。在无力规避风险的情形里，广告主可以选择不同的路径减少自我冒险的几率，比如，首先做一个初步的候选公司名单，然后根据不同的方法和路径展开适当的考核、遴选，最终确定理想的合作广告公司。

1. 广告公司的预选

广告公司的预选并无通用标准，但是却以能够搜集最准确、最到位的广告公司信息为基本原则。一份来自法国巴莱斯泰尔（Ballester）的报告[①]显示出相关的路径与方式，见表 10-1。

表 10-1　广告公司预选方式

选择方式	
朋友或关系推介	54%
根据以往与一家广告公司或者其中某位合作者的经历	50%
根据资料预选广告公司	40%
根据广告公司为另一位广告主策划的前一次广告战役	39%
根据广告公司的前一次演示	37%
介绍广告公司的午鉴	35%
广告公司的前一次介绍材料	24%
专业报刊的相关文章	21%
借助选择广告公司的顾问机构	11%
因特网	3%
其他	7%
基数：回答提问的广告主数量	270 个

下面的问题单则显示了广告主通过问卷测试了解广告公司的另一种路径：

① 〔法〕雅克·朗德维等：《广告金典》，綦玉宁译，中国人民大学出版社 2006 年版，第 541 页。

广告公司基本信息标准问卷①

1. 广告公司:基本情况

——广告公司何时创建? 由谁创建?

——其规模、营业额和人员数量如何?

——其最近的发展情况如何?

——其资本、资本分配、主要投资者的情况如何?

——其最大的五个客户是谁?

——该公司是否在某个特定的领域或者对解决某一类传播问题有特长?

——其在地区和国际上的发展情况如何?

2. 广告公司的领导层及其人员构成

——领导层是否由股东构成?

——其职业经验如何?

——他们直接与你共事吗?

——整体而言,领导层有何种雄心? 对你的广告预算又如何看待?

——领导层如何鼓励和激发合作者?

——广告公司内部的"人员更换"情况如何?

——有哪些合作者将为你的广告预算工作?

——这些合作者的经验如何? 他们的专业水平、创新能力如何? 对你的产品和品牌他们的兴趣如何?

——他们是否与广告公司的利润挂钩?

——他们是否以小组的工作方式工作? 有哪些小组? 情况如何?

——与他们相关的人力、物力配置情况如何?

3. 创意

——索取广告公司完成的最近的三个广告战役的创意资料。

——广告公司自我评价最好的是哪三个广告创意?

——广告公司自认为不属于杰作的三个广告战役。为什么?(索取这些资料将有难度!)

——谁做创意? 需要自由创意人(及广告公司之外的创意人员)吗?

——谁领导创意工作?

---

① 〔法〕雅克·朗德维等:《广告金典》,第542—543页。

——创意人员有哪些个性?

——是否可以与创意人员直接接触?

——他们接受哪一类的创意纲要?

——广告战役的执行质量如何?

——创意人员是否在某一种媒介上的表现更为出色?

——广告公司是否拥有一种特别的创意风格?它的创意哲学是怎样的?

4. 在实施创意之前,广告公司能够给你带来什么帮助?

——广告公司能够理解你的营销战略并介入其中吗?能够丰富你的品牌战略思考吗?

——它能够向你提供你还没有的营销数据吗?

——它拥有创新能力吗?在哪些领域?

——它参与过对新产品的创意吗?

——它相信研究吗?哪一类研究?研究是如何进行的?

5. 广告公司可以提供的其他服务项目:列出一个完整的清单

6. 广告公司的客户

——哪些客户?

——广告公司拥有一家占据绝对主导地位的客户吗?

——你委托给广告公司的预算是否在它那里占有主导地位?

——广告公司的客户忠诚度如何?

——其客户的职业素质如何?

——在最近三年里,广告公司获得或者丢掉的预算有哪些?

7. 报酬

——广告公司有固定的报酬模式吗?是哪种模式?

——广告公司执行的是怎样的价格标准?顾问价格?创意价格?技术费用?

——广告公司对广告创意的著作权的政策如何?

——广告公司对于广告比稿是否要求支付费用?费用是多少?

2. 选定一家广告公司

相当多数(大约 80%)广告主倾向于比稿方式落实合作代理商的选择问题。这会有一个周期。更需要聪明的判断。

巴莱斯泰尔的研究显示,广告主对下面的问题有相当的兴趣:

——广告公司是否拥有一种真正倾听的能力？这有利于它们理解客户的问题所在。这个标准以51%的提及率高居榜首。

——广告公司的创意。

——广告公司的战略才智及其创造真正的强力主张的实力。

——与广告公司彼此信任地工作的可能性，这与广告公司的领导层及合作者在合作中的融入程度紧密相关。

——广告公司所提供的服务的质量/价格比。①

另一些提示则特别提到了支持水平、位置、专项服务、需要解决问题的类型等考量的角度。假如你碰到的是一个支出以百万为单位的广告公司，那么你的10万元的广告项目就要特别注意，它们未必能够得到应有的关心。"位置"问题主要是希望联络能够方便些。专项服务与需要解决的问题的锁定，直接指向业务的归类及其对应性问题。除此而外，还涉及费用分配机制选择问题，究竟选择固定佣金制、协商佣金制、实时计费制还是全蛋制中的哪一种，始终都是需要面对的现实问题。

"非业务冲突原则"是需要重点考察和协商的重大问题，关于这一问题最难以处理的还包括如何界定"业务冲突"问题。这需要双方事先一定工作量的投入和共识。

（三）合作契约与执行互动

双方合作意愿明确后，下面要做的就是以正确的方式建立关系。这种联系不仅仅是一纸合同，而是涉及后续更新递进的问题，涉及著作权问题，涉及许多的利益问题。

合同细节最好经过律师的审核，这样做可以避开很多不必要的纠纷和麻烦。

三、广告赛事与专业文化修辞管理

一般意义上，广告的身处方式可以有很多，譬如广告的作品身处、作业主体身处、组织身处、学科身处等。当然，广告还可以有一种身处方式：群体竞技性身处，即通过各种赛事打开自身的皱褶，彰显广告本身秘密的那种身处。

（一）作为广告界问题与焦虑的"广告赛事"

广告赛事首先以"广告界问题"而存在和显现，最终，广告赛事成了广告生产与传播市场上的"斗争场"。

在《奥美的观点》里，我们能够读到这样的文字以及一些值得阅读的心态，

① 〔法〕雅克·朗德维等：《广告金典》，綦玉宁译，中国人民大学出版社2006年版，第544页。

关于广告竞赛的一些特别的描述与纠结：

在许多国家，撰文人员和艺术指导的能力主要由他们得奖的数目多寡来评判，同时按此叙薪。更糟的是，有些客户也要求广告赶上流行——也就是说，希望他们的广告能得奖。这种风气务必要遏阻，否则广告业将毁于一旦，因为行为调查报告会让脑筋死板的厂商认为广告对于销售没有什么效用。[①]

号称21世纪最伟大的广告人的乔治·路易斯，也坚定地抱持这种态度，他讥讽"广告奖不完"现象，称"在令广告界发烧的各种疯狂的奖项比赛中，'自我'因素显现出了最坏的一面。因为外头有那么多的竞赛，才会让有些最没才干的广告代理商，能够把那些裱好的得奖证明挂在墙上自吹自擂"[②]。

相反，恒美广告的经营哲学则坚定地支持广告获奖，并且坚定地给出了显得相当充分的十大理由：

(1) 长期取得广告奖项能让人确认我们在广告创意领域的领导地位。

(2) 每个市场都取得奖项，能确认我们为当地名列三甲最具创意的公司。

(3) 广告奖项吸引更多的有天分者加入恒美。

(4) 广告奖项的名气使我们进入广告客户选择的名单之内。

(5) 广告奖项令广告公司产生一个求胜的态度，使我们更具自信心。

(6) 广告奖项吸引我们想要的客户。

(7) 广告奖项的名气使我们在讨价还价时更具优势。

(8) 获得奖项令恒美在芸芸广告公司中显得与众不同。

(9) 获奖使客户开心。

(10) 获奖使我们开心。[③]

这还不够，恒美同时设计了一项内部奖项，名曰高峰奖。有意思的是，恒美借机制作了它的公司文化——"四大自由"：(1) 免于畏惧的自由，即人人自由，管理者不得以恐吓之手段限制员工自由；(2) 不怕失败的自由，即鼓励员工勇于尝试，甚至将失败看作成功之母；(3) 免于混乱的自由，即创意不能因为管理阶

---

① 〔美〕大卫·奥格威：《我们的目的是销售，否则便不是做广告》，载奥美公司：《奥美的观点》，庄淑芬等译，内蒙古人民出版社，第8页。

② 〔美〕乔治·路易斯：《蔚蓝诡计——颠覆市场的广告创意智库》，刘家驯译，海南出版社1996年版，第158页。

③ 卢泰宏等：《蔚蓝智慧——读解十大跨国广告公司》，羊城晚报出版社2000年版，第130页。

层的犹豫不决或高傲而遭遇埋没;(4) 生活方式的自由,即每个员工都应该得到尊重,只要工作尽心,他的生活方式不应受到无端的干预。

围绕广告赛事的纠结甚至发展成了一种斗争。按照乔治·路易斯的说法,坚定的反对派和任何希望通过改进广告赛事的行动都会引起广告赛事坚定支持者们的坚决反对,“在为混乱带来光明、秩序的过程中,我引起了各方反对的声浪。广告代理商的主管和许多创意人员,对于减少奖项这件事都非常愤怒,而那些气势汹汹、积极研究如何分配大奖的企业家们甚至想把我给阉了!当时我是个最不受欢迎的人物,而改革计划很快就夭折了”。结果可想而知,在许多反对者坚决的反对声浪中,“奖项竞赛仍然有增无减,而且愈来愈多”①。

(二) 作为理想制度的“广告赛事”

广告赛事出场的条件和机遇并不相同,但是,广告赛事出场主观意图中有一点几乎是共同的,那就是我们在许多竞技、展览、互参交流中可以随意见到的那些美好的宣言。例如,戛纳广告节的口号是:我们的目标是让戛纳成为一个囊括众多代理商、生产商、设计者和客户的全球广告社区。纽约广告节的口号是:为那些深深打动了全世界读者、听众、观众的杰出传播媒介授予荣誉。很显然,广告赛事的出场身份是:促进广告文化发展的优良制度。

广告赛事作为广告的“社会融入”。广告赛事通常被视为广告界的一个节日、一次广告的盛宴、一次商业机遇、一种文化交锋、一种都市性程度检验等等。事实是,广告赛事由此获得了进入社会的基本权利。广告赛事以它的多重效果和广泛的邀请机制、它的狂欢性质,进行了一次较大规模的权利交换行动,施行了它作为权利商的特权。

从机制上看,广告赛事创建了它的视阈场、现象场、游戏场,借助于开放与封闭的那些生产体例,广告赛事巧妙地连接了几乎所有的社会性构成。它将创意性让渡给了艺术,将组织让渡给了管理,将参与让渡给了表演,将观赏让渡给了受众,将展示让渡给了特殊的媒介性,将流通让渡给了商业性,将差异让渡给了框架性,将复杂让渡给了认知地图性,将创建情境的技巧让渡给了内涵地理学特性……广告赛事充分地占有了政治、经济、文化、广告行业发展、地方形象建设方面的正当性资本,以及人类性方面的相当责任赋予,成为一种社会性融入制度。换言之,借助于多资源整合的品质,广告赛事赢得了各个方面的支持与欢迎,成为共赢、多赢的有效机制。

广告赛事作为广告的“教堂”/“无形学院”。广告赛事通过它所挂钩的关系

① 〔美〕乔治·路易斯:《蔚蓝诡计——颠覆市场的广告创意智库》,第158—159页。

脉络，从信息互动、观念遭遇、美学融合、技术提示等方面建立关于现代广告的"共同的参照框架"，为此，广告赛事返身扮演了广告精神、广告气质、广告界限等广告构成的认同仪式。在广告赛事中，每一个参与者都像是被仪式所控制的主体，而每个仪式都是广告的仪式：宽阔的展室，丰富多样的展览装置，参观者在展馆外/入口处所遭遇到的那一击，显然经过设计的走廊，像是巨大洞穴的展厅，相互交织的媒介，不间断的流程，到处游荡的话语，论坛上的主持，再加上严肃的、满怀敬仰的、显得懂行的观众，以及人流如潮但安静异常的气象等等，都增加了广告被膜拜与敬仰的权重。所有的存在物都成为广告教育的构成，所有的构成都是广告展览科学的组成。由于广告赛事的"临场性"，以及基于聚集而形成的针对文化指称无准备的穿透等特性，广告赛事同时承担了菲利普·西莫诺（P. Simonnot）在《美元艺术》中所讲的"三 M 党"——"市场—博物馆—媒体"（Marché-Musée-Média）的重任，在情景也是作品内容、弥散信息成为主要机制、传播的狂喜主宰整体场域的时刻，一切都以打开皱褶与重造皱褶发展下去。

广告赛事作为广告的"活生生的博物馆"。广告赛事总是与无量的广告作品联系在一起，因此，广告赛事将它的触角伸向了每一个劳作的时间与空间，如此一来，它的空间更加辽远与博大了。作为展品，那些作品静静地等待着它们的命运，它们通过各种方式被选中，又在分类等专业话语权的支配下，成为不同专题的盟员。最终，广告赛事总能提供给它的参观者相当丰富而且经无数作者之手创造的广告作品。就思维、主题、修辞、美学而言，它们一般会指向更加复杂的远方，甚至是还没有出场的那些取向或可能。这是一个充满了悬念的世界，一个创造的灵魂到处游荡的世界，一个广告的世界。

尤其是广告生产史上堪称"地志"的审慎遴选，为广告业正典史的书写制造了新的结构与生态。

广告赛事作为广告的"命名与授予"。美学家贝克提出并建议我们重视"声誉神话"及其命名问题。贝克将"声誉神话"总结成五个要点："(1) 具有独特天赋的人；(2) 创造出极为美丽和有着非凡深度的作品；(3) 这些作品表达了深邃的人类情感和深刻的文化价值；(4) 作品的特殊品质证实了其创作者的独特天赋，而创作者业已被确知的天赋也证实了作品的特殊品质；(5) 因为这些作品展现了创作者的本质特性和价值，所以，这些文集奠定了创作者的声誉。"[①]这一总结提示我们注意组织协商在制作声誉过程中不可小觑的作用，而且能够将我们的视线转向各种授予、认定在声誉、英雄生产中的价值与意义。贝克同时提醒我

① 转引自殷曼楟：《"艺术界"理论建构及其现代意义》，第 152 页。

们注意的是声誉生产中那一套挑选制度和标准，因为正是通过它们，在许多水平相差无几的创作者作品中，一些作品和它的作者被认为具有特殊意义，“他们以尊敬的态度给以那一特殊的价值以奖赏……一旦声誉被确立起来，他们就会利用声誉来组织其他行为，利用这些他人或它物所不拥有的声誉对待事物和人们”①。纳塔利·海涅克（Natalie Heinich）借凡·高说事：“凡·高是如何成为一个圣者的？这要六个步骤才会发生：他的作品变得不可思议，他的生活成为一则传奇，他的命运成为一出绯闻，他的绘画被拿出来销售和展览，他所曾踏足的地方成为遗迹，而他所触摸过的物品皆为纪念物。”②

广告赛事作为广告的“文化论坛”。广告赛事是广告的权利角色大汇聚与多元性对话，由此形成了那个时代特殊的但又真实的“协商互动机制”。巧妙的是，这种交锋碰撞与权利激活发生在有限的时空关系里，却与无法简单勾勒陈述的人生世界高度地联系在一起。由此，广告赛事很像是体验营销中说的那种“街道剧场”，充满了质询与回复之间的博弈色彩：每一次“邂逅”都意味着相关的博弈在内或外的世界里已然高度地展开并展开下去。

广告赛事通过自身的庞大机体，以及类似于主题化的组织形态吸纳了各种力量的积极卷入，并使它们形成现场性的交锋和对抗。例如“高峰论坛”的组织，就使得不同的广告取向有了同台辩驳的必要。而网络高峰论坛的开启，更是制造了新的文化论述机制——“第五权”机制的可能。③

广告赛事作为广告的“呼吸换气契机”。尽管乔治·路易斯等广告大家一再声明他们从不参与广告赛事不主动争取广告大奖，但是我们还是要说：广告赛事以它典型的“异质性遭遇”带来了重新呼吸换气的机会。这主要指广告赛事作为广告性表演舞台的开放性所决定的那种非同一性形态的共时性在场所带来的重新调整自我的可能性状态和价值。甚至那些带有命题作文特质的创作，也可以理解成“等价信息变换处理法”（等量主题的差异性诉求）的群体性实践。理论受到了最显著的考验，随着广告赛事在内在外在张力上的快速实践，固有的广告理论正在遭遇解构、变形的命运。就像哲学家德勒兹所描述的机器那样，变形把异质性的真实联系在一起，创造出丰富的层面和能量流。假定用“没有文学的剧场”这些概念来描绘广告赛事作为剧场的特性，那么，它在本质上是后现代的与结构主义的。悬殊相当大的那些广告携带着它们的文化，首先在结构上

① 转引自殷曼楟：《“艺术界”理论建构及其现代意义》，第154页。

② 同上书，第155页。

③ 转引自易前良：《美国“电视研究”的学术源流》，中国传媒大学出版社2010年版，第241页。

制造了一场与广告对话的敞开式的广告实验，其次则是由广告气息所主宰的非广告形式的状态性，原初的广告形式正在从中心退却到边缘。当下的广告赛事就是这样引领着广告走向“竞说游戏”状态，有时候那些“广告演说”甚至互相不搭界，难以真正地碰撞和相遇。

一个受到威胁的正在改变的广告界在广告赛事组织的场景空间里开始游牧、呓语，结果引发了国际层级的影响和改变，引发了社会层级之间的影响，引发了媒介组织之间的影响，引发了社团与公众之间的影响，引发了媒介组织内部的相互影响，引发了个体与个体乃至于个体前后之间的影响。参与广告赛事，就是对我们自身的灵魂、广告想象的历史性审判，当“反广告”与“广告”这些成对的概念退出历史舞台的时候，这种竞说或许才会转移到另一些方向上去。

面对“苛刻的客户”（社会及其公众）的复杂心态与多样新看法，广告赛事已经成长为重要的专业文化景观、地区文化景观、国际文化景观。戛纳广告节、莫比杰出广告奖、纽约广告节（奖）、克里奥广告奖、艾菲奖、伦敦广告奖、日本电通奖、日本 ACC 赏、台湾广告金像奖、龙玺奖、时报亚太广告奖、ONE SHOW 广告奖、中国国际广告节（奖）等穿插其间，扮演制度媒介化的角色，诉说广告赛事“簇”的现象与特性。

四、广告教育与广告剧场参与资本建设

广告教育是广告剧场运转的主要结构环节之一，正如我们注意到的那样，包括广告媒介教育、职业教育、研究性学习教育在内的所有广告教育，正是合力制造“我们广告事业”的有机力量。

（一）广告教育作为参与者与后援力量

真实的广告剧场显示，广告教育/广告研究是广告权利场中的核心主体，广告政策的制定、真实广告的生产性操作、业界精英的确认与表述、广告社群的改造与新生、广告硬/软市场之建构等广告现实主义市场的每一个环节以及这些环节之外的众多角色，无不与广告教育有复杂的关系。例如，关于广告与人性之间的内在同构性之类的师生互动，就以广告合法性的卷入为积极的受众的广告社会认同提供了思想和知识上的点火装置，在广告的合法进驻过程中，让希望卷入恰当的广告实践的主体获得了政治与信誉的保证，并使相当多的无名力量寻觅到了边际突破的可能与契机。伴随而至的另一些在大学课堂上所展开的描绘与论述，不但重申与再生产了它的价值，而且使它获得了邀请其他思想性质料进入智慧延伸场域的代理资格。借用皮埃尔·布迪厄的话，它涉及权力——例如发表或者拒绝发表的权力；它涉及资本以及策略、关系、持续等等问题。最起码，它

使得拥有这种同构性资本的主体有了合法的身份定义，享受到最为偏袒他们的游戏制度的厚待。[①] 与此同时，这种知识的嵌入带来了知识集群的生产与发育，例如师生关系、知识社群、小圈子等，都在建构关系网络的过程中推动了广告文化的再生产。最终的结果，就是全体对广告有积极态度的人对彼此负责所产生的那种更大的社会性认同，以及伴随而来的相关制度建设行动。一个观念总是在证明着一些观念同时否定着另一些观念；一个思想整合行动必然会遏制了另一些可能的思想行动；一种知识与学科的主张总要重新再构整体知识与学科市场。在这个框架里，理论生产与传播市场中最重要和显赫的教学课堂、师生互动、入门训练联合起来，跨越各种方法和学科之间的藩篱，梳理广告学科素材，提炼"广告性"能量构成，假设问题与目标，为标准的学术资本在广告学科中的花果落实设计有声誉的格式与规范，并且，经由多种路径的训练，通过把提问者准确地引导到位于意识形态虚构文本中心的"广告性"世界，开辟这个学科出发与终结的相关条件与表示。

（二）广告教育的生产性路径

这种关于广告学科的立体生产实现的主要路径，既包括正式的制度性设计，也包括非正式的隐性管道，有时候可能是复合的折中途径。因为在相当的时候，这些围绕广告聚在一起的人们共同生活在一起，谈话，论辩，纠结，书写，思想，痛苦，欢乐，都由于广告而生成，难以做简单的切割。

尽管许多人对学院派的广告训练不以为然甚至嗤之以鼻，但是，在获取制度上的分工之后，学院派始终抱持着神圣的使命感，从事着不懈的努力。结果是，学院训练获得了普及、扩散、解放弱者的教育地位：

> 在成就卓著的艺术家身上，值得赞美的是才华，而不是一味精雕细琢的匠气。技能是可以通过后天学习的，而才华则不能，因为才华被视为一种由大自然馈赠的天赋——然而，这项天赋如果按传统所提供的规则、习惯和编码，就既不能发展自身，也无从表现自身。传统预设了种种标准，借以对专攻艺术的学生的创作进行评测。在维系传统和传递品格标准方面，学院派教学表现出了不起的抱负；在"培育"个性张扬的艺术家的能耐方面，它几乎没有什么建树值得炫耀自负。它能奢望去做的一切，是在大自然的慷慨所设置的限度内，为学生的天赋提供滋养和规训，甚至授予最缺乏天赋的学生以技能诀窍；这种诀窍足以确保他们占据一个身份虽说低贱却可望被认

① 〔法〕皮埃尔·布迪厄：《知识场域——一个分离的世界》，何积惠译，载〔美〕佐亚·科库尔等编：《1985 年以来的当代艺术理论》，第 12—14 页。

> 可的社会地位，享受一份数额虽说菲薄却算得上冠冕堂皇的收入来源。学院派意识到，从工匠到天才存在着品格的飞跃，但同时又承认：同一行当内存在足以使每个人在其中拥有属于他（她）的等级地位的文化连续体。①

在讥讽“学院主义”②盛行的语境里，我们还是要说，学院教育既有的秉性加上因应形势努力自新的行动，它整合各种学科资源提升“创造力”的雄心壮志，以及包容心态、整合自觉、材料科学把握、修辞的转换技巧等术业的养成，都为它达成理想状态——“构建一个由热爱艺术、相互尊重、尊重学生、认真对待自己作为传递者的任务的优秀艺术家所组成的共同体……把他们团结在一面旗帜、一个纲领或一种思想的周围”③——提供了更多的保证。

在学院教育之外，研讨会、热点峰会、作品展映、专门网站、学术刊物、教育培训等，无不涉及广告教育构成。例如，美国广告商代理协会 2008 年举办的五个研讨会，就分别涉及客户企划、数字领域营销沟通等专业新问题、新技术、新走向。

（三）广告教育的结构图景

广告教育的多重性结构最终呈现出如下可见的图景形态——专业精髓描述、专业地图勾勒、专业精英认同、专业教育轮盘。

专业精髓描述主要涉及针对广告的品质、使命、核心动力、内在机制和可能的历史性影响所作的众多的理性描述，它们更多的用心在于运思神圣性挂钩与人类敬畏机制制作。最终，这些描述借助于一串串闪烁智慧火花的语言传达给了每一位希望与广告谋面的广告追随者。它们未必是长篇大论，但是，却绝非那种专注于本学科的狭窄的、论点收束式的、专业符号逻辑的、语言谜团解密式的技术之论，更多的时候，它们充斥着伦理的、人性的、社会的关怀与渴望。这种论述体现着典型的“社会学想象力”，最终的结果，则是张扬学科的神圣人类性价值意义，塑造了充满“学科宗教性”的“广告使命体制”④——那种将神圣使命感置于全部活动中心又杂糅了技术方面其他要求的内在规定。通常的提法是：学习广告学的目的不仅是掌握广告知识与相关技巧，而且是获得一种洞察力和思维方式，换言之，拥有通过广告获得解放的那种神圣的学科自觉与能力。有效的

---

① 〔美〕蒂埃里·德·迪夫：《当形式变成态度——及其他》，何积惠译，载〔美〕佐亚·科库尔等编：《1985 年以来的当代艺术理论》，第 19 页。

② 同上书，第 20 页。

③ 同上书，第 31 页。

④ 参看〔法〕纳塔斯·埃尼施：《作为艺术家》，吴启雯等译，文化艺术出版社 2005 年版，第 64—67 页。

广告教学应该成为思维管理术的自觉呈现，联系对象现实，面对真实传播语境，组织相关广告内容，提供策略性思考的机会，让学习者有机会并自觉地将自身提升到新的知识、思维与资源领域。

专业地图勾勒指的是广告教育对广告学科的学科地图所作的持续的勾勒及其成果。由于人性与社会的复杂性所带来的广告学精髓的可选择性，广告专业地图的勾勒显得十分多样，惯例原则并不像我们想象的那样确定和深入人心。从美国当前的态势来看，美国广告学学科倾向于从“商学”转向“传播学”；英国倾向于归类于传播学、商学和艺术学；日本更倾向于商学、社会学和艺术学。事实是，当广告学与公共关系学、商学、营销学、会展学、传播学、媒介学等相互交叉成为趋势的时候，我们只能说，“学科的交叉和融合正日益成为当今高等教育发展的一个重要趋势”[①]，广告专业的知识地图辽阔繁杂，难以简单概括勾勒。

专业精英认同显然是替广告学科寻找广告英雄、广告正典的专业努力行动。到现在为止，广告界已经拥有相当数量的诸如大卫·奥格威、乔治·路易斯之类的广告英雄了，他们在广告学教科书的总结与陈述中，分别成了“广告界教宗”、“20 世纪最具影响的广告天才”、“科学派广告鼻祖”、“芝加哥学派创始人”或者“三大广告创意理论”、“永远的整合营销传播”的代表者。[②] 他们代表了广告事业在每一个历史语境中最深入的专业努力，他们替广告学科证明了无穷开掘的诸多可能性。在他们笔下出现的那些总结，则被广告教育以各种方式制作成“经典”，或者作为教材，或者作为推荐读物，或者作为研究内容与对象，或者作为显示一个时代普遍文化痕迹的重要符号，或者作为主要参考文献。

专业教育轮盘指的是广告教育在长期实践中所形成的教学教育的有机结构，包括广告教育的态度取向、课程结构、教材编制、教学方法选择等。[③]

课程反映了广告知识学的轮盘想象。面对更加复杂形势挑战的新格局，“美国高校中广告教育已经发生了很大的变革，这种变革最突出的表现就在于：当商学院以‘科学性太弱’的原因停止了广告课程之后，新闻传播学院根据自身的特点，对‘广告’这种偏于实践性的‘交叉’专业进行了‘去边缘化’活动，也就是去掉‘广告’中原本包含过多的‘跨学科’因素和‘实践性’内容，不再纠缠于‘广告’这一名称，而是把广告教育重点集中于媒体和传播方面，使广告脱离了

---

① 查灿长：《国外高校广告教育研究》，上海三联书店 2010 年版，第 112—125 页。

② 参见张金海：《20 世纪广告传播理论研究》。

③ 本节内容主要参考王春泉：《压缩式发展、问题意识与现代性广告教育体系重构——品牌轮盘视阈下的专业诊断与未来图景想象》，载童兵：《“技术与制度：中国传媒改革开放三十年国际学术研讨会”论文集》，复旦大学新闻学院，2008 年 6 月。

'术'(推销)而走上'学'(传播)的道路,最终通过对广告课程科学性和原理性的加强,使这一专业得以顺理成章地出现在高等教育体系中。20 世纪下半期,美国高校广告课程的重点已经基本完成了从'技巧'(HOW)为主向'理论'(WHY)为主的转变。尤其是 1959 年卡内基报告和福特报告发布以后,广告专业的'科学'定位问题已经完全覆盖了由'门类归属'问题引发的争论和分歧。这不仅解决了广告教育的学科归属问题,也使得广告专业出现在美国高等教育体系中的'合理性'问题得到了相应的证明"①。

愿景规划则充分考虑合理的价值观、教育观、市场观等,并结合社会语境予以组织建构,以"全人教育"作为促进广告传播教育"文艺复兴"的一种新思维;以"适应性变形力"的培植作为教育的重点;以整合、互动为教育作业的策略;以共同体文化为指征。教育制度建构努力追寻围绕"广告性"的生产建构发展取向。教育方法则以"四 R"为基本选项。所谓"四 R",是指丰富性(rich)、回归性(recursive)、关联性(relational)、严密性(rigorous)。其中,"丰富性"指课程的深度、意义的层次、多种可能性或多重解释。"回归性"体现了自觉性特质,即将思想回转到自身去思考。它的突出目标就是产生"回归性反思"。"关联性"关涉两个方面:一是教育联系,一是文化联系。前者指课程中的联系,赋予课程以丰富的模体或网络;后者指课程之外的文化或宇宙观联系。"严密性"往往与学术逻辑、科学观察和数学精确性关联。它提醒教学者不停顿地思考概念并重新命名概念。

(四)广告教育的专业化与人才承诺

用不着太多的说明就能明白,广告剧场上最重要的生产者力量是那些以广告的名义从事提议、设计、使用、开拓、推进广告信息生产与传播的真实的主体,那些在具体的语境中耗费心思、倾注才华、整合资源最终建设新语境成就的广告人。人类应该感谢他们,作为受托者与叙事人,他们不但以自己的广告学智慧帮助了市场上现实的传播行动,而且以他们的勇毅和坚定拓宽了广告文化的空间,增添了更多的关于广告学的证据。在广告的语境乃至人类知识性生产行动中,他们真实的操作和思考替人类澄清了许多是非不明的东西,并且已经成为广告学世界的一种文献性的构成。

这个舞台和这些男男女女们互为因果,彼此负责,最终结成了广告学世界里最稳定而且日渐增强的生产性力量。大卫·奥格威、李奥·贝纳、乔治·葛里

① 刘悦坦:《"广告学"专业在高等教育体系中的定位——美国高校广告学教育的启示》,《新闻记者》2007 年第 2 期,第 63—64 页。

宾、乔治·路易斯们大踏步的前进替广告文化现代化的挺进开拓了广阔的大道，从持续性发展的角度而言，广告人的持续养成，才是争取永恒学科魅力的根本要义与万世久长的制度性保障。这包括后来者何以面对并正确地对待“旧的东西不能帮你卖东西”这样的“奥格威教诲”与历史遗存、何以取得卷入广告学科的正当性资本并有效地完成广告学历史转身的重大学科问题以及何以真正地发掘并清晰描述那条梦境中的“广告文化发展的林中路”等问题。

在广告人话语主宰广告人才市场的时候，广告的其他教育路径一直保留了广告公司针对公司需要所做的员工培训制度，它们是广告公司企业文化的制度性显现，最现实的，它们是广告公司锻造合格员工的最后一招。精信公司的自我介绍材料中如是说：“我们承诺学习，正如我们承诺教育培训一样。”奥美公司的材料上讲：“‘训练’在奥美更代表了一种有如图腾的企业文化。”精信公司专门建设了“精信学堂”，斯坦利·瑞瑟（Stanley Resor）将智威汤逊比作一所“广告大学”，奥格威更进一步，视奥美公司为“教学医院”。

这种训练分为许多类型，主要有以下几种：

新人培训——属于让新员工迅速进入状态的入门课程。包括公司文化、游戏规则、部门说明、专业作业工具说明、专业操作流程介绍等。

集中培训——选择一个远离办公室的地方集中训练员工的方法。时间约为3—4天。主要目的在于互动沟通，强化联系意识与能力。

专业分工培训——媒介部、调研部、业务部、创意部等各自单独地围绕业务所展开的培训，有一定的深度与专业性。

出国培训——组织员工出国考察学习，改变思维，调整意识，重构广告视界，提高业务水准。日本电通公司变通处理，有所谓的“出差学习”，员工每隔几年，即会有十天左右时间的出差期，到国内各地研究广告市场，了解媒体情形，增加见识，提升能力。

（五）广告教育的当下态势

关于广告教育新态势的表述受到了广告教育想象等框架性行为的制约，故而有许多种可能。例如，普世化结构、地方化路径、专业工具提升、跨学科发展等，人言言殊，各不相同。

《2001年广告教育峰会白皮书》的勾勒与表述值得参考，它将整个广告教育的目标锁定在因应变形的综合能力培养上，包括专业技能、良好的文案写作能力、独立工作自觉、团队合作意识等。假如你是研究生，那么，还应该具备创新思维能力、专业开拓能力、示范领导能力、问题处理与管理能力，以及对市场、商务和投资的洞察能力。为了实现这些目标，这个白皮书对广告教育工作者提出了更应深入思考的十条建议：

(1) 积极鼓励学生在品牌发展与商务处理方面进行独立和批判性的策略思考。此外，加强学生的文字和语言交流、演讲和展示、团队合作、领导意识与能力、时间管理等方面的策略性技能教育。

(2) 提高涉及品牌、营销策划、全球化市场等技术课程的重要性。为此，建议在课程设计上作如下调整：修改现有课程内容；添加一些由业界从业者参与并反映上述主题特点的课程。

(3) 对学生提出更高的标准和要求，加强学生广告道德伦理教育，包括环保意识以及广告对社会的影响等内容。

(4) 筹建一个由广告公司、媒介、广告主组成的咨询委员会，为广告教育提供战略意见，筹募科研基金。

(5) 发展更强大、更有意义的产业联盟来扶持：雇用大学毕业生和实习生；赞助有关的科研项目和研究；为课程问题提供建议。如果能得到 AAF、ANA、AAAA 等机构的支持，效果会更好。

(6) 鼓励学生和教师使用新技术。这不仅需要战略思想，还需要技术能力支持。

(7) 利用美国广告联盟学术分部(The Academic Division of the American Advertising Federation, AAF)作为跨校课程资料共享的平台。

(8) 联合商学院或其他有关学院打造更加强大的联盟来进行跨学科课程教学，并鼓励学生学习更多的商务及其他课程。

(9) 通过鼓励和培养专业性、职业导向性的学生组织(例如美国广告联盟学术分部、美国大学生公共关系社团)，加强与专业团体更强的联系。此外，鼓励学生开拓他们除了广告媒介之外的职业导向，以开放的姿态面向媒体和客户所提供的各种机会。

(10) 制订有关计划和措施吸引最有前途、最具天赋的学生来接受广告教育并投身广告事业。例如，该计划可能会包括一项关注中学生对广告产生兴趣的拓展项目。

这份建议的重要用意是："为学生的最后一份工作做准备而不只是他们的第一份工作。"①

在整个的广告剧场运转中，广告教育作为参与者和有机的生产性力量，在"隐性知识"与广告文化的"实践信念"形塑、广告人才养成制度等方面，践行有

① 查灿长：《国外高校广告教育研究》，第 179—180 页。

为主义原则，开辟了深邃精湛的广告生产“航线”，有意思的是，这种脚踩效绩土地的学科创造行动，很少沾染上“学说神话”浪漫的时代误置弊病。

在广告剧场的运转中，广告教育始终以它自身的青春学科特性避开了模式化的捧杀，长久地从事着难以忍受的与词语、思维、惯习、过往搏杀的战斗，成就了在许多语境里艰难意义的“融贯性学科神话”。

第十一章　广告的社会控制:自律、规训与惩处

假如试着扩大理解的半径,广告生产与传播就会显现出知识生产、技术修辞、创意实践之外的另一个"大秘密"——"戴着脚镣跳舞",或者说与各种权力纠葛互动协商妥协的秘密。这是广告作为人类文化样态的"设计性"所带来的必然结果。在我们认同广告作为剧场存在特性的时候,我们就同时承认了这个剧场的结构现实性/必要性。根据社会学家皮埃尔·布迪厄(Pierre Bourdieu)的研究:"一个场就是一个有结构的社会空间,一个实力场——有统治者和被统治者,有在此空间起作用的恒定、持久的不平等的关系——同时也是一个为改变或保存这一实力场而进行斗争的战场。在这个天地里,每一个人都将他所具备的(相对)力量投入到与别人的竞争中去……"①在我们宣示广告显现为充分典型的剧场性的时候,我们也就同时承认了这些参与者自身所处的位置、信息获取自由与可能、利益校正能力拥有等各方面处在不同的状态,"'位置'就这样成为一系列的位置和遭遇"②。也因此,当权力拥有者与普通消费者获取了不同的博弈资本时,干预与校正就成为必要。人类普遍承认,在获取的正义、分配的正义之后,健全社会的发展同样需要"矫正的正义"作为最基本的平衡与调整。事实上,在我们宣告广告作为剧场性构成样态而身处的时候,我们就已经盛意邀请到了互动、博弈、商议、干预等公共机制的历史性出场并在场。在这样的语境里,不但相关规约不可或缺,就是与这种剧场表演活动相关的主张与排斥及其机制,也至为重要。"一个系统要能存在,就得设立有关秩序、社会化、再生产、社会控制和压制的各种机制。因为这些社会秩序及其维续道德措施是不可或缺的……"③

就广告文化本身而言,这个与各种"存在的力量"关联互动的特性恰巧是微妙的保护机制,完全可以理解为积极性的生产机制。一方面,"这里,体制被视

① 〔法〕皮埃尔·布尔迪厄:《关于电视》,许钧译,辽宁教育出版社 2000 年版,第 46 页。

② 〔美〕詹姆斯·克利福德:《关于旅行与理论的札记》,叶舒宪译,《视界》第 8 辑,河北教育出版社 2002 年版,第 27—28 页。

③ 〔法〕阿兰·图海纳:《行动者的归来》,舒诗伟等译,商务印书馆 2008 年版,第 145 页。

为一套业已确立的稳定的规则和普遍程序……体制提供日常生活的稳定结构，并且限制另类活动和互动出现的可能性，以此减少了不确定性，同时，它又为……从事某些活动提供了机会”；另一方面，这些授予、赋权、规训、剥夺也可以形塑相关霸权，制作可能的结构图景。在这样的机构支配下，“边际突破”等许多另类冲击自然形成，最终促成新的体制性变革。①

返视现实，这种以真理的名义宣认从事“健全社会”建设的路径很多，主要代表显然是富于现代园艺理性（命令、分类、规范、控制）特点的法律、法规以及被称为“微型社会契约”的主体自律。在另外一些地方，它们分别代表着“暴力统治”和“同意统治”的基本控制路线。需要厘清的是，这些宣认的普遍基础是人类的“可治理性”或曰“可塑性”，即“人们可能被影响、被说服、被引诱、被建议、被援助、被教育、被照顾、被治疗”的特性。这些特性证明了“人们是尤其‘可治理的’。他们的欲望、他们对自己的看法、他们的内驱力都应服从各种权威的管理”。最终的实践证明：“也许这种治理性确实存在两个极端。一方面，跟以往一样，是从外部管理个人行为的各种现代设施。”“另一方面，治理中还有一极，它即便不是仅仅关注自我，也是关注行为的内在性。因为人的治理并不排除人的品性，以对其自身运用权威，灵活地运用规律，根据可以说是自愿的道德和伦理原则来解释行为。这也是可塑权力的一部分，是从我们的内部自我中发掘资源作为手段，对付或者甚至对抗外部世界的能力，福柯将之称为自我技术。”②研究者证明：“不论是从理论还是从历史上看，这两极都难截然区分开来。”③

“根据韦伯的观点，我们可以将控制进一步化约为两种基本的秩序：‘由利益集合而来的’控制和‘由权威而来的控制，比如命令的权力和服从的义务’。”④事实上，“外部管理个人行为的各种现代设施”还包括一种在现代社会系统中不可小觑的控制制度——社会运动与舆论监督，主要依靠社会动员的方式设置议题，干预整体广告语境中的相关变化与发展。它们是广告控制中的最显著的“三驾马车”。

---

① 陈阳：《协商女性新闻的碎片——20世纪90年代以来中国媒体里的国家、市场和女性主义》，陕西人民出版社2006年版，第24—25页。

② 〔美〕托马斯·奥斯本：《启蒙面面观——社会理论与真理伦理学》，郑丹丹译，商务印书馆2007年版，第118—119页。

③ 同上书，第119页。

④ 同上书，第289页。

第一节 国家在场：法律法规与广告剧场的刚性管理

国家是一种宣称对暴力、税收以及对特定区域实施行政管理拥有权力的政治实体。根据研究，借助于包括广告在内的各种“国家的形构”亦即国家的权力构成“说话”、“表演”、“论述”，不仅是显著的国家行为，而且是必需的建构使命。借用比喻，恩古吉·瓦·西昂戈指出：“国家政府将整个领土疆域视为自己的表演空间；政府将这个空间安排成一个巨大的封闭场，有固定的入口处和出口处，由他们称为移民官员的人把守……”①彼得·科里甘(Peter Corrigan)和德里克·塞耶(Derek Sayer)指出：“它们极其仔细详尽地确定社会活动的可接受的形式和形象以及个体和集体的身份；它们规范……许多——20世纪则是非常多——社会生活。”②

通过法律法规控制广告市场是国家权力显现的一种刚性形态，具有鲜明的：(1)利益性——服务于特定的利益主体并使其获利；(2)概括性——广告法规所制约的对象是抽象的与一般的；(3)规范性——明白无误地告诉允许或禁止等；(4)强制性——强制执行与命令式执守；(5)稳定性——较长的使用时间与内容的稳定；(6)公开性——明确的与书面的表达。

作为控制系统，广告管理法律法规的表现形式多种多样，主要包括专门的广告法律规定、有关法律中的广告法律规范、专门的广告管理行政法规、国家广告监督管理机构的相关规范性制度，以及地方立法机构颁布的广告管理地方法规等。所含内容，包括广告准则、细则等。广告法规一般由三部分组成：(1)“假定”，亦即条件，明确行为规则适用条件；(2)“处理”，系指行为规则本身，中心内容是可以做什么、不能做什么等；(3)“制裁”，系指违反之后的制裁可能。

广告法律法规的控制情形，完全视各个国家、地区的情势与需要而定，具有相当的个别性。③

无论何种情况，在广告生产的所有环节和领域里，国家意志都派驻了它的代表。

---

① 〔美〕恩古吉·瓦·西昂戈：《权力的演出——表演空间的政治》，申迎丽译，载孙惠柱等主编：《人类表演学系列：人类表演与社会科学》，文化艺术出版社2008年版，第51页。

② 转引自〔英〕阿雷恩·鲍尔德温等：《文化研究导论》(修订版)，陶东风等译，高等教育出版社2004年版，第258页。

③ 祝凤冈：《国际比较广告规范之研究》，《广告学研究》(台湾)第4期，1994年，第93—110页。

一、国外广告法律法规

(一) 简要历史素描

国外广告法律法规管理历史久远。为改善广告杂乱无章的状况,两千多年前的古罗马政府下令一律改建墙壁广告。世界上最早的广告管理法规,据说是12世纪的《叫喊人的法则》,法国国王路易七世借机建立口头叫卖人组织的行为规范,促进广告合作的广泛展开。1614年,英国通过的广告立法禁止任何招牌向建筑外延伸超过8英尺;通过的另一项法律则要求招牌具有一定的高度,使马背上的骑手可以清晰看见。1712年,英国议会通过了关于对报纸广告课以特税的法案,无论报纸大小,一律征收3先令6便士。

英国是历史上最早设立现代广告法的国家。1889年,英国颁布成文的《不当广告法》,实施广告立法管理路线。1907年,为进一步强化广告业的规范化发展,英国政府颁布《广告管理法》,对其经营范围、内容与形式进行严格的规定和限制,成为世界上最早的比较完备的广告法。1925年,英国政府正式颁布《广告法》,进一步修订与完善广告法律法规。这部严格的广告法规定:禁止广告妨碍娱乐场所、公园、风景地区的自然美景。随后的修订沿着这种思路继续前行,补充禁止影响乡村风景、公路、铁路、水道、公共场所以及任何有历史价值的建筑物的广告;禁止车辆装饰以广告行驶于街衢;禁止任何利用步行、骑马、乘车等方式在闹市做广告。

英国最重要的专门广告法规是《广告标准与实践》,由英国独立广播局制定。这部法规的“总则”部分对广告传播所涉及的广告原则、广告界限、费解的广告、广告与政治和工业争论、广告与宗教、广告品格、广告与礼物和奖品、广告与贸易说明书和主张、广告与复制技术、广告与儿童等36个方面做出系统规定。“总则”之外,这部法规专门制订了《广告与儿童》、《财政金融广告》、《卫生和医疗广告》三部单项广告管理规则。

英国广告法规系统、细密、严厉,在国际世界素以严格著称。

美国的情况稍有不同。那些令人厌恶的药品广告首先被媒体曝光,最终,公众的心声转换成联邦政府保护消费者的最早尝试,1906年,国会通过了著名的《纯净食品与药品法案》,西奥多·罗斯福总统1906年6月30日签署了此项法案,用以保护公众健康。

一连串有意思的事件都在20世纪的前期出场。1911年,美国最具影响的广告贸易报纸《印刷者油墨》起草了一份约束全国广告业的法规范例——《〈印刷者油墨〉法规范例》,旨在“惩治那些不真实的、欺骗性的或误导性的广告”。

随后的岁月里，许多州采纳了这部范例的原版或修订版，至今有些地方依然在使用。1914 年，美国通过的《联邦贸易委员会法案》就特别明晰地规定了虚假广告的含义、法律责任、管理机构、处罚力度等。据此法案，美国国会创设"联邦贸易委员会"(Federal Trade Commission, FTC)，这个重要的机构共有五位成员，由总统委任，任期七年，凭着特别的赋权，联邦贸易委员会有权对虚假广告、欺骗性广告、错误标识、产品及其销售条件的不实表现采取行动。事实上，联邦贸易委员会最坚定的使命之一就是打击虚假广告、维护广告市场健康发展。

在保护消费者运动处于高潮的 20 世纪 70 年代，美国政府制定的涉及广告管理的法律法规多达 25 项，它不懈的修订与完善更是令人折服。逐渐地，美国建设了一个包括健全政府广告管制机构、传播媒介控制、禁止价格歧视、羊毛制品商标管制、禁止商标侵权、皮革制品商标管理、汽车产品的信息透露、纺织产品商标所含信息、公平的包装和商标、儿童安全、信贷广告中的信息透露、香烟广告的限制和包装要求、管制虚假保修保换承诺及版权等在内的广告法律法规整体系统。

日本是世界上第二大广告王国，也是较早投身于广告法制建设的国家。早期广告法律实践有《治安处罚条例》(1908)和《广告物品管理法》(1911)，主要强调废除夸大、虚假广告，控制管理有害环境美观与有伤风化的户外广告，排除破坏公共秩序安全的广告物品。

二战期间，日本广告法制管理形势发展迅速。1940 年，《日本广告律令》出场；1947 年，《禁止私有独占及确保公平交易的有关法律》颁布；1948 年，推出《药事法》和《轻型犯罪法》；1949 年，又有《户外广告物品法》。50 年代后，则有《防止不正当奖品及不正当表现的有关法律》、《滞销商品及其不正当宣传防止法》、《医药品广告标准》以及 1968 年的《消费者保护基本法》，更是对于广告法网的建构发挥重要的作用。

法国的广告法制文化同样发达。在 1963 年 7 月 2 日的《财政法》中，虚假广告已经被定性为不法行为，并受到应有的打击。当代法国仍具有重要影响力的概括性广告法律主要有《鲁阿耶法案》(1973)、《萨潘法案》(1993)；行业法案主要有关于酒精与烟草管理的《埃万法案》(1991)、关涉公共健康的《公共健康法典》(1996)；还有关于电视广告禁止范围、广告时长限制、赞助电视节目的限制、户外广告的限制、儿童广告禁止等。

法国广告法律法规建设的重要特点是："立法机构努力在各种法规与不同的关注焦点之间建立起一种平衡的关系。"例如，力图维持不同媒体之间在广告资源上的平衡、对广告数量进行限制以确保视听众的广告兴趣等。法国广告立法尤其认为“公共领域需要做出努力，比如电视台播出电影节目和其他视听节目过程中不得插播广告等”①。

欧洲经济共同体广告法令的出现是一件值得介绍的重要事件。1975 年，欧共体准备了第一个《欧共体关于误导广告和不公平广告的法令》议案，目的在于统一各成员国用以管制误导性广告和不公平广告的基本法规。在艰难的磋商和修改之后，1984 年，通过了《欧共体部长理事会关于误导性广告的法令》。这个通过的法令最终还是放弃了关于不公平广告和比较性广告的意见和法规，因为各个成员国无法就此达成一致。1991 年 5 月，欧共体再次提出一项有关允许比较性广告的法令供理事会讨论，当年即获通过，并于 1993 年 1 月 1 日起开始生效。

（二）广告管理热点问题

就普遍性而言，以下问题是广告法律法规设定中有共同关注基础的相关问题。

1. 欺骗性广告问题

广告坚定地强调真实与诚恳，广告认同“真实”的普世价值——“真实之所以具有工具性价值，乃因为它们把握和传达了实际情况的本质。真实的实际效用是因为它恰如其分地表达了我们需要应对的现实对象和事件的属性（尤其包括了因果的和潜在的力量）”②——并反对虚假与欺骗的相关行为。但是，如何判断欺骗性广告，如何结合语境做出合理的判断，如何研判软性欺骗与硬性欺骗等，至今还是现实的广告学问题。

FTC 的尝试具有参考价值。1984 年后，FTC 放弃了“具有欺骗能力”的判断定义，重新选择了新的定义判断“欺骗性广告”：“广告的表述或由于未能透露有关信息而给理智的消费者造成错误印象的；这种错误印象关系到所宣传的产品、服务的实质性特点”的广告就是“欺骗性广告”。在这一框架内，“欺骗性广告”表现出一系列真实形态：（1）虚假的承诺，即做了实际上无法兑现的承诺；（2）不完整的描述或片面告知，即不完整地交代产品的信息，致使消费者的判断失误；（3）令人误解的比喻，即采用那些无法证实的比喻；（4）“上钩掉包”，即先采用一种条件诱使消费者行动，然后转移说辞的做法；（5）视觉歪曲，即利用视觉影响消费者的真实判断；（6）玩弄文字游戏，即借助文字内容影响消费者的客观真实判断，进而做出错误的决定；另一种特殊的方式是“小字修正”，即使用近

① 〔法〕雅克·朗德维等：《广告金典》，第 562 页。

② 〔美〕哈里·G. 法兰克福：《论真实》，孙涤等译，译林出版社 2009 年版，第 62 页。

乎无法看清楚的小字修改或说明，致使消费者无法完全了解从而做出误判与错误的行动；(7) 包装比例不恰当；(8) 虚假定价。按照 FTC 的说法，虚假的定价是一个令人头痛的问题，涉及特价优惠、额外折扣、低于平常价格以及标价打折等问题。例如，如果广告主为了在广告中宣传促销，而事先在某产品的零售价格或广告主正常的零售价格基础上上浮价格，以此作为降价或优惠的基础的话，那他们在广告中进行的降价声明就不符合法律规定。如果降价的声明只是基于个别或者极少出现的一些销售情况，或者基于已经过时的价格，这样的声明同样不够恰当，除非针对事实予以清楚地表明。

FTC 借助三步法来测试一个广告是否存在欺诈：(1) 其中必须有被遗漏的、会误导消费者的表现或行为；(2) 这些行为必须从行为合理的消费者角度来看；(3) 这些表述中遗漏的或者实施的必须材料化，即必须证明是否左右了消费者的决定。

FTC 对被指控欺骗广告进行执法的路径和方法是：(1) FTC 获取对欺诈行为的指控。(2) FTC 以需要属实情况的理由开始对广告客户进行调查。(3) 如果发现这些宣传与真实情况不符，也就是说有欺诈成分，则发出原告的指控；这样的话，客户就需要签署一份“核准令”，同意停止宣传活动，不承担罪行。(4) 如果客户拒绝签署核准令，那么，FTC 就会发出中止令。(5) 就算广告客户同意服从中止令，FTC 会认为这仅仅是停止某些活动，并不能弥补消费者所受伤害。为此，FTC 可能会要求厂商采用“更正广告”制度，驱散欺诈所造成的后果。(6) 如果商家和 FTC 不能达成一致，那么，下一步就是由联邦法庭裁决。

2. 比较广告问题

广告界最有争议的内容之一就是比较性广告，关于比较性广告的分歧与主张本身就是一部单元人类广告史。1970 年代，美国、英国、丹麦等国相继准许使用比较广告，比较广告一时成为风气。1971 年，FTC 推波助澜，催促美国主要三大电视网接受直接比较性广告。一些曾经坚定地反对比较广告的产业旋即放弃原来立场，比较广告纵深推进。另外，许多国家的广告法律并不主张和鼓励比较广告，在法国、比利时、意大利等国家，比较性广告不合法律；而在另外一些国家，则较为模糊不清。在欧共体那项关于比较性广告合法化法令通过(1991)后，许多国家修订了它们的广告法律。例如，法国国民议会通过了一项保护消费者的法案，允许比较性广告存在。但是，新的法律规定：比较性广告不得采用民意测验资料和证人作为比较的依据；发布这类广告前，还必须通报被比较的竞争对手。新广告法允许的价格比较仅限于同等条件下销售同类产品。

比较性广告争议主要表现在如下几个方面：比较性广告的界定；比较性广告

是否公平;比较性广告对谁最有利;如果采纳比较性广告,我们的代价是什么;比较性广告的发展远景是什么;等等。

研究结论显示,人类对比较性广告的认识难以简单统一,但是,基本公式或者可以是:"比较广告是公共政策的一部分。就公共政策的本质而言,比较广告的规范与自由化程度,需以社会最大公众利益为依归。"①

3. 代言广告问题

选择专家、名人和普通人代言广告产品是最常见的现代广告方式之一,学者们以三种理论模型对应代言广告效果分析:来源可信理论、来源吸引力理论和意义迁移理论。根据麦克奎根的意义迁移理论,代言者充分地占有某种类型的意义,他们借助高超的技巧将这些意义迁移到产品上,最后,在消费者的解码过程中为消费者所获得。② 从心理效果而言,"有个性的明星(意外性)可能会有助于广告的'注目效果';模特型的明星(相称)可能有对广告内容的'理解效果';个性派的明星(象征)可能有对品牌的'赋予印象效果';有人气的明星(动物、小孩儿)可能有对品牌的'好感效果';著名的人物(说服力、信赖感)可以期待对诉求内容有'说服效果'"③。

根据双重信息处理理论,消费者通过广告评价品牌时,有关品牌特性的信息以及广告中的各种线索信息发挥主要作用。而"线索信息"的重要形式就是信息源头——传播者及登场人物。他们的传播效果源自"发言中没有撒谎"(信赖性)和"发言中没有错误"(专业性)等。④

在代言广告对企业、市场、社会文化、价值信念都很关键的认知基础上,人们坚信:"管理好代言人几乎与挑选代言人同等重要。"⑤尤其是虚假代言广告成为广告问题和社会问题之后,情况更是如此。欧美国家开始制定相关的法律法规,规定代言广告中的说辞必须真实,向消费者推荐产品或者服务的代言人,必须是产品或服务的真实使用者,否则,就视为欺骗,要追究代言者的责任。例如,英国《交易表述法》规定:在产品广告中使用假证言就是违法。英国独立广播局《广告标准和实践法规》也明确规定:广告证词必须真实,不可因此造成误解。该规定还特别禁止利用儿童搞形式化证言;禁止在医药和治疗广告中使用代言广告

① 祝凤冈:《国际比较广告规范之研究》,《广告学研究》(台湾)第4期,1994年,第105页。

② 参见〔美〕杰拉德·J. 泰利斯:《广告效果评估——广告何时、如何和为什么有效》,第197—201页。

③ 〔日〕仁科贞文等:《广告心理》,第188页。

④ 同上书,第189页。

⑤ 〔美〕杰拉德·J. 泰利斯:《广告效果评估——广告何时、如何和为什么有效》,第206页。

形式；禁止酒类广告中出现青年人追随的名人形象。

4. 儿童广告问题

儿童保护是广告法建设中的重要构成，在各国广告法律法规中几无根本差别。其基本的认识出发点是：儿童心智未成熟，不能够独立做出客观真实的判断和明智的行动决定，是最容易受到伤害的社会人群，需要格外加以保护。例如，英国《独立广播局法规》规定："任何产品或服务的广告或任何广告方式都不能与针对儿童的节目或许多儿童可能收看的节目联系起来，这样做有可能危害儿童的身心和道德健康。不得利用儿童易轻信和忠诚的天性以广告进行诱骗。"①

针对儿童广告的法规通常显得细致和严格。在加拿大，针对儿童的广告只能出现在周一到周六的上午。澳大利亚把这类广告限制在上午 9 点到 10 点 20 分之间。新西兰只允许下午 3—4 点之间播放这类广告。德国、荷兰、瑞士、澳大利亚、新西兰都禁止在星期天和节假日针对儿童播放广告。比利时、丹麦、挪威、瑞典完全禁止电波媒介播放儿童广告。美国、加拿大、荷兰、澳大利亚等国限制利用卡通人物赞助广告，尽管卡通人物可以代表产品。法国的电视广告中允许出现儿童跳舞的镜头，但伴舞的歌曲必须由成人配唱，否则就意味着儿童在推销产品，这不符合法国的广告法律规定。在日本和荷兰等国家，糖果广告必须提醒孩子食用后刷牙。荷兰禁止儿童做糖果广告；在任何情况下，糖果广告只能在晚上的 7 点 55 分以后播出。而新西兰、马来西亚、墨西哥等国还要求糖果包装上印有关于健康问题的警告语。

5. 其他广告问题

这里涉及的问题很多。例如在法国，只允许文字类报纸（青少年读物除外）、电台广播的某些时段可以做酒精饮料广告，而且规定这些广告只能包含一些有限的信息，说明浓度、产地、名称、成分、生产商名称与地址、饮用方式等；同时包含建议消费者适量饮用的提示内容。禁止销售或派发可能令人联想到某一烟草品牌的杯子、烟灰缸、饰针等。禁止任何土药秘方广告；禁止任何鼓励流产的广告。电视广告时长也有明确规定：每小时的广告时间不得超过 12 分钟；在公共电视频道，节目中间不得插播广告；私营电视频道，每一档节目中间只允许插播一次广告。甚至城郊范围以内的户外广告，也要求做到：不得搅扰周边居民；不得出现在被列入保护范围的建筑和景点；尺寸不得超过承载它的墙体高度；立在地面上的载体高度不得超过 6 米，面积不得超过 16 平方米；公共候车亭的户外广告最大面积不得超过 2 平方米；每辆车上负载广告的总面积不得超过

① 转引自付慧芬：《西方广告世界》，人民出版社 1993 年版，第 258 页。

16 平方米。

版权问题是另一项值得注意的现代广告问题,与很多法律法规都有关系。例如,美国广告相关法律规定:版权并不保护其创造者的基本创意。但是,如果在创意中完全复制原作者的表达方式,或者以一种非常近似的方式对这个创意进行解释,都构成侵权行为。解决这些困境的唯一办法是合理使用版权资源,例如受版权保护的文学作品、音乐作品、戏剧作品、舞剧作品、摄影作品、绘画作品、雕塑作品、电影作品等,以合法的途径争取到使用权利。

如果可能的话,这里还将会与隐私权、名誉权等法律问题相关联。

二、中国广告立法管理

中国广告法制建设与国际语境关联密切,呈现普世法制文化的公共精神与根本立场,是人类通过法律获得解放努力中的显著构成。但是,基于中国社会成长的中国广告法制文化,显然有自我主张与独立脸庞,既是中国广告从业者需要熟知的内容与现实语境,更是一切历史的负责任者需要从框架、言说、修辞话语方面作品质式思考与实质发展的神圣对象。

(一) 简要历史素描

中国社会立法展开广告管理的尝试始于晚清争国家利权的情势之下,其间道路,并非平坦利途,充满了各种艰难险阻。1979 年后,当代中国广告的现代化实践催生了快速的国家广告法制建设,国家意志呈现于广告领域的尝试与努力,屡屡不绝,延宕成可观的现代广告文化景象。

这部历史的开端就充满了曲折与艰涩,第一次尝试竟然演绎成历史事件。1904 年 8 月 4 日,清政府颁布中国第一部商标法——《商标注册试办章程》,遭到外国驻华使节强烈反对。慑于压力,清政府"决定"暂缓成立商标注册局;凡是已经发出的证照,未最后经过商标注册局核准,并不具法律效应。

1923 年 5 月 3 日,北洋政府颁发《商标法》,共 44 条。《商标法》规定:商标须用特别显著的文字、图形、记号或其联合式为之;商标须指定所使用的颜色;凡以普通方法表示自己的姓名、商号、商品名称等,不为商标专用权之效力所拘束;商标注册后,以恶意使用者,均属违法。

20 世纪 20 年代出现的《民律法案》有关于广告解释、效力、撤销、悬赏等 16 条款内容之规定,是中国最早的广告行政法规表现。1936 年,国民党政府社会部颁布《修正取缔树立广告的办法》和《户外广告物张贴法》,对相关广告行为进行限制与主张。此后,部分省市当局也作诸多努力,希望能在广告法制化途径中有所成就。1943 年,重庆市社会局颁布《重庆市广告管理规则》和《广告经营标准》;北平、天津等纷纷行动,各有表现。国民党政府交通部、电信局也对广播广告的播出直接管理。

1949 年中华人民共和国成立后,各地人民政府纷纷制定广告管理法规。例如,天津市制定《广告管理规则》(1949)、《医药广告管理办法》(1949);上海市颁布《广告管理规则》(1949);西安市颁布《广告管理暂行办法》和《关于印刷厂商管理暂行办法》(1951);广州市颁布《广告管理暂行办法》(1951);等等。这些管理法规规定了新的广告基本原则与限制。要求广告内容必须符合国家有关法令和政策,不得出现与政府政策、法令相抵触以及任何虚假广告,不得滥用国旗国徽、领袖形象制作广告,不得出现事涉迷信或有伤风化的广告等;规定刊登广告必须出具与广告内容相应的证明文件,否则不得刊播;同时对违反规定的广告行为处置办法也做了具体规定。50 年代中后期,各地政府进一步修订完善相关广告法规。60 年代,则推出了更多的新法规,例如《天津市中、西药品广告宣传管理暂行办法》(1960)、《管理广告美术个体户暂行办法》(上海,1963)、《霓虹灯安装处理暂行办法》(天津,1965)等。1958 年后,广告活动及广告管理工作逐步停止,历史遂告一个段落。

1979 年被称为"中国广告元年",中国社会开始恢复广告事业。1980 年,中华人民共和国国务院决定授权国家工商行政管理总局负责广告管理工作。1982 年 2 月,《广告管理暂行条例》出场,作为第一部法律规范实施调节与相关使命。五年后,国务院发布更加完整的《广告管理条例》,不仅提供更全面、具体的法律依据,而且以法规的形式确立广告宣传和广告经营的行为规范。更重要的事件发生在 1994 年,这一年,国务院常务会议通过《广告法》,同年 10 月 27 日,八届人大十次会议通过并于同日公布,到了 1995 年 2 月 1 日,《中华人民共和国广告法》正式施行,中国广告业真正走向法制化道路。随后,国家工商管理总局会同有关部门发布一系列相关广告法规,广泛涉及广告经营资格、广告发布标准、广告审查、广告收费管理、户外广告管理、特殊商品或服务广告的管理等多方面内容。各省市自治区政府、工商局也结合地方情势,制定地方性广告管理法规,中国社会广告法制管理形成网络结构与全整合态势。

历史进入 21 世纪,中国于 2001 年 12 月 11 日加入世界贸易组织。根据世界广告发展态势和世贸组织相关原则,国家工商管理总局、商务部调整了外商投资广告的资质标准、经营条件,2004 年 3 月,《外商投资广告企业管理规定》发布,规定允许外资拥有中外合营广告企业多数股权,但最高不得超过 70%;2005 年 12 月 10 日,允许外商独资设立广告公司。一系列的相关规定连同《外商投资者并购境内企业暂行规定》,为外商在中国境内设立外资广告公司提供了法律保证。

在相当长的一段时间里，中国政府通过各种法律规定对抗那些随机出现的不良广告现象。2003 年 9 月，国家广电总局颁发《广播电视广告播放管理暂行办法》，针对广播电视广告的内容、播放总量、广告插播、播放监管等展开全面规范。《办法》规定不得播出内容低俗、误导消费等存在导向性问题的广告；规定媒体播放广告的总量不得超过节目总量的 20%，且在 19 点到 21 点黄金时间内不得超过 15%。2004 年 4 月，国家工商总局等四部委联合发出《关于清理含有不良内容广告的通知》，要求“坚持广告内容的审检工作，对未经审检发布的不良广告要追究当事人的责任。总编辑、台长要对广告版面内容导向切实负起责任，不得交由广告公司代行终审。各级工商行政管理部门要加大执法力度，对格调低下、用语粗俗、虚假不实的广告，必须严肃处理，力求标本兼治，建立长效机制”。

2004 年 11 月 30 日，国家工商管理总局颁布修改后的《广告管理条例施行细则》，并于 2005 年 1 月 1 日生效。本次修改的重要内容针对中国加入世界贸易组织的相关承诺与原有规定之间的不符而展开，以法律形式确保中国开放广告市场的庄严承诺。

晚近以来，中国社会法制建设迈向全面现代化发展状态，重大法制建设行动不断呈现。其中尤其值得注意者，如《中华人民共和国政府信息公开条例》已经 2007 年 1 月 17 日国务院第 165 次常务会议通过，并自 2008 年 5 月 1 日起施行。2009 年 8 月 27 日，国家广播电影电视总局局务会议审议通过《广播电视广告播出管理办法》并予以发布；2010 年 1 月 1 日起，《广播电视广告播出管理办法》正式施行，中国广告精细化管制日趋明显，治理主义特点已然彰显。这个办法被称为“61 号令”，是当下中国广告生活中最重要的广播电视广告纪律规范与制度文本。其第三章内容（广告播出）尤为重要，值得注意。

另一个重要的广告法制建设事件是修订《广告法》。新的《中华人民共和国广告法》“针对现行《广告法》内容过于原则，操作性不强的缺陷，做了如下修改：一是增加保护未成年人的内容。二是对与群众生产生活密切相关，违法广告发生率较高的医药广告，与健康相关的非医药产品和服务广告，存在回报预期的商品和服务广告，烟草及酒类广告和涉农广告等六类二十四种广告提出内容具体的一些规范要求。三是采取列举虚假广告典型形态的方式，明确虚假广告的认定标准。四是增设了广告表达方式规则，允许合理创新和表达，限制滥用科技手段和艺术表达方式。五是完善比较广告的规则，明确禁止比较广告的商品和服务"①。

（二）《广告法》及广告管理关键问题

《广告法》是中国社会实施广告法制建设的最高法律规定，在宗旨表述、适用范围、行为规则（义务性规范、禁止性规范和授权性规范）、制裁措施等方面均有最为刚性的规定。《广告法》开宗明义地指出：为了规范广告活动，促进广告业的健康发展，保护消费者的合法权益，维护社会经济秩序，发挥广告在社会主义市场经济中的积极作用，制定本法。广告主、广告经营者、广告发布者在中华人民共和国境内从事广告活动，应当遵守本法。

《广告法》明确了广告管理机关是县级以上人民政府的工商行政管理部门，依据法律及相关规定，广告管理机关行使立法、释法、审批、监督、查处违法案件、制裁违法行为等职责。根据《广告法》及相关规定，中国执行广告审查制度、广告代理制度、广告合同制度、广告业务档案制度、广告收费制度、广告业务员制度、广告专业技术岗位资格培训制度。根据法律法规，广告违法行为主要形式有：虚假广告、违禁广告、假冒广告、误导广告、色情广告、比较广告、侵权广告、不正当竞争广告、有偿新闻、违反广告证明制度的广告、非法经营广告、超越权限经营的广告等。根据广告法规，广告违法的责任形式主要有行政责任、民事责任、刑事责任。根据广告法律法规，中国实行广告行政处罚复议和诉讼制度，以利于广告执法的公正公平。

目前正在施行的《广告法》在许多方面都有与现实情势不符的问题需要面对，人们提出了批评和相应的修订建议。例如，确立并完善中国比较广告法律制度，具体建议：通过立法允许比较广告合法存在；允许比较广告存在的同时对其进行合理限制；在不同的业务领域中积极探索比较广告的立法。积极应对《烟草控制框架公约》实施的新问题，具体问题和建议：《广告法》、《广告管理条例》、《烟草广告管理暂行办法》等广告法律法规的限制烟草广告的思路与《烟草控制框架公约》明确的"广泛禁止"要求还有相当距离；需要重点解决网络烟草广告问题；修改广告法，规范烟草行业的促销和赞助。积极完善广告立法并寻求制度创新，具体建议：立法明确化妆品广告操作规范；分类管理广告代言行为；规范网络广告和手机广告；进一步细化金融广告管理问题；细化户外广告法规建设。②

---

① 《最新广告法哪些内容进行了修改?》，http://www.cu-market.com.cn/tjsj/2010-3-15/113029.html。

② 李德成：《寻求中国广告政策法律制度建设的新发展》，载陈培爱主编：《创新与开拓——中国广告理论探索三十年》，厦门大学出版社 2009 年版，第 89—92 页。

第二节　作为广告剧场控制力量的伦理认同与自我约束

人类社会控制广告文化发展的另一条途径是发展广告行业的伦理认同与自我约束。换言之,人类希望能借助于道德的力量保障时时处处可能受到不良欲望操控的广告文化的现代发展。这种现代广告制度的现实形式通常是各种自律规则或自律协议。它们最重要的生成基础源自人类普遍的道德想象。人们可以借助哈贝马斯的交往理性理论解释其中的秘密,将它们看成合法性、普遍性交往这样的“有效性要求”(哈贝马斯语)①;也可以在托马斯·斯坎伦的“契约主义”伦理学框架中追问“人类彼此负有什么义务”这样的问题;考虑那个著名的“丧失观点”(Forfeiture View)问题——当我们清晰地做出放弃选择以后,我们就没有资格针对未来的命运发出丝毫的责怪。②

事实是,在“欲望”铙钹喧嚣纵横连合的时刻,人类已经在“广告的场所”凭借“自律”达成了“神圣的和解”,在确立保留底线的情势中,取得了最基本的共同见识,回到那最是可爱与朴素的常识状态。当广告成为“争伦理的战场”且日益承受着善良与邪恶之间的撕扯的时候,当广告带着世界来到现世的理想宣告破灭的时刻,普世的伦理取向站出来慷慨陈词,稳住了刚才还是欲海翻腾的世界,并将“境遇伦理”排斥在剧场之外。减法规则成了支配性的“微型社会契约”。当广告文化借助大量的“激进华词”(布迪厄语)抛弃人类生存的真实美学的时候,“当代的帕斯卡尔”薇依(Simone Weil)留给后世的那个深刻的观念恰当地临场:信仰不是拿来炫耀之物,而是艰难的、绝非轻松的重负。于是,广告获取了最邻近的启示并坚信所有广告对彼此都负有责任和义务的信念,它铸构的梦想图景是:最终成为优良的社会智能器官。

基于各种理由而呈现的广告自律形式通常表现了惊人的多样性构成。从国家形态差异区别的角度,艾里克·伯利顿指出,以欧洲国家为例,可以分为四种类型:(1) 没有行业自律条例的国家;(2) 拥有少许行业自律条例的国家;(3) 拥有强大的法规和一些行业自律条例的国家;(4) 拥有强大法规的国家。③ 而另一些认识则从自律生成的关系角度出发进行分类,将广告自律分成三种基本类型:(1) 纯粹型自律,基本上由广告行业内部自己确认;(2) 协议实践法规型

① 参考陆兴华:《哲学的当务之急——当代法国思想六论》,同济大学出版社 2009 年版,第 111 页。

② 〔美〕托马斯·斯坎伦:《我们彼此负有什么义务》,陈代东等译,人民出版社 2008 年版,第 283 页。

③ 转引自〔英〕约翰·威廉姆斯赫尔斯特等:《当代广告运作》,第 214 页。

自律，由政府和广告行业共同商议而成；(3) 公约型自律，即由于外界针对广告业提出建议或施加压力后做出的自律表示。[①] 事实上，倘若从内容与构成而言，广告自律还可以携带着广告伦理精神与责任取向，落实到广告行业的普遍自律、广告主自律、广告公司自律、广告媒介自律等另外一种构成。

不管哪些组织与团体对这样那样的自律负有义务，也不论这些那些的自律出自哪些国家和地区，它们共同的特点是，它们共同担负着彼此的义务与使命，对广告文化的健康发展执行“契约主义”的选择。“契约主义提供了这样一种说明，它认为，一个行为如果其实施在那种境遇下会被一般行为规则的任何一套原则所禁止，那么，这个行为就是不当的；这种一般的行为规则是没有人能有理由将其作为明智的、非强制性的普遍一致意见之基础而拒绝的。”[②]

一、国际广告自律规则

国际上最重要的广告自律行动关系到国际商会及《国际商会广告行为准则》。

《国际商会广告行为准则》首次颁布于 1937 年，基于共同认知的进步和国际广告形势新变化，1949 年、1955 年、1966 年、1973 年和 1987 年，多次修订，逐步完善。作为国际商界自觉承担社会责任的一种表达方式，《国际商会广告行为准则》呈现了最显著的普世广告伦理想象。该《准则》的首要的任务是作为行业自律的手段，同时在所在国法律适用的体系内，也可用作法庭判决的参考性文件。国际商会相信，这一新修订的《准则》，将促进业界遵守商业宣传的高标准，以利于国际市场的高效，并极大地保护消费者的合法利益。

该《准则》适用于所有以任何形式促销商品和服务的广告。无论是市场交易参与者或者广告主，广告经营者或者广告公司或者媒介，凡是与广告活动有关的，均须遵守该《准则》所确立的道德行为标准。

根据《国际商会广告行为准则》精神，国际广告界 1963 年制定的另一个重要自律规则《国际电视广告准则》是针对电视广告而设计制定的，涉及基本原则、儿童节目广告准则、虚假广告判断、不公平的比较和引证、滥用保证、据实作证、酒精广告、烟草广告、职业训练广告、邮购广告、私生活用品广告、药物及治疗广告等详尽的广告自律构成。该《准则》可以看作是对《国际商会广告行为准则》的媒介性广告自律设计与实践。

---

① 付慧芬：《西方广告世界》，第 264 页。
② 〔美〕托马斯·斯坎伦：《我们彼此负有什么义务》，第 163 页。

二、国别广告自律:规则与行动

正如政治、经济、文化差异一样,国家之间的广告自律存在认识与想象、制度设计、行动方案等多方面的悬殊和不同。发达广告国家长期致力于广告自律设计与实践,形成了显著的广告自律管理文化特点:(1) 广告自律规范相对健全;(2) 广告自律规范具有高度的权威性;(3) 广告自律规范表现出较高的自觉性与主动性;(4) 广告自律规范措辞严谨,细节丰富,具有可操作性。① 与此同时,还有许多国家正在努力建设新的、现代的广告自律体系,以适应日益复杂化的广告文化发展形势。

(一) 英国广告业自律

英国除了电台、电视台之外所有媒体的销售促进活动都由统一的体系管理。

20 世纪 60 年代初,英国广告业参照国际商会的做法制定《英国广告实践法规》。在此基础上,20 个广告业协会加入"广告实践法规委员会"(CAP)。该委员会主要职责是:(1) 制定准则;(2) 协调实施;(3) 处理行业内部及来自公众的纠纷;(4) 对解释准则中涉及广告部分给予建议。1962 年,为使 CAP 可以有效地展开工作并得到监督,广告界成立广告标准局(ASA),负责广播、电视以外的其他所有媒介的宣传(包括广告)纠纷协调等工作。ASA 拥有一位独立主席,他可以指定任意 12 个人的委员会,他们中至少有一半(实际上通常是三分之二)人与任何广告利益无关。它的主要职责是:对各媒体部门计划进行研究和监督,包括直销、国家和地方印刷品以及消费者杂志;对特定区域产品如减肥、健美、酒精饮料、食品、汽车广告等加以特别关注;同时负责消费者投诉、同行业或行业间竞争申诉等。

英国的另一种自律体系适用于电台和电视台。所有的广告都必须由电台或电视台提前审查两次,首先是文稿审查,接着是针对完成的电视或电台广告进行审查,主要审核制作完成后的广告作品与广告脚本内容是否一致,若有较大出入或者违法,则可令其停止播出。

ASA 编制并公布了《英国广告和销售促进准则》,规定:(1) 所有广告都必须合法、得体、诚实、真实;(2) 所有广告的处理都必须对消费者和社会负责;(3) 所有广告都必须遵循行业普遍奉行的公平竞争原则;(4) 广告不应该制造广告业不名誉事件;(5) 广告必须遵循准则,遵循准则的主要责任在于广告主,其他牵涉到广告制作和发布的机构如代理、发布者和其他服务供应商等

① 何修猛:《现代广告学》,复旦大学出版社 2008 年版,第 334—335 页。

也有义务遵守准则;(6)准则不仅在字里行间体现出来,人们还必须领会其实质。该《准则》还规定了证明、诚实、真实、安全、反暴力、保护隐私、信息匹配、识别、维护公众权益、不限制消费者自主权、适当等具体传播义务及其细节,有利于发展健康、健全的广告生产与传播。

(二)美国广告业自律

美国广告业自律同样属于成功自律的典范。在那里,自律不仅仅是一种哲学,更是行动的框架与指南。

早在19世纪80年代,被尊为现代广告之父的约翰·鲍威尔斯就曾呼吁美国广告界制止虚假广告,并提倡真实可靠、简洁生动的广告文风,可谓美国广告业界自我约束的最早呼声。1903年,约翰·亚当斯·塞耶公开主张反对欺骗性广告。1905年,“美国广告联合俱乐部”宣告成立,并发起广告真实性运动。随后,不断借助《印刷者油墨》等杂志发动宣告不诚实广告为犯罪行为的广告自律运动。

1916年,美国最大的商业监督组织“商业促进局”(BBB)宣告成立,主要使命是保护消费者免受虚假、欺骗广告以及商业欺诈行为的侵害。

1971年,商业促进局、美国广告代理商协会、美国广告联盟和全国性广告主协会联合发起成立美国国家广告审查委员会(NARC),主要目的在于推广并执行广告真实性、准确性、品味、道德以及社会责任标准。这个规范美国广告最全面、最有效的机构有两套运作班子:商业促进委员会的“全国广告处”(NAD),以及“国家广告审查局”(NARB)。它们的分工是:全国广告处负责监督广告行为,审理消费者、消费者团体、竞争企业、地方商业促进局、商业协会以及其他机构对广告的投诉,而国家广告审查局则是全国广告处的上级单位,“国家广告重审委员会(引者注:是国家广告审查局的另一种翻译)的功能像是一个申诉法庭。这里设立了一种复审会议,在会议上,案子被重新审查,原有的起诉或被支持或被驳回,都有可能。如果指控的理由得到支持,广告商就必须立即更换或停止使用该广告,如果广告商仍拒绝履行判决,该案则被移交到FTC或者其他机构采取相应的法律行动”。“该系统的弊病之一就是太费时间。在许多案例中,当国家广告活动管理部已经考察完案件的全部事实,认定涉案广告确实具有欺诈行为,并且通知公司停止使用该广告时,广告的整个运作已经完成自己的使命并且已经不再播了。”①

① 〔美〕约瑟夫·R.多米尼克:《美国电视的自我规范与道德准则研究》,刘宇清译,《世界电影》2007年第4期,第182页。

美国的广告自律形成立体的结构。除了这些全国性的自律组织及其行动外,各地自律、行业协会自律、广告主自律、媒体自律都是重要表现。地方自律中最突出的组织是各地的商业促进局。广告主基于各种缘由也进行自我规范,他们收集数据;“他们运用严谨的广告审查体系,以确保发布的广告既达到自己的目的又符合广告业、媒介和法律方面的标准。许多广告主还希望给人以富有社会责任感的印象,他们积极参与当地的慈善组织或教育组织”。“大多数广告公司都自行监督自己的行为,此外,职业广告协会还会监控会员的活动以免出现问题,引起政府部门的干预。广告刊物会报道出现的问题以及法院在这方面的活动情况,对广告公司和广告主进行法制教育。”①

美国广告界能随世事变迁不断自新,加快广告自律的格局再造。例如,2008年,美国广告机构协会、美国全国广告主协会和直销协会提出了以反垃圾电邮为目的的行业自律规则。规则要求广告商对垃圾电邮采取自律行为,以保证和增强合法电邮广告的可生存性。

（三）法国广告业自律②

法国是世界上广告发达国家之一,更以广告自律的开拓创新而声誉卓著,影响深远。

法国广告自律始于20世纪30年代中期。1935年8月29日,法国商业经理人协会以及包括媒体、出版商在内的12家组织,根据1901年的法令成立广告控制委员会(OCA),专门实施广告自律事项。1953年8月20日,OCA改组成为法国广告审查局(BVP),一改从前行业自我管理格局,吸纳行业以外的独立人士担任主席一职,并于1968年获得法国广告委员会的审查委员会中的一个席位,努力于将自我声音传达于政府高度控制的视听媒体领域,赢得相当的社会认同。

20世纪70年代,消费者主义运动急速发展,广告生态迅猛再构。因应形势变革,BVP再作全面调适:第一,改变原来成员主要由广告主、广告代理商、广告媒体代表的格局,扩大董事会代表成员,吸收消费者协会代表、独立律师、媒介销售代表等外来成员,坚持董事会主席必须是广告业之外独立人士的做法;第二,推出大量的“劝诫”,开发广告界的伦理自觉;第三,为确保自身的独立性,不再接受全国广告协会的经济资助,谋求在经济上的完全独立。这个重要的转身意味着BVP“由基于行业的单一行业自律组织开始向社会性公共组织转变。相应

① 〔美〕威廉·阿伦斯:《当代广告学》(第7版),第75页。

② 本节内容主要参考李明合、史建:《法国广告自律研究》,《广告大观·广告研究》2010年第2期,第82—87页。

地，其自律活动也开始由‘私人管理’（Private Regulation/Self-regulation）向由社会力量充分参与的‘联合管理’（Joint Regulation/Co-regulation）转变”①。

2005 年，BVP 成立了有众多社会人士参加的广告道德委员会（CEP），开设了追求交流与互动的都市论坛（Forums Pub et Cité），“在强化联合管理、进一步融入‘公民社会’的道路上又有新突破”②。随后出现的关于广告行业自律透明性讨论、社会参与可能、广告自律效率等问题，以及更加开放的、独立的联合广告委员会，均是它日益强化行动自律社会学的重要尝试。2008 年，BVP 正式更名为“专职广告审查局”（ARPP），并再次重申它的主要职责：通过采取切实可行的行动，确保公平、真实和健康的广告传播，保护消费者、公众和广告从业者的利益，在言论自由和获得消费者（对广告）的尊重之间做到和谐统一。

法国广告自律显示了与时俱进的现代特色，在组织结果、广告认同、行动社会学立场采纳等方面都有杰出的表现。例如，在 ARPP 会员组织上，在一般的广告主、广告媒体、广告代理商之外增添社会组织——工会、律师协会等，社会参与性的管理理念一目了然。ARPP 的常设机构有三个：广告道德委员会（CEP）、联合广告委员会（CPP）、广告道德评审委员会（JDP），它们的组织同样如此。

广告道德委员会是一个面向社会的联合咨询机构，是社会学家、心理学家、艺术家等社会专业人士围绕广告问题展开交流、碰撞的平台。CEP 的委员长必须是独立于广告与营销行业的独立个体，他负责从社会学、物理学、心理学、教育学、语言学、政治学等不同领域选择七名专家组成本委员会。CEP 的主要任务是收集公众对广告道德的反馈意见，分析和预测他们对广告的态度看法以及变化趋势，进而做出必需的道德准则方面恰当的调适。CEP 同时还担负着针对 ARPP 的广告自律效果进行检验与评估、总结分析进而做出科学判断与改革决策的职责。

联合广告委员会是一个囊括了消费者团体、环境组织代表的独立咨询委员会，主要任务是替 ARPP 收集、提供有关社会利益相关者对广告以及 ARPP 自律工作的意见和看法。当然，他们还担负着修改准则、重构框架等神圣的使命，并提供专业方面的技术指导帮助。CPP 由 18 人组成，其中 9 人由 ARPP 董事会任命，分别来自社会各界，他们是“社会利益相关者”，CPP 委员长从他们中产生；另外的 9 名委员则为广告、营销领域的代表，代表专业广告作业领域发表意见和看法。

---

① 参考李明合、史建：《法国广告自律研究》，《广告大观·广告研究》2010 年第 2 期，第 83 页。

② 同上。

广告道德评审委员会是ARPP有关道德准则的独立执行机构，主要职责是处理各种相关投诉。JDP有九名委员，分别由CPP委员长、CEP委员长和ARPP董事会主席各自任命三人，任期三年。他们的组织原则仍然是行业与社会利益相关者的平衡性。

甚至于ARPP所制定的各种“劝诫”的获准以及它重要的组织形式——“都市论坛”等构成中，广泛的参与以及真实性行动的促成，都呈现了最典型、最普遍的法国式广告自律格调与气势，充满了朝向未来的现代气象。

（四）中国广告自律建设

中国社会自古重视道德自律，德治原则源远流长，惠泽四野。于广告一途，当然也不例外，或可说造成相当的压力与困境。《劝告勿登有恶影响于社会之广告与新闻案》就旗帜鲜明地反对彩票广告等，以其存“机心”之故也。这是中国社会广告伦理建设中的复杂性。当下世界广告格局中，中国广告自律的表现则显现了它的另一种复杂性和多样性。一方面，中国台湾地区、中国香港和澳门特别行政区表现出相对成熟的广告文化态势及其自律建设样态；另一方面，中国内地的广告自律的历史进程，还在朝着现代性的方向迈进的途中。这个刚刚恢复广告合法性地位的广告市场建设，历时未久，却迅猛急促，显现了青春市场的典型特性。

中国广告自律的历史可谓久矣，“童叟无欺”之类的商家伦理，人人明白。但成规模与气候者，还得算20世纪20年代前后自觉的公共“壮举”。例如，“全国报界联合会”第一次常会于1919年4月在上海召开，到会报馆83家联合签署“拒登日商广告案”；第二次常会于1920年5月在广州召开，到会报馆120家联合签署“劝告禁登有恶影响于社会之广告与新闻案”：

> 广告固为报社营业收入之一种，然报纸之天职在改良社会，如广告有恶影响于社会者，则与创办报社之本旨已背道而驰。如奖券为变相之彩票，究其弊可以凋敝民力而促其生计，且引起社会投机之危险思想。又如春药及诲淫之书，皆足以伤风败俗，惑乱青年。此种广告，皆与社会发生极大之恶影响，而报纸登载，恬不为怪。虽曰营业，毋乃玷污主持舆论之价值乎？且贪有限之广告，而种社会无量之毒，亦可以休矣。报界联合会为全国报界之中枢，有纠正改良之责，宜令在会各报一律禁载上述之广告。其类此者，亦宜付诸公决，禁止登载。牺牲广告费之事小，而影响于社会大也。①

① 戈公振：《中国报学史》，中国新闻出版社1985年版，第181页。

五卅运动期间，报馆拒登英商广告。此类媒介广告自律行动，简约、明快，但却显得粗略，且缺乏学理的基础。当然，也有稍显细腻如《新闻报》之广告简章那样略具现代的格调与气象者：

> 本报收登广告，其措辞与体裁，以宗旨正当不越法律范围者为限；其有关风化及损害他人名誉，或迹近欺骗者，一概不登。
>
> 广告来稿，经本馆认为必要时，得酌嘱登户及保证人，填立保证书。前项之广告一经登出，如发生交涉时，由登户及保证人负责。
>
> 出版物之广告，不得有诲淫词句；如标题奇突，书目秽亵者，该书内容须经本馆检阅后，认为无关风化，方可登载。[①]

1949 年后，中国广告格局呈现历史性的特殊构结。就内地情形而言，中国广告业自律成规模与气候的历史或者还得从“后 1979 时代”说起。1981 年 8 月 21 日，中国当代最早的一个广告行业组织——中国对外贸易广告协会成立。这个全国对外经济贸易系统的广告公司、报纸杂志、出版社广告部以及对外贸易部及其授权机构批准的有经营对外业务权的广告公司的联合组织具有法人资格。它的核心使命是积极发展与世界各国广告往来与合作。

1983 年 12 月 27 日，中国广告协会成立，最重要的广告行业自律管理组织正式出场。1994 年，《中国广告协会自律规则》诞生，中国社会拥有了最真实、具体并表述清晰的广告行业自律规则；1997 年，《广告宣传精神文明自律规则》出笼；1997 年，国家工商行政总局印刷《广告活动道德规范》；1999 年，中国报协颁布《中国报业协会自律公约》；2007 年 6 月，中国广告协会互动网络委员会宣布成立，《中国互动网络广告行业自律守则》出场；2008 年，新修《中国广告行业自律规则》、《广告自律劝诫办法》、《奶粉广告自律规则》、《卫生巾广告自律规则》等自律规则相继出场，全方位规范整合中国广告市场格局。其中，《中国广告行业自律规则》是广告行业自律的一个总纲性规则，起着最基础的规范作用；《广告自律劝诫办法》则是从程序上对行业自律的措施予以明确，通过自我约束和“一对一”的方式，对广告活动主体进行行业内部的劝诫；《奶粉广告自律规则》和《卫生巾广告自律规则》则旨在对某些类别广告中的倾向性问题进行规范，使自律的要求更有针对性、更加具体化和更具可操作性。

作为最重要的行业自律规则，《中国广告行业自律规则》全方位地设计了广告行业自我约束的各种可能与需要。

---

① 戈公振：《中国报学史》，第 181—182 页。

《广告自律劝诫办法》设计了中国化的实践路径。对违背自律规则要求、造成负面社会影响的不良广告责任者，按照“第一次劝诫，第二次劝诫，第三次通报批评，其中涉嫌违法广告报请国家工商行政管理总局甄别”的程序，实施自律劝诫。违法违规情节严重的，可不经劝诫，直接进行通报批评或报请广告监管部门处置。具体做法是，对于违背自律规则的广告，中广协以函电或者（电子）邮件等形式向有关广告主、广告经营者和广告发布者（以下简称“被劝诫单位”）发出《广告自律劝诫通知书》及《广告涉嫌违法违规情况表》（以下简称“劝诫通知书”），进行第一次劝诫。被劝诫单位应自收到劝诫通知书之日起三天内（指工作日，下同）向中广协作出回复；五天内（特殊情况不得超过十天）进行修改；持有异议的，七天内向中广协提出理由和证据，作出说明。中广协对被劝诫单位所作的修改或说明进行审查，对于修改合格或申述理由、证据成立的，中广协予以采纳并答复被劝诫单位，劝诫程序终止；修改或说明不被认可的，被劝诫单位应继续修改或补充证据，并在被告知的三天内将修改或补充的情况提交中广协进行复核。对于逾期不作回应或未按要求进行修改者，如再次被监测到同一违规广告继续刊播的，中广协发出《第二次自律劝诫通知书》，并将有关劝诫情况抄送被劝诫单位所在省（市）广告监督管理部门、广播电视或新闻出版行政管理部门及广告协会；被劝诫单位应在一天内向中广协作出说明。经两次劝诫仍未做出修改、说明的，中广协将进行通报批评。

我国台湾、香港地区的情形则是另一种状态。在台湾，1988 年 9 月 8 日成立了重要的自律机构——台湾综合广告业经营者联谊会，目的正是通过自我及相互监督，推动广告业的进步发展。为此，联谊会制订了“执业标准”和“广告标准法”，要求不得违反“合法、有格调、诚实且真确”的基本规范。台湾电视学会为净化台湾电视广告市场，特别编订《净化电视广告规范手册》一书，对电视广告题材、画面、声响效果、文字、演员等制作内容，以及播出方面的审查、播映等均有详尽表示。在香港，广告自律规则主要有《香港广告商会广告实施条例》、《香港无线电广播广告实施标准条例》等。

第三节　监督式民主与广告剧场的干预性生产

一、“多元复合路线”与广告社会控制的“林中路”

人类的广告梦想或许就是通过广告获得解放！但是，在为这个共同的梦想尽力拼搏的时候，人们选择的立场、态度、方法、路径却并不相同。有些人倾向于借助制定法律规则强调刚性的制约、限制，启动免除的机制展开积极的诉求。另一些人则乐意选择签署名义或心理上的共同许诺，以此确保广告文化行动的正当与健壮。还有些人则基于与直接权力的距离甚或无奈，选择了他们的"弱者的反抗"或"身份使命"，采纳了制度外的那些路径，争取正在或者已经远他们而去的梦想。它们代表了法制、规则、抗争三种不同的广告控制的社会化路径。

这些"独立路径"发挥了它们各自的作用，在独立的市场关系中纠集资源，扮演各种积极生产者的角色。但是，还有一种情形需要我们格外注意，尤其在这个"丰裕社会"（信息超载、符号过剩、脑力富足以及由此引发的过去仅仅为内行专家所掌握的智识资源迅速扩展到寻常百姓人家[①]）的语境里，生产性的节点并不一定固定在某个特定的占位上，或者它们恰恰在于各种资源的缝隙以及互动搅拌中。事情可能就像《作为民主艺术的新闻事业》一文的作者坎贝尔借新闻批评所说的那样："市民、专家、新闻工作者和学者很少一同工作。我们往往局限于自己的领域。当我们在公共领域会面时，我们只携带了部分话语来参加对话。市民带来了要求而非期望；专家带来了知识而非弱点；新闻工作者带来了信息而非无知；学者带来了睿智的批评而非惶惑；实践者带来了功绩而非失败；思想者带来了观点而非想象。这些要求、知识、信息、批评、功绩和想象则遭到了嘲讽。所以，对话是不完整的。"[②]

真实的人类生活，最终则倾向于选择那种"多元复合的路线"[③]，让一切的力量都能充分在场并参与互动生产。广告随之成了社会运动、媒介抵抗、知识者批评结合在一起的"追求善美与正义的战场"。就不同的分析框架而言，这个"战场"还有许多其他的寄身的学术可能，也就是各种认知的可能、思维的可能、结成共同体的可能。例如，"战场"的比喻就与它的对抗性、惨烈性、代价性联系在一起。如果愿意的话，我们还可以将广告的那些不和谐看作广告文化的复杂性，或者看作"公共事件的诗学"、"干预性的行动社会学"等其他存在的样态。我们无法将广告的生产看作任何单方面力量决定与计谋的工场活动，事实上，广告文化最终的形象来自于各种广告想象、广告制度设计、各种技术路径的交叉互动。随着广告文化的做大，这种生产过程中的斗争性、互动性、策略性以及最终的"策略性结盟"都很有趣味，充满了剧场表演的诗学特性。

人类渴望广告健康地成长，并最终成为引领人类走向健全社会的行动社会

---

① 〔澳〕约翰·哈特利：《文化研究简史》，季广茂译，金城出版社2008年版，"中文版前言"第14页。

② 转引自谢静：《美国的新闻媒介批评》，中国人民大学出版社2009年版，第336页。

③ 参看〔德〕鲁道夫·洛克尔：《六人》，巴金试译，三联书店1985年版。

学之路。在这个被称为“后现代”的历史语境里，广告正在朝向善意与美好发展的大道上，正当性建设需要所有的负责任者从“DIY”转向“DIWO”（do it with others，大家联手），“为文明联邦效力的时候到来了”①。

二、公民出场、公义在场与广告剧场的监督式民主再造

（一）消费者转身：广告剧场中的监督式民主主体出场

在搜索引擎、编辑器、过滤器、合成器成为活跃的生产力量的时候，广告文化的“担承主体”显得格外复杂多样：所有的力量都临场了，所有的能量都在闪烁耀动，成为充满责任心的忙碌的角色。“在监督式民主时代，‘国民’（people）、‘公众’（the public）、‘公众问责’（public accountability）、‘人民’（the people）或‘公民’（citizens）这些词汇常常被交叉使用。权力审查机构遍地开花……无论是在地方、国家或超国家政府领域中，还是在非政府组织和网络权力制约中，其中一些形态触及日常生活的根基和外延，遍布世界各地。行使权力的人和组织现在常常受到各种各样议会外机构的公共监督和讨论。”②

这个重要的历史性转身的关键点是：原来沉默、被动的消费者转身成了“积极的受众”。在消费之外，“我们可以看见此人（the person）是在积极地以他或她的结构性位置允许其接触的一定的文化资源中生产意义”（戴维·莫利语）。③或者，借用当年阿尔都塞的话来说，由于意识形态的缘故，“那人”或“此人”被询唤成为具体的主体。当然，“这个人”或“那个人”首先摆脱了纯粹“消费者”的身处，而将他的广告消费活动看做一种参与性实践，借用洪美恩（Ien Ang）的话，从“观看”的“受众”转变成“实践”的“受众”④。最终，他们从“认识的受众”转换成了“行动的受众”，成为生产性的“积极受众”。“消费者”转身成为“实践主体”，转变成现代广告剧场的另一种表演主角。

公共参与网络成就了这种转换。人们需要建设恰当的普遍互惠机制⑤，使介入主体进一步摆脱服从者、沉默者、失语者身份，转而成为“公民”的一员。这“是因为通过公共参与人们会被号召起来超越自我关注的动机，而且承认他们

---

① 〔澳〕约翰·哈特利：《文化研究简史》，季广茂译，金城出版社2008年版，“中文版前言”第1页。

② 〔英〕John Keane：《监督式民主：新媒体时代民主实践的新理念》，吴小坤译，《开放时代》2009年第2期，第122页。

③ 转引自金惠敏：《积极受众论——从霍尔到莫利的伯明翰范式》，中国社会出版社2010年版，第25页。

④ 同上书，第65页。

⑤ 参见〔美〕罗伯特·D.帕特南：《使民主运转起来》，王列等译，江西人民出版社2001年版，第201—207页。

互相依赖以及彼此的责任。负责任的公民不仅关注利益，还关注正义，他们承认每个人的利益和观点总是与其他人一样正当，并且每个人的需要和利益必须表达出来且让其他人听到，而这些人必须承认、尊重并讨论那些需要和利益”[①]。有意思的是，“普适公民身份的观念是驱动现代政治生活的解放性动力”[②]。例如，杜威就认为唯有通过公众的繁殖、创造公共的社群以及面对面参与讨论，才可以达成理想的民主状态。

当然，创造如此这般具有干预资本的主体需要相当的条件，比如他们需要拥有相当的思考性、反思性、扩散性、知识主体性、对良善与正义的渴望与急迫等。更重要的还包括“公民的德性”。“所谓道德的公民，或是公民的德性，最重要的部分可能就是一个‘群体的意识’；意识到个体乃是存在于群体之中，个体之一切行止必须考量到其对群体所可能造成的影响……在此意义上，前述守法、关心并参与公共事务、纳税、服役等，固然属于公民之德性；诸如对其他公民的尊重、友爱与协助等，这些看似纯属私人领域的事项，也因其涉及个体与群体的互动关系，而被包含在公民的德性之中。”这是生产现代公民的重要条件，由此，“公民”与“消费者”形成差异。消费者仅仅是社会生活中的一种角色，他们努力满足自身的个体需要。在法制上，“消费者”的概念着重于权利面向。他可能也会因为个中缘由维护自己的权益，但是，却未必能够长久和合于法度与社会现代性要求。[③]“公民”则不同，他们拥有天下兴亡人人有责的气象；他们自觉地为人类负责与操心；他们有健全的头脑和相关工具的准备，一旦需要和机会来临，他们将义无反顾地讲述与言说——因为言说、论述恰巧是被控制和希望永远控制下去的权力——“公民必须大声为社会正义说话”[④]。

广告市场上的“公民说话”同样不那么简单。这包括言说的框架、言说的修辞、言说的效果等等，但首先是言说主体的身份来源差异——在共同体成员之外的实际生活者身份。例如，就社会控制理论的视角来看，承担广告言说、监督的主体可以是所有拥有参与资格与知识工具的社会主体。但事实上，按照弗特林的看法，最重要的批评来自于新闻界；其次是“那些在社会科学或政治学领域学有专攻，或者因为其丰富的人生经历，而对新闻与大众之间的关系有宽阔视野的

① 艾利斯·马瑞恩·扬：《政治与群体差异——对普适性公民观的批评》，成庆译，载许纪霖主编：《共和、社群与公民》，江苏人民出版社2004年版，第292页。

② 同上书，第274页。

③ 陈淳文：《公民、消费者、国家与市场》，载许纪霖主编：《公民性与公民观》，第287—288页。

④ 徐贲：《从三种公民观看两种全球化：自由市场时代的公民政治》，载许纪霖主编：《公民性与公民观》，第312页。

人”,他们的批评往往不涉及私利;再次是那些“行会或劳工组织等团体或其领袖”;最后是“零星的控诉和非难”①。

（二）公民社会剧班与新广告的监督民主生产

广告剧场中的公民出场、公民在场其实仅仅是健全社会、人类正义诉求的一种剧班形式,但是,作为一种积极的对广告剧场的卷入和参与,他们已经成了一种广告生产的力量,也就是那种在真实的广告生产现场无影无踪但却深刻地影响着、干预着广告生产剧场的前台表演者及其思维、行动与结果的力量。最终的结果,就是那个在未来广告生产中至关重要的“无疆界广告生产组织”(包括广告专业生产者、广告市场制度建构者、广告文本传播终极者、广告文本批评监督者在内的广泛的广告生产组织)及其充满灵活性的广告文化新气象。

这个充满了理性协商气质的广告剧班的实现需要政治力量的配合,例如,主导性政治力量的技巧性淡出与隐性在场,以及对社会力量的充分信任感、与这些社会力量之间充分合作的意愿等。“做好事情”、“发展好社会”、“建设良序社会”等是他们结盟的根本条件与出发点;取消那种典型的“二元思维”以及承认多种构成的合理性,是他们协商的前提;许许多多的奇妙技巧,则是强化结盟的手段。例如:

广告监督式民主的愿景。我们没有办法分辨这些抱持公民意识的“消费者”属于共和公民/自由主义公民/社会民主公民、自由公民/道德公民中的哪一种,但是,作为公民性质的主体,他们的出场前提就是他们胸怀伟大的广告文化发展愿景,那种正当地发展广告文化的愿景:

> 文化反堵讽刺地模仿广告,劫持广告牌,好彻底改变其原先承载的信息。他们认为:街道是公共空间,由于大部分居民无力购买自己的广告以对抗企业发送的信息,所以他们应当有权反对那些并非应居民要求而张贴的广告意象。近年来,因为广告在公共领域中益形嚣张,这个论点受到支持:就像在“别无空间”中提到的,广告被画在或是布置在人行道上;布满整栋建筑物或公交车;深入校园;篮球场和网络上亦然随处可见。同时,就像在“别无选择”中所讨论的,购物中心及大型卖场等半公共性质的“市镇广场”,制造出愈来愈多只开放给商业广告的空间。许多文化反堵者忧心如焚,因为所有权的集中使得媒体与被倾听的权利一刀两断,已成功地矮化了

① 转引自谢静:《美国的新闻媒介批评》,第26页。

言论自由。①

> 这个“假日良心季”的集会一开始……当 UNITE 的领袖杰伊·梅热大声宣告“血汗工厂卷土重来，我们都知道为什么”时……高中生和大学生穿上毛茸茸的动物装，呼应狂吼文化的卡通美学：6 英尺高的粉红猪举的标语牌是“猪反对贪婪”，点心怪兽拿的牌子是“没有正义，就没有点心”。②

这些崇高的目标纠集了五湖四海的人们，使他们成了特定的共同体成员。而这些崇高的力量的聚集与形成，却与那些高举广告的旗帜屡屡戕人的行为有关系。不管是具体的造假或者是由于品牌全球化造成的对弱者的剥夺，都能最快速地激发人的正义担负。“广告病理学师”、“广告改造师”的神圣期许激励着无数的人们投身其间，扮演社会忧患者、解放者的光荣角色。

除了崇高的愿景所产生的那种激发与促动，广告监督式民主的主题也在这种社会生产中扮演了关键的角色。马尔佐夫（Marzolf）在其著作《文明之声：美国的新闻媒介批评（1880—1950）》中曾将这种活动的主题简化成两种：一是自由的媒介在民主社会中保护其他自由时所担负的角色；二是媒介应当扮演的社会—文化角色。詹森（Jensen）以三种比喻说明构成：作为一种信息源，媒介是否违反了社会对信息客观公正的要求？作为一种信息源，媒介是否代表了大众文化背叛了高雅文化？作为一种教育形式，媒介将带领我们走向何处？将我们变成什么？③就实际情形而论，广告监督中出场和可能出场的主题难以简单统计，按照框架论的意思，我们最多能找到的是框架类型而已。例如，将广告看作反民主的构成；将广告看作信息暴力的表征；将广告看作强权性别主义的帮凶；将广告看作肤浅美学的营构；将广告看作阶级压迫的软性机器；将广告看作从容生息最大的敌人与破坏者；将广告看作虚伪最重要的修辞；将广告看作通过缩略实现意识控制与霸权最流行的管道；将广告看作真正自由最大和最狡猾的敌人；等等。

基于这样的主体意识和主题谱系，广告监督式民主的方式也显得十分灵活。尤其是在未来社会充分丰盈化的时候，在广告与我们生存生活的一切紧密地联系在一起的时候，广告监督式民主可以在一切的路径上找到它自己落身的可能。例如，通过广告制度审视广告民主的可能性；通过投入审核广告传播的制度安排

---

① 〔加〕娜奥米·克莱恩：《NO LOGO：颠覆品牌全球统治》，徐诗思译，广西师范大学出版社 2009 年版，第 300—301 页。

② 同上书，第 372—373 页。

③ 谢静：《美国的新闻媒介批评》，第 114 页。

是否合理；通过领导阶级的广告学想象勘测广告政策吞吐量的正当性；通过其他广告支援系统的建设情形，研判广告文化发展的未来性；等等。事实上，当公民陪审团、社区公义会、参与式预算、协商会议、宣讲会、开放式活动、命题论坛围绕广告议题而展开的时候，人们无力限制广告监督的介入路径和介入情形，在跨学科的语境里，一切都有可能。它们可能是激进的路线与政策，也可能是保守的态度与策略；它们还可能是个人的野心与贪欲所造成的消费者困境，或者权力逾界与责任丧失所造成的间接岗位缺失。

所有这些都可以制造广告民主生产的剧场，使那里充满对反人类行为的不满、抗议，以及由此而来的那种焦虑释放、情感安慰。广告监督式民主拥有自身相对明晰的话语体系。例如，基于不认同而形成的拒绝心态以及对现实的"病世界"宣认。例如，基于理想而形成的"正义的凯旋"想象，以及让正义与公平占据广告世界，进而使广告成为真精神的养殖所；或者就像 1941 年美国总统罗斯福呼吁的那样："让民主的火焰从蛮夷的屏障中闪现出来"①。

三、监督式民主的多元修辞与广告生产的现代路径

在了解了广告监督民主化机制的内在秘密后，让"我们假定那些懂得影响力的各种存在方式的个体，能够更好地选择并熟练运用各种有效方式"。为了直白起见，"我们的探讨包括从最简单的到最复杂的，从最容易的到最困难的，从个人行为到组织行为"②。

（一）通过消费者运动的干预性生产

人们经常引用那句出自沃伦（C. E. Warren）之口的话语来介绍 20 世纪的另一重意义："劳工运动是十九世纪的大发现，消费者运动则是二十世纪的大发现。"③

研究者还告诉我们："在所有约束广告管理的力量中，消费者保护组织的发展最为迅速。从本世纪（20 世纪——引者注）60 年代开始，消费者运动已成为与虚假广告和欺骗性广告进行斗争的一股日益活跃的力量。"最终的结果是，"消费者运动导致了消费者保护主义的产生"。在许多时候和许多地方转化成影响广告文化发展的能量。④ 乃至于，"在思考现代文稿表现、讨论广告规则时，

① 1941 年 3 月 15 日，罗斯福在白宫对白宫新闻记者协会的讲话。

② 〔美〕凯瑟琳·霍尔·贾米森等：《影响力的互动——新闻、广告、政治与大众媒介》，洪丽等译，北京广播学院出版社 2004 年版，第 295 页。

③ 转引自〔日〕植条则夫：《广告文稿策略——策划、创意与表现》，第 269 页。

④ 〔美〕威廉·阿伦斯：《当代广告学》（第 7 版），第 74 页。

如果舍弃消费者主义是不可想象的”①。

这与许多重要的事件联系在一起。最重要的消费者运动事件可能就是1962年美国总统肯尼迪发表特别咨文、拉尔夫·纳德(Ralph Nader)发起的消费者权益保护运动。送交美国国会的《有关保护消费者权益保护的咨文》最重要的历史意义或者就是系统阐述“消费者的四项权利”:(1) 安全的权利(the Right of Safety);(2) 应被告知的权利(the Right to be Informed);(3) 选择的权利(the Right of Choice);(4) 发表意见的权利(the Right to be Heard)。当下最重要的消费者权益保护日——“3·15”可资见证。1970年,美国工商委员会认为四种权利还不够充分,又慎重地加上一条“维护市场的质量和真实性的权利”。

这些消费者权利的获得,强化了消费者运动的正当性,反过来看,正是由于这种强力的支持与保障,消费者运动迅速发展并蔓延,成为人类争权利、保持正义普遍的管道与利途。

消费者运动与很多的消费者历史性的建设行动有关系。例如,在消费者保护运动较为发达的美国,消费者建立了他们相当广阔、数量繁多的信息网络,如美国消费者联盟、全国老年人委员会、全国消费者联盟、消费者联合会、消费者调查所、保险商研究所等,支持他们的信息共享、有机动员的运动预设。

除了这些消费者信息网络在联络声气、制造格局方面的丰硕贡献外,消费者保护团体则以实质性的手段实践相关诺言,践行消费者保护的重要原则。在某些方面,他们承担了“政策警察”的角色与使命:负责处理公众的投诉和自己调查产生的投诉,若有必要,则散布于社会舆论,以舆论之力,打击那些破坏广告精神的人、物、事。假如还有必要,他们可以采纳联合抵制的路线实现对抗不良的理想:“消费者团体能给制作该广告的代理商、播放该广告的大众媒介或者产品的制造商施加压力”;“团体能够汇集社会成员取消订阅某个攻击性报纸或者关闭某个带有攻击性的新闻节目。如果这个策略行之有效,而且受众人数下降,媒介部门的利润就会受到威胁;它再也无法将目标受众交给广告商。团体也能施加间接的经济压力,方法是通过劝说广告商不去购买攻击性媒介的版面或者播出时段。”②

对于消费者运动来说,最重要的行动路径还是以设置“事件”诱发社会高度关注为主要选择。《NO LOGO:颠覆品牌全球统治》介绍了许多这样的行动,它们都是“广告反堵”的变身。“广告反堵”一词由旧金山听觉拼贴乐团 Negativ-

① 〔日〕植条则夫:《广告文稿策略——策划、创意与表现》,第269页。

② 〔美〕凯瑟琳·霍尔·贾米森等:《影响力的互动——新闻、广告、政治与大众媒介》,第301页。

land 于 1984 年提出，主要指那些“经过技巧性重新处理过的广告牌……引导观众思考原本的企业策略”[①]。1993 年，马丁·德里(Mark Dery)出版《文化反堵：符号帝国的切割、砍伐及狙击》一书，更加仔细地阐述了文化反堵的含义与可能。对德里而言，反堵融合了多种剧场与行动主义的元素，如“游击队女孩”在惠特尼博物馆外举办头戴猩猩面具的游行，抗议对女性艺术家的排斥。在马丁·德里的视野里，文化反堵的本质是混合艺术、媒体、嘲讽与旁观者立场的一切事物。[②] 事实上，广告反堵者可以采取破坏性涂抹广告画面的做法，也可以采取对付小便池上方广告那样的措施(胡乱刻画、发泄私论、嘲讽作弄)；当然，他们也可以像前面所述的那样，去夺回街道空间。

(二) 通过媒介的书写与干预

另一种强干预手段是借助媒体的力量展开针对广告的“校正的正义”。极端的例证显然是温哥华的媒体基金会(Media Foundation)创刊并出版的《广告破坏者》杂志。这本创刊于 1989 年的杂志事实上已经成了广告反堵的动力核心。编辑拉森(Kalle Lasn)喜欢用该杂志独家的环保流行音乐术语批评当代文化为“对毒物上瘾”的文化，一切正在受着流毒的戕害。他认为反堵广告运动必定能催化大众意识进而产生“典范转换”。

另一种刊物出自各种消费者组织，它们的使命与特征可想而知。例如，“美国全国广告处”(NAD)每月出版的《NAD 案例报告》，以及“商业促进局”(CBBB)的《广告文案中的可行与不可行》报告。

对广告最常见的批评与干预来自广为流布的那些传播媒体。正像研究所发现的那样，“媒体是社会态度的有力提供者”；“社会运动需要利用新闻人员的规范和惯例以实现这些目标。理想的状态是他们成为某新闻记者的专门报道对象……”[③]更进一步地，媒体需要对无量的广告现象(五花八门的广告社会构成)展开公共利益视野的批评与断言，社会需要这样的耳目喉舌确保自身的进步与和谐。例如，美国《时代》周刊评选的十大最尴尬名人广告：成龙代言霸王洗发水、布鲁斯·威利斯代言施格兰金酒柜、杰森·亚历山大代言麦当劳、基努·里维斯代言玉米片、卢克·威尔斯代言 AT&T、NBA 球星查尔斯·巴克利代言塔克钟等。或者，在电影《阿凡达》热播之后，张家界的“南天一柱”改名为“哈利路亚山”是否恰当。

---

① 〔加〕娜奥米·克莱恩：《NO LOGO：颠覆品牌全球统治》，第 301—302 页。

② 同上书，第 303—304 页。

③ 〔美〕凯瑟琳·霍尔·贾米森等：《影响力的互动——新闻、广告、政治与大众媒介》，第 308—309 页。

从现实的层面来说，这项工作具有相当可观的开放性。这一点从日常状态下媒体广告批评的常见问题单可以看出。这份单子让问题意识像楔子一样深植人心世界与感知的灵府，例如①：

策划（广告推测的价值）

1. 广告如何策划社会，包括社会进步、消费、政治参与、种族和谐、多代家庭等？

2. 广告如何策划其中的角色，使之适应各类人：老人、儿童、男人、女人、美籍非洲人、美籍西班牙人、美国本土人？

3. 广告中对蓝领工人、职员、教授、医生、律师、职业妇女作为一个阶级的工作和职业做何种考虑？

4. 如何策划广告中存在的社会结构？

（1）家庭：根据广告，正规家庭如何结构？多少人？多少孩子？男孩几个？女孩几个？其他重要的人？奥尔森夫人？送牛奶的？托尼·泰格？他们与广告中其他角色的关系是什么？谁提出建议？谁接受建议？谁表示赞成？谁反对？广告中不同角色正确举止的规则是什么？哪些举止属于某些角色而非其他角色？

（2）医学规则：医生是否权威？卫生保健和治疗是否与产品消费相分离？如果医生是女性，是否与男性医生所处的环境不同、关系不同？是否见过女医生为男患者治疗？

（3）宗教规则：如果一个拉比、神父或牧师，他的角色是什么？如何利用宗教象征或角色（修女、和尚、祭坛、蜡烛、肖像等）？

5. 如何策划有关身体的问题，例如年龄、身体某部分的忌语、未指明的身体功能？

6. 广告中允许以哪些方式进行交流？广告中通过其他角色揭示或掩盖了哪些问题？是否有孩子向大人或大人向孩子隐瞒的事情？是否鼓励欺诈（例如将国内生产的产品诡称是合资的）？是否一代人让另一代人出丑（奶奶告诉妈妈如果她买错了东西，是孙女苏希的错）？产品是否成为表达喜爱或是进行其他交流的替代物？广告是否鼓动某种交流方式，例如倾向于打电话或写信？如果是，对于偏向的交流方式，广告是如何表现它的特殊属性的？

---

① 〔美〕凯瑟琳·霍尔·贾米森等：《影响力的互动——新闻、广告、政治与大众媒介》，第289—294页。

7. 非政治性广告如何对待政客？

广告赞助的节目或内容

1. 广告内容和赞助节目的内容之间是否有关联，例如反对服用麻醉品的纪录片中有政客所作的同类广告，或者女性杂志里的美容产品的广告？

2. 节目内容是否可能触犯某个有组织的利益集团？如果是，广告商是否意识到这一点？赞助该节目的原因？

广告语境(来龙去脉)

1. 广告周围的节目和故事可以为广告提供正面影响吗？周围的其他广告可以吗？如果该产品、观点或候选人得到无偿报道，又是否能对广告提供帮助呢？如果没有，广告如何进行调整呢？

媒介组合

1. 购买广告版面和时间要花多少钱？购买了多少广告？地点？时间？要吸引何种受众总体？

2. 广告在其他媒介上形式相同吗？进行了哪些改变？你如何看待这些改变？媒体有哪些限制？受众能否接受？

3. 不同媒体上该产品的广告是否不同？

4. 广告是宣传的一部分吗？与其他部分的关系如何？什么关系？

5. 广告商选择该媒体的原因？这种选择的优势和不足是什么？是否有关于该产品、观点、服务或候选人的重要说明无法通过该媒介表现出来？

对广告商的压力

1. 广告商或制造商是否会遇到一些压力，来自于对产品或产品广告赞助的节目内容不满的集团？针对这种压力，是否会改变广告或赞助行为？

2. 广告商是否应FTC通过的协议要求修改广告？

3. 刊登广告的网络、广播(或电视)公司、报纸或杂志是否会要求修改广告？是否已经修改？如果是，这些变化对广告表达预期意义的能力有何影响？

广告效果

1. 是否预测了广告效果？根据预测效果，广告有所改变吗？

2. 是否有证据说明广告对预期受众产生了效果？是正面还是反面效果？证据是否可靠？

3. 你能提出该广告更有效的版本吗？

(三) 知识分子的抵抗与广告的危机语境

尽管诸如布迪厄、朗西埃等社会学家一再抖搂知识分子的“小秘密”(那种苦心经营自身合法性身份的计谋与心思)如此不堪和不纯洁[①],尽管理查德·A.波斯纳(Richard A. Posner)频频"下毒手"揭开"公共知识分子已然衰落"的圈子秘密[②],但事实却仍然是:来自知识分子的广告批评最可怕,就像教科书宣认的那样:"对广告最严厉的批评来自那些认为广告中存在与消费者最佳利益相反的说服性广告内容的批评家。"[③]

就广告文化发展、增容、变形的历史事实而言,这种简单的说辞显然需要加以修正。事实上,花费心血从事广告文化批评的公共知识分子及其不懈努力,既是针对广告的诸多警醒乃至反对,更是将广告传播艺术地提升到人类严肃文化层面的重要战略,对广告由"技术"范式转向"文化"范式的历史性迈进做出了重要的贡献。最起码,这些严厉的批评将广告迅速地嵌入了严肃的社会肌理结构,并充满灵活性地将广告与文学、艺术、政治、经济、阶级、主义等严肃文化的构成联系在一起。这种加重返身制作了一个怪圈:愈是加大对广告文化的深层次、专业性的批评,广告文化就显得越是需要加以更深入的分析与研判。今天的广告格局和形式在很大程度上来源于此。

这种知识分子抵抗的"可怕"之处在于这种抵抗的深入与灵活,已经远远超出了广告界的思考。知识者随机地、自主地根据自身的学科与专业特性,任意地设置批评框架,并且在需要的时候,灵活地处置框架之间的整合,游牧于框架搭桥、框架扩大、框架延伸、框架转换、框架借用等框架形态之间。在他们那里,"社会运动的动员过程就像是运动积极分子在摁一个一个的修辞按钮"[④]。他们的专业使他们可以从通常之外的角度看过去并能够深入地看到存在的内里,最彻底地与广告现象"相遇"并"照面"。就像哲学家索伦·克尔凯郭尔说的那样:"天才犹如暴风雨:他们顶风而行;令人生畏;使空气清洁。"[⑤]

这种批判可以表现在许多主体身上,可以反射出许多个性的批评形式,例如,我们在罗兰·巴尔特那里得到的《今日神话》或《形象的修辞》,我们从让·鲍德里亚的言说里读过《符号的政治经济学批判》或《传媒中的意义内爆》,我们通过罗伯特·古德曼等人的努力见到了《超符码时代的广告》或者《绿色营销与

① 陆兴华:《哲学的当务之急——当代法国思想六论》,第167—215页。

② 苏力:《当,还是不当,这是一个问题(代译序)》,载〔美〕理查德·A.波斯纳:《公共知识分子——衰落之研究》,徐昕译,中国政法大学出版社2002年版,"代译序"第1页。

③ 〔美〕莱恩等:《克莱普纳广告教程》,第760页。

④ 赵鼎新:《社会与政治运动讲义》,社会科学文献出版社2006年版,第212—215页。

⑤ 〔丹〕尼尔斯·扬·凯普伦:《天才释放出的尖利的闪电——克尔凯郭尔简介》,王齐译,载〔丹〕索伦·奥碧·克尔凯郭尔:《论反讽概念——以苏格拉底为主线》,汤晨溪译,中国社会科学出版社2005年版,专文,第1页。

商品自我》，我们经由芭芭拉·B.斯坦因欣赏到了《隐秘的欲望：当代广告中的恋物癖、本体论和表征》[①]，又或者我们在斯科特·拉什和西莉亚·卢瑞的引领下，去关注"物的媒介化"及全球文化工业的联系。[②] 甚至艺术批评家、策展人都可以深深地卷入广告本质的讨论中，带给我们认知上的紧张；例如，意大利当代艺术评论家阿基内·博尼托·奥利瓦就借助《艺术的基本方位》说明了广告的本体方位——那个典型的三段论推理机制生产者、管理者的占位。[③]

假如说上述那些哲学家、社会学家们的努力给了我们深入的、理性的、逻辑严密的评析判断以及富含着相当学术色彩的理性剖析，那么，被称为公共知识分子积极行动的广告批评就是另一种景象。他们就广告所发表的评议未见得多么严密，但却是与舆论结合干预广告文化发展的积极性力量。在智力的基础上，他们掌握了"反讽"的手段[④]，按照解释，"反讽"几乎就是一种怀抱"神圣的不满"所进行的斗争的生活；"反讽分辨是非、确定目标、限制行动范围，从而给予真理、现实、内容；它责打、惩罚，从而给予沉着的举止和牢固的性格。反讽是个严师，只有不认识他的人才害怕他，而认识他的人热爱他"[⑤]。他们未必坚决地反对广告作为存在的合理性，但是却对广告的现实表现心存诸多不满。

这种行为的结果可以是多种多样的，例如一篇文章、一篇小报道，甚或像万斯·派克尔采访并写作《无形的兜售者——广告的奥秘》一样，曝露广告界控制潜意识的广告机制与内部秘密。

还有一些情况最特殊，可以被说成文学性批判，但也可以说是广告界隐秘的内心独白，我指的当然是弗雷德里克·贝格伯德及其著名的《￥19.99——顶尖广告高手自曝行业内幕》这样的"广告批判著作"。它们影响广泛，所产生的批判力难以简单估量。当这位曾经担任过十余家国际知名广告公司创意总监的"小说家"用辛辣的、时尚的、怪异的语言曝露广告秘密时，他已经深入地表达了对广告界故弄玄虚、玩弄心思、辞藻游戏的不满和嘲讽，在他的介绍里，广告不是什么科学，也不是什么艺术，而是通过虚构出让人类永远无法餍足的美丽世界进行将人转变成消费者的勾当。在这本书的介绍文字中，我们可以读到它的核心

① 以上文字均见罗兰·巴尔特等：《形象的修辞——广告与当代社会理论》，吴琼等编，中国人民大学出版社2005年版。

② 〔英〕斯科特·拉什等：《全球文化工业——物的媒介化》，要新乐译，社会科学文献出版社2010年版。

③ 〔意〕阿基内·博尼托·奥利瓦：《艺术的基本方位》，易英译，载易英主编：《艺术的方位》，河北美术出版社2004年版，第138—183页。

④ 〔丹〕索伦·奥碧·克尔凯郭尔：《论反讽概念——以苏格拉底为主线》，第115—116页。

⑤ 同上书，第283—284页。

指向：

本书通过对广告业种种内幕的揭示，逐一展示广告人是如何创造出这个“虚幻”的美丽世界，如何把他们口中的“上帝”一步步塑造成为消费的奴隶。也导出了作者对现实社会的反思：人们对国家的概念越来越淡薄，经济巨人正在逐渐掌控着这个世界，身份地位的代名词就是价值不菲的奢侈品，而走在T形台上的模特儿们成了引领潮流的时尚先锋。

在这一系列让人眼花缭乱的商业活动中，广告的作用就在于它能无限度地引发人内心的嫉妒、悲痛和欲望，“痛苦刺激消费”早已成为商业的“金科玉律”。人们的大脑在广告人策划掌控之下，成为“消费奴隶”。惊讶吗？不，这正是现代广告的杰作，让每一个人都深深陷入广告的诱惑之中，即使是逃到鲁滨逊住过的荒岛上，也会无时无刻不在渴望城市中的灯红酒绿。书中语言辛辣、幽默、简练、独特、经典，让人印象深刻。[①]

《￥19.99——顶尖广告高手自曝行业内幕》终于使作者失去了广告行业的那些工作，辞退他的广告公司认为弗雷德里克·贝格伯德存在“重大过失”[②]。

知识者对广告的批判其实也很复杂。曾几何时，在犬儒主义知识者的视野里，广告仅仅充当着低俗的、肤浅的“大众文化”的代表，配享着志士仁人的口诛笔伐。然而，晚近的形势却令人惊异地转向了一个新的方向，一个人们不得不重新判断既有的广告觉悟、广告想象、广告图式是否合乎真实的情形的维度。在政治都变成“装置艺术”的时候，在艺术也成为一种手段的时候，广告升格为一种生活艺术、沟通艺术、修辞艺术，在新的广告形式出场之后那些新的、积极面对广告文化的知识者批判里，我们看到的另一些倾向则是积极地发掘、梳理广告对人类文化的整体性渗透，或者说，广告本身就是人类文化生活的重要构成的历史秘密。《艺术的阴谋——透视一种“当代艺术国际”》[③]就是典型的例证，它直接指向“无形学院”那种广告最隐在的秘密与现代转向。

（四）媒体素养教育与公众免疫

现代广告剧场的另一种“抵抗者”是那些受过媒介素养教育的“现代消费者”、“积极受众”。晚近以来的世界性形势也清晰地显示了围绕广告消费者所展开的各种治理斗争，以及广告剧场未来的发展可能性。因为人类已经意识到公众的身处（臣民/消费者/公民）对整体人类文化品质的维护具有重要意义。

---

① 〔法〕弗雷德里克·贝格伯德：《￥19.99——顶尖广告高手自曝行业内幕》，封底文字。

② 同上书，“编辑手札”第2页。

③ 河清：《艺术的阴谋——透视一种“当代艺术国际”》，广西师范大学出版社2005年版。

所谓媒介素养教育，就是通过各种教育手段，充分养殖公众的批判性自觉与介入方法，使之具有相当的抵御基础和条件，可以自我保护并返身保护人类普世价值观念。

这种历史实践最初的来源是英国学者 E. R. 利维斯（E. R. Leavis）和他的学生丹尼斯·汤普森（Denys Thompson）1933 年所提出的“文化素养”理论。20 世纪 60 年代，在美国等地开始视觉素养教育等媒介素养教育运动，包括广泛，内容丰富，以社会公众拥有免疫能力为基本前提。1994 年 4 月，美国总统克林顿签署《目标 2000：教育美国法案》（The Goals 2000：Educate America Act），鼓励学校在九个核心学科（英语、数学、历史、科学、外语、公民教育、经济学、艺术和地理学）制定自己的标准，尝试并积极实践。有意思的是，1998 年，美国知名媒介素养教育专家瑞妮·霍布斯（Renee Hobbs）发表题为《媒介素养教育运动的七大分歧》，归纳了如下重要分歧：媒介素养教育的主要目的是否在于保护儿童免受大众传播的消极影响？媒介素养教育应否将媒介产品的生产、制作等实践活动作为教学的重要内容？媒介素养教育应否以大众文化的文本作为主要的分析对象？在媒介素养教育中，应否设置更多的具有明显政治和意识形态色彩的议题？媒介素养教育应否以中小学生为其主要的教育对象？是将媒介素养教育增设为一门独立的教学科目，还是将其放在其他学科中讲授？实施媒介素养教育的学校或组织可否接受媒介产业的财政资助？① 更为有趣的是，学者麦克切斯尼提出媒介素养教育一旦走向异化的结果偏偏是“培训人们向联合媒介公司索要好产品的意识”②。

生息于这种语境的广告素养教育业已得到广泛开展且已形成相当格局。例如，关于“广告素养”这个术语的解说，除了字面上针对广告“识字能力”的共同认识外，何种能力培养相对重要，莫衷一是，并无定论：奥斯汀（Austin）和约翰逊（Johnson）强调“对广告背后的说服意图的更好理解”；扬（Young）则采纳更为广泛的定义框架，将之界定为“分析、评价和生产各种形式及各种媒介上的说服性信息的能力”③。

诸多形势显示，广告媒介素养教育在思维、方法、模式等方面进展快速，有独立成为研究领域的诸多可能。其中方法，因多重目标、多个类型（私性的/公共的、理论的/现实的、地方性的/全国性的/全球性的以及“问题意识”）让虚假、殖

① 转引自谢静：《美国的新闻媒介批评》，第 65 页。

② 同上书，第 65—66 页。

③ 周丽玲等：《广告素养的日常呈现：以大学生对广告的社会使用为例》，载罗以澄主编：《新闻与传播评论（2008）》，第 240—250 页。

民、伤害之类的问题像楔子一样深植人心，难以穷尽。比如那种借用古希腊哲学家苏格拉底问询法的现代媒体文化批评方法即“苏格拉底法”（Socratic Approach），就希望能借检测人类非逻辑性假设、信条以及根植于媒体的相关表现，生成普遍的对广告诉求的实际性挑战！[①]

“新总体性社会”语境下，也就是全球一体化、经济成为新的主宰性国际统治势力、人类渴望拥有一个强大的公共领域制约广告文化但是广告文化偏偏无孔不入几乎成为一切领域中摇旗呐喊乃至主导者角色的时候，人类的焦虑以及万般的努力，都只为能够重归一个有序的处境，安宁心神，繁殖理想。在广告帝国日渐成长为一种普遍的势力的时候，这些设计与实践的简单用心实则是寻觅到指引人类的灯塔，使人类能够披荆斩棘，重新得到善的庇佑。

现在的问题是：这些努力可否最终使广告走出“美人”与“野兽”一体的状态？可否使得广告的肉身与广告的灵魂获得统一？可否使一切的操心与劳力都能最终促使广告走向真实的解放之途？

现在，人类需要穿越围绕广告的迷障与雾霭……

---

① 〔美〕阿特·斯沃布莱特：《媒介素养的研究方法：苏格拉底法》，《媒介研究》2004 年第 3 期，详见前文引述。

尾　声　堪破广告的斯芬克斯之谜与广告文化的正当性发展

> 天灰暗。平沙无垠。
>
> 一个光黑的云母石大斯芬克斯躺在棕色细沙上，她的眼光注视着荒凉的、没有尽头的远方。
>
> 这眼光里没有恨，也没有爱；她的眼睛是朦胧的，好像给幽梦罩了一道纱似的，她那冷傲的缄默的嘴唇微露笑容，微笑中带着永久的沉默。
>
> 六条路通到斯芬克斯的像前，这六条路从遥远的地方来，引到同一个目的地。
>
> 每条路上都有一个流浪人在走着，每个人身上都笼罩着命运的残酷的诅咒，头额上都印着一种不是由他自己支配的力量痕迹，他大步走向在天际隐约显露着的遥远的世界，那种在空间上隔得极远而在心灵上相距甚近的广阔的世界。①

这是一段象征性的描绘，我们只需要将斯芬克斯换成广告，就可以在接触到广告的各种“脸”之后，有效地或者相对有效地回答关于广告何在的神圣问题，也就明白了关于广告的“所有论述”，如广告传播的专业措辞与专业“典律”的宣认等，其实都还只是尝试着命名“广告文化”的些微实践。专业主义建设与广告文化发展的前路审视，还有待于更加辽阔的视野和更加多样性的方法帮助我们实现与广告照面的良好动机。

全世界所有的广告对广告本身都负有神圣的责任！全世界所有操心广告命运的人，彼此间也担负着互证与促进的使命！

---

① 〔德〕鲁道夫·洛克尔：《六人》，巴金试译，三联书店 1985 年版，楔子第 1—2 页。